符號學
傳媒學

A DICTIONARY
OF SEMIOTICS & MEDIA STUDIES

辭典

胡易容、趙毅衡 編著

前　言

　　本辭典篇幅35萬字，400餘條目，討論了30多個「符號學－傳媒學」門類，也儘量周密地討論一個世紀以來該領域的主要流派與代表人物的思想，本辭典試圖通過對經典文獻的全面梳理和綜述，從術語關鍵字和人物流派角度，對這學科百餘年發展作一個較為客觀與全面的總結。

　　標題用「符號學－傳媒學」兩個詞統攝這整個領域，這是一個學術連續帶。兩門學科都誕生於二十世紀初期的現代性壓力之中，學科風格很不相同，但是都圍繞著「意義」這個現代社會與現代人賴以安身立命的核心概念展開。符號學研究的是意義的產生、傳送以及理解，更注重其一般規律，偏向理論，偏向通用的操作性；傳媒學更關心意義在當代社會文化中的傳播與接收的方式、途徑、效果。由於歷史原因，符號學與傳媒學一直被割裂為兩個不同的學科。傳媒學研究長期由實證經驗方法為主導，而符號學則長期作為一種語言學理論存在。當今的文化實踐證明，兩個學科都需要對方的支援，有很強的互補性。符號學應當落實於具體的意義傳播現象，而確證理論的實踐指導價值；傳媒研究可以經由符號學提升學理性。而且，符號學學科邊界的模糊性與傳媒研究較為明晰的物件性可為互補，使各自的研究得到豐富。希望為今日在中國蓬勃興起成為顯學的符號學－傳媒學研究，提供一本綜合性的參考工具書。

　　符號學辭典類書籍，在國外已經有多種，重要的有：

1.Greimas, A. J. & Courtés, Joseph. Sémiotique： Dictionnaire raisonné de la théorie du langage. Paris： Hachette, 1979.

2.Nöth, Winfred(ed), Handbuch der Semiotik, Stuttgart： J.B. Metzlerdesche, 1985.

3.Calapietro, Vincent M (ed), Glossary of Semiotics, New York： Paragon House, 1993.

4.Sebeok, Thomas & Danesi, Marcel (eds), Encyclopedic Dictionary of Semiotics, Berlin： Mouton de Gruyter, 1986, (revised) 2010.

5.Bouissac, Paul (ed), Encyclopedia of Semiotics,New York：Oxford University Press,1998.

6.Cobley, Paul (ed), Routledge Companion to Semiotics, London： Routledge, 2010.

這些辭書顯示了這個學科發展的歷史軌跡，詳略各異，不同學派立場各異，所選入的概念和術語範圍很不相同，有的規模相當大。它們的缺點是：

1.沒有提及歐洲以外的符號研究，無論是傳統的還是當今的成果。

2.大多辭書沒有考慮到近年符號學領域的急劇擴大，尤其是應用符號學的巨大成就。

3.許多常用符號學術語，在西語中歷史複雜，詞義散亂，極易誤用。例如symbol、object等，這些西語辭書在西語中來回解釋，無法澄清混亂。

中文至今沒有解釋符號學術語的書籍。已有的一些文學理論、文化理論、傳播學等「關鍵字」書籍，收入符號學術語非常少。

國內外傳媒學辭典的編纂有不少成果，除了已經譯為中文的《新聞學關鍵概念》（鮑勃・佛蘭克林，諸葛蔚東譯，北京：北京大學出版社，2008）、《關鍵概念：傳播與文化研究辭典》（約翰·費斯克，李彬譯注，北京：新華出版社，2004），我國學者在也作出了卓越的努力，例如：

1.甘惜分，錢辛波，成一，洪一龍等編《新聞學大辭典》，鄭州：河南人民出版社，1993年

2.陶涵《新聞學傳播學新名詞詞典》，北京：經濟日報出版社，1997年

3.邱沛篁，吳信訓，向純武等編《新聞傳播百科全書》，成都：四川人民出版社，1998年

4.黃曉鐘，楊效宏，馮鋼編《傳播學關鍵術語釋讀》，成都：四川大學出版社，2005年

5.陳力丹，易正林《傳播學關鍵字》，北京：北京師範大學出版社，2009年

6.程曼麗，喬雲霞《新聞傳播學辭典》，北京：新華出版社，2012年

上述成果均是本辭典編纂中的重要借鑒，但它們較注重從新聞學這一傳播應用門類出發。隨著傳媒社會日新月異，「新聞」傳播學正更深刻地發展為一門「符號」傳播學。「符號學－傳媒學」這一學術連續帶的中文術語工具書的空白亟待填補。

西文中，「傳播學」這個科目有多種稱呼：Communication，Communications，Communication Studies, Mass Communications, Communicology等等。可能是因為教學需要，這個學科的辭書極多，大多將「傳播學」與「媒介研究」（media studies）並舉。但是這兩者分界卻不清，例如有辭書標題為Broadcast Communication、Computer Communication、Electro-Optical Communication，這些明顯是媒介研究領域。

2000年多倫多大學出版社出版Marcel Danesi編的《符號學－媒介學－傳播學百科辭典》（Encyclopedic Dictionary of Semiotics, Media, and Communication）一書，導論一開始就試圖給這三個科目一個清晰的區分：「這三個領域互相關聯，但重疊部分很多。符號學討論人類如何尋找並構築（construct）意義，傳播學關心意義如何傳送（convey），媒介學考慮資訊傳播（transmit）與接受（receive）的方式。」

就這段學科關係解釋而言，三者的區分並不清晰。符號學關心的遠遠不止是構築意義，意義的理解是符號學的大課題，尤其在認知符號學發展起來之後，更是如此；傳播學討論的不止於意義傳送，實際

上最關心意義被接受的效果；一般認為媒介研究更關注具體的傳媒操作，一旦理論化，媒介研究與傳播學很難區別。

本來在中文與西文的實際使用中，傳播學與媒介研究已經分不清楚。本辭典並不否認這兩門學科獨立存在之必要，只是認為中文中可以用「傳媒學」這個說法涵蓋「傳播學－媒介研究」這整個領域。本書標題中的「傳媒學」，也是中國各種學術機構最常用的詞，是一個意義邊界更寬、內涵更豐富的詞，它廣涉傳媒機構、體制及社會文化過程諸多方面，是適切於這一複雜物件的開放稱謂。以北美為起點的實證經驗方法傳播學研究，被學界視為傳播學的「傳統學派」。現在的傳播學已經遠遠越出了這一傳統而成為更廣義的「傳」與「媒」的綜合研究。因此，傳媒學不僅僅是「媒介研究」，而是過程與意義研究的綜合。

如果一定要給「傳媒學」一個完整的，哪怕累贅的英語對譯，可以是Communication and Media Studies。顯然不便處處如此對譯，例如「中國傳媒大學」，英文為Communication University of China，偏到一邊；而本辭典《符號學－傳媒學詞典》則題為Dictionary of Semiotics & Media Studies，偏到另一邊，但是同樣偏一邊的極多，例如著名刊物Global Media，中譯名「全球傳媒學刊」。應當說，中文詞「傳媒」兩者兼顧，並不偏，西文不得不兩種說法選一，是西文的問題。

通常辭典「面向過去」，總結已有的成果，而本辭典則更追求一定的未來向度，是對「符號學」與「傳媒學」學科互動及其將發生的知識創新的判斷和期許。為此，本辭典的編者試圖做到以下五點，以期與同類詞典相比有所改進：

1. 本辭典特別強調傳媒學這一符號學應用的重要陣地。傳媒學是符號學的學科外延向整個社會文化拓展的主要途徑。

2. 本辭典集合了一批熟悉中國有關意義問題傳統文獻的專家，整理出易學、先秦名辯之學、道家陰陽五行、風水學說、漢字演變、唯識宗與相關佛學、因明學，以及其他意義理論的遺產，以求展示中國思想對世界符號學運動可能的貢獻。

3. 本辭典注重討論符號學——傳媒學與馬克思主義、現象學、精神分析等學派的結合所取得的成就。

4. 本辭典注重符號學——傳媒學在當代文化語境下的各種門類發展，編者隊伍集合了多個領域的專家，分別解釋了符號學在廣告、圖像、品牌、設計、網路、影視等領域中的應用。

5. 符號學－傳媒學大量術語，中文中譯名極不統一，給讀者和研究者造成不必要的困擾。本辭典在尊重中國學者成績的基礎上，給予適當的整理。

以上五個方面，是本辭典編寫中有意區別於歐美同類辭典的地方，也是本辭典試圖為符號學和傳媒學這兩門學科作出獨特貢獻之處。

儘管我們盡可能客觀地呈現符號學－傳媒學發展的概貌以及每個辭條的含義，但無疑任何研究都無法完全避免某種「判斷」。本詞典也只是學術發展中一定觀點和思潮的產物。自20世紀80年代以來，符號學－傳媒學本身的主要推進方向，是各種課題的應用。人類文化的各個部門，都涉及意義活動，都是符號學－傳媒學的用武之地。

本辭典是一部較大型的專業辭典，涉及符號學－傳媒學各個子門類，它們的發展成熟程度並不一致。本詞典力求能反應國內研究的前沿狀態，也力求與國際符號學與傳媒學的發展潮流接軌，但是我們在中國傳統意義研究上，花最大的功夫，力求把探路工作做得細緻一些，以待來者。

本辭典主要編寫者，是團聚在四川大學「符號學－傳媒學研究所」周圍的學者，即所謂「中國符號學西部學派」，此處的「西部」並不是地理上的界限而是共同學術志趣的「聚合」。本辭典多種特殊條目，邀請了國內多所高校專家撰寫。編者雖然逐條進行體例剪裁編輯，對每位學者的立場觀點卻不作根本性修改，以期文責自負。但如果本辭典使用者看出「西部學派」的某些思想傾向——尤其是在中西匯通與符號學與傳媒學融合方面——也是情理之中：學而無派，才是值得驚訝的事。

註釋說明

　　本辭典一律採用文內注，體例為：（作者　出版年份：卷號.頁碼－頁碼）。

　　例1：（Barthes 1967：18–19）指：巴特於1967年以原文、英文或中文出版的書（不一定是初版或原文版）。凡是內注作者名用拉丁拼法的，請到附錄一「西方文獻」中查索；

　　例2：（錢鍾書2007：2. 618）指：錢鍾書《管錐編》2007年增訂版，2卷，618頁。凡是內注作者名用中文的，請到附錄二「中國文獻」中查索；

　　例3：（Mead 1934）此類注釋未提供具體頁碼，指全書多處說到此問題，無法給出具體頁碼，即拉丁文passim之意。

　　所引書目詳細資訊可參見附錄「參考書目」，如果引用的是作者的中譯本，一律列於其拉丁名字拼寫於下。例如，「Greimas 2004」從附錄中可以查出，不是Greimas 1983年出版的Du sens，而是2004年出版的格雷馬斯著作中文譯本《論意義》。

目次 | CONTENTS

D

I

S

U

V

W

X

A

abduction 試推法

　　皮爾斯提出解釋符號意義的普遍性方法是「試推法」。他認為形式邏輯的歸納法（induction）與推理法（deduction），很難解決符號的釋義問題。abduction這個西文詞有「劫持」之意，有論者認為皮爾斯有意用了一個幽默雙關語（Colapietro 1993：1）。

　　歸納法從各種符號文本出發，以取得一個整體的解釋，歸納的結果是「實際」（actually be）如何如何，推理法從一般規律或整體理解出發，用此說明具體問題，推理的結果是「應當」（must be）如何如何。皮爾斯指出這兩種都是「單向科學思維」，符號的解釋無法使用這樣的思維方式，符號的解釋是對一個假定的試驗，試推法的結果是「或許」（might be）如何如何。皮爾斯認為試推與歸納、演繹不同，是一種「雙向」思考方式，目的是增加我們「猜對」（即給出一個「有效」意義解讀）的可能性，而無法做到肯定猜對。

　　艾柯指出：試推法的提出，與現代詮釋學開拓者狄爾泰同一時期指出的「詮釋迴圈」概念有應和之處，試推法與詮釋迴圈的共同前提是，無法最後確定真相，只能漸漸靠攏真相，試推，也就是解釋學處理解釋迴圈的主要方法。在20世紀後半期思想史發展中，試推法成為主要的研究方法。許多20世紀的思想者，都主張類似方法，例如喬姆斯基（Noam Chomsky）主張的「糾正行為」（corrective action, Chomsky 1968），波普爾（Karl Popper）的證偽主義（fallibilism）等。（顏青、趙毅衡）

參見：無限衍義
延伸閱讀：Peirce 1936-1958

abjection 賤棄

克里斯蒂娃（Julia Kristeva）提出的社會文化符號現象。賤棄是一種「缺乏」，一種「自戀癖」和一種「邊界」，它與母性、恐懼、污穢等相連，既吸引人又令人憎惡，對社會象徵秩序具有威脅。

克里斯蒂娃在《恐怖的權力》一書中指出，在「前伊底帕斯」階段，尚非主體的幼兒處於母子融合的狀態，為了成為言說主體的萌芽，必須把未成為對象的一體化的母親的身體，作為誘發嫌惡的東西進行棄卻，並作為對象。賤棄既是因融合的快樂而迷人的「令人厭惡的東西」，同是也是指嫌惡並拋棄它，是意味著根本性的兩價性的概念。幼兒在與母親的身體融合和棄卻之間，在融合的快樂與對其的厭惡之間搖擺著，通過不停止的反復，欲動的疏通停滯於表象，趨向於符號形成的始動成為可能，作為宗教代碼、道德代碼和意識形態代碼的另一面，賤棄是「邪惡的源泉」，令人恐懼和憎惡，它威脅並動搖著父權功能的權威。於是，象徵社會的穩定就建立在對賤棄進行壓抑、排斥和禁止的宗教意識、神聖禮儀和淨化行為之上。

同時克里斯蒂娃認為文字是賤棄的特殊能指。寫作作為一種藝術經驗紮根於賤棄之中，它標指著賤棄，通過表述進行淨化，成為情感宣洩的一種重要途徑。任何語言寫作都是恐怖的言語活動，是一種缺乏的言語活動，這種「缺乏」建立符號、主體以及客體。克里斯蒂娃認為近現代的西方文學，眾多的變種形式，從非主觀性和非客觀性的不可能中獲得可能的寫作語言，把文化中陷於原罪的賤棄恢復到「聖經地位」，甚至恢復到「原始的污穢地位」。（張穎）

參見：子宮間，符號精神分析

延伸閱讀：Kristeva 1980，1984

absolute icon 絕似符號

像似符號中像似程度最高的一種，通常指非常肖似的繪畫、照片、錄音、攝影、電影、高清電視等。

部分「絕似」符號與物件外形非常接近（例如3D電影），幾乎可以完全誤認為合一。但是符號與物件並非同時在場，因此它們明顯是代替物件的符號。而且，無論如何「絕似」的符號，都有框架套出物件的一部分。既然是用部分代表整體，這就符合符號的「片面化」。

絕似符號很可能給接收者造成「實有其事」的誤會，誘導出過於現實的解釋：例如早期電影造成觀眾驚恐，廣播火星人入侵造成群體恐怖，3D電影造成觀眾身體退縮反應。但絕似符號依然是符號：如果符號與物件完全看不出區別，則稱為「重複」（double），重複是否是符號關係是有條件的。絕似符號並沒有絕對到同一（sameness）的地步，絕似只是錯覺，文化解讀可以從此種貌似同一中解讀出符號過程。（趙毅衡）

參見：重複，符號距離

accent 口音

社會符號學術語，也稱腔調，原指對發音器官的特殊運用而形成的一種具有深度標記的語音，在社會符號學中，口音是某個社會群體用以標記該群體成員身份特徵和社會關係的符號，其功能在於維繫與其他群體的差異，保持自身群體的文化傳承，並宣示該群體的意識形態。（馮月季）

參見：意識形態，方言

alienated semiotic consumption 異化符號消費

當代文化符號學概念，主要用於分析後期現代社會的消費特徵。趙毅衡認為，在當代社會裡，消費的形態已經發生了改變：從過去的異化消費進展至異化符號消費。在異化消費階段，消費者為「消費而消費」，被迫大量消費那些非滿足自己「需要」的商品（服務是商品的一種）。與此不同，在異化符號消費階段，人們消費的不再是商品本身，而是商品所包含的符號價值。

人們並非為了滿足「需要」而進行消費，甚至也不是為了滿足「欲望」而消費「商品」，而是對商品之上的「符號意義」的消費。異化符號消費是一個超寬幅選擇的消費，人們面臨的商品嚴重同質化，且品類眾多。面對太多的選擇，「當代社會的人越來越傾向於單軸行為，即是放棄選擇，放棄聚合軸操作。而這一切源於文化元語言的缺損，源於自我的選擇和評價標準的丟失。這樣，消費也在無選擇中成為異化的意義活動。」

符號消費是當前社會經濟發展的動力：通過不斷地創造符號，推動社會生產和解決社會就業。異化符號消費背後潛藏的危機是：符號消費總有極限，人們總會有厭倦符號消費的時候，當「對欲望的欲望」落空時，整個社會經濟就會落入危機。（饒廣祥）

參見：商品，商品化

analogical form 類同形式

荷蘭著名翻譯理論家詹姆斯・霍爾姆斯（James S Holmes）針對詩歌形式符號翻譯提出的文本體裁類比概念，意指那些「具有與原詩歌形式在源語文化語境中相同功能的目標語詩體形式」（Shuttleworth & Cowie 1997：8）。

　　此時的**翻譯文體**與原文體不僅不是相似的文體，而且還存在很大差異，唯一相同的是二者在各自的文化語境中擁有相同的地位。比如中國人**翻譯**英國古典詩歌中的格律詩體時常採用中國古代格律詩或現代格律詩形式，雖然後者迥然有別於前者，但它們卻是中英兩國詩歌「等級最高」的形式，所以後者就稱為前者的類同形式。（熊輝、劉丹）

參見：文本對等

analogy 類推

　　類推是符號修辭格的一種，是兩個比喻的疊合壓縮。

　　類推的規則為：A對C就相當於B對D，可以緊縮為A是C的B。如：「他對於這個小鎮，就像狼對於羊群」化成類推就是「他是這個小鎮裡的一頭狼」。類推實際上是所有比喻的預設語境，所有的比喻都是類推的縮寫而已。某經理「像獅子一般怒吼」，說全了就是「他（對辦公室人員），就像獅子（對森林裡的野獸）一般怒吼」。（趙毅衡）

參見：比喻，符號修辭

anders streben 出位之思

　　藝術符號學術語，原為德國藝術學術語，「出位之思」是錢鍾書的翻譯。

　　英國藝術哲學家佩特在1877年出版的文集《文藝復興》一書中首先詳細討論了這種現象，他把出位之思定義為藝術「部分擺脫自身局限」的傾向。佩特說：「建築儘管自有規則……卻似乎追求達到圖畫的效果，而雕塑企圖跳出自身的行事的條件而追求色彩。」

　　出位之思不太可能出現於非藝術的體裁中：非藝術的符號文本要追求某種超越此體裁的效果，就乾脆換一個體裁。例如發電子信者，

如果要傳送檔圖像，與其在電子信中發揮出位之思，不如去發明掃描器和圖像傳送技術，形成一種新的體裁。

而藝術家的跨體裁「仰慕」，只是為了創造出一種新的表意風格，並不是真正進入另一個體裁。如果真正跳出體裁，例如詩真的做成繪畫，即所謂具體詩（concrete poems），反而受雙重限制，鮮有成功（Altieri 1999：629-653）。電影追求繪畫效果，器樂追求非樂音（自然音）效果，建築追求舞蹈效果等等，也只能偶一為之。

文本的體裁規定性，是難以跨越的障礙。但是文學史和藝術史，依然充滿了「出位之思」的努力。例如當今小說與電影模仿電子遊戲的「多選擇」，已經成為一個重要的形式手段。（趙毅衡）

參見：通感

antimetaphor 反喻

修辭符號學術語，指很難找到比喻像似點的比喻。或稱「類邏輯比喻」（paralogical metaphor），即不合邏輯的比喻。反喻往往形式上是個明喻，可以強迫解釋者不得不接受這個比喻。符號反喻也不能出現於廣告等需要解釋明白的地方，只能出現於以反常為立足點的藝術中，尤其在現代先鋒藝術中。例如波洛克（Jackson Pollock）著名的「滴瀝」畫《秋天的節奏》（Autumn Rhythm），用刀、杖、毛巾等顏料潑灑在畫布上，標題指出的像似點在畫幅中幾乎完全不存在，因此只能作為一個反喻而存在。（趙毅衡）

參見：比喻，明喻

arbitrariness 任意性

符號過程到底憑藉什麼力量，把表意引向某種特定物件特定意義上去？索緒爾把符號與意義的這種連接關係稱為「任意性」，他說任意性是「語言符號本質的第一原則」（Saussure 1969：61）。「任意

性」在中文中也常被譯成「武斷性」，兩個譯法都可能造成偏向與誤會，因此中文中有時譯為「任意武斷性」：任意是邏輯上的「無邏輯聯繫」，武斷是社會心理上的「無需理據」。譯成五個字是因為此西文術語一詞兼二義。

在索緒爾看來，符號的能指與所指的關係既是社會習俗所規定的（武斷的），又無需理據的（任意的），任意兼武斷，就是說符號與其意義的結合方式不可也不必論證。他的原話是：「（任意性）它不是取決於個體的『自由抉擇』這一意義上的任意性。相對概念來說，它是任意的，因為它本來與這概念毫無特定的關聯。整個社會都不能改變符號，因為演化的現象強制它繼承過去」（Saussure 2007：87）。他的意思是任意必兼武斷。班維尼斯特建議乾脆把這個關係改為「必定」（Benveniste 1971：45），不容選擇，也無需討論。

索緒爾提出的任意性原則是任何符號普適的，他說「將要建立的符號學」的物件「是以符號任意性為基礎的全體系統」（Saussure 1969：65）：任意性原則不僅支配語言，而且支配所有符號系統。符號是「不透明」的，自身不能導向意義，必須依靠約定俗成來確定意義。（趙毅衡）

參見：符號過程，理據性
延伸閱讀：Saussure 2007

archetype 原型

符號人類學重要概念。在榮格那裡，原型是集體無意識中的內容。與個人無意識不同，集體無意識是作為代代遺傳所有人共有的意識。而原型就儲存在集體無意識中。最主要的原型包括：人格面具、阿尼瑪和阿尼姆斯、陰影以及自性（he self）。（張洪友）

參見：符號人類學

archi-text 型文本

　　型文本是伴隨文本的一種，它指明文本所從屬的文本集群，即文化規定的文本「歸類」方式，例如與其他一批文本同一個創作者、同一個演出者、同一個時代、同一個派別、同一個題材、同一風格類別、用同一種媒介、同一次得獎、前後得同一個獎等等。最明顯的型文本範疇是體裁。但是現代傳媒在不斷創造新的型文本集群，例如由同一個公司發行，由同一個頻道播出等。型文本的歸屬，常常以副文本方式指明，例如詩歌的分行，例如搖滾樂演唱的舞臺佈置；且是也可能由文本形式標明，例如詩的押韻。

　　型文本可能是伴隨文本中最重要的，因為它是一個文本與文化的主要連接方式。一般認為文學藝術才有體裁，其實所有的符號文本都落在一定體裁之內：體裁是文化程式化的媒介，體裁不僅把媒介進一步固定到模式之中（例如把文字固定為詩歌這種分行書寫的藝術類型），而且是表意與解釋的最基本程式：採用某個體裁，就決定了最基本的表意和解釋方式。（趙毅衡）

參見：文本身份，伴隨文本

argument 議位

　　某些中國學者譯為「論證」。皮爾斯把符號表意的解釋項，分成三個階段，或三個等級，稱之為呈位（rheme）、述位（dicent）、議位。議位解釋項是解釋的第三步。

　　議位對於其解釋者來說是一種型符，是以其符號的性質代表其物件，真實地受到與其相關的真實存在的影響。議位的物件必定是一般的，而議位必定是一個規約符，作為規約符，它必定是型符，它的複製品是命題單一符號。（顏青）

參見：型符，呈位，述位

articulation 分節

　　符號學重要概念，源於語言學，後發展為符號學中的具有普適性的命題。分節能折射出符號背後的社會文化意義。

　　索緒爾首先提出：「分節既表明說出來的語詞鏈分為音節，也表明意義鏈分為有意義的單元。」語詞分成音節，對應意義分割成詞彙，這樣的分節稱為雙重分節。

　　此後，語言學家馬丁奈（André Martinet）對雙重分節作出更清晰的講述，他把第一個層次的最小有意義分節稱為monemes（即詞素morphemes，或書寫的「書素」graphemes），與此對應地出現的是發音的最小分節音素（phonemes）（Martinet 1967：45）。馬丁奈的討論，方向與索緒爾相反：意義單元對應語音單元。

　　哥本哈根學派的葉爾姆斯列夫（Louis Hjielmslev）認為語言最基本的雙重分節，不是在詞素與音素之間，而是在「表達」與「內容」這兩個層面之間（Hjelmslev 1975：56）。這樣一來，雙重分節就擴大到所有的符號系統。此後雙重分節概念成為符號學的基本命題，巴特甚至建議符號學可以稱作「分節學」（arthrologie），符號本身可以改稱「節」（articuli）（Barthes 2004：297-298）。艾柯也認為：「任何符號學課題……是對世界進行切分的歷史和社會的結果。」（Eco 1976：315）

　　因此，只有能指分節清晰，相互不重疊，合起來覆蓋全域，表意才會清晰。公孫龍《名實論》討論分節的「非重疊」要求，非常精彩：「謂彼而彼不唯乎彼，而彼謂不行；謂此而此不唯乎此，則此謂不行。」「唯乎彼此」，就是能指各組分互相清晰地分開。

　　分節是一種人為的區分，改動一種區分方法，雖然表達的全域依然，所指也起了變化。漢語中的親戚關係特別複雜，父系母系長幼次序各有不同，不能混淆，充分表現了中國文化的家族中心特徵。雙重分節，對於文化的人際關係至關重要。政治本來就是人際關係的操作，必須對人進行分類，才能知道如何採取社會行動。

　　艾柯不同意巴特（Roland Barthes）說的普遍分節論，認為分節並不是符號表意的普遍必有條件。他指出存在六種情況：無分節系統（如盲人的白手杖）；只有第一分節或第二分節（即是分節不對應）的系統；具有雙重分節的系統；分節變動不居的系統（撲克牌，音樂）；三層分節系統（攝影）（Eco 1978：233）。應當說，符號載體不存在自然而然的分節。按表意需要，符號可以用多種方式分節，也就是說，分節是一種意義操作。（趙毅衡）

參見：能指／所指
延伸閱讀：Barthes 1965；Eco 1995

associative character 會意

　　漢字傳統造字法之一，指兩個或多個有意義的字元合成新字。會意包括相似性會意和隱喻性會意：「委」（禾」與「女」都有「隨順」的意味）；及相關性或轉喻性會意：「仙」（山」說明「人」）。會意的意象並置被認為是一種蒙太奇式的視覺語言構詞法。（孟華）

參見：造字法（漢字）

attraction of the marked 標出項吸引力

　　標出性本身具有「類似藝術的」誘惑力，是當代文化容忍度增大後的一個特色，許多文藝作品熱衷於描寫標出項。社會學家發現，標出項現在受到「超出正常」的關注。他們提出「非標出社會學」，認為「與其觀察同性戀與女性主義積極分子群體來研究男性傾向與女性傾向，不如觀察辦公室職員如何用更敏感，不那麼誇張，比較不太自我意識的方式表現的男性傾向與女性傾向。」因此他們提出「淡化標出與非標出的邊界」，要求把注意力集中於文化的「默認項，而非特別項」（default vs special case）。

　　某些社會學家甚至提出「庸常宣言」（A Mundane Manifesto），要為「正常」說話。也有性別研究理論家警惕地指出，如果把性別研究始終局限於女性研究，就只能「把不對稱永久化」，因此要求「警惕標出性的危險」。（趙毅衡）

參見：標出性，標出項翻轉

audience 受眾

　　傳播符號學重要概念，是符號表意的目標物件、意義的接受者和解釋者。受眾是一個集合概念，體現為大眾傳媒的接受者的社會群體，如：書籍、雜誌、報刊的讀者、電視觀眾、廣播聽眾等。臺灣學者也稱「閱聽人」。在大眾傳播過程中，「受眾」往往是匿名的。

　　受眾的地位的認知在傳播學當中經歷過幾次大的變化。早期的大眾社會論，將受眾視作面對媒介傳播毫無反抗能力的原子式的、分散的群氓。這一觀念下的受眾對符號缺乏能動的解釋能力。20世紀40年代，拉紮斯菲爾德等社會心理學家開啟了「作為群體成員」的受眾觀，認為受眾是有選擇性接觸、記憶、理解的主體，且他們受到社群的影響力往往很大。此後，對受眾的認知更加立體。如麥奎爾認為，從市場的角度看，受眾可定義為：特定媒體或訊息所指向的、具有特定社會經濟側面像的、潛在的消費者集合體。此外，受眾還被視為權利的主體等。因此，受眾的身份是多元的。總體而言，受眾在符號傳播過程中所處的地位逐漸得到提升。

　　符號傳播過程中，受眾對文本的解讀受到發出者意圖和文本意圖的強大壓力，但符號意義的最終只能在受眾解釋中實現。（胡易容）

參見：大眾傳媒，拉斯韋爾

延伸閱讀：Taylor & Willis 1999

auto-semiosis 自我符號

　　當符號的發送者與接收者是同一個主體，此種符號常被稱為「自體感受」（proprioceptive）符號。自我符號非常常見，最明顯的自我信號發生在動物界：蝙蝠，海豚等動物能發出音波或超音波，用回音定位自身（echolocation）。如果我們把生物性的生理過程也看成符號行為，即西比奧克所謂「內符號學」（endosemiotics）（Sebeok 1986），那麼自我符號表意的範圍就寬得多。

　　極而論之，可以說大部分符號表意都以「自我符號」開始，符號表意的第一個接收者往往是發送者自己，就像寫作的初稿，總是只給自己看的。任何思索都是在自己頭腦中打草稿，然後才有可能找到合適載體，以文本形式發送出去。

　　有不少學者（例如米德、西比奧克），認為自我實際上可能分成不同的「我」，尤其是「主我」（I）與「賓我」（me）。主我是自我意識（願望，決策等），「賓我」可以是他人或社會對我的期待或評價，也可以是自我思索的物件：現在之我，過去之我，未來之我三者之間，顯然現在之我是主我：任何思想，判斷，推理，想像，感悟等心智活動，實際上都是兩個自我之間的協調，而不是純然的「自我意志」（Mead 1934）。自我符號不純粹是我個人的表意活動，也是一個文化過程：我，通過被符號解釋物件化的我，來理解我自己。（趙毅衡）

參見：符號距離，不完整符號
延伸閱讀：Mead 1934

B

Bakhtin, Mikhail 巴赫金

巴赫金（1895-1975），俄國著名文藝理論家。他的思想構成了蘇聯符號學的源頭，對學界影響巨大。他生前幾乎籍籍無名，但自從20世紀60年代在西方被發現以來，他的思想對人文學科的各個領域都產生了深遠的影響，眾多的思想和理論流派如新馬克思主義、結構主義、符號學派等都從他那裡汲取了為己所用的思想資源。巴赫金的思想複雜而深邃，而且他是以自己獨特的語言和概念來闡述的，具有獨創性。

巴赫金對話理論啟發了後結構主義「文本間性」概念。巴赫金把「對話」看作是人類基本的生存方式。一個人的「言談」總是帶有某種觀點和價值觀的表達，但這種表達不是固定的立場，而是一個過程，是在和潛在物件的對話中完成其功能的，並且和其他「言談」一起構建了話語的公共空間。各種差異和不同的聲音借此匯成一個充滿張力的複合體。後結構主義的文本間性理論引入了主體對話的概念，其文本概念不再局限於一個固定的文本及其結構之中，闡釋物件也不再是一套固定不變的文本而是文本之間變化不定的功能和關係，文本之間也像言談主體一樣不斷對話，文本的意義從自足的共時系統走向了開放的歷時維度。

巴赫金的歷史詩學對語言背後的社會意識形態和歷史背景非常注重。在《馬克思主義和語言哲學》一書中，巴赫金修正了索緒爾（Ferdinand de Saussure）的共時性語言學。巴赫金認為，要理解話語的含義不僅需要沿著話語之間的關係軸，而且應當放到話語產生的社會脈絡中。後期結構主義走出了純粹的文本能指分析，把更多政治的、經濟的和文化的現象納入了分析的範圍。結構主義的語言中心沒有

變，但把文化符碼面和意識形態面結合了起來，關注文化符碼背後的社會含義。巴赫金的對話理論非常重視一個概念——「未完成性」，深深地影響了當代符號學運動。對話永遠是指向未來的，指向尚待完成的區域。在小說裡，作者和主人公的對話是不會完成的，而正因為不可完成，突出了審美活動的「事件性」特徵。作者不是創造文本而是參與文本這一事件，因此審美的意義是不斷生成的，沒有被任何外在因素所壟斷。「未完成性」在後結構主義符號學那裡與皮爾斯的「無限衍義」結合在一起，成為符號學重要原則。（董明來）

參見：狂歡，複調，雜語
延伸閱讀：Bakhtin 1988，1989，1998

Barthes, Roland 巴特

　　巴特（1915-1980），法國符號學家，為推動當代符號學運動作出了傑出的貢獻。1915年11月12日出生在法國諾曼第的瑟爾堡（Cherbourg），1980年因車禍受傷不治。

　　巴特的符號學理論和觀點集中體現在他的《符號學原理》《神話學》《符號學美學》和《流行體系：符號學與服飾符碼》等著作中。1957年出版的《神話學》是巴特的早期著作，該書從文化符號學的角度對資產階級意識形態作了文化批判，針對的是布爾喬亞意識形態如何以近似匿名的方式，被強加在所有社會階層之上。《神話學》是對符號學文化批判的一大貢獻。20世紀60年代以來大眾傳播迅猛發展，各種代碼與訊息湧出。人們往往視其為客觀現實，而忽略其中共同的內在意義運作。羅蘭・巴特剖析了法國大眾傳播媒介所創造的「神話」，揭露了資產階級為自身目的而暗中對代碼的操縱。作於1964年的《符號學原理》第一次明確界定了符號學基本概念，同時清晰地梳理了符號學的主要理論，並提出了符號學的四對基本範疇：I.語言與言語；II.所指與能指；III.系統和組合段；IV.直接意指和含蓄意指。

　　羅蘭・巴特在大眾傳媒蓬勃發展的時期做的概念梳理工作，是他對符號學的重大貢獻。如「意指」這個有些含混的概念，被他解釋為「意指作用（即記號過程semiosis）並未把兩個單側的實體結合起來，它並未使兩個關係項靠攏，即能指和所指各自既是關係項又是關係」。在巴特之前，含蓄意指現象尚未被系統地研究過。在《流行體系：符號學與服飾符碼》中，巴特應用符號學探討當代文化中的時尚現象，影響極大。

　　巴特是結構主義階段符號學的領軍人物，也是他首先突破結構主義的系統論，將整個形式文論帶領入後結構主義的境界。他出版於1971年的名著《S/Z》（Barthes 2000a）把文本拆解成許多相呼應的單位，文本有機系統不復存在。巴特後期著作，如1973年的《文之悅》（Barthes 2002）和《戀人絮語》（Barthes 2009）則強調對文本的感受和欣賞；1980年他的最後一本著作《明室》分析攝影，提出了刺點／展面這對概念（Barthes 2011）。

　　巴特通過對各種生活符號的破譯向人們證明，我們置身其中的這個世界是一個由種種符號所形成的意義世界。我們從一個符號系統到另一個符號系統不停地對這些符號進行編碼和解碼，而人類全部的事務滲透了這種編碼行為。

　　巴特對符號學的貢獻既在基礎理論方面，也在實際應用方面。他在理論上的最大貢獻，是對符號內涵意義的分析，這是巴特符號學實踐的根本；而他在應用上的最大成就，是對許多時尚領域如服裝、飲食、廣告等所作的符號學分析。羅蘭・巴特的符號學打破傳統分析的藩籬與局限，對於解釋各種社會、文化、藝術與政治現象提出了大膽挑戰。（李靜）

參見：神話，服飾
延伸閱讀：Barthes 1994，1998，1999，2002，2009，2010

Baudrillard, Jean 布希亞

尚・布希亞（1929-2007），著名符號學家，當代符號學運動的關鍵人物，其思想具有跨學科的世界性影響。

布希亞生長於法國傳統家庭，在巴黎獲得社會學博士學位，1966年，任教於巴黎第十大學。其政治立場在激進馬克思主義與環境決定論之間採取折衷。他曾一度辭去大學教職，專心從事寫作和攝影創作，並在法國、英國、義大利舉辦了攝影展。從1968年出版《物體系》開始，布希亞撰寫了一系列分析當代社會文化現象、批判當代資本主義的著作，並最終成為享譽世界的法國知識份子。其重要的著作還包括：《象徵交換與死亡》《消費社會》《符號政治經濟評判》等。波斯灣戰爭後，曾拋出令人震驚並頗受爭議的「波斯灣戰爭未曾發生論」。

布希亞對當代資本主義的批判建立在符號學基礎上。他以符號之維發展了馬克思的商品政治經濟學。在《符號政治經濟學批判》一書中，布希亞認為，馬克思所研究的商品政治經濟學已經轉變為符號政治經濟學。換言之，馬克思所關注的商品形式在當代社會脈絡中已經讓位於符號形式。

此外，在《物體系》中，布希亞提出，在典型的傳統家庭格局中，物品和傢俱的功能更多的不是表現在其具體功能性上，而是其擺放位置關係的富有道德意味的象徵意義。布希亞認為，「內外的界線及它們在財產權的社會符號及家庭內在性（immanence）的心理符號體制裡，所形成一個純形式的對立……好像模擬人形，這裡物品成為家神，在空間中體現了家庭團體的情感關係及永續存在。」（Baudrillard 2001：14）。顯然，這種象徵關係承載著特定時期家庭成員間特有的倫理關係。然而在現代傢俱擺設格局中，物品失去了象徵功能，個人不再經由事物的仲介而被強行地聯繫於家庭。個人在社會關係中所受到的約束在物品的能動性及功能性中體現出來。（張碧）

參見：內爆，符號價值

延伸閱讀：Baudrillard 1994，2001，2008，2009

Baxian 八顯

道教對文字符號的分類。《雲笈七籤》云:「一曰天書,八會是
也;二曰神書,雲篆是也;三曰地書,龍鳳之象也;四曰內書,龜龍
魚鳥所吐者也;五曰外書,鱗甲毛羽所載也;六曰鬼書,雜體微昧,
非人所解者也;七曰中夏書,草藝雲篆是也;八曰戎夷書,類於昆蟲
者也。」(黃勇)
參見:道教文字觀

Benjamin, Walter 班雅明

華特‧班雅明(1892-1940),德國馬克思主義文學評論家、哲學
家,他的觀念對當代符號學影響很大,對視覺傳媒研究也有著重要的啟
發。他與法蘭克福學派的批判理論聯繫密切,並受到布萊希特的馬克思
主義理論的影響。其重要作品包括《發達資本主義時代的抒情詩人》、
《單行道》、《攝影小史》、《機械複製時代的藝術品》等。(張碧)
參見:機械複製
延伸閱讀:Benjamin 2006,2007

biosemiotics 生物符號學

美國符號學家西比奧克(Thomas A Sebeok)等人堅持把符號學擴
大到生物界,但是這個區域過於模糊,至今有待深入研究。把信號看
作符號的一種,符號學就可以進入動物符號學(zoosemiotics),甚至
植物符號學(phytosemiotics),或是幼兒的非語言表意。

西比奧克在動物的行為中找出誘騙謀略設計,這就使動物符號遠
遠超越了信號-反應的範圍(Sebeok & rosenthal 1981)。的確,在動物
的群體繁衍的一些最重要環節,例如哺乳、撲食、求偶,有時候可以
看到動物會對各種信號作初步的綜合解釋。但是絕大部分動物行為,

如飛蛾撲火，的確動物本身沒有給予解釋並調整反應的能力，這就是生物信號現象作為符號學研究物件的特殊性。生物的信號行為，是符號的邊界，應當屬於符號學研究範圍。尤其在生態問題日益重要的今日，生物符號學日益重要。（趙毅衡）

參見：西比奧克，環境界

bi-text 雙文本

翻譯符號學重要概念。英國翻譯理論家哈裡斯1988年首次提出了雙文本的概念，他所謂的雙文本指的是「源語文本和目標語文本的合體」（Harris 1988：54. 8-10），實際上指的是兩種符號的混合體。對於雙語讀者式的譯者來說，雙文本的概念是作為一種心理現實而非實踐活動存在的。根據哈裡斯的原話，原文本與目標文本「同時存在並緊緊地交織於」譯者的頭腦中，他對雙文本的界定是「翻譯時並存於譯者腦中的原文本與目標文本」，即他自己所謂的「兩維單一文本」，其中每一維就是一種語言（Shuttleworth & Cowie 1997：16）。產生雙文本的主體是譯者或雙語讀者。前者屬於普遍意義上的翻譯者，就後者而言，很多中國新文學早期的作家（尤其是詩人）都可劃入該行列，比如胡適、郭沫若、冰心、徐志摩、聞一多、李金髮等，他們都直接閱讀了外國文學原作，也不否認自己的創作受到了外國文學的影響。

從雙文本的存在方式來看，雙文本存在於譯者或直接閱讀原作的讀者的頭腦中，也即是說，源語文本和目標語文本同時存在於讀者的頭腦中，原作已經對讀者發生了作用（產生了影響），而目標語文本（譯作）卻並沒有以實在的文本形式出現，它只存在於讀者的頭腦中，是潛在的翻譯文本。從雙文本的特徵來看，「這個概念是作為一種心理現實而存在的」，它「主要屬於心理範疇的概念。」（Shuttleworth & Cowie 1997：21）。（熊輝、劉丹）

參見：翻譯符號學
延伸閱讀：Harris 1988

blank-sign 空符號

符號表意的重要形式之一。作為符號載體的感知，可以不是物質，而是物質的缺失：空白、黑暗、寂靜、無語、無嗅、無味、無表情、拒絕答覆等等。

缺失能被感知，而且經常攜帶著重要意義：繪畫中的留空、音樂中的休止、飛機從雷達上消失、情書久等不來、欲言還止（aposiopesis 舊譯「脫絕」。例如「滾！不然……」，不說明，意思反而充分表達）。這種符號被西比奧克稱為「零符號」（zero-sign）（Sebeok 1985：118），韋世林教授稱之為「空符號」（韋世林2009：4.42-47），後者是個比較清楚的術語。

零和空無，可以是極具意義的符號。錢鍾書先生指出，「宗教家言常以空無一物的虛堂，淨無點墨之白紙，象示所謂太極之本質……宋周敦頤之《太極圖》，明釋法藏《五宗原》，均已空白圓圈〇始，示大道之原。」（錢鍾書2007：1.55）。不僅在潛心論「虛」的道家中，棄有說「空」的佛教中是如此，歐洲在理性主義漸漸成為思想主流時，也開始明白空符號的重要：零作為符號的出現，是推動數學發展的關鍵一大步；「消失點」（vanishing point，焦點）革新了美術上的透視法；「想像貨幣」即錢幣，使商品市場成為可能（Rotman 1987：1）。艾柯也曾舉出許多空符號的例子：汽車不打燈，表示「我將直行」旗艦上不升司令旗，是表示「司令不在艦上」（Eco 1976：55）。實用上，一個人可以停止說話，停止做表情，但不可能停止表達意思，因為不說話無表情也表達意義。

《道德經》說「大音希聲」：「大音」作為音樂本體體現為無聲的寂靜，它本質上是人對於世界的音樂性聆聽。但是靜默本身不是「大音」，空符號要表意，必須有一個背景。從這點上，可以說，物的缺失，也是「物質性的」：缺失是「應該有物時的無物」。（趙毅衡）

參見：符號，符號載體
延伸閱讀：韋世林2012

blended motivations 混合理據性

在具體符號中，符號與物件的三種關聯方式——像似性、指示性、規約性經常混合。皮爾斯指出：「要找到任何一個沒有指示性的事例是非常困難的，如果不是不可能的話。」（Peirce 1931-1958：2.304）。他的意思是說任何符號多多少少都有指示性，都引起接收者對物件的注意，因此都有指示成分。實際上三者混合幾乎是普遍的：一個最普通的交通標記——「不准掉頭」，就有像似、指示、規約三者結合。

相當多符號，混合了這三種關聯方式，無法截然說某個符號屬於某一種，只是各種成分有多有少而已。所以上文說，任何符號都多少有圖像性，多少有指示性，也多少有規約性。三種符號各有其短處，也可以簡單說一下它們各自的特殊優點或傾向：像似性使符號表意生動直觀；指示性使物件集合井然有序；規約性讓符號表意準確有效。皮爾斯認為上述三種符號與物件的關係「盡可能均勻混合的符號，是最完美的符號。」（Peirce 1931-1958：4.448）。（趙毅衡）

參見：像似性，指示性，規約性

Bourdieu, Pierre 布迪厄

布迪厄（1930-2002）法國著名符號社會學家。布迪厄早年學術生涯曾受到結構主義符號學的影響，他將索緒爾的理論批判性地運用在了一系列文化實踐的理論建構之中。

在布迪厄的文化社會學理論中，「場域」、「習性」等概念至關重要。所謂「場域」，即「在各種位置之間存在的客觀關係的一個網路（network），或一個構型（configuration）。正是在這些位置的存在和它們強加於佔據特定位置的行動者或機構之上的決定性因素之中，這些位置得到了客觀的界定，其根據是這些位置在不同類型的權力（或資本）……的分配結構中實際的和潛在的處境（situs），以及它們與其他位置之間的客觀關係（支配關係、屈從關係、結構上的對應

關係，等等）」（Bourdieu 1998：133-134）。可見，「場域」是特定社會區域內諸多權力關係的概念化表達，是權力支配者與被支配者進行權力角逐的場所。同時，場域也是「一個有結構的社會空間，一個實力場——有統治者和被統治者，有在此空間起作用的恒定、持久的不平等的關係——同時也是一個為改變或保存這一實力場而進行鬥爭的戰場。」（Boudieu 2001：46）。質言之，場域是具有相對自主的法則的、相對獨立的社會世界。在場域中獲得支配權力的行動者具有場域所賦予的「符號暴力」，使社會接受這種既定秩序。

布迪厄以符號暴力將實踐領域內具體可感的經濟活動與「專業活動」聯接在一起，但儘管如此，他卻並不認為「符號暴力」能夠被還原為政治或經濟權力。他的理論實際是對馬克思的上層建築意識形態理論的發展和改造。（張碧）

參見：符號域
延伸閱讀：Bourdieu 1986，1998，2001

bricoleur 雜湊

李維史陀創用的符號人類學重要術語。在《野性的思維》中，李幼蒸將Bricoleur翻譯為「修補術」。瞿鐵鵬等翻譯霍克斯的《結構主義與符號學》將其譯為「零敲碎打」。按照李維史陀的說法，神話思維是理智的「雜湊」。

此詞原指專門用些拐彎抹角的手段來幹活的修補匠，這些人與具有專門技術的人是不同的。這些人的思維帶有雜湊和即興的特徵，因為他們所面對的往往會是偶然的結果，而且他們手頭上的工具也是有限的，這樣，在們有限的時間裡，只有一些包括原來構造和分解的剩餘內容的參差不齊的工具和材料。這樣，他們就不能指望像工程師那樣按照計畫來設計內容，只有用手頭這些品種不全，專門性不高的材料來工作。

　　神話思維與這過程非常類似。神話的組成單位是語言，由於語言本身有了一種意義，這樣在作為神話的組成單位的時候，便受到了限制，每種選擇都會導致神話結構的重新組織。這樣，神話便是一個由相互關聯的元素組成的系統。某一個元素的變化都會影響到其他成分的變化。（張洪友）

參見：李維史陀，原型，神話
延伸閱讀：Levi-Strauss 1987，2006，2009a；Hawkes 1987

C

carnival 狂歡

　　巴赫金（Mikhail Bakhtin）提出的重要的文化符號學現象。「狂歡」概念源自他對民間狂歡節文本的研究；但這一概念本身在巴赫金那裡，卻代表著一種獨特的觀看世界的模式，它「具有宇宙的形式，這是整個世界的一種特殊狀態」。

　　狂歡式世界的最主要特徵是「非官方性」，它與歷史性、時間性等概念緊密聯繫。巴赫金認為，與狂歡節的這種特性相反，官方世界追求的，是絕對的穩定性與完成性；而與狂歡節相聯繫的時間，是「與自然、社會和人生的危機、轉折相聯繫的」一種邊緣情景。狂歡世界觀在形式上的特徵是「全民性」。它體現為在狂歡廣場上不同階層人士之間親昵的交往：這種交往以脫冕和加冕儀式為前提。在此儀式中，擁有貴族身份者將混同於眾人，而群眾在狂歡節中推選出來的「狂歡節王者」則往往是在日常生活中處於底層的人們：奴隸、醉鬼、賭棍、妓女等。

　　在親昵交往的狂歡廣場上，人們的語言極其易變，充斥著在官方文學中少見，但在民間話語中常見的賭咒、髒話現象。這些話語極為貼近土地，貼近人的身體。這種效果被巴赫金稱為「降格」：「把一切高級的、精神性的、理想和抽象的東西轉移到物質和肉體層面。」巴赫金強調降格的位置符號學意義：降格的「目的地」即處於下方的大地，承擔著埋葬與再孕育的雙重功能。（董明來）

參見：巴赫金，雜語，複調，對話，節慶
延伸閱讀：Bakhtin 1988，1989，1998

Cassirer, Ernst 凱西爾

　　恩斯特·凱西爾（1874-1945），德國哲學家、符號學家，文化哲學體系的建立者，符號美學的創始人。

　　凱西爾早年思想靠近新康得主義馬堡學派的傳統，此後與該派立場產生分離，在對康得批判哲學的繼承和超越中，他試圖建立一種較為徹底的哲學認識論，將人文科學（語言、藝術、宗教等）與自然科學一併囊括在人類文化整體下。他一生著述眾多，研究涉及西方哲學領域中各個方面，對美學、語言哲學及哲學史都有深入的探討。而影響最大的還數他開創性地從符號形式角度去看待美學問題。1923-1929年，三卷本《符號形式的哲學》發表，標誌著凱西爾文化哲學體系的建立。在隨後的1944年，因戰亂流亡美國的凱西爾又用英文出版了《人論·人類文化哲學導引》一書，這本書被看作是凱西爾晚年哲學思想的集中表現，也是《符號形式的哲學》的提要和精簡闡述。

　　首先，凱西爾提出了「文化哲學」的範疇。凱西爾之前的哲學界，包括康德，都認為理想的「知識」僅包括嚴格的數理科學，而人文學科是被排除在外的。凱西爾感到這種傳統的做法不能應對當時文化學科領域的巨大發展，欲「擴大認識論」，拓寬認識物件，將康得的「理性的批判」變為「文化的批判」。他認為，神話、語言、宗教、藝術等和數理科學一樣，都體現了人類精神的物件化，它們作為不同的符號形式一起共同組成「人類文化的扇面」。

　　其次，凱西爾指出，人是使用符號的動物，人類文化的本質是符號的形式。人與動物的區別在於，動物僅能對「信號」（他稱作signs）作出條件反射，它與自然間的關係是直接的，而人則懂得製造「符號」（他稱作symbols），運用符號創造文化。人類文化的各個扇面，無論語言、藝術還是科學，都是介於人類與自然之間的符號形式，即便它們在認識手段上各有不同，但有一條共同的紐帶將它們歸

入環抱人類的「符號世界」中。正是符號思維和符號活動使人之為人，也是人類全部知識的來源。

凱西爾認為藝術是對實在形式的發現，是普遍情感與藝術構型的結合。藝術並非摹仿，也非再現，更不是藝術家個體情感的衝動與宣洩，而是要表現一種普遍的審美情感，這種抽象的情感必須通過藝術家的構型活動，借助色彩、線條、韻律、語詞等一系列感性媒介物加以客觀化，從而形成直觀可感的形式。凱西爾將藝術的形式定義為「純粹形象化的形態和結構」，這種形式具有無限豐富性、審美的普遍性和動態的生命性。凱西爾還強調了主體在藝術創作和審美中的重要作用：藝術家只有通過想像這種心靈的能動作用才能創造出感性的形式，同時又依賴於「一種判斷力和關照的活動」，從而藝術又在表層可感形式下獲得了深層的人類經驗，有意識的和反思的態度，所以藝術具有著「形式的理性」。

凱西爾的文化哲學理論和美學觀後來被蘇珊・朗格（Susanne Langer）繼承並發展成為20世紀符號學四種模式之一──符號美學。人們常常把他與朗格合在一起稱為「凱西爾－朗格學派」。（江淨沙）

參見：朗格
延伸閱讀：Cassirer 1985

catuskoti 四句破

佛教義理中蘊含著豐富的符號學思想。佛教中觀派哲學大師龍樹提出的意義邏輯方式，此詞漢譯佛經中譯名各別，另譯有「四句分別」、「四歧式」，或「四句門」等，西語一般作Tetralemma。

龍樹（Nagarjuna，生卒約西元3-4世紀）借佛陀之名而推廣的這個邏輯方式，把傳統的二元對立，分解成四元：純肯定、純否定、複合肯定（佛理稱為第三俱句，或雙亦句）、複合否定（佛理稱為第四俱非句，或雙非句）。解釋同一事物的這四種對立的立場，可以總結成如下圖式：

A正 ──────────────────────────────→ B（即-A）反
　　　A+B既正又反
　　　-A+（-B）非正非反

　　四句破完全突破了形式邏輯的「不矛盾律」（不能既反又正）和「排中律」（不能非反亦非正）。佛理中對任何二元對立──有與空、常與無常、自與他等等──均可依此四句加以分解。

　　佛教諸經論中，常以此四句法之形式來解釋各種義理，如《俱舍論》卷二十五「厭而非離、離而非厭、亦厭亦離、非厭非離」；《成唯識論》卷一有：「一、異、亦一亦異、非一非異」；《法華文句》卷三云：「權、實、亦權亦實、非權非實」；《發智論》七卷云：「有正智非擇法覺支。謂世俗正智。有擇法覺支非正智，謂無漏忍。有正智亦擇法覺支，謂除無漏忍，餘無漏慧。有非正智亦非擇法覺支，謂除前相。」

　　《華嚴經》舉了一個切實易明的例子：如來世尊滅後，究竟是否在世，對這個問題可以有四種看法：「如來滅後有，如來滅後無，如來滅後亦有亦無，如來滅後非有非無」。這個說法非常精彩，而且恐怕是唯一說得清楚的看法：可以說如來滅後既在世又非在世；但最適當的看法是雙否定：非有非無，根本不能以在世與否論之。

　　格雷馬斯符號方陣借鑒了四句破在歐洲思想史上的各種變體。（趙毅衡）

參見：符號方陣，無限衍義

cereme 空符

　　葉爾姆斯列夫認為符號的最基本雙重分節，在「表達」與「內容」這兩個層面之間。表達層的單元是純粹形式，是空洞的，因此是空符；相對應的內容層面是具體的意義，是實符（plereme）。

參見：實符

channel 管道

在符號學與傳播學結合的認知中，管道是接收者心中的「感知方式」。無論媒介形式如何變化，感知管道仍然是「視覺、聽覺、嗅覺、觸覺」。

管道應當與媒介或媒體有所區分：管道屬於生理感覺，媒介屬於物質文明，而媒體與體裁從屬於文化實踐。管道是作用於感官的物質介質，是符號資訊到達接收者感官的途徑，是媒介被感知的方式。西比奧克把管道分成兩大群：物質的（液體的、固體的）、能量的（化學的、物理的），而物理的又分成視覺（日光、生物光），聽覺（氣體傳達的、液體傳達的、固體傳達的）、電力、熱力（Sebeok 1968）。這樣就有九類細分的管道。如此分類，可能過分技術化：例如味覺符號的物源究竟是固體還是液體的？是物理還是化學的？恐怕這些不是符號學的研究課題，符號學只能滿足於說：味覺是一種管道。管道應當用接收者感知的器官來分：有視覺、聽覺、味覺、觸覺、嗅覺等五類。人類文化使用最重要的管道是視覺與聽覺。（趙毅衡）

參見：媒介，媒體，符碼

Chao, Yuen-Ren 趙元任

國際著名的語言學家趙元任對於符號本質特性的論述，以及有關符號應用規律的開拓性探索，構成了他思考漢語的語音和語法規律的基礎。

趙元任的符號學理論觀點大量散見在其有關漢語的專題性研究著作和論文之中，而系統闡述其符號學理論的代表性作品則是發表於1926年的「符號學大綱」一文（趙元任 2002）。在這篇文章中，趙元任對於符號本質特點的界定，與世界符號學理論的創始人皮爾斯不謀而合之處甚多，但趙元任的文章遠早於三十年代皮爾斯著作開始公諸

於世之前，由此更顯示其高度的獨創性。此外，趙元任在該文對符號構成要素類型的分析，以及所提出的符號應用功能的主要原則，此後尚無任何符號學家有過如此系統的闡述。

趙元任在該文中首先勾勒了符號學的兩大門類：一是理論符號學，其主要任務有「研究符號的性質」、「調查與分析各門學術裡所用的符號系統」（趙元任 2002：178）；二是應用符號學，其主要任務有「研究符號好壞的原則」、「改良不好的符號，創造缺乏的符號」（趙元任2002：178）。回顧過去一個世紀符號學的發展歷程，可以看出，趙先生在上個世紀20年代提出的符號學研究的這兩個主要門類，前者研究者眾多，而後者屬於符號倫理學，很少有人在此基礎上做過深入、系統的探討。這實際上也是符號學發展歷史所應該吸取的重要教訓。

趙元任立足於符號與物件的關係對符號提出了這樣的定義：「符號之所以為符號，並不是從符號本身上可以看得出來的，是看這事物有所代表沒有，假如某事物是代表他事物的，無論兩者是屬何性質，前者就叫後者的符號，後者就叫前者的對象。」（趙元任 2002：187）

對於符號與物件的關係的分析，趙元任從心理聯想法則出發，認為符號與物件的關聯性越高，心理聯想的依據越充分，符號成立的理由就越能滿足。這實質上觸及到後來符號學的一條重要理論原則，即符號理據性原理。以索緒爾為代表的歐洲結構主義符號學派，過於強調符合的任意性原則，並以此作為符號成立的依據，斷言符號與物件的關聯性越低，其間的關係越表現出「任意性」特點，符號就越典型，自然語言符號乃其代表。

關於符號的產生機制，趙元任認為主要有三種：一、天然的；二、人為的；三、機械的（趙元任2002：185）。這個分類和後來Sebeok的符號分類相通之處頗多。

　　趙元任在該文的第二章「符號的應用」部分以「符號的用處」為題，系統地論述了符號的四種主要功能，即「喚起事物的聯想」、「喚起情感作用」、「傳達命令」、「作聯想的中心點」（趙元任2002：193）。這一認識，遠遠早於雅柯布森（Roman Jakobson）影響甚大的語言符號六功能學說。趙元任特別強調了同一符號常常兼有多種功能。

　　趙元任還系統地討論了「好符號的條件」，這個「好」的判斷，既有對符號應用便利性的考慮，也有關於何種條件更能體現符號的符號性的理論思考。趙先生認為，理想或好的符號須滿足以下16條原則：1.要簡單；2.要美；3.要容易做；4.要容易傳播與接受；5.要容易構想；6.要小；7.利用抽象成素；8.容易喚起物件；9.要能應情形上的限制；10.要省；11.守舊維新要適中；12.符號與物件的關係要明白；13.符號與物件要相干；14.符號系統與物件系統要相干；15.符號的總數不可過大也不可過小；16.物件只能辨別到某程度，符號的細度就不必過此程度。（趙元任2002：196-208）這16條原則，涉及到符號的審美特性、結構要素、傳達過程，以及符號與所指物件的關聯性等多個維度的問題。從符號學的發展歷史看，趙元任提出的這些開拓性見解，有一部分在此後符號學與其他學科的交叉研究方面有所發展，有一些直到最近幾年才在國際符號學界引起初步關注。例如，符號的審美特性，主要在文學和藝術符號學領域得到過探討，但迄今尚未上升到符號的一般原則的高度。

　　除上文外，趙元任的〈語言與符號系統〉（趙元任1968）、〈說說漢語這個符號系統〉（趙元任 1973）以及〈論翻譯中信、達、雅的「信」的幅度〉（趙元任 2002：617）一文，是展示其符號學思想的重要論文。其中，趙元任在提出了語言符號與行為動作之間的轉譯關係，這和雅柯布森1959年系統提出的符號轉譯的三種類型——語言內轉譯、語言間轉譯、符號系統間轉譯學說不謀而合。

趙元任的這些符號學思想，足以讓他成為世界符號學運動的先驅。進一步對趙元任的符號思想深入研究，是當今國際符號學界，尤其是中國符號學界需要應對的迫切任務。（盧德平）

參見：語言學，無意義
延伸閱讀：趙元任2002；Jakobson 1973

Cheng wei shi lun 成唯識論

《成唯識論》是玄奘建立唯識義理的重要佛教典籍，為慈恩宗（又稱法相宗、唯識宗）特重，後由此論產生大量思辨精密的論疏，使唯識學說越發精緻，帶有濃重的思辨哲學意味，似乎有悖於唯識學的修行實踐本旨。《成唯識論》為古印度護法等造，唐玄奘譯，窺基筆受。據傳，大乘佛教瑜伽行派創始人之一世親晚年撰《唯識三十頌》，未及注解便告謝世。由於此頌代表了世親生平唯識學說的定論，後世有十家論師相繼撰述全釋此論。

唐貞觀三年（西元629年，一說貞觀元年），玄奘赴印求法，進入印度當時的佛教中心那爛陀寺（Nālandā Vihāra），學習了以瑜伽行派為主的大小乘各派學說，同時深入學習了因明、聲明等學科。

西元645年，玄奘返唐，旋即以譯經事業傾盡餘生，完整譯介了瑜伽行派體系重要典籍，共翻譯大小乘各派典籍75部，凡1335卷。在翻譯十家論師對《唯識三十頌》的注書時，採納窺基的建議，以護法論師為主糅合十家之說，並由窺基任筆受，譯成《成唯識論》十卷。

《成唯識論》基本採取解釋頌文、插入廣論的行文方式，以境、行、果次第組織全論，內容廣博，闡述了「八識、二無我，五法、三自性」在內的幾乎全部唯識理論及修行實踐的證果次第。此書詳細解釋了「阿賴耶」（ālaya，意為「藏」）的「三藏」義（能藏、所藏、執藏），成立「賴耶三相」（自相、因相、果相）。在探討認識結構時，依護法的「四分說」（見分、相分、自證分、證自證分），完善了「識轉變」理論。另外，由於《成唯識論》作者師承陳那，長於因

明，行文常用因明軌式，更使本論立說精嚴，其唯識學說較之從前更加體系完整、推理嚴密，以此論為代表的理論體系一般也被稱作「唯識新義」。

　　慈恩宗三代而衰，其後數年間，包括《成唯識論述記》在內的《成唯識論》相關論在中國失傳，直至近代才由學人從日本輾轉取回，此亦為契機，推動了中國近代唯識學的復興。（劉華）

參見：唯識學，因明學，玄奘
延伸閱讀：窺基1995

Chomsky, Noam 喬姆斯基

　　喬姆斯基（1928-），美國當代著名的語言學家、麻省理工學院教授、轉換生成語法的奠基人，深刻影響了語言學、哲學、心理學和電腦科學等。

　　喬姆斯基認為兒童生下來就具有一種普遍語法（Universal Grammar，簡稱UG）。嬰兒憑藉這個普遍語法去分析和理解後天語言環境中的語言素材。然後通過先天的「語言獲得裝置」（language acquisition device，LAD）實現由普遍語法向個別語法轉化的過程。不過這種說法也因為很多人覺得過於注重先天性而引發爭議。

　　喬姆斯基1957年出版的《句法結構》在語言學上具有標誌性意義，書中提出的轉換－生成語法衝垮了結構語言學的支配地位，被人們稱為「喬姆斯基革命」。他認為每一個句子都有兩個結構層次——深層結構和表層結構。人類普遍具有一種「語言能力」，這種語言能力通過一套「深層結構」向「表層結構」的轉換規則，從而把意義和形式結合起來。轉換生成方法此後不斷被改進，1993年喬姆斯基《語法理論的一個最簡方案》的發表使他開創的生成語法進入了一個嶄新的階段——最簡方案階段。此理論也在不斷完善和發展中。（唐秋平）

參見：結構主義，能力
延伸閱讀：Chomsky 1995

Chora 子宮間

　　克里斯蒂娃提出的符號精神分析學核心概念。源自柏拉圖的《蒂邁歐篇》（Timaeus），意指一種「母性容器」，一個「永恆」場所；它「不能命名，先於唯一、上帝、因而否定形而上學。」

　　克里斯蒂娃挪用並重新界定了這個概念：「子宮間不是符號，也不是能指；不是模型，也不是副本；它處於前象徵期，不確定，不可命名和言說；它是符號向象徵轉化的仲介。」（Kristeva 1986：95）如同狂歡節廣場，子宮間充滿著律動、狂喜與愉悅，也有著曖昧、背叛與混亂。它不是一種女性專用的範疇，而是一種處於邊緣地位、反抗律法的顛覆性語言。於是，它與狂歡話語如出一轍，向上帝、權威與常規開戰，否定形而上學的同一性，打破傳統的語義邏輯結構，釋放言語多義的無限潛能，因而具有變異性、雙重性、否定性亦即語義滑離、無邏輯等症。因此，「子宮間」這一曖昧的、混沌的、背叛的、不可言說和充滿愉悅的空間是一種邏各斯話語的斷層，它構成語言的多樣化和分裂性。克里斯蒂娃將「子宮間」用作表現說話主體潛在動力的詩性話語，並運用於批評，視之為顛覆傳統和權威的「革命性」的語言之源頭。（張穎）

參見：克里斯蒂娃，精神分析
延伸閱讀：Kristeva 1971，1986

cinematic semiotics 電影符號學

　　電影符號學是符號學和人文科學跨學科理論探討中成就最突出的領域之一。其在認識論革命上的意義在於：在最直觀、常識性的電影世界創生了一個與其既「密切」（在物理空間的意義上）相關又完全不同的（在內容構成意義上）知識領域（Metz 2002：1）。

　　一般認為電影符號學主要有三類，第一類是20世紀60年代法國結構主義人文思潮興盛時在法、英、意等電影理論界的有關理論研究，

主要課題是電影語言與電影文本分析。第二類是在20世紀70年代法國結構主義（主要是拉康學派精神分析和「後結構主義」的文本研究）影響下形成的一些電影符號學理論，主要課題有觀眾深層心理、電影機構與意識形態、電影敘事學，此外還包括意、英、美等國的類似研究（主要代表人物有貝洛爾、歐達爾、漢德森、赫斯等）。第三類則是泛指所有那些自20世紀40年代以來，在某種程度上將認知符號學概念和方法用於電影理論分析的研究。目前關於第三類尚存在一些爭議。

電影符號學最初涉及到傳統的電影語言研究，例如瑪律丹和他以前的有關研究。20世紀60年代隨著語言學的發展，電影語言的研究開始精密起來。二是在文學和電影之間進行「二次合作」（「一次合作」是指小說內容分析與電影內容分析在「內容層面」上的同質性，「二次合作」指兩者在「表達層面」上分析方法的類似性）的階段，從敘事層次進入電影研究的。這主要得益於法國50年代以來以李維史陀和羅蘭‧巴特為代表的神話和小說敘事結構分析。

麥茨（Christian Metz）是電影符號學第一階段的代表。他早期的電影理論研究主要專注於電影敘事分析，他在文章中所宣稱的索緒爾語言學在電影領域中的實踐，其實是將歐洲傳統的結構主義語言學和結構主義文學分析兩個領域中的語言組合段類型學運用到電影研究，由此而產生了他的「電影大組合段分類學」，主要探討電影研究方法論基本問題。他認為電影敘事方法是電影藝術的基本內容，由於電影語言不具備天然的語言「結構」，因此只有敘事符號學才體現了結構主義語言學在電影中的應用。麥茨從葉爾姆斯列夫和巴特借用直接意指和含蓄意指概念，並將它們分別應用於電影敘事本身及其風格意蘊，從而建立了沿著這兩個軸心來傳達意義的電影符號學（Metz 2002：2-3）。

英國電影理論界把法國的理論與英國的經驗主義進行調和，其中，沃倫（Peter Wollen）是最先把電影符號學和結構主義應用於英美電影研究的先驅。沃倫企圖用美國皮爾斯－莫里斯派的符號學來補充

電影理論界主要採用的大陸派符號學理論，從而使自己的電影理論觀具有折中色彩。沃倫對電影敘事表現問題，採取調和立場，主要表現為他希望將「樣式」（同時性）與「作者」（歷時性）統一起來。

帕索里尼（Pier Paolo Pasolini）提出了「詩的電影」，他認為電影導演必須自行創造自己的詞彙。當導演和他的人物融為一體，並通過他的人物來敘述劇情或者表現世界時，他不能求助於語言工具。他只能以風格來進行創作。阿勃拉姆森（Ronald Abramson）運用帕索里尼的電影理論來批評電影研究的語言學主義。他的理論涉及到藝術認識論的基本問題，尤其是內容與形式的關係問題。阿勃拉姆森認為電影是一種無代碼的通信形式，因此電影表面上不存在語言結構。對電影作品進行分析時應側重場面調度的風格形式分析。

艾柯（Umberto Eco）對電影符號學進行了細緻的研究，他把電影語言研究與其他有關學科聯繫起來並將討論擴展到一般符號學。他指出，電影形象並非與現實完全相似，而只是部分相似，因此可理解性的條件不完全來自現實本身，而是在相當程度上來自許多其他慣習性的和文化性的因素。他進而將電影這種特殊的語言分為三個層次，建立了畫面與片段的三重分節說（Metz 2002：44-46）。

符號學是電影研究的主要方法論。電影符號學的建立既為符號學的物件規定了明確範圍，也為電影學提供了有關複雜物件構成的分析方法。（何燕李）

參見：麥茨
延伸閱讀：Metz 2002，2005，2006

cinematographic language 電影語言

20世紀60年代，電影語言的研究在法國和義大利有了很大的發展，其與50年代的「電影語言」不同。20世紀50年代及以前的「電影語言」是一種比喻，這個「語言」泛指「表達方式」，更確切地說，泛指造成各種電影表現效果的技術性手段（如剪輯方法、攝影方法、

照明、音響處理等等），具有明顯的實用性。而麥茨等電影符號學家則從純理論水準上對電影表達面進行語言學式的嚴格分析。

麥茨認為電影語言（Cinematographic Language）與電影語言系統（Cinematographic Langue）是不同的。麥茨認為電影語言與口頭語言和人類音聲語言之間的最重要的區別，在於電影語言不存在語言系統。在電影中就沒有與一種語言系統類似的東西。也就是說，沒有深層結構。日常語言的說話者是使用者，電影製作者卻是創造者，而電影觀眾成了使用者。電影語言既不包括相當於語素（或幾乎相當於字詞的東西）的第一分節中的單元，也不包括任何相當於音素的第二分節中的單元。

沃倫認為：從某種意義上說，電影是一種語言，或者至少可以說是一種語法：鏡頭（或備用鏡頭，雖然這個詞會引起問題）具有字元性，在某種意義上它類似於一個詞，而且用剪輯法對諸鏡頭進行連接就是一種句法。（何燕李）

參見：電影符號學

code-switching 代碼轉換（漢字）

指文字與其他文字或代碼之間的等值性轉換。如漢字轉換為中文拼音或五筆字型輸入代碼。

一次代碼轉換：指進行轉換的兩種代碼之間因具有結構上的同構性而能進行直接的、一次性的轉化。如各種音素文字都是語言底層單位的代碼，它們之間在結構上同構，彼此都可以進行一次性代碼轉換。

二次代碼轉換：由於漢字與其他字母文字系統之間的不同構性，而需要第二次編碼使之同構後才能實現轉換。如漢字在電腦輸入時首先要轉換成漢字編碼（各種漢字輸入法）。中文拼音就是漢字的二次代碼轉換。（孟華）

參見：表意文字法

code 符碼

在符號表意中，控制文本形成時的意義植入規則，控制解釋時的意義重建的規則，都稱為符碼。這個術語code，用於各個科目意義不同，軍事與生物工程上譯為密碼；語言學界常用「代碼」或「信碼」。符號傳達的理想過程是：符號資訊的發出者，依照符碼對符號資訊進行「編碼」（encoding），意義就被編織入符號文本，文本就帶上了意義；符號資訊的接收者對符號資訊進行「解碼」（decoding），資訊就變換成意義。

文本形式分類本身可以成為符碼：例如在音樂聲效上，小調和慢節奏象徵憂鬱，獨奏象徵孤單。在攝影技術上，柔焦意味著浪漫；書籍開本，辦公桌大小，手機厚薄，房子高低等等。但符碼遠不至於形成分類，各種經驗、習俗、規章等都可以成為符碼即解釋依據。符碼並不創造意義，它們只是解釋符號的規則。但是，如果能創造性地運用符碼，新的意義也就出現了。符碼的集合稱為元語言，有時此二者同義。（趙毅衡）

參見：符義學，元語言

coinage of Chinese character 造字方式

中國傳統學術中，將漢字的造字方式概括為「象形、指事、會意、形聲、假借、轉注」六書。其實這「六書」不是一個平面上的問題。漢字符號學認為，符號學中的理據性（或動機性）和任意性兩種基本意指方式，反映到漢字符號中，就表現為表意和假借。

表意方式具體包括三類：一是「象形」，就是通過圖像性形體來描繪事物形狀的造字法，如甲骨文象形字：日像日之形，像目之形。二是「指事」，是用抽象的形體或者在象形符號基礎上附加指示性筆劃構成文字的方式。有兩種指事字：一是用抽象形體表示某些抽象概念的指事。如甲骨文（上）、（下），以長短兩根線條

的對比，來指示方位的上和下。第二種指事字是在象形字基礎上附加抽象的指事性標記。如「刃」就是在獨體象形字「刀」的基礎上加一點，以指示刀的某個位置。三是「會意」，是兩個或多個有意義的字元合成新字。如字元「目」和「垂」合起來構成會意字「睡」。

以上由「象形」、「指事」和「會意」構成的表意方式，它們的共同特徵是文字的形體與所表達的漢語詞義單位之間有某種意象性理據關聯。而「假借」是指：語言當中的某個詞本來沒有自己的書寫形式，人們便利用一個同音字來記錄它。如「自」本來是鼻子的象形，後借來表示代詞和介詞的「自」。可見，「假借」方式在符號學上表現為任意性原則：它雖脫胎於表意字，卻切斷了表意字的形體與漢語詞義單位之間的意象理據聯繫而指向抽象的語音，其形體成為一個無意義的任意性符號。

因此，漢字造字法中最主要的是「兩書」：表意和假借，「六書」中的「形聲」只不過是表意和假借這兩書的結合。表意代表了漢字有理據、意象性地表達漢語的視覺文化精神，假借代表了漢字純表音、反理據、向漢語靠攏的口語文化精神。其中意象性的理據原則和目治精神，是漢字造字的主導方式，它與耳治的假借一起，共同構成了整個漢字符號系統的功能性二元生成機制。（孟華）

參見：會意，象形

commodification 商品化

商品化，即非商品（產品或其他物品）轉變為商品的過程，其定義取決於商品的內涵。馬克思主義政治經濟學理論把商品化定義為將包含了無差別人類勞動的產品通過市場交易轉換成具有交換價值的商品的過程。而在文化分析和傳媒符號學領域裡，商品化是指在產品通過廣告等市場行銷手段，獲得符號表意功能的過程。（饒廣祥）

參見：商品，廣告異化，符號消費

commodity 商品

物品符號化社會化的重要方式之一。在馬克思主義政治經濟學理論中，商品在與產品的區分中被界定，商品被定義為凝結了無差別人類勞動的用於交換的勞動產品。在文化研究和符號學視野裡，商品是滿足消費者需求的符號化的物品，但對其符號結構有不同的看法。

布希亞（Jean Baudrillard）把商品的價值分為客觀價值和符號價值。物品在其客觀功能領域以及外延領域之中是佔有不可替代地位的，然而在內涵領域裡，它便只有符號價值，就變成可以多多少少被隨心所欲地替換的了。在布希亞看來，在消費社會裡，商品更多的是「物品／符號或物品／象徵的連結」。趙毅衡從符號學角度進一步區分了商品作為「物－符號」的三個層面：一、有其使用功能，取決於物質條件；二、是符號表意功能，如品牌、格調、時尚、風味，這是社會型的表意價值；三、是藝術表意功能，如美觀、色彩的配合，與體態的結合。這三者結合在一個商品之中。

符號學的商品觀影響甚廣。有不少學者從新聞傳播的角度分析商品，認為商品的符號價值主要通過廣告等市場行銷活動獲得的。他們認為廣告是「提出主張，徵求同意」，是賦予產品以意義，促使其轉化為商品的工具，是商品生產的最後一道工序。（饒廣祥）

參見：商品化，廣告符號學，商品拜物

communication studies 傳播學

通常將傳播學界定為研究人類一切傳播行為和傳播過程發生、發展的規律以及傳播與人和社會的關係的學問，是研究社會資訊系統及其運行規律的科學。簡言之，傳播學是研究人類如何運用符號進行社會資訊交流的學科。傳播學又稱傳學、傳意學。對傳播行為的研究源遠流長，而直到20世紀，傳播學才因媒介技術的重大發展而獲得特別重要的地位。

　　從學科發展史來看，作為專門學科的傳播學誕生於美國。一般認為，傳播學的奠基人有五位：拉斯韋爾（Harold D Lasswell）是美國現代政治科學的創始人之一，提出了著名的傳播學5w模式；盧因（Kurt Lewin）提出了資訊傳播中的「把關人」的概念，霍夫蘭（Carl Hovland）耶魯大學的實驗心理學教授，把心理學實驗方法引入了傳播學領域，並揭示了傳播效果形成的條件和複雜性；拉棻斯菲爾德（Paul F Lazarsfeld），把傳播學引向了經驗性研究的方向並進行了一系列的實證研究；施拉姆（Wilbur Schramm）設立了世界上第一個傳播學研究所，主編了第一批傳播學教材，開闢了電視對少年兒童的影響等幾個新的研究領域，他被認為是集大成者。

　　傳播學研究的方法與傳統。一般認為，傳播學的研究傳統主要由源自歐洲的「批判學派」和源自北美的「經驗學派」組成。法國著名傳播學家伯納德・米捏（Bernard Miege）將傳播學各種研究傳統看成20世紀五六十年代三大傳播學奠基學科的演化結果。這三種傳統分別是：控制論模式、經驗－功能主義取向和結構主義語言學。隨著傳播學學科的極大拓展，此後的門類複雜性遠遠超過最初預計，且難以用一種方式歸類。李特約翰接受了克里格（Robert Craig）劃分思想，歸納了傳播學研究的七大傳統：符號學、現象學、控制論、社會心理學、社會文化、批判理論、修辭學。

　　約翰・費斯克（John Fiske）則把傳播學二分為重視「訊息傳遞」的「過程學派」和重視「意義生產與交換」的「符號學派」。過於簡化的歸納作為一種易於瞭解大概的方法，也有其自身的缺陷。如英尼斯、麥克魯漢的「多倫多學派」及其後來發展而成的「媒介環境學派」，難以簡單歸納，因而被許多學者稱為「媒介技術」的「第三學派」。近年來，傳播學與符號學有學科互動與深度交叉的趨勢。（胡易容）

參見：傳播符號學，傳播，拉斯韋爾
延伸閱讀：Littlejohn & Foss 2008

communication 傳播

　　Communication的英文原意複雜，中文翻譯也可以有十幾種，如：交往、交流、交通、通訊、傳播等。15世紀後，communication現代普遍意涵基本確立。其含義超過十種，常見的包括「通訊、通知、資訊、書信；傳達、傳授、傳播、傳染；交通、聯絡；共同、共用（郭慶光1999）。而技術化的引申到17世紀才開始顯現。隨著工業化技術飛速發展，communication作為「工具性、技術性的承載與運輸」的抽象名詞應用於「公路、鐵路、運河」以及後來的「通訊技術」（Williams 1985：73）。此後，「傳播」作為communication隨著大眾媒介的興起而朝著「技術化、大眾化、單向度」演化。

　　關於傳播的定義，據統計有超過一百種之多，它們有著各自的側重點，如：強調傳播是資訊的共用；強調傳播是有意圖地施加影響；強調傳播是資訊交流的互動過程；強調傳播是社會資訊系統的運行；強調傳播是社會關係的體現。傳播學奠基人拉斯韋爾（Harold D Lasswell）提出了五W模式：Who（誰）、Says what（說了什麼）、In which channel（通過什麼管道）、To whom（向誰說）、With what effect（有什麼效果）。這五個W構成了傳播過程的五個基本要素並成為研究傳播現象的基本領域劃分：1.傳播者（信源）；2.受傳者（信宿）；3.訊息（針對資訊的完整性）；4.媒介（通道）；5.回饋（獲得傳播資訊是傳播者的意圖）。此後許多學者在此基礎上進行了修正與豐富，重要的有：香農－韋弗數學模式、奧斯古德與施拉姆的迴圈模式、施拉姆的大眾傳播過程模式、德福勒模式（又稱大眾傳播雙迴圈模式）、韋斯特利－麥克萊恩模式。

　　這些模式的共同特徵是注重作為物理形態的資訊流過程，而缺少對於意義關係的探討，語言符號學家雅柯布森（Roman Jakobson）的傳播語義模式的六因素涵蓋了意義可能側重的傳播六因素。

傳播的分類方式有多種。一般研究傳播，是指人類社會中的傳播行為與現象，但自然界中的動植物、微生物也存在資訊傳播現象。動物的求偶、植物的授粉以及真菌的傳染甚至基因資訊的複製都可以成為傳播行為。因此，研究傳播時，必須要界定其邊界。根據傳播借助的媒介形式可以大致分為：非語言傳播、語言傳播、書寫傳播、印刷傳播、電子傳播；或根據經由的感知管道劃分為：視覺傳播、聽覺傳播、觸覺傳播、味覺傳播、嗅覺傳播；傳播主體類型及資訊發送在社會關係中的結構來劃分，則可以分為：自我傳播或內在傳播、人際傳播、群體傳播或組織傳播、大眾傳播。（胡易容）

參見：傳播學，交流學，管道，雅柯布森
延伸閱讀：McQuail 2010

communicative action theory 交往行動理論

哈貝馬斯以普通語用學為基礎所發展出的一套社會學理論。在他看來，交往行為屬於「涉及至少兩個具有語言能力和行為能力的主體之間互動的關係」，是主體之間實現互相理解而進行的交往。哈貝馬斯所謂的「交往行為」指一種雙向的溝通，其中，語言在交往行動理論中發揮媒介作用：「交往行動概念（即交往行為理論），首先把語言作為參與者與世界發生關係，相互提出可以接受和駁斥的運用要求的理解過程中的一種媒體」（Habermas 1994：140），認為作為交往媒介的語言能夠為主體之間實現相互理解而服務，語言是一種理想的對話交流模式。

哈貝馬斯把「世界」區分為「客觀世界」（「外部世界」）、「主觀世界」（人們「自發的經歷」匯總成的世界）與「社會世界」（合法化的個人關係的「總體」）三個部分。根據行為者與三個世界所發生的不同關係，可將社會行為區分為四種類型：1.目的行為，又稱作工具行為。這是一種旨在實現一定目的而自發選擇並做出決定的行為；2.規範調節行為，這是一種社會集團的成員以共同價值觀為取

向的行為。規範調節行為嚴格遵守那些由個體組織起來的群體所具有的價值期望；3.戲劇行為，這種行為重在自我表現，其結果是為了通過自我表達而形成一種本人形象的行為；4.交往行為，這是一種主體之間通過符號協調的互動，它通常以語言為媒介，通過對話達到人與人之間的相互理解和一致。（張碧）

參見：哈貝馬斯
延伸閱讀：Habermas 1994，1999

communicology 交流學

「交流學」是綜合了符號學和現象學的一種交往理論。其國際學術機構「國際交流學會」ICI（International Communicology Institute）自取中文名為「交流學」。

相對於傳統意義的主流傳播學，交流學有自身的獨特之處。它在北美發展起來卻非實證，而自我定位為一種「質」的研究的「人文科學」；它廣涉「文化分析」卻並不提供法蘭克福式的意識形態批判；它還深入分析人類符號行為各個層面，並提供實用指導。交流學與傳播學中的經驗學派有著共通的理論原點和幾乎同樣時長的發展歷史，但並未受到熱捧。其自我命名communicology也還尚未得到傳播學界的普遍接受。

根據拉尼岡（Richard Lanigan）的界定，交流學是一門人文科學，其學科研究物件為人類交流行為，而其學科方法論則是應用符號學與現象學方法解釋全球文化中人類意識與行為的話語呈現。其研究物件被界定為人類交流話語中的四個層次自我交流層次：1.自我交流層次（或精神病學、美學領域的概念）；2.人際交流層次（或社會物件領域的互動）；3.群體層次（文化與規範）；跨群體層次（跨文化領域的實踐）。它的應用性子學科包括：1.藝術交流學：對於各種作為文化傳輸媒介的審美的研究，尤其是視覺藝術和表演藝術，如電影、舞蹈、民間故事、音樂、圖像學、繪畫；2.臨床交流學（交流病理診

斷）：一種治療研究，主要針對語言病理和聽覺病理方面的交流失調；以及語言表達和使用方面的錯誤導致的錯誤的矯治；3.媒介交流學：從人類學、社會心理學角度對電子媒介、影像、通信和視覺傳達等語境中的人類行為進行分析；4.交流哲學：在形而上學、認知論、邏輯學、美學等分支領域裡，為了解釋語言與語言學、認知科學、控制論的關係而在更宏大語境下對交流進行的研究。（胡易容）

參見：傳播學，符號學

延伸閱讀：Eicher-catt & Catt 2010；Lanigan 1992

competence metalanguage 能力元語言

能力元語言是解釋者使用適當的符碼來解釋符號文本的一種能力，來自解釋者的社會性成長經歷：他的記憶積累形成的文化修養，他過去的所有解釋活動經驗積累，他解讀過的相關文本的記憶，都參與構成能力元語言：馬克思主義強調的階級地位和社會實踐，精神分析強調的幼兒成長經驗，布迪厄所說的進入場域的人所攜帶的習性（habitus）與素質（disposition），都是能力之語言的組成部分。

也有一些能力元語言因素與生俱來，例如孟子等說明的人性道德能力（惻隱之心），康得強調的人的先驗範疇，以及心理學闡發的人腦先天能力（例如格式塔心理構築能力）解釋者的能力元語言，還包括並非完全由解釋者主體控制的感情和信仰。這些不是一般意義上的「能力」，而是在理性背後，甚至在潛意識層次起作用的因素。他們對解釋的控制，經常會超過理智的分辨能力。而且這些因素對解釋的影響能力之強，經常能使解釋者維護他的元語言有效性：例如堅持認為沒有達到某效果，是心不夠誠，信仰不夠堅定。利科說：「為了理解而信仰，為了信仰而理解，這是現象學的箴言……就是信仰和理解的解釋學迴圈」。信仰提供的實為一種「能力元語言」（Idhe 1971：22）。

應當說明：能力是接收者自己感覺到的能力，並不是可以客觀測定的能力。例如不少人相信自己對彩票的選擇能力，對災難的預感能

力。只要這些「能力」幫助他作出某解釋，就是他的能力元語言的組成部分。（趙毅衡）

參見：元語言，符碼

competence 能力

能力（competence）是喬姆斯基（Noam Chomsky）1965年提出的。相對於語言表現（performance）的概念，語言能力是指「說話人或聽話人關於語言的知識」，是在語言層次之下，深存於大腦中的一種狀態，不涉及實際交際語言活動。（唐秋平）

參見：喬姆斯基，深層結構

conative 意動性

雅柯布森（Roman Jakobson）的符指過程六因素所形成的六種功能之一，符號表意側重於接收者時，符號出現較強的意動功能。這種功能多在呼喚語和祈使句中實現，不受限於真值測試（truth test）標準，無需正誤判斷。當符合表意側重於接收者時，符號出現了較強的意動性，即促使接收者作出某種反應。其最極端的例子是命令，呼喚句，祈使句。意動性是無法檢驗，無法用正確與錯誤加以判斷的。意動性似乎很特殊，實際上卻是許多符號過程都帶有的性質。許多符號表意，例如廣告、宣傳，都著眼於影響接收者的行動，因此從定義上說就是意動性的。（趙毅衡）

參見：雅柯布森，詩性，主導功能

conceit 曲喻

符號修辭一格。曲喻是潛喻進一步連環展開，A（如B，因此）有B1-B2-B3。很多廣告是曲喻，例如伊利奶的一則廣告，某明星女孩喝

了牛奶，神清氣爽地伸展四肢，跳了起來，跳出舞步，而舞步落在一架巨大的鋼琴上，白鍵黑鍵中流出動聽的首樂。

敘述的情節邏輯往往是一個概念比喻的曲喻式展開。歐洲中世紀聖杯傳奇，說聖杯是耶穌與門徒「最後的晚餐」用的杯子，只有最勇敢最純潔的騎士才能找到它，找到聖杯者就是騎士中的翹楚，因此情節的主要部分就成為對騎士勇敢和純潔的考驗；再如孫悟空因鬧天宮而被罰囚禁，必須感謝救助者，必須護送唐僧去西天，而唐僧是肉骨凡胎，不能騰雲駕霧，必須一步步走去，從而必須有九九八十一難。（趙毅衡）

參見：潛喻，符號修辭

conceptual metaphor 概念比喻

符號修辭學重要概念。萊柯夫（George Lakoff）與詹森（Mark Johnson）在20世紀80年代初提出「概念比喻」。

在符號修辭中，概念比喻比在語言學中更重要，因為比喻必須在多種符號系統中通用，更常為概念比喻：「人生如夢」、「世界是個舞臺」、「命運喜怒無常」等，可以用各種不同的語言或符號來表達。某些概念比喻幾乎是全世界跨文化共有，並不局限於某種語言：例如「狂熱」「心碎」；例如蛇為魔鬼，鳥為自由，這些概念比喻可以有不同的媒介表現。哲學和宗教比喻本質上是超語言的，例如陸九淵說：「吾心即宇宙，宇宙即吾心」，雖然這個思想不用語言無法表達，但其意義域不受語言限制。

萊柯夫與詹森舉的例子之一是「怒火」，他們指出這個比喻可以說出很多變體，並不像一般的比喻鎖定於一個語言表現之中。可以用許多語言說：「這可把我惹火了！」、「他虛情假意的道歉無疑是火上加油。」、「吵完後他幾天怒火未熄。」（JohnSOn & Lakoff 1981），也可以用表情、圖像、舞蹈、音樂等非語言媒介來表現「怒火」。

概念比喻各民族有異有同。例如絕大部分宗教都認為人生最好的歸宿是升天，天堂在上，但是佛教卻認為樂土在西。《觀無量壽佛經》中十六種觀，第一觀就是「日觀」，以觀懸鼓落日為方便。對於追尋人生根本意義的人來說，落日之處為輪回的交接之處。方位概念，比喻了最根本的人生理解。但是這個比喻局限於佛教國家，可見有些概念比喻以文化為邊界。

概念比喻也隨著文化的演變，而發生歷史性變化。上下左右的位置，是重要的概念比喻，而且在各個文化中意義都相近。上下是社會地位（「能上能下」），左右以前是正邪（「左道旁門」），以「左右」形容政治立場（「忽左忽右」）發源於歐洲的議會政治，現在已經全世界通用。上下比較容易用圖像表現，幾乎無處不用，「上」是在演化「本乎天者親上」這個概念，就是《易》乾卦所說：「飛龍在天，利見大人」。這樣的理解，就超出了語言，成為上下等級的概念比喻。

概念比喻不是一種添加文采的技巧，而是人類符號思維的根本性方式。（趙毅衡）

參見：比喻，符號修辭學
延伸閱讀：Johnson & Lakoff 1981

content analysis method 內容分析法

內容分析法是傳播符號學研究的重要方法，對傳播內容進行客觀、系統和定量描述。內容分析的種類可歸納為：實用語義分析，語義分析和符號載體分析。內容分析的研究模式有推理模式和比較模式兩類。

內容分析法產生於傳播學領域。第二次世界大戰期間美國學者H.D.拉斯韋爾（Harold Dwight Lasswell）等人組織了一項名為「戰時通訊研究」的工作，以德國公開出版的報紙為分析物件，獲取了許多軍政機密情報，這項工作不僅使內容分析法顯示出明顯的實際效果，而且在方法上取得一套模式。20世紀50年代美國學者貝雷爾森發表《傳播研究的內容分析》一書，確立了內容分析法的地位。

使內容分析方法系統化的是J.奈斯比特，他主持出版的「趨勢報告」以及他的著作《大趨勢》一書就是內容分析法的典型。1980年克里彭多夫（Krippendof）出版了經典專著《內容分析：方法導論》。之後，裡夫等人（Daniel Riff）出版了《內容分析法：媒介信息量化研究技巧》。該書提供了系統全面的內容分析研究的操作指南，深入分析了內容分析中的各種常見問題，如測量、抽樣、信度、效度和資料分析中的各種技術，並附以大量案例。

隨著傳播學研究的深入和媒介的發展，內容分析法的運用範圍擴展到各種聲音和圖像訊息。（胡易容）

參見：拉斯韋爾
延伸閱讀：Berelson 1971；Krippendorf 2004；Riff 2010

contextualism 脈絡論

脈絡論，大陸學界譯為語境論，是指符號的使用環境，有的符號學家稱為「情景」。在決定符號意義的各種因素中，語境可能是最重要的。此概念最早是由人類學家馬里諾斯基在《原始語言中的意義問題》一文中提出的（Malinowski 1946：296-336），瑞恰慈用此文作《意義的意義》（Richards 1923）一書的補遺。此後語境問題的研究者眾多，語境類別越來越細。

大致上可以看出，脈絡實際上分成兩個大類：第一種是符號內的（符號文本自帶的）「內部」脈絡，也就是副文本符號文本的伴隨資訊。它們與符號形態有很大關係，但是又不是符號本身，而是符號傳達的方式。例如商品包裝之豪華，書籍裝幀，歌曲演出的舞臺設置、燈光佈局，廣告播出的頻率和時間段等。這些並不是符號組成的部分，而是發送者有意佈置的伴隨資訊，即符號表意的伴隨文本，這些對意義會有重要影響。

符號的接收脈絡，是符號外部的脈絡。這些外部語境因素的匯合，經常被稱為「語義場」，或「場合脈絡」（situational context）。

它們直接影響到解釋，許多論者做過分類，但至今沒有一個學界基本上能同意的權威分類。

符號文本已經發出，「文本內脈絡」，就很難自由延伸；而接收語境，實際上沒有邊界，每一次解釋行為可能落入新的脈絡。脈絡隨著解釋而無窮變化，使符號文本無限衍義枝蔓分叉，意義播散更加複雜。（趙毅衡）

參見：伴隨文本，解釋項
延伸閱讀：Richards 1923

contrapuntal reading 對位閱讀

薩義德（Edward Said）提出的文本解讀方式，他認為：「必須把文本內容與作者排除在外的內容統一起來」，作者沒有寫的東西，文本中被剔除的東西，並沒有消失：因為「這種回避，恰恰就是帝國主義的文化政治，對作者意識形態的潛移默化，從而對文學文本造成的壓力」（Said 1993：69）。作者與一般讀者（例如寫《暴風雨》的莎士比亞，以及幾個世紀來熱愛此劇的西方讀者）對其中的帝國主義意識缺乏敏感，恰恰因為他們身處意識形態伴隨文本的掌控中而渾然不知，以為自己面對的是一個童話般純潔的文本。「對位閱讀」的自覺批判姿態，促使讀者用批評家式的閱讀對文化帝國主義進行抵抗。（趙毅衡）

參見：文本間性

conversion of the marked 標出項翻轉

文化符號學重要命題，指對立文化範疇之間不對稱帶來的標出性，會隨著文化發展而變化，直至對立雙方地位完全互換。從一定意義上說，文化的發展，就是標出性變化的歷史。

在前文明社會中，男性是標出的，與大部分高等動物（鳥類、哺乳類）一樣是雄性標出。此種標出有助於吸引女性／雌性，而女性／

雌性作為正常的主項，無須標出，自然界的這種標出性安排，有利於種族繁衍這個最重要最艱難的目的。而人類「高級文明」最明顯的特徵，是女性開始用各種妝飾給自己身上加風格標記，而男性成為以本色示人的非標出主項。文明就意味著打鬥、掠奪、戰爭代替生殖率，讓部族存活。女人「自覺自願」的標出，是女性在人類文化中邊緣化最明確的證據。

正項異項翻轉後，被顛覆的正項會以邊緣化異項方式部分持久地保留下來：在今日亞文化（同性戀界、男妓、戲曲）中，依然有不打扮的女人和刻意打扮的男人。因此，前文化的男性標出性，可以以另一種方式保留在文明社會中：亞文化依然是文化的異項，只是把與文化與前文化的歷時對立，變成共時對立。

從文化演變上來看，前文化－文化－亞文化「標出項翻轉」，可以在文化演化的許多符號範疇對立中見到。例如血親婚－亂倫禁忌－隱蔽血親婚，紋身－不紋身－亞文化紋身，生食－熟食－生食作為美味。隨著當代文化超熟發展進入所謂「後現代」，可以看到，長期處於邊緣地位的標出項有可能再度翻轉，造成文化的再次否定變遷：例如在前文化中身體公眾性表達（歌舞、競技）為主流，文字表達（甲骨文、金文、楔形文）困難稀少而帶有標記性；在成熟文化中，書寫、印刷等文字公眾性表達為主流，身體的公眾性表達（例如歌舞）為標出項；而當代文化中身體的公眾性表達重新興盛，體育與娛樂等身體表達又成為文化生活中心，文字表達開始邊緣化因而又開始帶上標出性。

甚至符號活動本身也會地位翻轉。布希亞（Jean Baudrillard）認為符號雖然一直存在，卻並不是人類意識中一以貫之的主導力量。在傳統社會中，符號是禁忌之物或象徵之物，數量稀少而穩定，常與權力結合在一起，神聖而不能隨便使用。而在工業革命之後，隨著專制社會的崩塌，符號也被大量使用而機械複製，形成現在符號與物的新關係：符號幾乎要把物淹沒，或者把物世界變成符號世界。把物資源投

入非生產性使用，在古代是儀式性的，在當今是心理性的，為了滿足自我對更大量符號意義的渴求。現在不符號化的「裸物」商品成為標出項。（趙毅衡）

參見：標出性，文化符號學
延伸閱讀：Jakobson 1956

Coquet, Jean-Claude 高蓋

高蓋（1928-）符號學家，法國巴黎第八大學教授，國立科研中心（CNRS）話語分析研究員。

高蓋早年曾同格雷馬斯（Greimas）等共創符號學巴黎學派。20世紀80年代後，反思結構主義並批判其中的客觀化、形式化傾向，提出建立一種融入話語、主體、現實等因素的主體符號學。他的兩卷本的《話語與主體》（主體符義學的形成標誌）可視為這一理論思考的成果。同時，高蓋深受利科影響，在其《話語與主體》中，他將語言中的主體概念認定為一種自我承認、自我負責。並指出話語研究應從作為陳述機體的主體出發，區分出符義主體／非主體，以及符義主體的四種情態。

1996年高蓋曾到北京大學做符號學系列講座，其演講中文稿被整理成書，名為《話語符號學》，1997年由北京大學出版社出版。（文一茗）

參見：主體符號學
延伸閱讀：Coquet 1997

co-text 伴隨文本

伴隨文本是符號學文本分析的重要概念。熱奈特（Gerard Genette）首先討論小說的各種「門檻」元素。

符號文本的解釋依靠文本與文化的關係，接收者在接收時看到某些記號，這些記號有時候在文本內（例如詩的分行之類體裁形式），

有時候卻在文本外，是符號文本發送者一道發送的附加因素，可以稱作「伴隨文本」。在解釋中，不僅文本本身有意義，文本所攜帶的大量附加因素，也有意義，甚至可能比文本有更多的意義。所有的符號文本，都是文本與伴隨文本的結合體，文本是一個浸透了社會文化因素的複雜構造。

在相當程度上，伴隨文本決定了文本的解釋方式。這些成分伴隨著符號文本，隱藏於文本之後、文本之外或文本邊緣，卻積極參與文本意義的構成，嚴重地影響意義解釋。要理解符號的意義機制，必須明白伴隨文本的作用。

大部分論者在克里斯蒂娃（Julia Kristeva）的「文本間性」架構中討論這個問題。費斯克（John Fiske）認為有水準和垂直兩個層面上運作的互文本：水平面是類型、角色和內容等因素；垂直面指的是原文本與其他不同文本之間的相互指涉關係，例如，一部新劇上映而伴隨出現的各種宣傳廣告會對這個劇有影響（Fiske 1987）。貝內特（Tony Bennett）也指出受眾會對某些批評和解釋有「偏好」，從而影響解讀（Benett 1983：16. 195-225）。瑪麗・麥克林則把文本分成第一序列與第二序列，第一序列是文本本身，第二序列是附加文本（Maclean 1991：2. 273-279）。伴隨文本有可能喧賓奪主，甚至接管了符號接收者的解釋努力，這種情況可以稱為「伴隨文本偏執」：解釋過於依靠伴隨文本，我們往往忘了文本本身。拿看電視劇來舉例：如果熱衷於副文本，我們就會過分注意版本，喜歡舊片；過分熱衷於型文本，我們就會凡是言情劇武俠劇必看；過分熱衷前文本，就會對戲仿與戲說特別感興趣；過分熱衷於元文本，就會被各種評論所左右，就會把關於演員八卦的傳聞代替作品解讀；過於注意鏈文本，就會從喜愛一部作品愛上各種連結文本（例如某個導演，某個演員的其他作品）；過分熱衷於先文本，就會凡是號稱改編自某電影必看；過分熱衷於後文本，就會每天焦急地等著看下一集，進而等續集。

這些做法是當代文化生活的常見現象。實際上當代文化產業就是按大眾的這些伴隨文本偏執來編制的。（趙毅衡）

參見：副文本，型文本

延伸閱讀：Genette 1994，1997，2000；Fiske 1987

Cratylism 克拉提魯斯論

關於符號（最初討論的是語言符號）與物件關係為「任意武斷」的論說。

在柏拉圖「對話錄」中，《克拉提魯斯篇》（Cratylus），整篇對話是（顯然虛構的）三人辯論：蘇格拉底先站在克拉提魯斯一邊，認為詞語是「自然的」，後來又站在赫莫根捏斯（Hermogenes）一邊，認為自然沒有給事物一個名稱，名稱只是約定，是使用者的習慣，但是蘇格拉底最後出人意料地對自己的立場有所保留，他指出：「語言與物件之間應當有像似（likeliness），不然不夠完美」（Hamilton & Cairns 1963：469）。

由此開始了貫穿西方哲學2500年的辯論：一種認為詞語與物件天然有關係，此論點被稱為「克拉提魯斯論」（Cratylism）；有時候被稱為「透明性」（transparency）——從辭符可以直接看到意義。熱奈特（Gerard Genette）稱具有理據性的詩歌語言為「模仿語」（mimologic），現代符號學稱之為「理據性」（motivatedness）。

另一種認為語言並不具有物件的「本性」，而只是社會上約定俗成而已，這種理論因為柏拉圖《對話錄》中據稱採取此立場的哲學家之名，而被稱為「赫莫根捏斯論」（Hermogenism），這也就是索緒爾的符號意指原則的「任意武斷性」，或稱「不透明性」（opaqueness），符號學上稱作無理據性（immotivation），即從符號本身看不到與物件的連接。索緒爾提出符號的普遍的任意性原則，他說「將要建立的符號學」的物件「是以符號任意性為基礎的全體系統」（Saussure 1969：65）。

熱奈特認為同形詞、同音詞等，都有理據性，他稱這些為「初度克拉提魯斯現象」（primary cratylism）；然後他討論了詩歌語言的「理據連結幻覺」，例如比喻、通感等，他稱作「再度克拉提魯斯現象」（secondary cratylism）。他的結論是：詩歌語言的目標，就是創造「儘量多的有理據詞語」（Genette 1994：157）。關於「克拉提魯斯論」的複雜論辯成為意義哲學從古至今論辯的一個核心問題。（趙毅衡）

參見：理據性，任意性
延伸閱讀：Saussure 1969, Genette 1994

critical theory 批評理論

與符號學有密切關係的一種理論思潮。此詞一直是德國法蘭克福馬克思主義學派稱呼自己理論的專用詞，直到最近，這個詞才開始用來指20世紀末開始形成的人文－社科各領域的總體性批判性理論立場。在中文裡，往往把法蘭克福學派的理論及其發展，譯為「批判理論」而把廣義的Critical Theory譯為「批評理論」。

在中文裡，這個理論最早稱為「文論」。在古代漢語或現代漢語中，都沒有「文論」這個雙聲詞，但這個不規範縮略語卻在中國學界堅持了下來。20世紀60年代以來，這門學科的重點，已經從文學轉向文化：「文化轉向」已經使文論面目全非。「Literary Theory」這個詞已經不適用，不僅文學批評已經多半是「文化進路」，而且研究物件也是整個文化。文學系、藝術系、傳媒系、比較文學系、哲學系，都轉向文化研究（Cultural Studies）。

但是最近十多年，批評理論的目標領域又在溢出「文化」範圍。當代文化的急劇演變，以及這個理論本身的急劇演變，迫使這個理論體系採用這一名稱。就其目標學科而言，各種文化領域——美術、戲劇、電影、電視、歌曲、傳媒、廣告、流行音樂、各種語言現象、時尚、體育、娛樂、建築、城市規劃、旅遊規劃、甚至科學倫理（克隆、氣候、艾滋等）——都是批評理論目前討論最熱烈的題目。批評

理論並不進入各專業的討論，只是把它們當作批評物件，才進入討論的視野。

當代批評理論的第一思想體系，是馬克思主義（Marxism）。從葛蘭西（Antonio Gramsci）、盧卡奇（Georg Lukacs）開始，到法蘭克福學派，基本完成了20世紀馬克思主義的文化轉向（Cultural Turn）。可以說，當代著名批評理論家，大多數是馬克思主義者。馬克思主義保持了當代文化理論的批判鋒芒。反過來，當代大多數馬克思主義者，從文化批判角度進入政治經濟批判。

第二個思想體系，是現象學／存在主義／闡釋學（Phenomenology/Existentialism/Hermeneutics）。這個體系，是典型歐洲傳統的哲學之延續：他們一再聲稱結束歐洲的形而上學，或許正是因為這個傳統頑強，所以需要努力來結束。從胡塞爾（Edmund Husserl）開始的現象學，與從狄爾泰（Wilhelm Dilthey）開始的現代闡釋學，本來是兩支，卻在海德格（Martin Heidegger）、利科（Paul Ricoeur）等思想家手中結合了起來。

當代批評理論的另一個思想體系，是精神分析（Psychoanalysis）。這一支的發展，一直陷入爭議，但是其發展勢頭一直不減。拉康（Jacques Lacan）的理論對西方當代批評理論影響巨大，只是其陳意多變，表達方式複雜，在中國的影響一直不夠充分。

形式論（Formalism）這一體系，是批評理論中重要的方法論。這一支，似乎是「語言轉向」（Linguistic Turn）的產物。但是語言轉向至今並沒有結束，「文化轉向」是其延續方式之一。符號學與敘述學（Narratology）的發展，從結構主義推進到後結構主義，從文本推進到文化。當代文化的迅疾變形，使形式研究出現了緊迫感：一方面形式論必須保持其分析立場，另一方面它必須擴展為人文與社會科學的「公分母」。

當代批評理論的新發展，往往都以「後」的形態出現。結構主義發展到「後結構主義」（Post-Structuralism），但是後結構主義者原

來都是結構主義者，這證明結構主義有自行突破的潛質；後現代主義（Postmodernism）則研究當代文化和當代社會正在發生的足以決定歷史的重大轉折；後殖民主義（Postcolonialism）則反映當代世界各民族之間──尤其是西方與東方國家之間──文化政治關係的巨大變化，以及西方殖民主義侵略的新形式；如果我們把女性主義（Feminism）與其後繼者性別研究（Gender Studies）看作被「理所當然」的男性霸權之後的學說，那麼20世紀60年代之後的批評理論，的確有「四個後」的要主分支。

以上只是給批評理論複雜的全面圖景一個大致的描繪，也在當代思想界為本詞典的領域符號學－傳媒學在當代學術中做一個比較清晰的定位。（趙毅衡）

參見：文化符號學，形式論

Culler, Jonathan 卡勒

喬納森・卡勒（1944-），當代美國文學理論家、符號學家。

卡勒致力於建構一種詩學，從語言學、符號學等不同維度，探尋意義得以產生、存在的可能程式，在《結構主義詩學》《符號追尋》等論著中，他對符號學各種問題進行了卓有成效的探索。

卡勒在仔細清理索緒爾（Ferdinand de Saussure）的符號學遺產的基礎上，吸收了索緒爾的語言符號觀，並將其用於結構主義符號學理論的建構。索緒爾認為語言是一個符號系統，由能指和所指構成，這兩者不可分，而且兩者之間的關係是任意性的，如此，語言符號的意義區別就取決於系統中的相互關係。卡勒指出，索緒爾的最大貢獻在於，幫助我們把社會生活和文化看作可以用語言學模式來分析的符號系統。

卡勒抒情詩的詩學的核心問題是「程式化期待」。詩歌與其他文體的差異，可以從讀者對抒情詩的閱讀期待得到解釋，從其特定的符號示義程式得到解釋。

　　卡勒與里法泰爾（Michael Riffaterre）在詩歌符號學上進行過爭論。他指出，在里法泰爾的《詩歌符號學》中，里法泰爾把意義的研究等同於閱讀的研究，詩歌符號學實質上在講述理解文本的方式，其間讀者被過度重視。閱讀被分成兩個階段，初始階段讀者主要依據基本的指稱方式理解語言符號，但這種方式往往不能解決問題，當讀者遇到困難或者說「不通」現象時，就要進行超越模仿的反思式閱讀。「雖然所有闡釋都依賴互文性、文化性符碼，但差異在於，有些闡釋過程利用這些符碼來重新確立一個第二級的新指稱；而有些闡釋過程卻將修辭主要指向符碼自身。」（Culler 1981：95-96）卡勒批評里法泰爾的詩歌符號學偏重闡釋，沒能堅持對「文本和讀者之辯證關係」的分析。（喬琦）

參見：追溯閱讀法
延伸閱讀：Culler 1981

cultivation theory 涵化理論

　　涵化理論（又譯成「培養理論」或「教養理論」），傳媒文化研究的重要概念。1967年，伯格納開始有關電視內容，即所謂「文化取向」研究：由於電視圖像的現場性，受眾的參與感強，受眾對媒體的依賴性越來越強。因此，電視是潛移默化的意識形態工具。電視成為現代社會的「文化指標」（cultural indicators）。文化透過大眾傳播實際上在於文化自身溝通，而這樣的溝通，維繫文化內一致的價值觀（Gerbner 1969：137-148）。

　　儘管每個人的審美、信念、價值觀都不盡相同，但是常看電視，漸漸與電視上呈現的「主流意見」相認同，伯格納稱之為「主流效果」。電視中所播放的內容、發表的觀點與個人所持觀點一致或相近，則涵化效果就有顯著擴大的趨勢。因此，媒介最主要的效果並非在改變受眾，而是維持某種社會結構，使觀眾認同既有的價值規範。電視的秘密效果，不在於使受眾發生變化，而是讓受眾不發生變化。

這實際上從傳播社會學角度，印證了法蘭克福學派的批判理論。（趙毅衡）

參見：標出性，標出項翻轉

cultural semiotics 文化符號學

　　文化符號學是把文化視為一種符號或象徵體系的研究。這種視符號或象徵體系具有懸浮其中的意義內涵的研究，不單純是透視文化的一種學術視角，更重要的是，它牽涉到對文化本質特徵的界定。泰勒把文化界定為一種無所不包的人類精神和物質要素總集，即包括觀念、行為、文學、藝術、法律體系、物質產品等等。這個經典定義的影響在於：文化長期以來似乎和社會、意識形態、文學藝術、工具器物等範疇沒有區別。

　　與泰勒的文化定義不同，源於社會學家馬克斯・韋伯，集大成於人類學家柯利弗德・吉爾茨的文化象徵理論或文化符號理論，實質上等於宣佈文化的本質在於符號，或簡單講，文化等同於符號，等同於人類的表徵系統。因而，對於文化的研究，就是對於符號或人類使用的各種表徵體系的研究。

　　自吉爾茨之後，所謂文化象徵理論的研究，在人類學領域，已形成悠久傳統，出現了像薩林斯這樣重要的文化理論家，然而人類學領域的文化研究，其理論分析物件或實證資料來源仍局限於原始民族或現存的經濟不發達社會或社區。

　　沿著這一學術路線，以斯圖亞特・霍爾（Stuart Hall）等人所代表的英國文化研究學派，則將文化符號的研究延伸到對當代工業社會的文化形態，甚至包括青少年亞文化在內的研究工作上，並由此形成了當代流行文化符號學研究的諸多國際成果。應該講，文化人類學與當代流行文化或大眾文化研究這兩條學術發展路線，是廣義的文化符號學研究得到長足發展的兩個重要領域。從這一意義上說，探討文化符號學理論的形成背景，必須涉及上述兩個方面的研究成果。

　　另一方面，狹義的文化符號學，與文化人類學，或當代流行文化研究，在學術目標上既有重疊，又有區別。其重疊之處表現在，二者均視文化為符號或象徵體系，在對文化的本質特徵的理解上異曲同工。其區別在於：文化人類學和當代流行文化研究的學術目標是研究文化本身（土著文化或當代亞文化），而狹義的文化符號學則具有相對自主的學科建設訴求。因此，狹義的文化符號學更多熱衷於對文化進行模式化建構，以從中概括出適用於一般符號學研究的理論範式。這一發展線索的代表人物是尤里・洛特曼，以及莫斯科－塔爾圖文化符號學學派。學術界目前言及的文化符號學，基本上屬於狹義文化符號學研究。

　　洛特曼所提出的文化符號學理論，其最初的出發點，源自他和莫斯科－塔爾圖學派其他人物，如烏斯賓斯基等人，在20世紀70年代關於文化的一般符號機制的一系列思考。在洛特曼錯綜複雜的文化符號學理論體系中，符號圈、二階模式化、文化文本、集團記憶等概念構成了其理論的基石，值得特別關注。

　　「符號圈」是洛特曼所理解的文化符號連續體：符號體系在功能上並非單義和清晰的，而是包含有多個層次，就其孤立的個別要素而言，並無符號的效用，而只有通過沉浸於特定的符號連續體才有可能履行其符號職能。這裡所說的符號連續體又是由多種形態、處於多個層次的符號模式所填充和構成的。

　　洛特曼認為，文化符號是在自然語言基礎上形成的二階模式化系統，但這一觀點最近在國際符號學界受到很多挑戰。例如臺灣符號學家張漢良就認為，第一層級，或一階模式化系統是人類的感知機制，而自然語言則是二階或三階模式化系統，由此文化符號則屬於第三或第四層級的模式化系統。（盧德平）

參見：洛特曼
延伸閱讀：Lotman 2005；Winner & Umiker-Sebeok 1979；Andrews 1990

cyber language 網路語言

　　網路語言是在網路化交際領域中生成和使用的語言形式。常表現為線民們在聊天室和網上論壇BBS以及在互聯網上創造的一些特殊的資訊符號。

　　網路語言符號可以分為可讀的語言符號和非可讀的副語言符號：可讀的語言符號主要包括漢字、中文拼音、英文和數位等符號系統，而非語言符號主要是符號圖形，如表情符號欄。網路語言符號系統打破了語言之間的界限，不同語言系統的符號可以在同一平面上混合使用。網路語言符號的認知特徵是，網路語言需要在不同的符號體系之間進行心理認知的跳躍與聯想，要超出常規的系統與規範。

　　從生成角度來看，可以將網路語言的詞彙形式分成五類：一是純粹的意譯；二是音意兼顧，三是純粹音譯；四是字首縮略；五是諧音轉寫，包括漢字諧音、數位諧音、混合諧音。

　　網路語言採用的傳播語言形式突破了語言形式的單純性：圖形符號、音形符號疊加、數位代碼諧音、英文術語和句子、英文縮略語等都是網路語言的常見樣態。網路語言能指出現音形離散的特點，具體表現在：圖形符號的不可讀；可讀的語言符號與不可讀圖形符號混用；可讀符號內部不同系統的符號混用；可讀符號的音形之間不一定是一對一的形式。

　　網路語言符號的所指與傳統語言符號的所指相比具有當下性和模糊性的特點。

　　網路語言所指的當下性，指的是語言能指在某一具體網路空間、網路時間中當時所指向的特定意義。這一意義脫離了原有的語言符號意義系統，指向現場交際者意會的某個概念，而這一概念可能永遠不會納入社會公共語言符號體系，在完成了當下的網路交際任務之後被網路交際者拋棄遺忘，或者其中一部分由於經濟性、趣味性等原因得以在網路上流傳，成為網路語言發展過程中沉澱下來的部分。

在線民這一特定群體內部約定俗成的網路語言，是群體成員自我確認、相互認同的標誌，是群體成員之間使用的交際工具。從社會語言學上來說它屬於一種社會方言，只在線民小群體中傳播，形成對群體外的排斥。（劉吉冬）

參見：網路語言，索緒爾
延伸閱讀：於根元2001

cyber semiotics 網路符號學

網路符號學主要研究賽博空間，探討虛擬實境中符號的構成及其表意過程。賽博空間（即「網路空間」）是電腦技術、網路技術、多媒體技術等為核心的虛擬實境技術造就的一個新的人類生存空間。賽博空間的出現對整個人類影響巨大。

網路符號學把符號置於一個開放的系統。符號傳播者和受傳者依據一定的共同體或社會規範對符號加以解釋或認知，賦予符號以生命，並以符號為工具發展人類自身智慧。

網路符號世界是一個理性與非理性情感交織誕生的虛擬世界。在思維和存在的中間還有「符號」媒介，從而對傳統符號意指模式實行了截然不同的變革，使其向表達生活的真實狀態不斷地邁進。網路空間社會學家曼紐爾‧卡斯特（Manuel Castells）在他的著作《網路社會的崛起》中集中討論了互聯網這個當代社會的空間形式。互聯網通過超文字（hypertext）第一次將人類交際的文字、口語和視聽模態整合進了同一個系統裡面。

網路符號學的研究物件主要包括以下幾個方面的特性：網路符號主要是以超文字的形式表現出來的；網路符號在賽博空間這個大環境下，具有傳統符號不具備的數位化、虛擬性等特性，主要通過虛擬社群等媒介視窗體現出來；網路符號，又稱「網言」，它不僅包括現實生活環境產生的符號，同時還包括帶有網路自身特性的符號等。（劉吉冬）

參見：賽博人理論，傳播符號學
延伸閱讀：Castells 2006

cybernetics 控制論

與當代符號學之成形有密切關係的一種科學哲學理論。控制論為數學家諾伯特・維納（Nobert Wiener）所創，是一門研究機器、生命社會中控制和通訊的一般規律的科學，控制論與資訊理論、系統論並稱「老三論」（SCI），成為20世紀科學研究的一般方法。維納創造「cybernetics」這一新詞來命名這門科學。「控制論」一詞源於希臘文，原意為「操舵術」，意為掌舵的方法和技術。在柏拉圖的著作中，經常用它來表示管理人的藝術。

控制論對符號學的理論建構起著重要的作用，其基本概念是資訊和回饋概念。資訊（information）與符號產生於不同的學科，在名稱上有所不同，但人們常作為同一概念使用。資訊概念的提出，是人類對客觀世界認識的深化，它揭示了人類以前所未有的方式認識到客觀世界的一種普遍聯繫──資訊聯繫。回饋概念，揭示了自動控制系統、生物系統和社會系統保持自我穩定的共同方式。回饋概念是網路符號學互動理論的最初形態。由於資訊概念和回饋概念把極不相同的技術系統、生物系統和社會系統等同看待，使得這些系統中調節和控制的機能過程都可以用控制論的方法統一地加以處理，所以控制論是一門總的方法論學科。（劉吉冬）

參見：資訊理論，系統性
延伸閱讀：Wiener 2009，2010

cyberspace 賽博空間

電腦網路上虛擬出來的空間，又稱虛擬空間。這一術語的西語，是「控制論（cybernetics）」與「空間（space）」的組合。最早是在1985年由加拿大科幻小說家威廉・吉布森在其小說《神經漫遊者》（Neurnmancer）中提出的。書中描寫了作者對賽博空間的憧憬，電腦網路把全球的人、機器、資訊源都聯結起來，使網路與人的思想意識

合為一體。網路空間就屬於高級形態的「抽象空間」。賽博空間結合電腦技術、網路技術、多媒體技術等為核心的虛擬實境技術，創造了一個新的人類生存空間，是一個受電腦資訊技術影響的空間。

賽博空間是一種虛擬實境，它具有多感知性、沉浸感、交互性和想像性等技術特性。從網路符號學來看，不但符號結構（超文字）、符號的組合形式發生了根本性的異變，符號內容、符號意義等也都產生了一定的異變。（劉吉冬）

參見：虛擬實境、控制論

cyborg 賽博人

是一種「人－機混合體」，在本質上是指網路世界所生產出來的一種身體符號，又稱為「賽博公民」。20世紀60年代，克林斯（Manfred E. Clynes）和南森·克蘭（Nathan S. Kline）兩位人工智慧理論家生造了這個術語來描述人類生活世界與機械技術之間的關聯。賽博人的英文為「Cyborg」，是由「控制論」（cybernetics）與「有機體」（organism）兩個單詞拼貼出來的新術語。

美國加利福尼亞大學遺傳工程理論家、女性主義文化批評家唐娜·哈拉維給「賽博人」的定義是，「一個控制有機體，一個機器與生物體的雜合體，一個社會現實的創造物，同時也是一個虛構的創造物」。哈拉維對賽博人內在含義的理解主要表現在以下幾個方面：從本體論來講，我們到底是誰？賽博人模糊了人和機器的界限，也模糊了自然與非自然的界限。將賽博人看作是無性別的有機體。但在網路中人們是自由的，不會受到任何的約束，既可以隱藏自己的身份，也可以更換自己的身份。這充分肯定了「在互聯網上，沒人知道你是一條狗」這一論斷。

1984年，唐娜·哈拉維發表《賽博公民宣言》，廣泛運用電子技術科學、免疫科學以及人類體質學，整合和改造科幻作品、賽博妄

言小說、現代影像媒介所提供的素材，建構出一個反諷的文化政治神話。在哈拉維看來，「賽博人」是一個沒有神話的社會裡脫穎而出的神話主角。

　　從文化符號學角度看，「賽博人」是一種新型主體的象徵，賽博空間的身體現象被視為後現代性的隱喻，表明了占主導地位的種族、性別與階級認同模式正在被顛覆。（劉吉冬）

參見：賽博人，哈拉維，身體符號
延伸閱讀：Haraway 1991，2004

D

defamiliarization 陌生化

　　什克洛夫斯基提出的形式論重要概念。俄文ostranenie，英文原先譯為making it strange，現在通常譯為defamiliarization；中文以前譯為「反常化」，現在通譯為「陌生化」。

　　什克洛夫斯基1917年的名文《作為技巧的藝術》被認為是俄國形式主義的宣言之作，究竟為什麼藝術要使用形式技巧呢？什克洛夫斯基認為其原因是：語言經過日常習慣性使用，得到了「知覺的機械性」。而藝術的目的在於改變語言的習慣性，重新「使人感受到事物，使石頭成其為石頭」（to make a stone stony）。

　　陌生化成為俄國形式主義對現代文學理論的標誌性貢獻，因為它暗合了符號學藝術研究的基本原則：符號表達意義，是約定俗成的，但是藝術符號不得不破壞這種約定俗成關係，使符號的形式因素（所謂「能指」）佔據優勢。而且，陌生化的背景，是語言慣用後失去表現力，文學則用異常的角度和異常的技巧，恢復這種「陌生感」。因此，語言作為一個系統本身的鈍化（familiarization）是詩歌語言陌生化的先決條件。什克洛夫斯基的這個觀點影響極大。此後布拉格學派穆卡洛夫斯基提出的「前推論」（foregrounding），雅柯布森在50年代末提出的「詩性即資訊指向自身」論，都是這個觀念的發展。（趙毅衡）

參見：俄國形式主義，形式論

Della Volpe, Galvano 德拉沃爾佩

加利瓦諾・德拉沃爾佩（1897-1968），義大利馬克思主義哲學家、美學家。早年在博洛尼亞大學從事黑格爾研究。長期在義大利墨西拿大學任教授，1943年，開始對馬克思主義發生興趣；1944年，加入義大利共產黨。成為符號學馬克思主義的重要理論家。主要著作包括《邏輯原理批判》（1940）、《盧梭與馬克思》（1957）、《趣味批判》（1960）、《歷史辯證法的鑰匙》等等。

德拉沃爾佩從不同符號學傳統中獲取了方法論靈感，指出詩歌意象的營造必須借助語言概念，具體表現為「隱喻」、「象徵」等手法，這便是科學話語向詩歌話語轉化的具體形式。換句話說，是詩歌話語對種種社會歷史現象進行認知與反映的基本手段。

德拉沃爾佩還認為，科學語言的「單義」（univocal）性質，與詩歌語言的「多義」（polysemic）性質，源於脈絡的差異。科學語言所處的「無機脈絡」中的各種因素（詞彙、片語等）彼此相對保持獨立，無論是將這個因素置於章節的脈絡之中，還是對其進行獨審視，其意義都是獨立而明確的，無法派生出其他意義；而在詩歌語言的「有機脈絡」中，各種因素彼此保持內在的連貫性，不再是由諸多單義因素構成的混合物，「有機脈絡」能夠使它們從整體上形成一個有機的、系統的統一體，並在其內部壓力下，使單個詞彙、片語產生其他意義。因此在德拉沃爾佩看來，詩歌語言的多義性，恰是詩歌語言的各種因素在有機脈絡系統內部其他片語意義的壓力下自發地派生。

（張碧）

參見：馬克思主義符號學
延伸閱讀：Della Volpe 1978

denotation/connotation 外延／內涵

或指稱和意義，其區別最早由穆勒（John Stuart Mill）提出，對應於其他邏輯學家所說的extension和intension之間的區別。外延是適合某個符號的直接指稱，也就是皮爾斯說的「物件」。內涵則是物件各種屬性的總和，包括暗示意義。內涵實際上是沒有邊界的，可以無限延伸。符號學的主要研究範圍，是內涵符號學，因此巴特說，符號學家實際上是個「內涵科學家」（scientist of connotations）。

這兩種符號意義解釋傾向，是研究意義的學者不可能躲開的最基本分化。外延意義相對固定，內涵則可以無限延伸。艾柯指出，外延是「所指物在文化上得到承認的潛在屬性」，而內涵「未必對應所指物在文化上得到承認的潛在屬性」，這也就指出了符號意義與文化的具體安排有關。（趙毅衡）

參見：意指三分式

desemiotization 去符號化

或稱「物化」，與「符號化」（意義的生成與增加）相反的變化，即讓符號載體失去意指能力，降解為使用物。

原本是作為符號製造出來的純符號，完全變成使用的實物：信用卡可以用來開鎖，鑽戒可以用來劃開玻璃；獎盃可以用來盛物，用來喝水；武俠小說中，武僧用法器做武器，用念珠做彈丸。

當符號－事物攜帶的意義縮小，到一定程度後，不能再作為符號存在。完全歸於物的例子比較極端。我們更多見到的「去符號化」，是不同程度的符號意義縮小。例如前輩視若珍寶的紀念品被後人送到當鋪或舊貨市場，精心題寫送給朋友的書見於舊書攤。

表意性與使用性的消長，在歷史文物上最明顯：許多文物在古代是實用物，但是年代久遠使它帶上越來越多的符號意義。我們的祖先修一座橋，是為了實用用途，今日此橋功能已經大不如前，石板拱橋

已經不便行走。當時的符號意義（例如宣揚德政）消失，今日觀察者解釋出來的符號意義（例如從中解讀出幾百年前的技術水準，或該地區的社會動員能力）卻越來越多。一旦成為歷史文物，使用性漸趨於零，而意義越來越多，兩個趨勢正成反比。（趙毅衡）

參見：符號化，符號過程

diagrammic iconicity 圖表像似

皮爾斯認為某些像似符號具有圖表性質。圖表是一種圖式的形象，它以自身各部分間關係與物件各部分間關係的相似來指稱物件，它主要是一種表示關係的亞像似符。其典型例子就是地形圖（Peirce 1936-1958：2. 277）。皮爾斯認為，圖表並不僅表現相關的關聯物，並且表現它們之間的關係。（顏青）

參見：像似性，像似符、形象像似、比喻像似

dialect 方言

方言是一種語言的地方變體，不同的方言是不同文化的載體，是不同地方民俗性的表述符號。

不同的方言在語音、詞彙、語法上各有其特點，語言內部的差別可以分為方言，次方言、土語等不同層次的單位。方言是歷史形成的語言分化的結果，有人口遷徙、社會分化、文化傳播、不同民族語言的影響、自然地理條件的差異等主要原因。方言具有相對性，索緒爾認為方言和語言之間只有量的差別，而沒有性質上的差別。美國語言學家薩丕爾（Edward Sapir）則認為：方言、語言、語族、語系都是純粹相對的名稱，當我們的眼光擴大了或縮小了的時候，名稱可以改換。趙元任認為：「平常說方言，是同一族的語言，在地理上漸變出來的分支；分到什麼程度算是不同的語言，這個往往受到政治上的分歧的影響，與語言本身不是一回事兒。……在中國，全國方言都是同源

的語言的分支，雖然有時分歧很厲害，我們認為是一個語言的不同的方言。」

美國語言學家布龍菲爾德（Leonard Bloomfield）的方言地理學理論比較成熟。他不僅明確提出了方言地理學的研究內容是研究一個言語區域內的地方分歧，而且大量用同語線網來形象說明方言的區劃、語言變化軌跡、語言特徵的分佈及傳播趨勢、語言特徵的層積等問題，並通過與其他性質的隔離界限（如政治區域、宗教區劃、地形分佈等）的相互比較來說明這些變化的原因，因此，方言是歷史造成的空間分隔符號號。（楊驪）

參見：索緒爾
延伸閱讀：Sapir 1985；Bloomfield 1933

dialogue 對話

巴赫金提出的理想文本的構成方式。他認為，複調作品中，持有不同思想觀念的主人公之間，乃是平等對話的關係。這種對話性在陀思妥耶夫斯基的作品中體現出來：它不僅「宏觀」地藏身於主人公互相爭辯的情節中，也存在於「微觀」的話語層面上。

從情節結構上來說，在陀思妥耶夫斯基的長篇小說中，主人公們都是獨立的，擁有不同思想見解的「思想家」（即使他們中的某些人絕非「哲學家」）；他們互相獨立，不能以其中任何一人來統攝、「綜合」他人——從而，這些人物之間充斥著無休止的爭執。

從話語層面來說，在複調式的作品，尤其是複調式的長篇小說中，對話性主要表現在幾種「非獨白」的話語形式中。它們是「仿擬式」「諷擬體」和「暗辯體」。在仿擬式中，被模仿的風格表達了與其（歷史上）原本的內容相同的東西，從而體現了風格；而在諷擬體中，內容恰好與被模仿的風格在歷史上的內容傾向相反，從而產生了反諷的效果。（董明來）

參見：巴赫金，雜語，複調，狂歡

dicent 述位

皮爾斯把符號表意的解釋項，分成三個階段，或三個等級，稱之為呈位（rheme）、述位、議位（argument），某些中國學者音譯dicent為「諦伸」。呈位解釋項只是一種可能的解釋，述位解釋項是描述語句，議位解釋項則是本身具有合理性。他又稱這三階段為即刻（immediate）解釋項、動態（dynamical）解釋項、終結（final）解釋項。我們一般說符號解釋可以分成「感知－接受－理解」（perception-reception-comprehension）三步。也可以說「概念－聲言－論辯」（concept-statement-argument）三步，「述位」大致上相應於「動態解釋項」「接受」，或「聲言」，是解釋的中間階段。

符號意義的實現總是逐步深入，不一定有如此清楚地分級，三個階段之分可以參考。三者步步深入，究竟在哪裡做終結，是解釋者個人的決定。但是他在達到他的終結解釋項之前，必定經過頭上兩個階段，立即反應的解釋，中間嘗試的解釋，在達到終結解釋之後，頭上兩者就被放棄。（趙毅衡）

參見：呈位，議位，解釋項
延伸閱讀：Peirce 1931-1958

diet 飲食

飲食是實用活動，也是意義活動，因此是符號學的研究範疇。「食」、「飲」兩個字在甲骨文中就已出現，不過，「飲食」二字的合稱，始於春秋戰國時期。《禮記·禮運》曰：「飲食男女，人之大欲存焉。」飲食是物質生活民俗內容之一，它主要指人們傳統的飲食行為和習慣，具體包括飲食品種、飲食方式、飲食特性、飲食禮儀、飲食名稱、飲食保存和飲食禁忌以及在加工、製作和食用過程中形成的風俗習慣及其禮儀常規。飲食民俗是構成中國飲食文化的要素，飲食民俗包括日常食俗、節日食俗、祭祀食俗、待客食俗等。

在世界範圍記憶體在著各種不同的飲食習俗和文化，成為地域文化的象徵和族群區分的標識，正如哈裡斯（Marvin Harris）指出：印度人拒絕吃牛肉，猶太人和穆斯林人痛恨豬肉，還有美國人想都不敢想吃狗肉。人們從這些現象可以意識到，在消化生理學的背後會有什麼因素在發生作用，符號意義參與構成特定人群的飲食文化。

飲食具有象徵文化的特點。飲食象徵文化作為一種非語言的資訊傳遞方式，是一個具有完整結構的象徵系統，分別由飲食象徵符號和飲食象徵意蘊兩個子系統構成。飲食象徵文化通過主體把外在的飲食活動與其內在的觀念意識，心理狀態及思維方式有機地整合起來，它是飲食文化中兼有生理、心理、社會三重屬性的典型表現形式。比如，在壽宴中吃壽麵，是以麵條之長來象徵長壽；元宵節吃湯圓，是以湯圓之圓來象徵團圓等等。（楊驪）

參見：服飾，民居

digitizing 數位化

尼葛洛龐帝的《數位化生存》（Being Digital）一書所用術語，指通過電腦及各種軟體，把各種資訊轉變成數位代碼，從而完成表達和傳輸的一種綜合性技術。

數位化傳媒改變了以往大眾傳媒的特點，更加適應受眾需求的多樣化；它改變了以往媒體單向傳播的特點，具有雙向互動的功能；改變了以往受眾收聽觀看的必須不可間斷的特點，而實現了選擇性和跳躍性；改變了以往受眾個體只能是資訊接收者的局面，使受眾個體也可成為資訊的發佈者；改變了以往媒體提供單一資訊形態的特點，而具有了提供多媒體資訊的能力；寺別是改變了以往眾多媒體地域性傳播的特點，使傳播範圍全球化。（劉吉冬）

參見：虛擬社群

Dignōga 陳那

陳那是大乘佛教瑜伽行派後期最重要的理論家之一，新因明的奠基人，佛教量論體系的開創者。陳那原為南印度婆羅門，精通婆羅門諸學說，後於犢子部皈依佛教。因觸怒師門，轉投世親門下，從世親學習大乘瑜伽行派學說。陳那進一步發展了正理派和世親的因明理論，奠定了新因明的三支論式（詳見「因明」）。

在《集量論》等論書中，陳那建立了量（認識）論體系。當時印度包括佛教在內的大多數宗派的觀點都認為量的形式有三種：現量、比量、聖言量。陳那則認為一切認識的物件（所量）無外乎自相和共相，因此只有現、比二量，將聖言量剔除出去。對於現、比二量的劃分，當時一般的看法是從感官與對象接觸的角度去辨別，而陳那從思維的角度分析，認為現、比二量的區別在於是否在認識時產生「分別」。所謂「分別」就是從概念的角度去認知物件，如果產生分別就是比量，反之則為現量。按當時一般的劃分標準，現量即五根所產生的認識。由於陳那對現、比二量界定標準的突破，使現量又多了幾種形式：意識現量、自證現量、瑜伽現量。這三種現量都和瑜伽行派理論關係密切，意識現量是對等無間緣的描述，自證現量是自證分成立的理論基礎，瑜伽現量則是對佛教修行體驗的肯定。

陳那的量論體系是將瑜伽行派唯識學說和因明學說相結合，通過「認識」將二者溝通。量論也就不只是因明學說，也是唯識學的認識論。（劉華）

參見：唯識學，因明學

DIMT model DIMT 模式

李思屈提出的中國文化所特有的符號解釋和傳播模式。

他認為，在中國的方塊字文化脈絡中，不像西方那樣強調符號的「能指」「所指」和「意義」的線性關係，而是在長期的實踐中培

養出一種「言－象－意－道」四種要素一體化的思維和傳播模式，簡稱「DIMT模式」。它是一個按「陰陽球」規律變化的話語（「言」Discourse）、直觀「形象」（「象」Image）、心理「意識」（「意」Meaning & Consciousness）和作為真善美之源和真善美的最高統一的「道」（Tao）這四大要素構成的符號解釋模式。

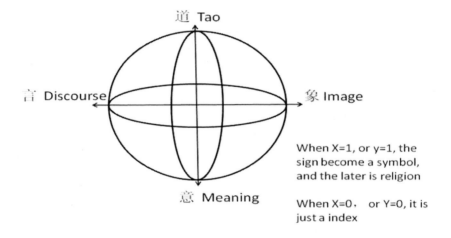

在這個模式中，傳播符號的語言要素、形象要素、心理要素或意義要素與客觀的真實構成了一個有機的整體。在實際符號運用中，會對不同符號要素有所側重，形成不同的符號類型。具體而言，在「DIMT模式」中，符號的複雜變化通過「言」和「象」、「意」和「道」兩極軸劃分為四個象限，當其在「言－象」軸達到最大，即X=1時，或者「意－道」軸達到最大，即Y=1時，就成為「象徵符號」（symbol）；在此情況下，X=1時，是詩意符號；Y=1時，是宗教符號。相反，X=0或者Y=0時，符號就只是在由言到象之間或者由意到道之間發揮單純的指示作用，因此是指示符號（index）。

DIMT作為傳播模式，可以應用到具體的分析中，解決具體的傳播問題。李思屈舉了一個廣告的例子。在廣告符號分析中，「DIMT模式」的「言」與「象」和「意」與「道」兩條軸線在陰陽球上定位

出日常話語、藝術、哲學和宗教四個區域，廣告作為一種實用藝術，歸屬於「藝術」區域。但是，隨著陰陽球的運轉，廣告會分別與日常話語、藝術、哲學和宗教發生聯繫，從而產生不同形態的廣告。即：在老陰區的叫賣式廣告，在少陰區的藝術式廣告，在老陽區的宗教式廣告和在少陽區的哲學式廣告。

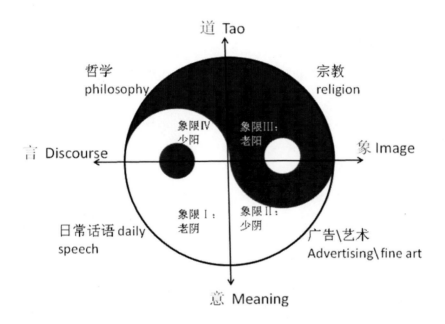

根據對「言－象」和「意－道」所區隔出的四個象限的不同界定，以及陰陽球上的「老陰」「少陰」「老陽」「少陽」的不同定義（如看成目標市場），隨著陰陽球的運轉，可以獲得新的亞類，獲得多種不同的解釋。

DIMT作為從中國文化歸納出來的傳播模式，可以用於具體的傳播實踐分析，李思屈用之於日本茶飲料廣告行銷戰略與廣告符號的分析，便是一個成功的嘗試。（饒廣祥）

參閱：廣告符號學
延伸閱讀：李思屈2003，2004

dissipative structure 耗散結構

原是俄裔比利時物理學家伊·普里戈金（Ilya Prigogine）在區分系統的平衡和不平衡結構時提出的物理學概念，蘇聯符號學家洛特曼（Juri Lotman）移用來描述符號圈的文化特徵。在平衡系統中的運動軌跡是重複和可逆的，而在非平衡態的開放系統中，由於其內部和外界的物質和能量交換，系統有可能產生突變，從無序狀態轉為有序狀態。然而這種有序狀態不是終結性的，該系統宏觀上的穩定結構需要不斷與外界交換物質和能量才能獲得，系統也因此永遠處於由無序轉為有序的狀態中。

洛特曼認為符號域的內部結構近似於耗散理論中非平衡態系統的結構，必須依靠與外界的文本交流才能自身維持發展。當該系統的有序部分（熵值較低的符號域中心部分）和無序部分（熵值較高的符號域邊緣部分）相互侵入時，整個文化系統的動態平衡得以保持。外來文本通過符號域邊界進入該文化內部時，文本意義會發生變形，引發系統的對稱性破缺，系統本身從無序轉向有序。而文化發展的臨界點上往往並存著文化動態的可預測性和不可預測性，這意味著文化的漸進發展和爆發是交替進行的。總的來說，文化的每一個類型和組織的機制一樣，具有自我紊亂機制；其相互緊張的作用使文化可以正常運轉。符號域內部不能完全達到有序，但可以一直趨向有序。

此外，洛特曼把耗散結構理論用於對創造性思維的分析。他認為創造性思維作為一種交際行為不可能在靜止的單結構系統中產生，而只能在文化這種開放的、非平衡態的系統中產生。運用耗散結構理論考察文化創新機制，體現出文化發展的動態性、不可逆性、非穩定性和多樣性。（彭佳）

參見：洛特曼，符號域，熵
延伸閱讀：Lotman 1977，2005

Dolezel, Lubomir 多勒策爾

多勒策爾（1922-）符號學虛構世界理論創始人之一，捷克學者。曾就讀於有眾多布拉格學派代表人物執教的布拉格查理大學，該學派的精神影響了他後來的研究工作。1965年之後，他先後受邀任美國密西根大學、加拿大多倫多大學客座教授。

20世紀70年代，多勒策爾開始將「可能世界」概念引入文學研究之中，並認為：語言學的文本語義分析與語言哲學的邏輯分析的結合，這一躍進式發展是文學理論中最重要的趨勢（Dolezel 1980：7）。

多勒策爾提出以「可能世界理論」以超越傳統的模仿語義學。他認為，文化傳統賦予虛構文學一種言語行為力量，小說虛構正是通過語言的這種行為力量建構可能世界。文學的虛構世界不是實在世界的摹仿或再現，而是作為一種有其自身意義的本體存在，這使小說語言不必進入與現實世界的摹仿關係而實現其指稱性使用。同時，文學虛構世界雖來自文學語言無限制的創造力，卻也因人類不可能在頭腦裡無一遺漏描繪事物的全部屬性，而有其認知的有限性。每一小說虛構世界總在不同方面表現根本的不確定性，他將其稱為本體論缺失（ontological gaps），小說的虛構世界因其不完整性而在本體有別實在世界。

多勒策爾於1976年發表《敘述模態》（Narrative Modalities），提出「敘述模態」概念。1998年出版《異質宇宙：小說虛構與可能世界》，進一步對敘述模態概念進行更新、補充。他區別出三個不同的模態子系統：其一，義務系統（deontic system），包括准許、禁止與義務模態；其二，價值系統（axiological system），區分善、惡與中性模態；其三，認知系統（epistemic system）涉及知道、不知道、信仰模態。不同模態限制產生不同的小說敘述世界。行為道義模態限制產生罪、罰與責任的故事情節。與此類似，價值論模態則可能與道德抉

擇的故事有關。認識論模態系統的各個範疇則產生神秘小說、教育小說、成長小說等。（孫金燕）

參見：可能世界理論，虛構性

延伸閱讀：Dolezel 1998

dominant function 主導功能

雅柯布森提出的文本符號學概念：「一件藝術品的核心成分，它支配、決定並改變其餘成分的性質。正是主導保證了結構的完整性。」（Jakobson 1987b：41）。任何文本都不是手段的簡單堆積，其內部一定有一個最主要的價值，即主導成分，來確定其體內屬性，例如一首詩。一首詩作除了詩的功能之外，還有指稱功能、表現功能等其他功能。只是其中的詩性是主導功能。

符號文本的性質與演變，取決於某種因素贏得主導地位。1958年，雅柯布森提出了著名的符指過程六因素分析法。現代符號學多線發展，往往造成所用術語不統一，雅柯布森用的某些術語，與符號學後來發展出來的一套術語很不同，容易引起誤會，為了讓讀者辨識，括弧裡是雅柯布森原先用的英文詞，但中文是當代符號學通用術語：（Jakobson 2004）

脈絡（context）
文本（message）
發送者（addresser）────────────→ 接收者（addressee）
媒介（contact）
符碼（code）

雅柯布森指出，一個符號文本同時包含這些因素，但符號文本不是中性的、平衡的，而是在這六因素中分別有所側重。當文本讓其中的一個因素成為主導時，文本就獲得了某種特性。主導觀念也為考

察體裁演變提供了一種較為恰當的方式：共時狀態中的主導功能的變動，可以形成文本體裁的歷時演變的動力。（喬琦、趙毅衡）

參見：情緒性，意動性，指稱性，交際性，元語言性，詩性
延伸閱讀：Jakobson 1987

double 重複

如果接收者無法辨認同時在場的兩個感知中的不同，兩者之間就沒有意指關係，符號本身就消失了，兩者之間互相成為「重複」：如果無法辨認兩條松鼠的差別，就無法把一條當作替代另一條的符號。艾柯指出：「我寫字的這張紙，與剛寫完的那張紙，是『重複』，沒有理由說前者是後者的符號」（Eco1984b：210）。這種情況非常多：同一次印出的兩張照片，同一版的兩本書，兩輛完全相同的汽車，彼此之間無法出現符號替代關係。只有當其中之一在場，而另一者缺場時（例如在車展上），在場者才是替代符號。（趙毅衡）

參見：同一符號，絕似符號

dramaturgy 表演論

表演論是符號學主體論研究方法之一。社會學家戈夫曼（Erving Goffman）認為社會行為就是表演，人在社會關係上有四種表演方式：自我理想化表演（把自己表演得比實際的強）；誤解表演（有意給人錯誤的表現、欺騙、謊言）；神秘化表演（以保持距離，讓對方猜不到自己的底細）；補救表演（立即轉換表演以糾正某個印象）。我們在生活中無時無刻不在展示一個身份，甚至獨處時也向自己展示一個身份，而每次展示的身份可以完全不同（Goffman 1956）。這種觀點實際上把人的社會行為看成本質上是演戲。性別研究理論家巴特勒（Judith Butler）的「操演論」（perfomativity），把這種表演身份理論推演到性別上：男女性別不是生理上與生俱來的，而是操演出來的，

「我們對某個性別化的本質的期待，產生了它假定為外在於它自身之物」（Butler 2009：8）。（趙毅衡）

參見：誠信諸原則，述真

dress 服飾

人類社會生活符號化的重要方式。瑪裡琳‧霍恩在《服飾：人的第二皮膚》（Horn 1991）中指出，在人類活動中，也許沒有比穿著更能鮮明地反映我們的價值觀念和生活方式了。個人的穿著是一種傳遞一系列複雜資訊的「符號語言」。服飾作為人類物質文化的重要組成部分，受到不同時空的人類精神文化的影響與制約。

鐘敬文在《民俗學概論》中把服飾分為四類：（1）衣著，如衣、褲、裙、鞋、襪等；（2）各種附加的裝飾物，如髮夾、耳環、戒指等；（3）對人體自身的裝飾，如畫眉、紋身、束胸等；（4）具有裝飾作用的生產工具、武器、日用品，如佩刀、背兜、荷包等。服飾有五個方面的構成要素：即質（質料）、形（樣式）、飾（飾物）、色（色彩）、畫（圖紋）。

服飾所承載的觀念的變化與構成要素的變化相互作用，互為表裡。大體說來，服飾所反映的觀念有：（1）強調禮儀倫常；（2）求福趨吉心理；（3）表現民族自我意識；（4）成為某種政治觀念的載體。

羅蘭‧巴特（Roland Barthes）的《流行體系：符號學與服飾符碼》（Système de la Mode）（Barthes 2000）一書中對服飾有獨到研究。巴特將服裝分為「真實服裝」（vtement-réel）、「意象服裝」（vêtement-image）、「書寫服裝」（vêtement écrit）三種，並指出「有了意象服裝的形體結構和書寫服裝的文字結構，真實服裝的結構也只能是技術性的。這種結構單元也只能是生產活動的不同軌跡，它們的物質化以及已經達到的目標：縫合線是代表車縫活動，大衣的剪裁代表剪裁活動。」

　　巴特認為，各種流行神話以偽裝或不偽裝的方式調節、玩弄著社會價值與人們的記憶。消費者處在這種服裝的社會心理情境中，自覺或非自覺地追求流行服裝。而服飾業工作者夾在流行神話與消費者需求之間，製造著服裝的品牌神話。（楊驪）

參見：巴特，神話
延伸閱讀：Barthes 2000；Horn1991；沈從文2002

E

Eco, Umberto 艾柯

艾柯（1932- ），義大利符號學家，著名的公共知識份子。他的符號學著作，以及充滿符號學思想的博學小說，使他聲名卓著。

1932年1月5日，艾柯生於義大利西北部皮埃蒙蒂州，後進入都靈大學哲學系學習，主要研究中世紀的符號學，其博士論文更名為《湯瑪斯・阿奎那的美學問題》（The Aesthetics of Thomas Aquinas，1956）出版，初步奠定了他中世紀學者的地位。並成為義大利先鋒文學運動團體「63集團」（Grupo 63）的核心成員。

1962年，艾柯發表了學術成名作《開放的作品》（Eco 1989），並憑藉此書成為義大利後現代主義思潮的主將。1964年，艾柯發表論著《啟示錄派與綜合派：大眾交流與大眾文化理論》（Eco 1994），嘗試使用符號學方法研究媒體文化問題。同年，他成為米蘭大學建築系教授，講授「視覺傳達」（Visual Communication）理論，關注建築中的符號問題，即建築傳達特定社會與政治含義的方式。

1968年，《不存在的結構》（The Absent Structure）（Eco 1968）出版，這是他研究建築符號學的成果。1971年，他在博洛尼亞大學開設了第一個符號學講座；1975年發表符號學權威論著《符號學原理》（Eco 1990），並成為博洛尼亞大學符號學終身教授；1979年用英文在美國出版了論文集《讀者的角色》（The Role of the Reader: Explorations in the Semiotics of Texts）（Eco 1984a）。此後，艾柯在美國西北大學（1972）、耶魯大學（1977）、哥倫比亞大學（1978）等著名院校授課。

小說《玫瑰之名》出版後，評說紛紜。1990年劍橋大學丹納講座就此書與闡釋學一般問題邀請艾柯和著名學者理查·羅蒂（Richard Rorty）、喬納森·卡勒（Jonathan Culler）以及克莉絲蒂娜·布魯克－羅斯（Christine Brooke-Rose）展開辯論，最後結集為《詮釋與過度詮釋》（Eco 1997）出版。此後，艾柯陸續發表了《符號論與語言哲學》（Eco 1984b）等專著。

艾柯的符號學理論影響深遠。他在符號的意指作用和交流作用之間、在結構主義和行為主義之間主張多元主義立場，當代世界符號學學科的建立和符號學思想的發展與艾柯所提出的一般符號學理論密切相關。

艾柯追求「符號學的科學化」，所以他的符號學理論是從傳統的語義分析開始的。他提倡「綜合主義」，認為語義分析問題應當越出語言範疇而訴諸文化脈絡。所以，艾柯的符號學理論也常被學界稱為「歷史符號學」或「文化邏輯學」。（李靜）

參見：艾柯七條，像似謬見，過度詮釋，鏡像
延伸閱讀：Eco 1990，1997，2006，2009

emotive 情緒性

雅柯布森的符號過程六功能之一。當表意過程側重於發送者時，符號文本出現了較強烈的「情緒性」（emotive）。最明顯的例子是感歎語，或「以表現性姿態展示其憤怒或譏諷態度」。雅柯布森指出：表現功能不一定靠文本中的感歎，實際上在文本的各個層次上，語言、語法、詞彙，都會表現出情緒功能。符號的伴隨文本（例如語氣、姿勢、表情、發出者－接收者關係等）也會推進情緒性的解釋。（趙毅衡）

參見：主導功能

Empson, William 燕卜森

　　燕卜森（1906-1984）是形式論發展歷史上的重要人物。他十九歲進入劍橋，主修數學，兩年後改攻文學，1929年寫出他的成名作《複義七型》（Seven Types of Ambiguity），那時他才23歲。燕卜森整個三四十年代，都在遠東，先執教於日本，抗戰時期長期執教於西南聯大和北京大學。30年代他寫出《幾種田園詩》（Some Versions of Pastoral），40年代完成了《複雜詞的結構》（Structure of Complex Words），對形式論與社會分析的結合，作出了開拓性的貢獻。（趙毅衡）

參見：形式論，新批評

encoding/decoding 編碼／解碼

　　編碼解碼是符號表意的必經階段。文本要經過編碼才能成為符號訊息，而接受者要經過解碼才能理解文本中的訊息。

　　在霍爾的理論中，編碼解碼的問題，成為文化符號學的核心問題（Hall 2000）。他以「生產、流通、分配／消費、再生產」為理論基礎，將資訊的生產與傳播過程分為三個階段。

　　首先，在生產階段，媒體工作者以其媒體專業技術對歷史事件進行加工，使其成為適合播出的視聽符號形式，此時，「資訊形式」占主導地位。這個編碼過程融入了媒體工作者所持有的世界觀、意識形態等因素。

　　在編碼過程（生產過程）中，資訊被以符碼形式生產出來，並受到由社會生產關係、所決定的意識形態的作用；同時，資訊必須通過解碼途徑方能滲入社會實踐結構之中，使接收者將資訊話語中被符號化的意義轉換為社會實踐或意識，並獲得具體的政治、社會效應。

　　第二階段，電視節目完成之後，電視符號便成為一個複雜符號，承載意義的電視話語隨之呈現出一種開放而多義化的趨勢。傳統傳播

學理論傾向於認為，一旦生產者話語以視像符號得到呈現，其訴諸於感官的直觀性便能夠準確無誤地傳達資訊。但霍爾認為，由於視覺話語將現實三維世界降低至二維層次，因此無法成為它所指的對象或概念。話語即使通過清晰的語言也無法再現真實，而只能依靠符碼來對真實關係和條件進行語言表述。因此，任何對「真實」的表徵都是符碼化的產物，視覺符碼也不例外，其「自然化」（naturanlized）特點並不證明自己具有語言的透明性和「自然性」，而只是由於其視像化的特徵被受眾習慣性地接受而不易覺察而已。

　　由此引出第三階段，即觀眾對電視的「解碼」階段。觀眾必須對電視進行有效解碼，才能獲得電視節目的「意義」，完成對資訊的「消費」。由於節目的每一個視覺專案預先存在一套演示規則（performative rules）。「這些規則積極尋求強化某一語義域並使其凌駕於另一語義域，並強行把義項（item）納入或使其脫離適當的意義集合」（Hall 2007：394-395）。觀眾的解碼活動，無法超出主導意義所限定的內涵意義的範圍，使貌似依賴於「主觀能力」的解讀活動必須在「客觀」（制度的）框架內，才能通過對總體社會脈絡的認識獲得對電視實踐的把握。

　　此外，霍爾還總結出三種可能的解碼立場。第一種被稱為「主導－宰製權立場」（dominant-hegemonic position），從葛蘭西宰製權理論中派生而來。這種觀點認為：電視觀眾可以直接從電視節目中獲取內涵意義，並根據相應參照符碼對資訊進行解碼。此時，觀眾的解碼立場與媒體人員的編碼立場基本一致。

　　第二種解碼立場被稱為「協商符碼」（negotiated code）。在這種情況下，多數觀眾能夠對主導型的、專業性的符碼進行界定，對於主導話語觀，點──「宰製權霸權性界定的合法性」採取認可態度，但同時也強調其自身在特定情境之中的獨特地位，旨在使「主導－宰製權」性界定話語符合自己所屬社會團體的地位。

霍爾稱最後一種立場為「對抗符碼」（oppositional code）。觀眾完全能夠理解電視話語的字面意義及內涵意義，但卻採取一種與之截然相反的方式進行資訊解碼。觀眾所選取的符碼完全依據個人經驗及背景，並以此為價值判斷框架來取代資訊的意識形態框架。例如，當觀眾收聽關於限制工資的新聞時，傾向於將「國家利益」解讀為「階級利益」，亦即採取了一種無法與主導性符碼相統一的個人解碼方式。顯然，這是一種對意識形態主流話語的破解行為。（張碧）

參見：霍爾，過度編碼，強編碼，弱編碼
延伸閱讀：Hall 2000，2003

entropy 熵

洛特曼文化符號學重要術語，源自資訊理論。資訊理論中「熵」（entropy）的概念指的是資訊在意義或形式上的不可預測性。美國符號學家西比奧克注重系統交流過程中熵和意義變化的關係，認為隨著資訊往系統他處傳遞，意義發生變化，系統中該部分的熵值會降低（Sebeok 1991：22）。洛特曼運用耗散結構理論（Dissipative Structure）進行文化的符號學機制研究，強調「熵」這一概念在文化系統變化中的重要性。「熵」在符號域各個部分中的不平衡分佈體現了無序和有序兩種結構的互相侵入。洛特曼把「熵」作為文化運動中的主要變數進行考察，強調了文化動態發展的特徵。（彭佳）

參見：洛特曼，符號域，耗散結構
延伸閱讀：Sebeok1991；Edna 2003

epoché 括弧懸置

現象學術語，有關符號意義的理解。「epoché」一詞本是希臘語，意為「中止判斷」。在胡塞爾的理論中，這個方法成為理解的一個重要手段。

　　胡塞爾的目標是：追尋無成見的真正認識；他認為，認識為了完成這個任務，必須對「自然的認識」採取一種「懸置」的態度。現象學家描述一個被給予的意向物件時，他不能依賴於任何一個關於此物件之存在的假設。在此，所有關於物件的自然認識都被「打上了括弧」，包括那個對於自然認識來說最為重要的設定：即認定一個客觀被給定的，外在於精神的時空世界。這一打上括弧的行為「並不是將設定轉為反設定，把肯定轉為否定；也不是將設定轉化為猜測、假想、未定狀態和某種懷疑（在此詞的任何意義上）；同樣不是將設定轉化為任何那些在我們自由任意選擇範圍內的東西……我們並未放棄我們的設定，我們並未在任何方面改變我們的信念……我們卻可以說，『使其失去作用』我們『排除了它』……」，也就是說，現象學懸置並不是否認已經存在的假設，而只是使其在考察中不再作為前提而起作用。

　　最後，胡塞爾的懸置概念可以細緻地分為兩種：「普遍的懸置」與「局域的懸置」。前者指對外部時空世界的整個存在假設加以排除，而後者則只排除對於具體物件具體特性的假設。（董明來）

參見：胡塞爾，片面性

ethnic identity 族群身份

　　符號人類學重要概念。族群身份是個體基於一種假設的或者真實的血緣、以及文化或者身體特徵的相似性，個體將自己歸屬於某一特定的族群，而自己的思想、意識、行為等也受到這一族群身份的影響，並表現出的對所屬族群的歸屬感和依附感。在個體身上表現出來的一般從以下幾個方面來表現：將自己歸於某一族群；能夠理解「我群」與「他群」的區別；並對「我群」和「他群」持有不同感情；在個體身上所表現出的所屬族群特有的行為模式。

　　現代社會學和人類學所使用的族群概念，來自於馬克思・韋伯（Max Weber）未完成的遺著《經濟、諸社會領域及權力》（Weber

1998），他將一些人類群體稱為『族群』：這些群體的成員由於體型與習俗（或其中之一相似），或者由於殖民與遷徙的記憶，而在主觀上相信他們是某一祖先的共同後裔，這種相信對群體形成的宣傳非常重要。

當代西方學界關於族群的理論可以分為原生說（primordialism），現代說（modernism）和神話－符號結說。原生說代表人物有希爾斯（Edward Shils）、格爾茲（Clifford Geertz）、伊薩克（Harold P. Isaacs）與克爾斯（Charles Keyes）等。他們認為族群是由語言、宗教、種族、族屬性和土地等「原生紐帶」把人類劃分成的自然單位。

原生論認為族群身份源於人的語言、宗教、種族、血緣等因素。國內學者也有持相似的觀點。「作為族群性基本要素的語言、行為舉止和其他文化特徵都和體貌等一樣，被認為是血緣遺傳的結果，是先天的，而不是後天習得的。」另外一種是以德斯皮斯（Leo A. Despres）、哈爾德（Gunnar Haaland）及柯恩（Abner Cohen）等為代表的場景論（the circumstantialist model），場景論強調族群身份的多重性，在族群身份的確認過程中摻雜著政治經濟利益。

由於兩種理論各自的缺陷，1969年挪威人類學家弗裡德里克・巴斯（Frederick Bath）在其《族群與邊界》（Bath 1969）一書中提出從族群結構差異及由此產生的族群邊界來解釋族群現象。這為族群身份的研究提供了一種新的視角，差異構成了身份，族群身份的確認有賴於族群邊界的維持，這個過程涉及身份的排斥和包含，即我認為我是什麼身份，取決於我自認為不是什麼身份。

隨著多元文化主義的興起，越來越多的學者強調文化因素在族群身份確認當中的重要性。如徐傑舜認為，「『族群』更多地強調其文化性，其根本在於文化上的自我認同。」（2002）甚至有學者認為「族群身份是多元文化主義興起與發展的動力。」（Kymlicka 2005：3）（馮月季、張洪友）

參見：身份，神話，身份，圖騰，儀式
延伸閱讀：Bath 1969

existentialism semiotics 存在符號學

　　從現象學發展出來的存在主義，從早期起就與符號學緊密相關。20世紀30年代梅洛－龐蒂（Maurice Merleau-Ponty）就將存在主義與符號學相結合發展了存在符號學。符號學家格雷馬斯（A.J. Greimas）的著作多次接近了存在問題，其弟子高蓋（Jean- Claude Coquet）提出「主體符號學」，而符號學家塔拉斯蒂（Eero Tamsti）提出了系統的存在符號學。

　　存在符號學的理論基礎主要是對兩個基本範疇——存在和超越的重新解釋和運用。

　　格雷馬斯重新發現價值和模態性，作為一種言說方式，言說者在話語過程中為之賦予情感、期望和心理內容，這實際上已經是主體的範圍了。

　　封塔內耶（Jacques Fontanille）的理論，對存在符號學的建立也起了重要作用。梵特尼爾提出要將黑格爾和他的範疇現代化。梵特尼爾區分了身體和形式。他認為身體和肉體是一切的中心，是符號過程的物質抵抗或衝擊。身體則是符號體驗的感受器支點。但在適當意義上身體組成了身份和身體的方向原則。身體是「自我」的載體，而適當的身體支持主體。

　　塔拉斯蒂認為：要理解每一個社會的基本問題，即為什麼個人會遵守社會規則並成為「社會化」的人，就必須看到，主體的心靈將社會規則和律法「內在化」了。社會必須是「內在的」，否則它對主體將難以產生任何影響。這種內在化的過程涉及到存在符號學的理論基礎。

　　「意志」和「準則」是一對相反的概念，前者代表完全的自我，不受任何約束和控制的自我；後者代表客觀存在的規範，是自由的極限，也是自我在成為主體的過程中所不能逾越的限制。（顏小芳）

參見：梅洛－龐蒂，海德格，塔拉斯蒂
延伸閱讀：Tarasti 2000

expectations 期待

　　卡勒所用術語，一個符號文本必須按它所屬於的體裁規定的方式得到解釋，這就是所謂「期待」。體裁的最大作用，是指示接收者應當如何解釋眼前的符號文本，體裁本身是個指示符號，引起讀者某種相應的「注意類型」或「閱讀態度」。

　　接收者的頭腦不是白紙一張，任憑符號文本往上加意義，接收者首先意識到與文本體裁相應的形式，然後按這個體裁的一般要求，給予某種方式的「關注」。文化的訓練使接收者在解釋一個文本時，帶著一些特殊的「期待」。

　　卡勒首先闡釋了期待的作用，他指出讀詩有四種特殊的期待：節律期待、非指稱化期待、整體化期待、意義期待。卡勒說：「同樣的語句，在不同的體裁中，可產生不同的意義」。因此，「各種文學體裁不是不同的語言類型，而是不同的期待類型」。「戲劇之所以存在，是因為把某些作品當做戲劇來閱讀的期待，與讀悲劇和史詩完全不同」（Culler 1975：129）。期待「讀法」是體裁的最重要效果。（喬琦、趙毅衡）

參見：體裁

extensions of man 人的延伸

　　麥克魯漢對媒介定義的方式之一，他認為媒介通過改變人的符號感知方式，影響人類的文化。在英尼斯媒介偏倚理論的基礎上，麥克魯漢側重從人的感官分類影響去推論媒介技術對社會生活的影響。媒介的時空特性與人的視聽覺特性差異有關，因而每一種媒介都是對人的感官功能的延伸。例如上古人類的石斧是手的延伸，書是眼的延伸，電子媒介是神經中樞的延伸。（胡易容）

參見：麥克魯漢，媒介即訊息，媒介冷熱論
延伸閱讀：McLuhan 2000

extrasensory synaesthesia 超感官通感

　　符號修辭學術語。以感官的感知方式來比喻不作用於感官的事件，就出現了「概念通感」。佛教哲學中稱為「六根互用」，「六根」是五種感官加上「意」，「意」的物件是「法」，這就很接近「概念比喻」。這樣一來通感不只是「感覺通用」，而且可以發展到非感覺：某些成語如「秀色可餐」「大飽眼福」，用的是味覺，描寫的卻是某種美的事物；《史記・樂書》描寫音樂「廣則容奸，狹則思欲」（王肅《史記集解》）；艾略特讚美玄學派詩人的名文，說詩歌能「像嗅到玫瑰一樣嗅到思想」，應當也是從五官到「意」的通感。（趙毅衡）

參見：通感，概念比喻

F

fa xiang 法相

佛教關於認識的重要概念「法相」一詞有多種意義，這裡所指的是作為諸法（一切事物現象）之相狀（或稱「體相」）。

在原始佛教中，對於諸法就有相應解釋和歸納，由此確立了最早的法相分析範式：五蘊、十二處、十八界。五蘊即色（包括人的身體在內的一切物質現象）、受（感受）、想（思維）、行（人的造作及意志、行為等）、識（認識），這是通過直觀地對生命現象進行觀察而建立的。另外，通過觀察事物與現象如何被感知、認識，又建立了以根、境、識為框架的十二處、十八界。這樣的分析範式確立了此後佛教法相研究的大致框架，一直延續至部派阿毗達磨興盛之後。

由於佛教教理止觀修行的深化，以及思辨體系的不斷精細，佛教的法相分析範式後來有了新的突破。小乘佛教「說一切有部」依色、心的關係為框架建立了新的五位法的體系：色法、心法、心所法、心不相應行法、無為法。這樣的框架被後來的大乘佛教瑜伽行派所接受。由於瑜伽行派認為世間一切現象都不能離開認識而獨立存在，故而將五位法的次第變更為：心法、心所法、色法、心不相應行法、無為法。在這樣依於認識的法相體系中，分析法相的同時也就是成立「萬法唯識」的邏輯論證過程，由此，法相分析，亦即對名言符號的安立與分析，也成為了大乘佛教瑜伽行派的特色。（劉華）

參見：唯識學，五位百法

festival 節慶

節慶是民俗文化符號的重要形式，指在週期性的時間內，以特定主題活動方式，約定俗成、世代相傳的一種集體活動，常通過象徵性儀式表達一定意義。

節慶的成因有來自宗教信仰活動的，如耶誕節、開齋節；來自人們特殊的生產、生活方式的，如開秧節、洗牛節；有來自歲時季節轉換的，如中秋節、冬至。葛蘭言（Marcel Granet）在《中國的節慶與歌謠》（Fêtes et chansons anciennes dela Chine）（Granet 2001）中認為：「古老中國的節慶是季節性質的和鄉村性質的。」一般而言，節慶活動帶有程式性和儀式化傾向，包括起始與結束儀式、淨化與祭祀儀式、競技與表演儀式、服飾與飲食展示等。

法拉希（Alessandro Falassi）把節慶稱為「時空以外的時空」（time out of time），因為節日期間，人們的生活方式和行為模式往往有悖於日常。

巴赫金（Mikhail Bakhtin）認為「節慶始終具有本質性的和深刻的思想內涵、世界觀性質的內涵」，任何民俗事象「本身都永遠不能成為節日。要使它們成為節日，必須有另一個存在領域」，即人類精神領域。「它們不應該從手段和必要條件方面獲得認可，而應該從人類存在的最高目的方面，亦即從理想方面獲得認可。離開這一點，就不可能有任何節慶性」。他還指出了節慶的狂歡化（carnivalization）特徵，他認為節日與歡樂的時間的本質關係，就是各種不同節日的所有狂歡化特點的公分母。（楊驪）

參見：二十四節氣，巴赫金
延伸閱讀：Bakhtin 1998；雪犁1994

fetishism 戀物狂

一種符號心理現象，收集愛好者用零散的物代替已經不可能夠及的物件。例如收集汽車號牌、名人遺物、名人簽字、名人書信、錢幣、郵票、火花。零星的物件具有特殊意義，因為其意義不在本身，在於它指示的時間（過去某個時代）。

當一個人把指示符號與物件的替代關係暫時忘卻，欲望從物件移到符號本身，就出現了「戀物狂」（fetishism）。「清醒的」收藏者知道收藏品的價值，沒有忘記符號與物件的替代關係，明白符號的實用意義可以度量，例如價格合適時就可以出售。戀物狂則把指示符號完全當作物件。（趙毅衡）

參見：指示符

fictionality 虛構性

虛構性，是符號文本與經驗現實之間的關係類型之一。它是藝術符號世界的最重要的特徵。但虛構不限於藝術，許多體裁都包含著虛構性。關於虛構性的討論主要集中於兩個方面：其一，虛構指涉問題。也就是虛構表徵的邏輯地位，即如何評估關於不存在的虛構實體的命題真值；其二，虛構世界的本體論地位問題，即虛構「不存在」的程度與方式。

哲學領域從羅素到奎因（W. V. Quine）、塞爾（J. R. Searl），一致秉持「單一世界模型框架」，認為虛構語詞缺乏指涉，邏輯語言不能指稱虛構物件，虛構文本的內容只是想像，沒有真值。傳統文學理論同樣把虛構整合進現實之中，將虛構客體闡釋為現實世界某個實體或普遍類型的表徵。發展到形式－結構主義文論，則以「文學性」置換了「虛構性」，強調自我指涉性而回避文本指涉問題。後現代主義理論，又將「虛構性」擴張到一切文本，此為「泛虛構」。敘述學中關於「虛構性」問題有兩種基本立場：其一，結構主義的經典立場，

力圖證明敘述話語中的確存在語言標記可將文本識別為虛構，如漢伯格爾（Kate Hamburger）、班菲爾德（Ann Banfield）、熱奈特（Gerard Genette）等；其二，語境主義的後經典立場，認為決定事實與虛構的關鍵是敘述者或說話人的意圖與受眾的文類預期，克恩斯（Michael Kearns）、沃爾什（Richard Walsh）等人持此觀點。

可能世界語義學被文學理論引進，其直接目的就是解決「虛構性」問題。

首先，可能世界語義學的「多重世界模型」，為「虛構」建立了一種平行本體論。它將「世界」視為一種隱喻，虛構世界也是可感知的實體，與現實世界平行且相互模仿。現實世界不再有特權地位，虛構世界為可能事態的集合，而不僅僅是現實世界的表徵，虛構個體也不依靠現實原型而獲得存在和屬性。

其次，通過將虛構指涉的基礎，從現實世界轉移到可能世界，解決虛構話語的命題真值問題。虛構現實不能通過訴諸於文本外現實而進行虛假或真實認定，而是存在於虛構文本所創造的可能世界語境，並具有自己的真實性。現實世界並不存在的客體或稱現實的可能實體的屬性和事態存在，其真值標準都是相對於可能世界而言的。路易斯提出以反真實條件句「如果……那麼……」結構，探討虛構真實的陳述。例如：「如果喬峰在現實世界裡存在，且故事情節也上演，那麼喬峰肯定不是一個背信棄義的人」，對這一陳述的接受，相當於判定「喬峰肯定不是一個背信棄義的人」這一命題，在虛構世界為真。

「虛構性」範疇是一個歷史意義上的變數。對虛構事實的真值評估，還涉及讀者的意識形態因素。文本的性質是虛構還是現實，取決於社會行動系統的規約。當讀者與文化簽訂的「契約」即接受者的文化價值改變，符號文本的虛構與現實之間的邊界就會隨之變動，虛構話語的命題真值以及話語的類型判定也會隨之改變。（孫金燕）

參見：可能世界理論
延伸閱讀：Dolezel 1998；Lewis 1978；Maitre 1983

firstness 第一性

　　第一性，皮爾斯符號三範疇中的第一範疇。第一性範疇是現象的質或感覺的質，比如紅、苦、乏味、硬、令人心碎、高貴等。什麼地方有現象，什麼地方就有質。皮爾斯認為幾乎可以說現象中不存在其他的東西。第一性是表意可能性，只要事物之間不互相發生作用，這些事物的表象就不會有意義。比如紅色的存在，在宇宙中任何紅的事物出現之前，紅的存在永遠不會有真實的質的可能。紅存在於它自身之中，即便它得到體現，也依然是某種積極的、自成一類的東西，這就是第一性。皮爾斯很自然地把第一性歸於外在實在。第一性在其自身中有諸種能力，它們可能會得到實現，也就是成為符號指向的物件；也可能永遠得不到實現，從而停留於第一性，即有表意潛力的潛在符號。（顏青）

參見：第二性，第三性

Fiske, John 費斯克

　　費斯克（1939- ），美國威斯康辛大學麥迪森校區傳播藝術學教授。著名大眾文化學者，和西方當代文化研究領域的代表人物之一。主要研究領域包括大眾文化、電視研究，是美國大眾文化的重要理論家與實踐者。費斯克還是傳播符號學的宣導者，他將注重意義的符號學派與注重過程的經驗學派視作傳播學兩大主要派別（Fiske 2008），並且在大眾傳媒文化研究中積極踐行符號學方法。

　　根據馬克思主義政治經濟學的商品交換價值和使用價值理論，費斯克提出了電視的兩種經濟理論，即「金融經濟」（financial economy）和「文化經濟」（cultural economy）。他認為，在資本主義社會裡，電視節目作為一種文化商品，「流通於兩種同時存在但並不相同的經濟系統」之中。其中，金融經濟注重的是電視的交換價值，流通的是

金錢；文化經濟注重的是電視的使用價值，流通的是「意義、快感（pleasure）和社會身份（social identity）」（Fiske 1987：311）。

　　費斯克的傳播學研究是注重意義的符號學方法，但並不以立場先導進行批判。費斯克在吸收了德塞都、巴赫金和巴特等學者思想的基礎上，形成了不同於法蘭克福學派的大眾文化理論。他的理論積極凸顯受眾的主動性、創造性、抵抗性，強調大眾從文化消費中獲得的「快感、意義」，並挖掘和研究了大眾文化的權力運作機制與文化博弈過程。（胡易容）

參見：傳播符號學
延伸閱讀：Fiske 1987，2001，2008

five groups of the hundred dharmas 五位百法

　　大乘佛教瑜伽行派在《大乘百法明門論》中對現象世界進行描述和闡釋的基本結構與範式，包括五大類共一百種：心法八種、心所法五十一種、色法十一種、心不相應行法二十四種、無為法六種。心法為人的八種主要認識，由於造業等作用殊勝，成為五大類法的中心；與「八識」相應的具體的心理活動為心所有法；色法被認為僅是通過心法、心所法來顯現的影像，心不相應行法也明確界定為依於色、心、心所安立的「假法」，而「無為法」則是以上四類諸有為法的根本法性。（劉華）

參見：唯識學，法相

five W model 五W模式

　　傳播學奠基人拉斯韋爾（Harold Lasswell）1948年發表的《社會傳播的結構與功能》明確提出了傳播過程及其五個基本構成要素，即：

誰（who）？

說什麼（what）？

對誰（to whom）說？

通過什麼管道（in what channel）？

取得什麼效果（with what effect）？

根據這一模式，傳播學確定了研究的五大基本領域：即「控制分析」「內容分析」「媒介分析」「受眾分析」以及「效果分析」。這五種分析涵蓋了傳播研究的主要領域。（胡易容）

參見：拉斯韋爾，傳播

folk-custom symbol 民俗符號

烏丙安在《民俗學原理》（烏丙安2001）中指出，在人類社會的資訊交流中，積累著並流傳著大量的、多種多樣的民俗資訊，由此構成民俗資訊的符號系統。在民俗符號的編碼中，即民俗文化的符號化過程中，民俗指符又分為兩大方面，即言語系統的民俗指符和非言語系統的民俗指符。

言語系統的民俗指符，是指能表現某個民俗概念或某種民俗意味的某個或某些聲音形象，又叫作聽覺映射。它是用語言代碼表達民俗的物象，這種聲音形象只要能夠經過聯想指引出一個民俗的意義或概念時，就構成一個民俗符號。言語系統的民俗符號形成的聚合關係，是民俗指符常見的代碼特徵，也是民俗指符獨具特色的表現體系。民俗指符的代碼往往只是某個聚合關係的一部分，這部分代碼在民俗話語出現以前，先通過相似和相異的比照，與同義詞、反義詞、同音字詞、近諧音詞相聯結，使替代物和所指事物形成一種聚合關係，產生隱喻、轉喻、雙關的效果，甚至產生一種不受限制的民俗語言的「超類比」（semiosis）語境，那就是民俗指符比喻的表義過程。例如，民俗傳統婚禮中的《撒帳歌》：「一把栗子，一把棗；小的跟著大的跑。」就是用諧音雙關方式表述的言語系統「早生貴子」、「子孫滿堂」這類祝福的民俗符號。

非言語系統的民俗指符包括非語言學的聲音形象代碼和視覺的標誌圖像及多種實物象徵代碼。視覺領域的指符在民俗符號中佔有壓倒性優勢；又代銅鏡和瓦當上出現的青龍紋、白虎紋、朱雀紋和玄武紋，就表徵了漢代崇拜四方神靈的符號內涵。中國古代把五色符號與帝王興衰相對應：黃帝興時土氣勝，尚黃色；夏禹興時木氣勝，尚青色；商湯興時金氣勝，尚白色；周代興時火氣勝，尚赤色；代周而興者必水氣勝，尚黑色，由此形成了古代「終始五德」迴圈的色彩符號指符。此外，嗅覺領域的氣味代碼和味覺領域的滋味代碼，以及觸覺領域的多種感覺產生的代碼，都分別可以作為指符來交流民俗資訊。

（楊驪）

參見：民俗符號要素「三位一體」
延伸閱讀：烏丙安2001

formalism 形式論

形式論是現代批評理論的一個重要潮流，符號學是這個潮流在當代的集大成者。

形式分析歷史久遠，打有文學起，就有關於形式的討論：儒家文獻論「賦比興」；《文心雕龍》主張「風骨」與辭采的完美統一；《文賦》要求「綺靡」；亞裡斯多德的《詩學》中對悲劇情節構成的仔細討論。傳統的形式分析，是把形式看成內容的裝飾，是增加作品可讀性的手段。

現代形式論不同，現代形式論認為文學藝術的與其他文體有根本區別的地方，是其形式，而不是內容：是形式構成了俄國形式主義的所謂「文學性」（literariness），或是英美新批評比喻性地稱為「本體論」（ontology）的文學本質。

形式論是20世紀在歐美許多國家不約而同出現的潮流：俄國「形式主義派」（Russian Formalism），及其餘波布拉格學派（The Prague School）；英美「新批評派」（The New Criticism）；歐陸的

索緒爾語言符號學（semiology），受索緒爾影響而興起的結構主義（structuralism）；美國的皮爾斯開創的符號學（semiotics）。在長期探索中建立的敘述學（narratology），及其新的發展「後經典敘述學」（postclassical narratology），都是形式論的分支。這些流派彼此起伏，在文學理論中形成一個強大的形式批評潮流。到當代，形式論與其他學派結合更加普遍。

形式論進入中國，是有阻隔的。先秦墨家名家的分析傳統在漢之後漸漸失落了，唐初傳進中國的佛教唯識宗和因明學邏輯，也沒有能持久發展。中國傳統批評注重直覺，「尚象」思維重感悟，「境界」之說重體驗；在敘述文學的研究中，評點家的文字重在敏悟，而非現代敘述學那種周密細緻的分析。形式論的成果，在中國的傳統中顯得隔膜，難以融入中國學術主流。而從50到70年代，形式文論甚至被認為極端反動，受到嚴格排斥。但八十年代以來，形式論各派在中國飛速發展。

不少學者試圖超越形式分析層次，進入對文化和意識形態的探究，這是正常的批評必然採取的方向，但是這不等於說可以不顧形式分析。解構主義理論家哈特曼有名言：「有很多路子超越形式論，最無用的路子是不研究形式論」。可以說，排除形式論，現代批評理論已經不可能運作。（趙毅衡）

參見：批評理論

Frye, Northrop 弗萊

弗萊（1921-1991），加拿大文學批評家，20世紀重要的文學理論家，對文學符號學理論的發展作出了重要貢獻。弗萊的思想融合了人類學、精神分析等諸多思想，而榮格的理論對其影響尤其顯著，其代表作《批評的解剖》（Frye 2006）影響深遠。

　　弗萊認為，組成作品的基本單位是象徵符號。將文學作品置於不同的相位則會展示出象徵的不同側面。在考慮文學作品與其他作品之間的關係時就將文學納入神話相位的語境中，這時便發現了作為原型的象徵。原型是在許多作品中反復出現的具有典型性的形象。批評家只有將單一的文學作品納入文學整體中才會發現原型。

　　在文學整體中有四種超越體裁的敘事結構：喜劇、傳奇、悲劇、反諷。這四種敘事結構被弗萊稱為對四季演變的模仿。這樣，春天的敘事結構為喜劇，述說英雄的誕生或復活；夏天的敘述結構為傳奇，代表英雄的成長和勝利；秋天的敘事結構為悲劇，述說英雄的末路和死亡；冬天的敘事結構為反諷，講述英雄死後的世界。喜劇和傳奇是向上的運動，悲劇和反諷是向下的運動，四者的銜接構成一個迴圈的圓形。弗萊認為西方文學的敘事模式從喜劇開始，相繼進入傳奇、悲劇、反諷。現代文學正處於反諷階段，英雄已逝，而在文學中所出現的只有渺小而又無能的小人物。但是新的神話也即將展開一個新的迴圈。（張洪友）

參見：反諷主義，符號修辭學
延伸閱讀：Frye 2006；葉舒憲1987

fu lu 符籙

　　符籙是符和籙的合稱，道教法事活動所使用的書寫符號系統，符籙主要用於治病、鎮邪、驅鬼、禳災，是一種道教法事活動。

　　符指書寫在黃表紙或帛上的筆劃曲折、似字非字、似圖非圖的符號圖形，又稱神符、道符。符原為古代調動軍隊的信物，漢代巫師、方士已經模仿符信，偽稱神仙所制，用以召劾鬼神，鎮壓精怪。早期道教教團繼承並發展了這種做法，創作出有系統的符書，廣泛用於宗教活動中。構成符的主要成分為符字。符字筆劃曲折盤紆，難以辨認。不少符中還嵌有星圖、神像。道教認為符原本是道炁自然結成，由天真摹寫，始傳於世，所有招劾鬼神的作用。

籙又稱法籙、寶籙，是道教徒入道的憑信與施法的依據。籙一般也書寫在黃紙或帛上，通常列有天官神吏的名號及相應的符，有的還繪有神像，形狀詭怪，難以辨識。道教認為籙是自然之炁結成的文字，由神人傳授，所以有召劾鬼神的功能，獲得道籙者還能夠召喚籙上的神吏兵將護衛身形，施行法術。

道教十分重視書寫符籙，認為「畫符不知竅，反惹鬼神笑；畫符若知竅，驚得鬼神跳。」畫符時最關鍵的是要「心誠」、「運氣」，只有調動體內精氣，運之筆端，誠心運筆，畫出的符籙才有靈效。（黃勇）

參見：道教文字觀，雲篆，龍章鳳文，複文

fu wen 複文

道教法事文字符號的一種，現存最早的道教符籙秘文，保存於《太平經》卷一百零四至一百零七，《三皇內文》中亦有類似符字。複文由兩個以上隸書漢字疊合而成，筆劃平直，與雲篆符字不同。雖然每個漢字字形清晰，但是整個複文之含義卻難以索解。根據《太平經》中的標題文字，複文當主要用於驅役鬼神、祛害福佑。（黃勇）

參見：道教文字觀，符籙，雲篆

fu zhou 符咒

符籙和咒語合稱符咒，是道教法事活動中使用的符號系統，也是中國文化史上最重要的巫術手段之一。咒語指因巫術目的而誦念或歌唱的咒文，咒是人們向神明表達的某種語言資訊，這種語言資訊集中反映了人們的某一願望，並企圖通過神明實現這一願望。符籙則是咒語的圖文化，巫師用各種象徵符號和圖畫來召神驅鬼，在道教中表現得尤為突出。由此，臺灣學者李叔道在《道教大辭典》中對符籙的解釋是：「道家秘文也。符者屈曲做籙籀及星雷之文；籙者素書，記諸

天曹官屬吏佐之名。符籙謂可通天神，遣地神祇，鎮妖驅邪，故道家
受道，必先受符籙」。陳原在《語言與社會生活》中認為，符是書面
語（文字）的物神化，咒是口頭語（語言）的物神化。（楊驪）

參見：巫術，符籙
延伸閱讀：劉曉明1995

G

gatekeeper 把關人

　　把關人理論是傳媒學重要概念。美國社會心理學家盧因（Kurt Lewin）1947年提出，經懷特（David Manning White）等眾多學者的深入挖掘研究，最終成為傳播控制分析領域經典的理論之一。

　　盧因在《群體生活的管道》一文中，首先提出「把關」（gatekeeping）一詞。他指出：「資訊總是沿著含有門區的某些管道流動。在那裡，或是根據公正無私的規定，或是根據『守門人』的個人意見，對資訊或商品是否被允許進入管道或繼續在管道裡流動作出決定。」「把關人」既可以指個人，如信源、記者、編輯等，也可以指媒介組織。從新聞傳播的流程來看，傳統媒體資訊傳播程式大致是：記者發現新聞事實→媒體把關（審稿）→傳播給受眾。在這個傳播過程中，傳統媒體可以說幾乎壟斷了信源，把關比較容易。

　　在符號傳播現象中，「把關人」是一種普遍存在的角色。在傳播者與受眾之間，「把關人」起著決定繼續或中止資訊傳遞的作用，還起到對符號資訊進行再加工的作用。從整個社會的角度來看，傳播媒介是全社會資訊流通的把關人；從傳媒內部來看，不同的媒介具有不同的把關人，從報紙、廣播、電視等傳統大眾媒介來看，在新聞資訊的提供、採集、寫作、編輯和報導的全過程中存在著許多的把關人，其中，編輯對新聞資訊的取捨是最重要的。

　　網路媒介的興起，使人類資訊傳播的方式及內容發生了巨大變化。在網路中，每個人都有可能不受政治、意識形態、技術、文字和邏輯能力、經濟能力的嚴格限制。把關人理論面臨嚴重的挑戰。

　　首先，把關人的角色被弱化。傳統媒體的資訊控制通過各個層級的把關人來完成，而網路是一種「去中心化」的「新型互動媒介」。在網路傳播中，傳者和受者的區別在縮小。網路傳播使昔日的把關人失去了資訊傳播中的特權。

　　其次，把關的可行性降低。網路傳播資訊的迅捷性和無障礙性大大降低了「把關」的可行性。網路論壇的線民可以自由地發佈資訊，導致無數個體化的傳播主體浮出水面，無數個資訊發佈點在世界範圍內開放。這就給未經「把關」的資訊快速、廣泛的傳播提供了條件。由於傳播的迅速，論壇把關人可能根本來不及作出反應，一些帖子就已經造成社會影響，把關人處境尷尬。同時，網路論壇的海量資訊也導致把關難度加大。

　　再次，把關權的分化。網路是一種沒有中心的「蜘蛛網」，傳者和受眾都是這個網上的一個個節點。傳播權幾乎已經完全被大眾所分享，傳統意義上的把關人在網路論壇中就分解為以下幾個層面：1.線民個人；2.網站編輯；3.版主角色；4.媒體外部組織及環境。目前的把關人概念主要是指媒介制度。其表現形態主要是國家政府或相關行業組織制定的法律法規及職業守則等。法律法規通常具有強制性的約束力，職業守則則是較為軟性的自律規範。（張騁）

參見：交互性
延伸閱讀：Shoemaker & Vos 2009

genotext 生成文本

　　克里斯蒂娃在其著作《符號論》（Kristeva 1971）中提出的概念，與現象文本相對。

參見：現象文本

genre 體裁

符號文本建構與解釋的文化類別，稱為體裁。每一種體裁的邊界並不清楚，進一步細分的體裁往往稱為「亞體裁」（subgenre）。

同一體裁往往可以通過不同媒介傳送，例如一首詩可以讀出來、錄音放出來、寫出來、印出來，管道不同，媒介也不同，其體裁依然不變。不同體裁可以用同一媒介（例如小說與詩歌），也可以用不同媒介（例如小說與電影）可以是形式的區別（例如小說與連環畫），也可以是內容的區別（例如武俠小說與言情小說）。體裁是文本的文化分類程式。

體裁是一套控制文本建構與接收方式的規則。決定一個文本應當如何解釋，最重要的因素，是該文本所屬的體裁：體裁就是特定文本與文化之間的「寫法與讀法契約」。

媒介似乎與意識形態不直接關聯，很容易被另一個文化接過去；而體裁則是尚度文化的，跨文化流傳時會發生一定的阻隔。例如手機作為媒介技術，迅速普及全球，但是微博作為一種體裁，其推廣必須克服文化障礙，就慢得多。（趙毅衡）

參見：媒介，媒體，管道

geomancy 風水

中國風水是一套融匯傳統文化的符號判斷與作業系統，它通過複雜的符號意指方式獲得象徵性意義以趨利避害。

中國風水起源於遠古時代對地形的自然崇拜，成熟於漢唐時期，鼎盛於明清時期，至今仍有廣泛影響。風水術融匯了中國儒釋道傳統文化的思想，是古代建築選址與佈局的實用操作技術。風水術古稱「堪輿」，許慎《說文解字》解釋「堪輿」：堪，天道；輿，地道。郭璞《葬經》解釋「風水」：「氣乘風則散，界水則止，古人聚之使不散，行之使有止，故謂之風水。」郭璞認為風水就是陰陽之氣的聚

合與運行。范宜賓注郭璞《葬經》：「無水則風到而氣散，有水則氣止而風無，故風水二字為地學之最重，而其中以得水之地為上等，以藏風之地為次等。」風水術在民間又叫「相地術」或「相宅術」，「宅」包括「陽宅」（活人住的房屋）和「陰宅」（埋葬死人的墳墓）。風水術賦予山川地形水文很多象徵意義，由此生髮出龍脈、水口、明堂、穴位等諸多概念，並有許多禁忌。風水師通過勘察，審定住宅、墳地的地脈、山形、水文、風向諸因素，來判斷居住環境的優劣利弊以及如何趨吉避凶。中國古代風水術有形勢派和理氣派之分，兩派各有偏重，前者重在以山川形勢論吉凶，後者重在以陰陽、卦理論吉凶。

潘穀西認為：「風水施加於居住環境的影響主要表現在三個方面：第一，是對宅址的選擇，即追求一種能在生理上和心理上都能滿足的地形條件；第二，是對居處的佈置形態的處理，包括自然環境的利用與改造，房屋的朝向、位置、高低、大小、出入口、道路、供水、排水等因素的安排；第三，是在上述基礎上添加某種符號，以滿足人們避凶就吉的心理需求。」（楊驪）

參見：民居
延伸閱讀：伊長林／李普1989；潘穀西1990

Gong sunlong 公孫龍

公孫龍，戰國時趙國人，中國先秦「名家」的領袖人物之一。生卒年不可考，近人胡適《中國哲學史大綱》謂其大概生於325BC-315BC之間，卒於250BC左右，學界基本認同此說。公孫龍的著作《漢書・藝文志》著錄十四篇，今僅存六篇。

據其弟子編纂的《跡府》篇記載：「公孫龍，六國時辯士也，疾名實之散亂，因資材之所長，為『守白之論』，假物取譬，以『守白』誶，謂『白馬為非馬』也。白馬為非馬者，言白所以名『色』，言馬所以名『形』也。色形，非形，非色也。……欲推是辯，以正名

實而化天下焉。」（譚戒甫2006：7-8）公孫龍學說上升到邏輯學的高度，對中國古典符號學亦有重要貢獻。

公孫龍指出符號有抽象性，他在《指物論》中指出「物莫非指，而指非指」，任何事物都需要通過符號（「指」）來表示，但是這個「指」並不等同於其所指的事物。在公孫龍看來，事物的符號「指」是由物抽象出來的。「指也者，天下之所無也；物也者，天下之所有也。」符號並非實實在在的具體之物，而是實在之物的抽象化，是事物抽象的概念，「指者天下之所兼」，即概念是天下萬物本質的反映。符號並非天下萬物，而符號所指的具體事物則是實實在在存在著的，所以符號並不等同於具體之物，「指」是概念，「指」從「物」中抽象而生。當我們說「馬」這個詞時，人們會想到其對應之實物，但是「馬」並不是具體的馬，它是從所有的馬中抽象出來的一個概念符號，也即它是一個「型符」，不同於任何一匹單個的、具體的馬。然而人們往往會誤以為「馬」這個符號就是指具體的馬，這其實是忽視了符號的抽象性，所以公孫龍指出了這種錯誤：「以『有不為指』之『無不為指』，未可。」所謂「有不為指」即是認為符號本身即是意義。

公孫龍指出了符號的系統性。在《名實論》中公孫龍指出：「天地與其所產焉，物也。物以物其所物而不過焉，實也。實以實其所實而不曠焉，位也。出其所位非位而位其所位焉，正也。」在公孫龍看來，宇宙天地都是由「物」組成，一個事物之所以被稱之為該「物」而沒有錯誤，是因為它佔據了自己的「位」而非「非位」，也即它與他物有所區別；在系統之中佔據自己應有的位置，這就是「正」，任意性使得符號不能自行解釋，必須依靠系統的同型性來確定意義。符號能表意在於與其他符號相比有區分特徵。「謂彼而彼，不唯乎彼，則彼謂不行。謂此而此，不唯乎此，則此謂不行。其以當，不當也；不當而當，亂也。」彼與此之間沒有明顯的區分：被稱為「彼」的並不僅僅可以被稱為「彼」，那麼「彼」這個稱謂就是不合適的；被稱為「此」的並不僅僅可以被稱為「此」，那麼「此」這個稱謂就是不

合適的，故而亟需正名。正名就是要確定名與實的一一對應關係，
「故彼彼當乎彼，則唯乎彼，其謂行彼。此此當乎此，則唯乎此，其
為行此。其以當而當也；以當而當，正也。」要讓彼事物之名與彼事
物之實相符合，此事物之名與此事物之實相符合，彼物之名與此物之
名相區分，那麼彼物與此物自然也就區分開來了。

公孫龍指出了符號的歷時演變性。如果一個語言系統內部的信碼
在一定的時空內形成了，那就有其強制性，故而公孫龍認為「彼此而
彼且此，此彼而此且彼」是不符合符號系統規範的。但是，公孫龍並
沒有把符碼絕對化，如果時空轉移，社會的約定改變，名實也可以發
生轉換，如其所言：「知此之非此也，知此之不在此也，則不謂也。
知彼之非彼也，知彼之不在彼也，則不謂也。」事物的名稱與實物約
定俗成的對應發生轉變，那麼其名也就需要作出相應的調整，彼名不
再能稱謂彼物，需要根據社會的約定來重新編碼。（祝東）

參見：名家，名實論，白馬非馬
延伸閱讀：譚戒甫1963；譚業謙1997；王琯1992

Gorlée, Dinda, L. 戈雷

戈雷（1943-）生於波蘭，國際知名的符號翻譯理論家和多語翻譯理
論家，在荷蘭阿姆斯特丹大學獲得了符號學和翻譯理論兩個博士學位。

戈雷率先明確地將符號學理論運用到翻譯研究領域，使符號學
在跨學科研究中產生了翻譯符號學分支。戈雷1994年寫成的《符號學
與翻譯問題：關於皮爾斯的符號學》是翻譯符號學發展歷程中的標誌
性論著。該書由10個部分構成，分別論述了不同的翻譯問題。在導論
部分，戈雷主要論述了將符號學應用於翻譯研究的重要意義，點明了
整本書的寫作初衷是要在皮爾斯一般符號學的指導下創立符號翻譯學
（semiotransaltion）理論。（熊輝、劉丹）

參見：翻譯符號學
延伸閱讀：Gorlee 1994

Gramsci, Antonio 葛蘭西

　　葛蘭西（1891-1937），馬克思主義文化轉向的開創者，對文化和語言中的階級鬥爭和宰製權（hegemony）作出了突出貢獻，他的觀念已成為文化符號學的核心論點。

　　葛蘭西對語言問題的理解，與索緒爾（Ferdinand de Saussure）的理論十分接近。在他看來，「語言」在本質上是一個集合名詞，它並未預先假定存在於時空之中的任何單個東西上，而索緒爾將「語言」定義為「任何一個時刻語言的可能性或潛在力的總和」，亦即語言表述能力的規則與集合。但葛蘭西對「語言」的理解並不像索緒爾那樣多少帶有形而上學的色彩，他認為：「『語言』這個事實，實際上意味著多種有機地融貫一致著和協調著的事實。可以說每個講話的人都有他自己的個人語言，也就是他自己的個人語言，也就是他自己獨特的思考和感覺方式。文化在其各種不同的層次上，把或多或少的、不同程度上理解彼此的表達方式的個人，聯合成為一系列彼此聯繫的階層。」（Gramsci 2000：261）在索緒爾看來，「語言」是個人「言語」的來源，個性化的言語必須從「語言」這個深層結構中獲取語法、詞彙等資源；而葛蘭西卻認為個人語言是相對獨立的，是個人思維與感覺的產物，而「語言」則以文化為根據，將各種個性化的語言凝聚為彼此聯繫的集合體。（張碧）

參見：馬克思主義符號學
延伸閱讀：Gramsci 2000

Greimas, Algirdas Julien 格雷馬斯

　　格雷馬斯（1917-1992），立陶宛裔法國符號學家、敘述學家，在符號學發展史上有重要地位。生於前蘇聯圖拉，1934年畢業於立陶宛大學法律系，1944年移居法國，1949年獲得巴黎大學博士學位。後在土耳其、埃及等國大學任教。從1965年開始任教於巴黎，他的學生

與同事構成了後來的「巴黎符號學派」。1992年他卒於巴黎後，他的學派雖然並不發達，卻一直在延續。從20世紀60年代起，他主攻符義學研究，努力建立一個人文－社會科學的方法論的基礎。格雷馬斯的主要著作有《結構語義學》（1966）、《論意義》（1970）、1976年的《符號學和社會科學》論文集中收錄的《論意義II》（1983）。他與庫爾泰（Joseph Courtes）合編的《符號學－語言理論分析詞典》（1979）總結了他的符號學。

格雷馬斯雖然常被人視為結構主義者，他的理論卻遠遠超出了結構主義的封閉體系觀念。格雷馬斯以語言意義為研究的出發點，試圖從語義關係的形式化內在地推演出文本的意義系統，以結構語義學為敘述文本建立起一套「敘述語法」。1966年他的《結構語義學》一書提出了符號的生成理論，尤其是對符號文本表達真相或撒謊的機制，作了細緻的討論，即所謂「述真理論」（valedictory theory）。格雷馬斯在敘述分析問題上提出「行動素理論」（actantial theory），進一步發展了敘述的情節模式理論；他改造東西方各種邏輯意義圖式，提出著名的「格雷馬斯方陣」（Greimasian Square，又稱符號方陣）。很多學者至今認為方陣的架構可以解答符號學的許多難題。

格雷馬斯本人的研究相當抽象化、邏輯化，但是他的理論卻促使他留下的學派朝符號學的一些困難領域發展，例如高蓋（（Jean-Claude Coquet）的「主體符號學」，封塔內耶（Jacques Fontaneille）的「激情符號學」，塔拉斯蒂（Eero Tarasti）的「存在符號學」等。

格雷馬斯理論，無論對符號學界還是對一般人文學科，至今有重大影響。（趙毅衡）

參見：格雷馬斯方陣，高蓋，塔拉斯蒂

Greimasian Square 格雷馬斯方陣

又稱格雷馬斯矩陣（Greimasian Rectangle），或符號方陣（Semiotic Square），為立陶宛裔法國符號學家格雷馬斯所創。他認為符號方陣

可解決絕大部分關於意義關係的難題。至今格雷馬斯的後繼學者依然堅持使用方陣。有些人想當然地認為這個方陣是「結構主義封閉系統」，實際上符號方陣可以用一系列方式打開，成為無限衍義的複雜形式。甚至某些馬克思主義學者，都喜歡用格雷馬斯方陣分析複雜的社會文化關係，這說明了把符號方陣看成結構主義是偏見。

格雷馬斯自己說他提出這個方陣，是改造了布蘭奇（R. Blanche）的邏輯六邊形，數學上的Klein群，心理學上的Piaget群等等，看來也包括「四句破」傳入歐洲化成的鑽石圖式（Diamond Schema）。格雷馬斯在1966年出版《結構語義學》（Semantique structural）中第一次提出這個方陣圖式，在他1970年的名著《論意義》（Du Sens）中又重新講解了這個方陣。

這個方陣的圖式把一對二元對立演化成思想關係以及十種關聯因素：（1）A正項；（2）B負項兩個對立項；（3）-A負正項與（4）-B負負項兩個否定項。在這四項之外，有六個連接：（5）AB正對拒連接；（6）-A-B負對拒連接，（7）A-B否正連接（8）B-A否負連接（9）A-A負正連接（10）B-B負負連接。

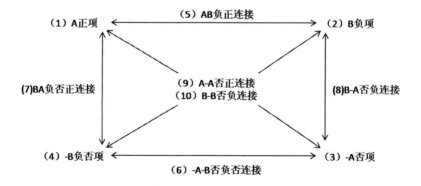

　　格雷馬斯自己並不認為各項連接全是否定，他認為B-A連接與-BA連接是「互補關係」（complementariety），也就是說，-A與B，-B與A之間互相補充，並不是互相否定。實際上，方陣中不僅任何相關項都是否定，甚至所有連結都可以被理解為否定連結。在一個正項上，可以一層層累加否定，否定成為延續遞進變化的基本構築法。

　　符號方陣不僅取消了二元之間妥協的可能，而且展開了一個流程，把簡單的二元對立，變成十個因素的否定互動。按照詹明信的說法，就是「讓每一個項產生起邏輯否定，或『矛盾』」，從而「開拓出實踐真正的辯證否定的空間」。經過屢次否定後，從-B不可能再轉回原來的起點。因為邏輯展開有個因果級差，正如敘述展開有個時間級差。本來，在敘述中，時間鏈與因果鏈實際上是無法區分的：一個過程在時間中被連續否定，其軌跡就無法回到初始原因的地位。因此這是一種無限否定圖式。

　　應用符號方陣的領域很多，尤其在邏輯學、語言學、文化研究、性別研究等學科中。這方面有很多人做過傑出的努力。詹明信對格雷馬斯方陣情有獨鍾，從他的成名作《政治無意識》用來分析巴爾扎克和康拉德小說開始，一直到在北大演講用來分析聊齋故事中的「資本主義商品關係」，他一直堅持在方陣中尋找辯證法的新解。（趙毅衡）

參見：四句破，無限衍義，格雷馬斯
延伸閱讀：Greimas 1999，2005；Courtes 1982

H

habitus 習性

　　布迪厄符號社會學的核心概念之一。此拉丁詞原意為由「習慣或習俗凝結成的美德的精華」，布迪厄從索緒爾理論中獲得啟發為這一概念賦予了新的含義。布迪厄指出：「『生存心態』（即「習性」）的概念包括道德氣質的概念，……作為『生存心態』組成因素的分類區分的實際原則，不可分割地成為邏輯的和價值學的，同時又是理論的和實踐的……任何實踐邏輯既然要在實踐中貫徹，它就不可避免地包含著價值。……另外，所有的選擇原則都是被歸併的，都變成為人的身體和動作的姿態和稟賦，而這樣一來，價值也就是姿勢，也就是站立中、走路中和說話中的姿態。道德氣質的力量，也就是變成為實踐行動、姿態和各種姿態的一種道德精神。」（高宣揚2004：115）

　　在一次訪談中，布迪厄進一步指出，習性是場域對行動者所施加的規則強制性。布迪厄試圖以這一概念來表達歷史要素對行動者的道德實踐及其行為習慣的固定作用。在特定歷史條件下，行動者在社會行為的影響下，逐漸與群體化的生存習慣保持一致，並將其作為一種象徵性結構內化於個體的心性結構。質言之，習性體現出社會文化對個人的形塑作用，反映出行動者與社會之間的諸多實踐關係。（張碧）

參見：布迪厄
延伸閱讀：Bourdieu 1986，1998，2001

Hall, Stuart 霍爾

霍爾（1932- ），英國社會學教授，傳媒文化理論家，文化研究「伯明罕學派」代表人物。他以符號學方式研究傳媒文化，對符號學和傳播學作出了重要貢獻，並使這兩個學科進一步融合。

在長期的文化批評實踐過程中，霍爾十分注重將符號學方法應用於對現代傳媒學及文化批評的實踐中去，對傳媒文化進行了詳盡的討論與分析。斯圖亞特‧霍爾在其一系列理論著作中體現出鮮明的符號學思想。

霍爾批判繼承了索緒爾的結構主義符號學理論，在他看來，結構主義的活力體現於以下幾點：首先，結構主義能夠以自身內部的關係邏輯取代經典馬克思主義所持的決定論與總體性；其次，有助於準確地揭示社會諸多領域複雜的關係及結構，有助於對其進行分析與抽象。霍爾以結構主義方法對電視時事節目進行分析。他認為，由媒體人所制定的電視節目形式作為「深層結構」，對作為「表層結構」的參與者的辯論內容進行調控，媒體成為時事內容的，同時也是大眾輿論的控制者。

霍爾的編碼／解碼理論被視為傳播學批判學派的重要理論。這一理論，深受馬克思《政治經濟學批判‧導言》的影響，以「生產、流通、分配／消費、再生產」四個階段作為理論基礎，對電視話語「意義」的生產與傳播進行了劃分。其中，關於電視資訊的「解碼」過程，霍爾總結出「主導－宰製權立場」、「協商符碼」及「對抗符碼」三種解碼立場。

雖然霍爾的傳媒符號學研究常被視為傳播學的一種途徑，並對這一領域產生了深遠影響，但霍爾並不自稱為傳播學家。在他看來，無論是美國傳播理論的主流範式還是批判範式，都不是自給自足的獨立學科，霍爾把它們稱為「局部的理論」（regional theory）。（張碧）

參見：編碼／解碼
參閱：Hall 2003

Halliday, M.A.K. 韓禮德

　　韓禮德（1925- ），英國語言學家，系統功能語言學的創始人。1925年4月13日出生於英格蘭約克郡里茲。倫敦大學中國語言文學專業學士，1947-1950年曾在中國北京大學、嶺南大學深造，1955年獲得劍橋大學哲學博士學位。韓禮德是他的中文名字。

　　韓禮德一生共有100多種論著，代表性著作有《語法理論的範疇》（1961）、《語言功能探索》（1973）、《語言的系統和功能》（1976）、《作為社會符號的語言》（1978）和《功能語法導論》（1985）。韓禮德20世紀60年代創建系統功能語法學派，並批評喬姆斯基的純形式理論。

　　韓禮德系統功能語言學包含六個核心思想：純理論功能的思想、系統的思想、層次的思想、功能的思想、語境的思想、近似的或蓋然的思想。

　　韓禮德批判地繼承了索緒爾的符號學思想，通過把語言看成一種社會符號來研究語言在使用中是如何產生意義的。韓禮德特別強調社會脈絡在語言交際行為中的重要性，「社會現實（或文化本身）就是一座意義的大廈──一個符號概念。」（Halliday 1978：2）。把語言看作一種社會符號，就是把語言看作是社會文化的產物或組成部分；同時又是在一定的社會文化背景中表達一定意義的符號系統。語義的表達與傳遞不是簡單的編碼－解碼過程，而是一個涉及諸多社會文化因素的表意－解意過程。（馮月季）

參見：社會符號學
延伸閱讀：Halliday 1978

Haraway, Donna, J. 哈拉維

　　唐娜‧哈拉維（1944- ），當代西方著名的後現代女性主義者、文化批評家，當代網路符號學的重要學者。她站在社會建構主義立場和

女性主義視角提出了著名的「賽博人」（cyborg）理論和女性主義科學觀，可以從符號學的標出性和自我身份等理論來加以闡釋。

唐娜‧哈拉維與裘蒂斯‧巴特勒（Judith Butler）將身體符號置於後現代語境中進行瞭解讀，力圖改變父權制文化中男／女二元對立的思維模式，改變女性在現代科學觀中作為標出性符號而存在，以建構一個多元、差異的身份認同。她們認為，身體符號是一種社會建構而不是自然發現，只要改變這種穩定的符號系統，打破這種能指與所指的意指過程，就可實現身份的認同。

「賽博人」理論的提出，正是對傳統符號系統的一種超越；賽博人概念使自然、機器和人的關係徹底改變，建構了一個多元而沒有邊界的主體概念。這是網路符號區別於傳統符號的優越性之所在，它可以通過技術手段創造出新的符號，自由地賦予符號以新的意義，擺脫符號的社會現實情境束縛，使符號神話獲得一個新的生命。（劉吉冬）

參見：網路符號學
延伸閱讀：Haraway 1991

hegemony 宰製權

葛蘭西（Antonio Gramsci）提出的文化符號學重要概念，中文又譯為「霸權」，主要指統治階級對社會意識形態的控制和領導。葛蘭西認為，在資本主義統治中，文化領域的控制具有重要地位。統治者通過文化和思想觀念的全面控制，來對民眾進行統治不是通過外在強制而是通過被統治者的自覺認同來實現的。所以，宰製權包含了三個要點：第一，宰製權不是個人與個人之間或個人與組織或集團之間的權力關係，而是一個集團對其他集團的權力關係；第二，宰製權不是「向內的」權力關係，即個人對所屬的組織或集團的權力關係，而是向外的、超越邊界的權力擴展；第三，宰製權不是強制的屈從，而是使異己的力量產生「自發性」的同意，即用智識的、思想的、道德

的、教育的方式來「說服」其歸化，從而獲得對本集團統治的贊同與支持。

葛蘭西的「宰製權論」的主旨在於表明意識形態對於社會體制和政治變革的重要性，因此，對於無產階級而言要推翻資產階級的統治，就必須顛覆它的「文化宰製權」，即意識形態的領導權，而在這一過程中，大眾傳媒成為奪取意識形態領導權的重要工具和場所之一。葛蘭西的宰製權理論引發了伯明罕學派的關注，為其文化研究提供了重要方法論。（張碧）

參見：葛蘭西
延伸閱讀：Gramsci 2000

Heidegger, Martin 海德格

馬丁・海德格（1889-1976），德國哲學家，他與艾德蒙德・胡塞爾（Edwund Husserl）和馬克斯・舍勒（Max Scheler）一道，被認為是哲學現象學方案最初的奠基者，同時也是哲學解釋學（現象學解釋學）發展中的樞紐式人物。

海德格被認為是20世紀，乃至整個西方歷史上最重要的哲學家之一，在世界上留下了極為豐富的思想遺產。他一生思想的主線是重新追問「存在」，重新揭示「存在問題」的「問題性」——因為在他看來，西方思想從柏拉圖開始就誤解了存在，把存在誤認為成諸存在者；從而，整個西方形而上學的歷史，也就是存在的原初本性被不斷遮蔽的歷史；海德格為自己思想定下的目標就是清理這些遮蔽和誤解，為思想定下真正的、原初的新起點。

正是在重新追問存在歷史的過程中，海德格深刻地思考了「符號的存在」：解釋行為在人類（此在）生存中的地位，人類的語言存在，作為特殊符號現象的詩歌之本性等。在他奠基性的著作《存在與時間》中，海德格指出，人類在世界中生存的基本樣式有兩種：現身與領會。對於後者，海德格說道：「領會是此在本身的本己能在的生

存論意義上的存在，其情形是：這個於其本身的存在開展著隨它本身一道存在的何所在。」，也就是說，人類在世最基本的結構就是對於其自身所在的「世界」，世界中的存在者，以及自身在世的整體，總有著這樣那樣的理解。這種理解構成了人類的存在——它和情緒（也就是現身情態）緊密關聯，因為任何情緒都有所領會，而領會總是帶有情緒的領會。領會通過解釋讓自身成型，而把解釋組建起來的則是「作為」結構，以及「作為某某而存在」的結構。把可領會之物的可領會性進行分環勾連（分節與聯繫）的乃是「言語」，言語可以不被付諸聲音等物質形態，而當其被付諸聲音時，就形成了語言。

語言現象則是後期海德格思想的軸心之一。他反對關於語言的「表達觀」，認為語言是把人類現成已有的東西「傳達」出來的工具。在海德格後期的思想中，人類絕非語言的主人——「恰恰相反，語言召喚人類，而人類則傾聽這種把事物帶入「存在之敞亮」中的呼喚。「惟語言才使存在者進入敞開領域」，而這種意義上的語言，乃是「根本上的詩」。在後期海德格那裡，詩歌擁有著特殊的重要性：它乃是真理最原始、最重要的顯現方式，是把「天－地－人－神」的「四重居有」結合起來的最本真形態。（董明來）

參見：現象符號學，前理解，此刻場
延伸閱讀：Heidegger 2006

Helmslev, Louis 葉爾姆斯列夫

葉爾姆斯列夫（1899-1965），丹麥語言學家。哥本哈根學派的創始人和主要理論家。20世紀30年代初，葉爾姆斯列夫在代表作《語言理論導論》（Helmslev 1943）中提出了「語符學」（glossematics），1953年該書被譯成英文出版，語符學才受到人們的廣泛注意。該書從哲學和邏輯學的角度闡述語言學的理論性問題，明確提出語言的符號性質，成為哥本哈根學派的理論綱領。

　　葉爾姆斯列夫接受索緒爾「語言是形式，不是實質」的觀點，認為語言的內在結構是一個由各級要素共同構成的關係網絡，「形式」是結構關係，「實質」是體現形式的語言外的實體。語言學只研究形式，包括「內容形式」和「表達形式」（「內容」和「表達」是他切分的語言成分的兩個平面）。這兩種形式各有自己的最小要素。「表達形式」的要素是音位或音位特徵，「內容形式」的成素是語義特徵。要素與符號不同，符號是內容和表達結合的雙面體，要素只是單面體，它為數有限，但卻能構成無數的組合。內容形式和表達形式的成素通過「轉換」能結合成為既有內容又有表達的符號。

　　哥本哈根學派和布拉格學派、美國描寫語言學派一起，被稱為結構語言學的三大學派。葉爾姆斯列夫的語言理論過於抽象，而所用的術語又比較難懂，但是在符號學發展歷史上貢獻很大。（唐秋平）

參見：索緒爾

hermetic drift 封閉漂流

　　艾柯（Umberto Eco）認為符號衍義過程是不必追溯的。假定衍義已經從A到E，「最終能使A與E連接的只有一點：他們都從屬於一個家族像似網路……但是在這個鏈條中，一旦我們認識E時，關於A的想法已經消失。內涵擴散就像癌症，每一步，前一個符號就忘記了，消除了，漂流的快樂在於從符號漂流到符號，除了在符號與物的迷宮中遊蕩外，再沒有其他目的。」（Eco 1994：31）艾柯的意思是無限衍義並不是同一個符號的累加解釋，而是不斷更換成新的符號，已完成的衍義過程，有可能不留下痕跡。

　　布希亞（Jean Baudrillard）對當代媒體的批評，可作為「封閉漂流」的例證：一旦事件進入傳媒，傳媒就按擬像運動的四個階段進行：第一階段，媒體介入零度事件；第二階段，將其變成媒體事件，同時將其抽象化為資訊；第三階段，若干媒體對同一事件的報導形成

若干媒體事件，在角度、方法、內容等不同技術手段的作用下，逐漸形成事件，越來越多資訊的出現，只是為了掩蓋事件退出這一事實；第四階段：媒體與事件已經不再有聯繫，它只是自身的擬像。媒體資訊互相指涉，而不指涉事件（Baudrillard 1994：30）。所以，布希亞認為「作為事件的波斯灣戰爭從未發生過，這場戰爭是一次媒體上的戰爭，是一個巨大的擬像。」（Baurillard 1997：71）（趙毅衡）

參見：無限衍義

heteroglossia 雜語

　　巴赫金提出的符號敘述學的重要概念，他認為長篇小說乃是「一個多語體、雜語和多聲部的現象。研究者在其中常常遇到幾種性質不同的修辭統一體，後者有時分屬於不同的語言層次，各自服從不同的修辭規律」。長篇小說中的雜語話語和傳統的「詩語」迥然不同。在長篇小說中，語言的統一被不同的社會性話語所替代，而個性的統一則被不同的主人公各自獨立的人格所代替。

　　巴赫金從長篇小說中區分出如下幾個最基本的，相互迥異的修辭類型：

　　（1）作者直接的文學敘述（包括各種各樣的類別）；（2）對各種日常口語敘述的模擬（故事體）；（3）對各種半規範（筆語）性日常敘述（書信、日記等）的模擬；（4）各種規範的但非藝術性的作者話語（道德的和哲理的話語、科學話語、演講申說、民俗描寫、簡要通知等等）；（5）主人公帶有修辭個性的話語。

　　而在《陀思妥耶夫斯基的詩學問題》第五章中，巴赫金把那些「非獨白」的話語分為這樣幾種：通過模仿一個人物特定話語風格而引出人物個性的「仿擬式」，以及直接讓人物說話（無論是次要人物還是主要人物）的「陳述式」；在模仿一種話語風格時，在內容上卻和歷史上這類風格所表現的內容完全相反，巴赫金稱這種話語現象為

「諷擬式」；在說話時，就考慮到聽者可能的反應與反駁，並以之來調節自己話語的「暗辯體」和「對語體」。（董明來）

參見：巴赫金，狂歡，複調，對話

hetuvidya 因明學

　　因明學是起源於印度並影響佛教與漢傳佛教發展的主要邏輯學說。玄奘在中國傳「唯識宗」，介紹因明為佛教「五明之學」之一：「求因明者，為破邪論，安立正道。」大乘時代的古因明學，集中討論「義」，可惜失佚不傳。西元5-6世紀出現小乘佛教的新因明，陳那（Dignāga）為其奠基大師，陳那作《集量論》，集中討論「量」，開創「量論因明學」。量即感知，認識。陳那原作失佚。現有陳那論著大部分來自藏傳本。1928年呂澂作《因明入正理論講解》，使因明論重新傳入中國，熊十力作《新唯識論》，使玄奘唯識論與現代哲學接軌。令人驚奇的是，陳那也提出認識的三分式，即所量、能量、量果。所量，謂被量度者；能量，謂量度者；量果，謂知其結果。心識的作用作分別：相分即所量，見分即能量，自證分即量果（釋智德《因明入正理論》教案之六）。「所量」為認識物件，「能量」為認識能力，「量果」是認識的結果。陳那的第三項「量果」，接近皮爾斯的「解釋項」。（趙毅衡）

參見：意指三分式，符號過程，陳那

homophonic principle 諧音原則

　　漢字的表音原則，其基本含義是：其一，字元不是語音單位的必然形式。如「gōng」這個音節可用許多漢字表示，如同一漢字在不同方言區可以有不同讀音。其二，指字元代表的是個別的詞音或語素音，而不是漢語語音系統中的類型音。（孟華）

參見：漢字符號學

human being in signs 人的符號性

人的符號性有兩層意思：第一層意思是認為「人的世界」與「物理世界」的區分，在於「人的世界」由符號組成。索緒爾認為整個非符號世界，「在語言出現之前一切都是不清晰的……只是混沌不分的星雲。」（Saussure1969：111-112）。凱西爾認為「人不再生活在一個單純的物理宇宙中，而是生活在一個符號宇宙中。」（Cassirer1985：43），凱西爾由此提出著名的論斷「人是使用符號的動物」。

有學者則進一步認為人之外的世界也由符號組成。皮爾斯認為：「整個宇宙……哪怕不完全是由符號構成，也是充滿了符號」，但是符號只是當人在世界中尋求意義時才出現，真實世界（不管是「物理世界」，或「經驗世界」）成為人化的世界後，才具有存在的本體性質。」

第二層意思則是指人本身是人使用的一個符號。皮爾斯指出：「每一個思想是一個符號，而生命是思想的系列，把這兩個事實聯繫起來，人用的詞或符號就是人自身。」如果個人的思想也必須用符號才能進行，那麼，當我一個人思考時，本是交流用的符號，內化為個人思想。那樣，本屬於個人的世界——沉思、幻覺、夢境等心理活動——哪怕內容上是極端個人化的、隱秘的、被抑制而不進入表達的，形式上卻可以為他人所理解：這就是為什麼符號學能討論人性本質。

從符號學角度來看，不是我們表達思想需要符號，而是我們的思想本來就是符號：與其說自我表意需要符號，不如說符號讓自我表意。人的所謂自我，只能是符號自我（Wiley 1994：1）。朗格說：「沒有符號，人就不能思維，就只能是一個動物，因此符號是人的本質……符號創造了遠離感覺的人的世界。」（Langer 2002：28）。

符號學關於「人的符號本質」的看法，把我們的內心活動看成並非完全私人的、不可解的領域，實際上是讓符號學向馬克）思主義的

意識形態論，向現象學，向精神分析打開大門。我們的思想，無論是社群性的社會意識和文化生活，或是個人思想、意志、欲望，還是拒絕被表現的潛意識，都是以符號方式運作的。（趙毅衡）

參見：符號，符號自我
延伸閱讀：Cassirer 1985；Wiley 1994

Husserl, Edmund 胡塞爾

艾德蒙德・胡塞爾（1859-1938），德國哲學家，現代現象學哲學的開創者，也被認為是最後一位重要的傳統認識論研究者。他的現象學引發了20世紀最重要的哲學運動，和他同時代或在他之後，大批重要的思想家都宣稱自己是現象學家，包括羅曼・茵伽登（Roman Ingarden）、馬丁・海德格（Martin Heidegger）、馬克斯・舍勒（Max Scheler）、讓－保爾・薩特（Jean-Paul Sartre）、梅洛－龐蒂（Maurice Merleau-Ponty）、讓－雅各・德里達（Jacques Derrida）等人。現象學與符號研究聯繫密切，現象學運動捲入不少符號學討論，也是符號學理論推進的重要方向。

符號－語言問題對於胡塞爾來說是現象學關鍵問題。《邏輯研究》第二卷的六個「現象學研究」中，以對語言－符號現象的研究開篇。胡塞爾認為，「只有借助於語言闡釋才能明晰無誤地把握住邏輯研究的真正客體以及這些客體的本質種類和區別」。因此，胡塞爾著重於對符號－語言現象的本質研究。

胡塞爾認為，真正的符號乃是指向「含義」的符號，關鍵並不在於符號的「物理外觀」，而在於其所指向的意義——胡塞爾指出，同樣的物理外觀，可以擁有不同的含義（比如，同樣的語音在不同的語言中意義不同）。同時，和皮爾斯一樣，胡塞爾把符號的「所指」進一步分為兩種東西：「含義」與「對象」。通過分析，胡塞爾看到，含義與物件之間是不一致的：同一個物件可以有不同的含義，不同的物件的含義可以相同。胡塞爾指出，「拿破崙」這個個人乃是同一個

物件，但他可以同時卻擁有「耶拿的勝利者」和「滑鐵盧的失敗者」這兩種含義。

除了對符號及其「所指」的「符形學」分析外，胡塞爾還論及符號行為與非符號行為的區分。他認為，作為意指行為的符號現象，乃是一種「第二性」的行為：它奠基於直觀行為之上。也就是說，與直觀行為相比，物件在符號行為中的給予是比較「空洞」的：我可以通過符號「意指」一塊麵包，但是與我吃麵包這個「直觀行為」相比，前者的給予性乃是較為空洞的。但是，正是意指行為的「空洞性」，才使「充實」概念成為可能。胡塞爾指出：在我先通過一個意指行為指向某個物件，並同時賦予其含義後，我還可以通過直觀行為來使這個物件被給予我。通過後一種行為，我可以說我的前一種意指得到了「充實」。當充實中的物件含義與被意指的物件含義相同時，我可以說，我得到了關於物件的「知識」。當物件同時以被意指的方式和直觀的方式被給予時，胡塞爾說，它是被「明證」地給予了。（董明來）

參見：括弧懸置，能思，所思，現象符號學
延伸閱讀：Husserl 1996，2006；Zahavi 2007；Held 2005，2007；倪梁康2007

hyperreal 超真實

布希亞（Jean Baudrillard）提出的文化符號學術語。他認為，現代媒介技術的高度發展，能夠對現實世界進行形象化的模擬，使得當代社會的文化特徵呈現出「比真實還真實」的樣貌。因此現實世界是建立在被建構出來的景觀的基礎上的，布希亞把這種情況稱為「超真實」。

布希亞認為，現代社會的方方面面都具有「超真實」屬性，因此世界的真實與模擬的非真實間的界限越來越不清晰：「超真實抹除了真實與想像之間的矛盾，它不是夢幻和不可企及的境地，它就棲息在自我想像的真實的幻覺中。」在布希亞看來，現實性、真實性是度量

世界的可靠座標，但隨著「超真實」事物的甚囂直上，真實的東西在現實生活中越來越受到忽視。布希亞的這種觀點，顯然受到了其師列斐伏爾文化社會符號學的影響。（張碧）

參見：布希亞
延伸閱讀：Baudrillard 2009

hypertext 超文字

超文字是網路符號理論術語，又稱「鏈文本」，尼爾森（Ted Nelsen）在20世紀60年代提出的概念。他在《文學機器》中這樣定義超文字：「非線性的書寫……由一連串文本段落構成，以連結點串起來，提供讀者不同閱讀路徑。」

超文字的重要特性是非連續性的書寫（non-sequential writing），它文本分散而靠聯結點串聯，讀者可以隨意選取閱讀。超文字不僅用來表示超文字技術，同時也指稱伴隨著產生的符號文本之間的連結關係。超文字技術是以非線性的多維結構組織、管理文本資訊的一種技術，能夠為使用者提供符號跳躍性聯想思維方式的閱讀和檢索。它不僅注重資訊的管理，更注重資訊之間關係的建立和表示。

超文字是一個開放的系統，它沒有結構系統中固定的開頭和結尾，有著不同的入口和出口。網路使用者以某一網路視窗作為起點，可以任意無限地連結下去，在不同的網路視窗中完成連結。超文字中的「文本」指的是多媒體符號系統，包括文字、圖像、聲音等。而一般文本的超文字性表現，主要是關鍵字連結、友情連結、評論、跟帖等。（劉吉冬）

參見：文本間性，伴隨文本
延伸閱讀：Landow 2004

hypogram 核心語

里法泰爾（Michael Riffaterre）符號學詩歌研究的重要概念。一首詩的諸多符號中總有一個最為關鍵，它對詩歌意義起主導性作用，里法泰爾稱之為核心語（hypogram）。

里法泰爾看來：「詩歌符號的生產，取決於核心語的變體：當一個詞，一個片語，涉及先存的片語時，就獲得了詩性。」（Riffatere 1978：23）從文本內部而言，當一系列符號都共同指向一個符號的時候，這個符號就是核心語。換一個向度來思考，核心語派生出系列變體，這些變體分別成為核心語的轉喻。從互文的關係來看，一個文本中的符號若在之前的文本中反復出現，或者雖沒有在具體文本中出現，但已存在於社會習語中，這樣的符號也可能是核心語。

核心語的第一種類型由一個詞的義素或預設構成，這個詞的詞義功能像關於核心語解釋的百科全書。

核心語的第二種類型由既有詞語構成，它指現成的例子和形象，總是包含一個比喻，一種相對穩定的風格。

描繪體系構成核心語的第三種類型，依據核心詞的義素，圍繞核心詞相互聯繫的詞彙網，這個體系裡的每一個成分都是核心詞的轉喻，而任何一個轉喻也都是文本整體的隱喻。

從詩性的要求來講，由核心語派生出的符號也必須是文本主型的變體，核心語的展開序列與主型的展開序列有暗合之處。事實上，核心語及其派生出的符號是對文本主型的形象化。主型和核心語的疊合之處越多，詩意就越豐富。（喬琦）

參見：里法泰爾，主型
延伸閱讀：Riffaterre 1978

hypotext承文本

　　史忠義翻譯熱奈特的術語hypotext為「承文本」，意思是後出的文本承接某個先出的文本。這個翻譯很傳神，比熱奈特的原術語hypotext清楚。但是「承文本」只是後文本，沒有包括先文本。（趙毅衡）

參見：先文本，後文本，伴隨文本

I

iconic fallacy 像似謬見

　　艾柯對皮爾斯像似性概念的批評：像似符號實際上是必須靠規約
起作用，「像似性並不存在於形象與其物件之間，而存在於形象與先
前文化的內容之間。」（Eco 1976：216-217）。他的意思是：像似符
號要依據符號接收者對符號與物件兩者的理解，才能表意，僅靠像似
性無法連接子號與意義。（趙毅衡）

參見：像似性

iconicity 像似性

　　像似符指稱物件的性質。有像似性的符號與物件的關係似乎不
言而喻，讓人覺得有一種「直接感」（immediality）。圖像與其他符
號（如語言）很不一樣。其他符號「引入非自然因素，如時間、意
識、歷史，以及符號的間離性干預，從而瓦解了自然的在場性。」
（Erjavce 2003：206）。而圖像雖然是符號，但它看起來似乎是物件的
自然而直接的顯現。

　　實際上「像似」概念遠遠比此複雜，我們會發現這種自然而然是
假相，一旦討論到圖表、關係式、音響等符號載體，像似關係就不直
接了。由於當代文化的「圖像轉向」，像似性成為學界研究的重要課
題。符號學界，以阿姆斯特丹大學與蘇黎世大學的符號學中心為首，
從1997年開始，舉行世界「語言文學像似性」討論會，出了多本文
集，但是問題越討論越多其中包括：像似關係、像似層級以及像似程
度問題。（顏青、趙毅衡）

參見：像似符，理據性，形象像似，圖表像似，比喻像似

icon 像似符

皮爾斯依據符號與其物件間的關係區分的三種符號之一，另外兩種是指示符和規約符。

像似符號指向物件靠的是：「一個符號代替另一個東西，因為與之相似。」（Peirce 1931-1958：3. 362）。任何感知都有作用於感官的形狀，因此任何感知都可以找出與另一物的像似之處，也就是說任何感知都是個潛在的像似符號（Gombrich 1968：12）。從具體到抽象，像似性幅度可以很寬。

凡事三分的皮爾斯，把像似性也分成三級：形象式像似（imaginal icon）、圖表式像似（diagrammic icon）、比喻式像似（metaphorical icon）。

形象式像似符號，是圖像式的。雖然有一部分像似符號，靠形象創造物件，這類像似符號與物件的關係比較清楚而自然。圖表性與比喻性相似符號，則比較複雜。

第二級圖表像似，是一種「構造類似」。皮爾斯解釋說：「它與物件的像似，不是在其外形上，而是各個部分之間的關係上。」，代數公式，或化學反應公式，其內部關係（部分與整體的關聯）與物件形成所謂「結構同型」（structural homology）。各種「圖表」就是把符號之間的關係（例如大學排名，富豪榜排名）變成圖表的位置關係。

第三級為「比喻式像似」，抽象程度又比圖形像似朝前跨了一大步：比喻像似，就已經脫出符號的初級像似之外，符號只是再現了物件的某種品質，有時候是很難說清楚的品質。在比喻式像似中，像似成為某種思維像似，「擬態」像似。例如，築高臺模仿至高無上，由此產生了遍佈全世界的各種「金字塔民族」，而所有獲得權勢者，首先要登上高臺：上下位置就像似了權力與服從關係。儀式是一種比喻像似符號，以一種關係比喻地模仿某種社會交往，或人神交往。

　　莫里斯改進皮爾斯的定義，認為像似符號與物件之間，是「分享某些性質」，也就是說，像似性符號與物件只是部分像似。這個定義比較準確：一旦符號與物件「分享全部性質」，像似性就變成相同性，符號變成所謂「全像似」（Morris 1971：273）。所謂同一符號，是鏡像之類與物件極端像似而且同時出場的符號，但是依然可以看出符號與物件的區分。（顏青、趙毅衡）

參見：指示符，規約符，像似謬見
延伸閱讀：Eco 1990；Morris 1971

identical sign 同一符號

　　符號的再現體本身與符號的物件同時在場，這樣就失去了「符號距離」。鏡像、閉路電視，以及現場電視轉播等「遠距鏡像」，其物件，與再現體完全同時出現，兩者又都完全在場（發送與接收似乎沒有跨過時空間距離），這樣就不符合符號的「不在場原則」。

　　但是鏡像與閉路電視、現場轉播等，無法給出物件的全部，只是物件的一部分形象顯示。接收者用這部分解釋物件整體：物件的整體依然「不在場」。而且，鏡像所代表的物件與意義，依然需要解釋。例如駕車者從後視鏡中，只看見車後路面的一部分情況，從中解釋出路況的全部情況，以決定自己的相應行動方案；閉路電視與監聽也都需要接收者作出解釋，而且是社會文化性的解釋，例如解釋看到的人做的行為是否構成犯罪，所以它們依然是符號。

　　鏡像有兩種：他物鏡像是接收者從鏡中看到別的東西，自我鏡像接收者照見自己。最難解釋的，是自我鏡像：我看鏡中的自己，此時發出者－符號文本－接收者三者合一，同時在場，此時依然是符號，在自照時，我面對我，但是我並不瞭解物件我的全部情況。例如買衣服時要看一下穿衣鏡，因為我不瞭解穿衣後的我是什麼情況。類似的同一符號還有照片。我看著我自己的照片，也是在看著代替我的符號：某個姿勢某個場合下的我，並不是此地此刻對照片上我的形象作

解釋的我。既然自我鏡像依然需要解釋，那麼它依然是攜帶意義的符號。（趙毅衡）

參見：絕似符號，符號距離，重複

identity 身份

主體符號學最重要的概念之一。「身份」此詞源自拉丁語 idem（相同），原有兩義：「身份」（personality）與「認同」（identification）。當兩個意義都有時，中文不得不一詞雙譯，疊成「身份認同」。

自我的任何社會活動，不管是作為）思索主體（subject）的表意與解釋，還是作為行動主體（agent）的行為與反應，都必須從一個具體身份出發才能進行。

在具體表意中，自我必然以表意身份或解釋身份出現，因此，在符號活動中，身份暫時替代了自我。實際上這些身份，有真誠有假扮，有暫時有長久，有深思有本能。如此靈活多變的身份，實際上暫時遮蔽了自我，替代了自我。自我既然被身份遮蔽，最後能集合的自我，只能是自我所採用的所有身份的集合。

身份是與符號文本的意義相關的一個人際角色或社會角色。對於任何符號表意，都有一個身份相應的問題。身份不是孤立存在的，它必須得到符號接收者的認可，如果無法做到這一點，表意活動就會失敗。人一旦面對他人表達意義，或對他人表達的符號進行解釋，就不得不把自己演展為某一種相對應的身份。他有可能，有能力展示或假扮許多身份，很難甚至完全無法展示另一些身份。

而接受者可以拒絕採取發出者期盼的相應身份。例如採取逆子身份，父親的話就失去權威性；採取觀眾身份，教師的話就失去認知價值；採取批判者身份，作者的文本就失去催人淚下的逼真性。因此，同樣的符號文本，意義因接收身份而異。反過來說，意義的實現，是

雙方身份應和（對應或對抗）的結果，應和得出迎合的意義，對抗得出反諷的意義；完全沒有身份應和，就沒有意義可言。

身份展示出的是個體在群體中的位置和關係，擁有相同的身份因身份的因素而具有認同感，而具有不同的身份的個體之間往往自覺進行區別。身份所展示的是元素之間以及元素與其所組成的系統之間的關係。個人的身份因為其所處於不同的系統或者語境而發生變化，比如，一個人在學校或許會是一個老師，在家是丈夫、父親等身份。一個人同時也會有民族、階級、宗教、性別等各種不同的身份。（張洪友、趙毅衡）

參見：族群身份，文本身份，符號自我

ideogrammic method 表意文字法

美國詩人兼文學理論家埃茲拉・龐德（Ezra Pound）提出的現代詩歌原則，源自於他對中國文字與中國古典詩歌的誤讀，但卻成為許多當代符號學理論家不斷回顧的傳統。理論家如克里斯蒂娃、德希達，符號學專家如諾特等人，都對龐德的理論作了進一步發揮。

龐德在他編輯的一篇著名論文《作為詩歌手段的中國文字》時提出此理論。此文原是美國東方學家厄內斯特・費諾羅薩（Earnest Fenollsa）所作，是他在日本向日本漢學家學習中國詩時做的筆記感想，當時他只是草草寫在筆記本上。費諾羅薩去世後，他的遺孀把亡夫的筆記全部交給龐德整理。龐德以此為憑據「翻譯」了《神州集》、《日本能劇》，1921年整理出版了這篇論文，並且在自己的一系列著作中再三講解並推進其中的主要觀、點。

費諾羅薩和龐德認為歐洲文字是「中世紀邏輯暴政」的產物，完全失去位元組表現物象的能力，詞語之間的聯繫也是專斷的，如灰漿砌磚塊。而漢字從來沒有失去表現事物以及事物之間關聯的能力，因為「漢字並非武斷的符號」。

　　龐德在發起意象派運動時，就提出詩歌語言應當「直接處理任何主觀或客觀的事物」「絕不用任何無主語表現的詞」；在漩渦派階段，他更要求詩歌意象成為「一個放射的節點……思想不斷地奔湧，從它裡面射出，或穿過，或進入。」無怪乎龐德讀了費諾羅薩論文後歡呼：「中國詩是一個寶庫，今後一個世紀將從中尋找推動力，正如文藝復興從希臘人那裡找推動力。」，因為漢字「遠不是無對象的符號，其基礎是大自然的生動的速記性畫面。」

　　要反駁這一點是容易的：漢字大部分是形聲字，基本從音，形旁只是類別。哪怕象形字、指事字、會意字，也早因為反復使用成了約定俗成的語言符號，「形」早已不顯。龐德提出表意文字法的目的，是要建立一種詩學，為文學語言找到「再語義化」（resemanti-zation）的途徑。（趙毅衡）

參見：造字方式（漢字），理據性
延伸閱讀：Fenollosa 1994

image iconicity 形象像似

　　皮爾斯將像似符從具體到抽象分為形象、圖表和隱喻三個亞類。形象像似是最為直觀具象的像性關係。它憑藉作為可感知物件的自身性質來指稱物件，形象與其物件相似，因為它具有與其物件相同的質。比如一幅玫瑰的畫像是紅的，或是有類似的花瓣，那麼這幅畫像就是玫瑰的一個形象符號（Peirce 1936-1958：2. 277）。（顏青）

參見：像似性，圖表像似、比喻像似

implied author 隱含作者

　　符號文本身份的集合，構成可以稱作「隱含作者」的擬主體，以體現文本的意義與價值。

　　隱含作者的概念，原是敘述學家布斯提出的，他認為從小說文本中讀出的價值觀，構築一個與作者的自我相仿的擬主體，一個假定能

夠集合各種文本身份的出發點，此種擬主體只是一個支持意義解釋的構築。這個概念可以用在所有的符號文本表意中，可以稱作「普遍隱含作者」。

隱含主體到底是否是一個真正存在過的人格？布斯一直堅持隱含作者，與生產文本時的作者主體（可以稱為執行作者）重合。也就是說，隱含作者具有在文本生成時，哪怕是暫時的，特定時空中的主體性。布斯認為這個主體是作者的「第二自我」。這樣隱含作者就有了真實的自我作為源頭。

真實自我（哪怕是發出文本時的暫態自我），與隱含自我（文本身份引申所得的類自我）應當重合，只是一個假設，很難證明。只能說，執行作者與作者自我有關，是作者在寫作時用的一個身份；而隱含作者取決於文本品格，是接收者從符號文本中推導出來的。（趙毅衡）

參見：符號自我，文本身份

implosion 內爆

內爆一詞最初由麥克魯漢應用於傳媒學，用以描述人類社會進入電力時代擴張方式的轉變。機械時代固有的外向爆炸擴展方式是身體在空間範圍內的延伸，而內爆則是神經中樞借助媒介的延伸。其社會結果是整個社會趨向部落化並令口頭文化再次興起。他指出，「內向爆炸令空間和各種功能融合，在機械文明時代專門化、分割肢解的中心重新被組合成一個有機整體……這是一個地球村的新世界。」（McLuhan 2001：131）他力圖通過內爆造成的結果表明，媒介技術對文化樣式乃至社會文明具有決定性影響。

布希亞延展這一概念，指明「內爆」具有社會學意義。在他看來，現代媒介所具有的虛擬化特質，很大程度將人的感知能力局限在了對「媒介真實」的感知層面上，人無法對世界的真實狀況進行具體感知和準確判斷，人類只有通過現代媒介手段，才能獲得對現代世界

進行「感知」的極大豐富性。這樣，在虛擬世界與現實世界之間，便產生了意義的「內爆」。可見，布希亞的「內爆」，是對麥克魯漢概念的延伸與改造。（張碧）

參見：布希亞，麥克魯漢

incomplete signs 不完整符號

意圖意義、文本意義、解釋意義構成了符號表意的三個環節，不完整符號就是缺失了三個環節中某一環的符號。

意圖意義是「可能有」的意義，文本意義是「應當有」的意義，接收者提供的解釋意義是「實現性」的意義。符號過程的描述，是理想的。符號學之複雜，是因為大量符號沒有達到這個起碼的標準，只能稱為「不完整符號」。實際上，三個環節中沒有一個是不可或缺的，大量符號行為實際上沒有完成這三個環節，有一個甚至兩個環節缺失。它們已經是符號，因為它已經攜帶意義。不完整符號有信號，無發送符號，潛在符號是某種意義上的自我符號等。而符號學的研究對象，包括各種不完整符號的活動。（趙毅衡）

參見：符號過程，信號，潛在符號

index 指示符號

皮爾斯根據符號與對象的關聯方式所作的符號三種分類之第二種。指示符號是「以指示性，是符號因為某種關係──尤其是因果、鄰接、部分與整體等關係──而能與對象互相提示，讓接收者能夠想起對象，指使符號的作用，就是把解釋者的注意力引到對象上。指示符號的最根本性質，是把解釋者的注意引向符號對象。

指示符具有三個特徵：第一，它與其對象沒有像似性；第二，它指示個別物、單元或單元的單個集合，或單個的連續統一；第三，通

過武斷的強制而注意到對象。從心理學上看，指示依賴於時空上的接近聯想，而不依賴於相似聯想或智力活動。

皮爾斯舉的指示符號例子非常多：風向標、敲門聲、手指指點、喊人、名字、專用名詞、物主代詞、關係代詞、選擇代詞等。這些符號有個共同點：「指示符號只是說：『在那兒！』它吸引我們的眼睛，迫使目光停留那裡。指示代詞，關係代詞，幾乎是純粹的指示符號，它們指出對象而不加描寫；幾何圖形上的字母亦然。」（Peirce 1982：5.310）。

指示符號有一個相當重要的功用，就是給物件的組合以一定的秩序，使物件也跟著組合成序列。最清楚最簡單的指示符號，是手指，它不僅指明物件，而且給出物件的方向，動勢，大小，幅度的暗示。當我們使用一個代詞（例如「這個」），實際上調動了整套代詞（這個、那個、這些、那些、哪個、哪些）的系統，用一環帶出了整個系列，因為把物件放到一定的關係中加以指示。（顏青、趙毅衡）

參見：像似符號，理據性，指示性
延伸閱讀：Peirce 1982

infinite semiosis 無限衍義

符號表意的基本方式，艾柯稱之為unlimited semiosis。皮爾斯認為：符號「面對另一個人，也就是說，在這個人心中創造一個相應的，或進一步發展的符號」。他的意思是，在接收者心裡，每個解釋項都可以變成一個新的再現體，構成無盡頭的一系列相繼的解釋項。由此，他給符號一個悖論式定義：「解釋項變成一個新的符號，以至無窮，符號就是我們為了瞭解別的東西才瞭解的東西。」這樣一來，符號過程，定義上不可能終結，因為解釋符號的符號依然需要另一個符號來解釋。符號的意義本身就是無限衍義的過程，沒有衍義就無法討論意義，解釋意義本身就是衍義，因此，符號學本質上是動力性的。

　　無限衍義一直延伸下去，最後會達到怎樣一種局面呢？皮爾斯認為：「正由於解釋會成為一種符號，所以可能需要一種補充性解釋，它和已經擴充過的符號一起，構成更大的符號；按照這個方式進行下去，我們將會，或者說應當會最終觸及符號本身。」（Peirce 1931-1958：2.230）這種最後的「符號本身」究竟是什麼？艾柯解釋說這個「最終符號實際上不是符號，而是通過結構來混合、銜接並聯繫起來的整體語意場。」（Peirce 1931-1958：11. 79）。「整體語意場」就是文化：一個符號的無限衍義，最後可能延及整個文化。

　　符號表意只能是無限衍義，兩者同義，因為理論上沒有「有限表意」；兩者又不同義，因為任何符號表意的實踐都會中止在某處。大部分符號由於實際原因，總會停止於某些意義點上，暫時不再延伸下去，解釋者已經滿足於一種取得的意義，無限衍義只是潛在的可能。從皮爾斯的無限衍義思想中，找到通向巴赫金的對話理論，德里達的解構主義等後結構主義思想的門徑。科爾比指出，皮爾斯的符號學理論，還預言了八十年代後結構主義的一系列觀念：博爾赫斯的「迷宮」，艾柯的「百科全書」，德勒茲的「塊莖傳播」，甚至互聯網之「萬維」等等（Colby 2009：281）。（趙毅衡）

參見：意指三分式，解釋項
延伸閱讀：Peirce 1982；Eco 1994

information theory 資訊理論

　　是經驗主義傳播學的基本起點，對傳播符號學有重要的借鑒意義，原是一門用應用數理方法來處理資訊傳遞的科學。最初應用於通訊領域，後來廣泛應用於社會科學各領域，與系統論、控制論一起合稱為二十世紀系統科學的「老三論」，或稱SCI論。資訊理論奠基人是數學家香農（Claude Shannon）。1948年，香農在《通訊的數學理論》指出：「資訊是用來消除隨機不定性的東西」──資訊即負熵（或逆熵）。

陳原認為：「資訊還必須有一定的意義，或者說資訊必須是『意義的載體』。」（陳原 2000：70）因此，常常把資訊中有意義的內容稱為資訊。約翰・費斯克（John Fiske）認為：「資訊理論視野中的資訊是信號的物理形式而非意義。」（Fiske 2004：235）

資訊與符號的概念有所重疊。兩者都強調意義的攜帶，但其依據的基本理論不同。資訊理論中的「資訊」強調其科學性，而皮爾斯以來的符號理論注重意義的社會文化解釋。（胡易容）

參見：熵，訊息，控制論
延伸閱讀：Shannon 1998；Wiener 2009

Innis, Harold Adams 英尼斯

英尼斯（1894-1952），經濟史學家，傳播史論家，多倫多學派的開創者，媒介環境學奠基人之一。他曾在芝加哥大學師從西方社會學巨匠派克（Robert Park）、經濟學家凡勃倫（Thorntein Veblen），他的歷史研究整體場論則受到湯因比的影響。早期英尼斯主要研究經濟史學和經濟理論。1940年起，他投身於政治經濟與媒介關係的研究之中。對傳播學影響最大的著作是《傳播的偏向》、《帝國與傳播》。在英尼斯的理論中，作為載體的媒介的物理形態，決定了所承載的資訊的符號形態，轉而對文明方式起到決定性影響。

英尼斯提出「媒介偏倚理論」，將媒介分為時間的偏倚和空間的偏倚兩類。前者是質地較重、耐久性較強的媒介，例如：粘土、石頭、羊皮紙等，較適於克服時間的障礙得到較長時間的保存；後者是質地較輕、容易運送的媒介，如莎草紙、白報紙等，較適於克服空間的障礙。因此，任何媒介都具有其中之一的特性或兩者兼具。偏倚時間的媒介是某種意義上的個人的、宗教的、商業的特權媒介，強調傳播者對媒介的壟斷禾口在傳播上的權威性、等級性和神聖性，但不利於對邊陲地區的控制。偏倚空間的媒介是一種大眾的、政治的、文化的普通媒介，強調傳播的世俗化、現代化和公平化，故它有利於帝國

擴張、強化政治統治、增強權利中心對邊陲的統治，也有利於傳播科學文化知識。

　　他把媒介作為考察歷史各個文明興衰的工具，對文明進行掃描，並根據媒介的形態將這段漫長的歷史劃分為兩大階段和十個部分，分別開始於美索不達米亞平原和埃及的文明搖籃，結束於大英帝國和納粹德國時期：1.蘇美爾文明；2.埃及文明3.希臘－羅馬文明；4.中世紀時期文明；5.中國紙筆時期文明；6.印刷術初期文明；7.啟蒙時期文明；8.機器印刷時期文明；9.電影時期文明；10.廣播時期文明。（胡易容）

參見：麥克魯漢
延伸閱讀：Innis 2003a，2003b

intended interpretation 意圖定點

　　按照皮爾斯的無限衍義理論，任何解釋項可以成為一個新的符號，新的符號又產生新的意義，以至無窮。但是「無限衍義」只是潛力上無限，不會永遠延續下去，而這個暫時停止，就是解釋的成形之處。

　　符號發出者如何讓大部分接收者的解釋落在某一點上？也就是說，如何讓接收者大致上接受發出者的意圖意義？這就牽涉到發送者如何利用語境的預設安排，對於社論作者，記者，宣傳家，球隊教練，電影製片人，廣告設計家，對於任何想要在目標接收者中取得特定意義效果的人，這種預設安排，至關重要，稱為「意圖定點」。

　　「意圖定點」並不是「意圖意義」。所有的符號發出者，都給予文本一定的意圖意義。但是意圖意義並不能代替最後可實現的意義。而「意圖定點」則是符號發出者可以用各種手段達到的一個效果。例如：廣告人的意圖可以是壟斷整個市場，但是實際上他做不到這一點，他只能衡量局面，因勢利導，以取得一定的效果為滿足。

　　但是「意圖定點」無法針對任何人的任何一次特定的解釋行為，因為每個人的具體解釋行為過於多變，無法控制，而是針對某個「解

釋社群」（interpretative community），也就是參與接收的大多數人，因此，意圖定點是個社會符號學問題。因此，符號的意圖定點往往是瞄準特定接收群體而設定。

而詩人和藝術家，則盡最大努力破壞意圖定點，力圖解放讀者的經驗語境，把意義帶到無窮遠的地方。詩越是不控制意義衍生，就越是有效。藝術家有意不暴露意圖，有意「不按常理出牌」，給接收者一個有趣的謎。越是「小眾性」的體裁，在這一點上越是自由。越是出色的現代詩，越像個沒有謎底的謎語，甚至詩人自己都無從索解。（趙毅衡）

參見：無限衍義

intentionality 意向性

意向性是現象學的核心概念，也是符號學的重要概念。胡塞爾的現象學哲學以1901年的《邏輯研究》為開端，而這部主題巨集富的巨著中最為重要的成果之一，就是對意識的意向性作出的研究。在他看來，這是意識最根本的特性。

胡塞爾認為：「每一實顯性我思的本質是對某物的意識」；也就是說，意識在任何情況下總是「針對某物的意識」，是「關乎某某」的，無論這個「某某」是一個實際的物體，一個或一組抽象的觀念，還是某個尚未發生的未來的可能性。意識的這種指向性，被胡塞爾成為「意向性」。

胡塞爾指出，一個意向性的意識並不與外部世界中的存在事實相關，也無關於心理體驗，而只「與在觀念作用中作為純粹觀念的純粹本質相關」。人們既可以意向一個幻想之物，比如天馬；也可以意向一個純粹概念之物，比如一個數學公式。但是這並不是說，被意向者是內在於意識的：即使物件是一個幻想之物，它也仍然是超越的。被意向的物件，胡塞爾稱為所思（或稱意向對象）。在根本上，意向性

概念對符號構造的分解方式，就是意向物件與意向行為之間的張力關係。（董明來）

參見：胡塞爾，能思／所思，現象符號學

interpretant 解釋項

符號表意的第三元素，即「解釋項」的提出，是皮爾斯的重大貢獻。皮爾斯再三強調：正因為符號有解釋項，任何符號必須有接收者。索緒爾的「所指」被裂解為「物件」和「解釋項」，皮爾斯的這個做法成為當代符號學成形的關鍵性前導。

皮爾斯認為：「一個符號，或稱一個表現體，對於某人來說在某個方面或某個品格上代替某事物。該符號在此人心中喚起一個等同的或更發展的符號，由該符號創造的此符號，我們稱為解釋項」（Peirce 1931-1958：2. 228）。解釋項是意義，但是它必然是一個新的符號，因為任何意義必須用符號才能再現。因此，解釋項是「指涉同一物件的另一個表現形式。」也就是說，解釋項要用另一個符號才能表達；而這個新的符號表意又會產生另一個解釋項，如此綿延以至無窮，因此我們永遠無法窮盡一個符號的意義。

物件是符號文本直接指明的部分，是意指過程可以立即見效的部分，而解釋項是需要再次解釋，從而不斷延展的部分。解釋項不僅能夠延伸到另一個符號過程，而且，它必須用另一個符號才能表現自己。

理據性不同的符號，物件與解釋項的重要性有區別。例如皮爾斯說：「指示符號是這樣一種符號，如果其物件被移走，符號會一下子失去使它成為符號的那種特性。但如果沒有解釋項，它不會失去那種特性。」（Peirce 1931-1958，2：304）。他的意思是：指示符號的目的，是把接收者的注意引向物件，而不是解釋項，注意的對象如果消失，注意就落空。

皮爾斯認為解釋項可以有三種：情緒解釋項（emotional），例如聽到音樂而感動；能量解釋項（energetic），例如聽到命令而行動；邏輯解釋項（logical），例如聽到一個問題而思索其答案（Peirce 1931-1958：8. 184）。但是皮爾斯沒有指出符號文本與這些解釋的關聯方式，他只是指出符號推動多種解釋的可能性。（趙毅衡）

參見：意指三分式，對象
延伸閱讀：Peirce 1936-1958

intertextuality 文本間性

由法國符號學家克里斯蒂娃（Julia Kristeva）提出的當代符號學重要概念。她認為：「任何文本的構成都仿佛是一些引文的拼接，任何文本都是對另一個文本的吸收和轉換。互文性概念佔據了互主體性概念的位置。詩性語言至少是作為雙重語言被閱讀的。」

互文性概念主要有兩個基本含義：第一，「一個確定的文本與它所引用、改寫、吸收、擴展，或在總體上加以改造的其他文本之間的關係。」；第二，「任何文本都是一種互文，在一個文本之中，不同程度地以各種多少能辨認的形式存在著其他的文本；譬如，先時文化的文本和周圍文化的文本，任何文本都是對過去的引文的重新組織。」「互文性」概念強調的是把寫作置於一個座標體系中予以關照：從橫向上看，它將一個文本與其他文本進行對比研究，讓文本在一個文本的系統中確定其特性；從縱向上看，它注重前文本的影響研究，從而獲得對文學和文化傳統的系統認識。

用「互文性」來描述文本間涉的問題，不僅顯示出了寫作活動內部多元文化、多元話語相互交織的事實，而且也呈示出了寫作的深廣性及其豐富而又複雜的文化內蘊和社會歷史內涵。

互文性理論以形式分析為切入點，最終擴展到整個文學傳統和文化影響的視域之內，即一個從文本的互文性到主體的互文性，再到文化的互文性的邏輯模式。互文性理論注重將外在的影響和力量文本

化，一切語境無論是政治的、歷史的，或社會的、心理的都變成了互
文本，自足文本觀念也隨之被打破。（張穎）

參見：克里斯蒂娃
延伸閱讀：Kristeva 1980，1984，1986

ironism 反諷主義

　　許多學者認為符號修辭的四個主型（four master tropes）之間，有
一種否定的遞進關係。格雷馬斯也早就發現反諷是「負提喻」，提喻
是部分容入整體，而反諷是部分互相排除（Greimas1987：xix）；詹明
信認為每一個修辭格都是對一方的否定：而反諷實際上是各種修辭格
的總否定；我們可以說反諷與轉喻也相反：轉喻是鄰接而合作，反諷
是合作而分歧。

　　這樣就形成了從隱喻開始，符號文本兩層意義關係逐步分解的
過程，四個修辭格互相都是否定關係：隱喻（異之同）→提喻（分之
合）→轉喻（同之異）→反諷（合之分）。

　　意義的這四步否定關聯，在某些思想家手中發展成規模巨大的歷
史演進模式。卡勒在《追尋符號》（Culler 1981：65）中提出這四元演
進不僅是「人類掌握世界的方式之一」，而且是「唯一的體系」（The
System）。詹明信和卡勒把修辭四格置於一個體系之內，他們認為四
格推進是「歷史規律」，是人類文化大規模的「概念基型」。

　　任何一種表意方式，都不可避免地走向對自身的否定，因為形
式本身是文化的產物，隨著形式程式的成熟，走向過熟、走向自我懷
疑，及至走向自我解構*任何教條，任何概念，只要是一個表意體系，
就很難逃脫這個演變規律。

　　宋代學者邵雍（1011-1077）的《皇極經世》，推演古說，把中國
史的分期（皇、帝、王、霸）與更廣泛的宇宙觀聯繫了起來：「三皇
之世如春，五帝之世如夏，三王之世如秋，五伯之世如冬。春、夏、

秋、冬者，昊天之時也。《易》、《書》、《詩》、《春秋》者，聖
人之經也。」（邵雍《皇極經世》卷十一）

反諷之後，下一步是什麼？弗萊（Northrop Frye）清楚地要求
「回歸」：他認為西方當代作家，在反諷時代正在重新創造「神
話」，弗萊認為現代文學會「回向貴族情趣」（Frye 1957：213），一
旦某種文本方式演化到頭，這種表意方式就只能走到頭。重新開始的
是另一種表意方式，文化必須靠一種新的表意方式重新開始，重新構
成一個從隱喻到反諷的漫長演變。羅蒂（Richard Rorty）提出「反諷主
義」，來替代傳統的「形而上學世界觀」。「反諷主義」承認欲望和
信仰不可能超越時代，是現代社會最合適的文化狀態。

當代文化正在經歷一個前所未有的轉向，進入反諷社會：要取
得社會共識，只有把所謂「公共領域」變成一個反諷表達的場地：矛
盾表意不可能消滅，也不可能調和，只能用相互矯正的解讀來取得妥
協。因此，當代文化本質上是一種反諷文化。這個文化的特點是，人
們之間的聯繫不再基於部族－氏族的身份相似性（比喻），不再基於
宗法社會部分與整體的相容（提喻），不再基於近代社會以資產關係
形成的階級認同保持接觸（轉喻）。當代文化的基礎是商品消費，在
這個基礎上要建立社群意識，就只有在不同意見中互相閱讀對方的意
見。（趙毅衡）

參見：反諷，符號修辭學
延伸閱讀：Frye 1957；Culler 1981

irony 反諷

反諷是一種超越一般語言修辭格的符號修辭方式：其他修辭格基
本上都是比喻的各種變體或延伸，立足於符號表達物件的異同涵接關
係；反諷卻是符號物件的排斥衝突；其餘修辭格是讓雙方靠近，然後
一者可以代替另一者，而反諷是取雙方相反，兩個完全不相容的意義
被放在一個表達方式中。其他修辭格「立其誠」以疏導傳達，使傳達

變得簡易，反諷以非誠意求取超越傳達的效果，使傳達過程變得困難。反諷充滿了表達與解釋之間的張力，因此反諷最常見於哲學和藝術。

無論中西，哲人早已發現反諷是一種強有力的說服手段：道家、墨家、名家，他們的著作充滿了反諷，柏拉圖筆下的蘇格拉底成了西方思想的強大反諷源頭。經過思想家幾千年的努力，反諷在當代已經成為擴展人性與社會的根本存在方式，成為文化符號學的本質特徵。

反諷的修辭學定義，是一個符號表意，表達的非但不是直接指義，而是正好相反的意思，這樣的符號文本就有兩層相反的意思：字面義／實際義；表達面／意圖面；外延義／內涵義，兩者對立而並存，其中之一是主要義，另一義是襯托義。

反諷的定義有很多種，最寬的反諷定義是新批評派提出的，他們認為文學藝術的語言永遠是反諷語言，反諷是任何「非直接表達」。反諷是一種曲折表達，有歧解的危險，因此不能用於要求表義準確的科學／實用場合，在科學／實用傳達中出現自我矛盾，接收者只能拒絕接收，等待澄清。

大局面的符號文本中，可以包括反諷的各種變體。大局面反諷往往不再有幽默嘲弄意味，相反很多具有悲劇色彩，因為此時反諷往往超出日常的表意，而是對人生、歷史的理解。戲劇反諷（dramatic irony），是臺上人物與觀者之間的理解張力。情景反諷（situational irony），是意圖與結果之間出現反差，而且這個反差恰恰是意圖的反面。「歷史反諷」（historical irony），規模更為巨大，只有在歷史規模上才能理解。大範圍的歷史反諷，有時被稱為「世界性反諷」（cosmic irony）。人類行為一旦形成反諷，就暴露出其意義能力之有限。

反諷是思想複雜性的標誌，是對任何把人的符號本性簡單化的嘲弄。反諷從傳統的語言修辭，進入符號修辭，最後成為文化的形態。（趙毅衡）

參見：悖論，符號修辭
延伸閱讀：Kierkegaard 2005；Booth1987，2009

ISOTYPE 國際文字圖像教育系統

全稱「International System of Typographic Picture Education」（國際文字圖像教育系統）是設計符號學的概念，由奧地利哲學家和社會學家奧圖·紐拉特（Otto Neurath）於1925年發佈。

這一系統的提出目的是為了利用「語言似的」圖形設計，達到教育及統一公共圖形符號設計的目的。這一系統對公共設計影響深遠，成為後來公共交通、國際活動、公共場所等圖形設計的基礎。

1939年，維也納團隊確定了資訊圖形設計的一般標準。二戰和納粹使得這個維也納團隊避難於世界各地。一部分設計師到了蘇聯，為蘇聯政府的五年計劃設計圖形表述，另一些到了美國和荷蘭及歐洲各國，開始以該系統的思想從事公共視覺設計活動。1971年，Isotype Institute將檔案和設計稿都捐給了英國雷丁大學（University of Reading）字體設計與平面溝通系，由此開始了現在影響全球的公共圖像符號（pictogram）和資訊圖形（infographics）的設計。（胡易容）

參見：設計符號學

J

Jakobson, Roman 雅柯布森

雅柯布森（1896-1982），20世紀著名語言學家、符號學家，他是俄國形式論與布拉格學派的核心成員，從俄羅斯旅居歐洲，再旅居美國。雅柯布森對符號學發展作出巨大貢獻。雅柯布森對符號學的貢獻大致可以總結為以下幾點：

首先，他在1958年提出符指過程六因素分析法，並對六種功能進行描述：「詩性」、「元語言性」、「主導功能」等概念，成為解決許多長期難以說清的問題的突破口。詩性問題的核心是符號自指和非指稱性，符號文本本身吸引著解釋者的注意力；元語言性與之相對，符號資訊提供解釋自身的線索，符號文本向解釋者宣傳自身，並有理有據地加以說服。

其次，關於雙軸關係的開拓性研究。索緒爾最早使用組合與聚合表示符號雙軸的概念。雅柯布森進一步對雙軸功能作了界定。他提出，聚合軸可以稱為「選擇軸」，功能是比較與選擇，組合軸可以稱為「結合軸」，功能是鄰接粘合。聚合軸上的操作圍繞相似性關係展開，而組合軸上的操作圍繞接近性關係展開。

雅柯布森認為雙軸分別對應著隱喻和轉喻兩種修辭方式，他在《語言的兩個方面和失語症的兩種類型》中提到：「話語的展開沿著兩條不同的語義途徑進行：一個話題通過相似性或接近性引向另一個話題。隱喻方式是描述第一種情況的最恰當術語，而轉喻方式則是最適合第二種情況的術語，因為它們在隱喻和轉喻中找到了各自最凝練的表達。」（Jakobson 1987：109-110）隱喻和轉喻，這兩種方式普遍存在於各種符號系統裡並導致符號文本的不同傾向與風格。

雅柯布森在20世紀30年代最早使用「標出」概念，而對於標出性的研究目前仍集中於語言學領域，將這一概念引入文化與美學研究，可以理解這些領域一些根本問題。（喬琦）

參見：主導功能，詩性，意動性，指稱性
延伸閱讀：Jakobson 1987；Culler 1991

Jameson, Fredric 詹明信

弗雷德里克·詹明信（1934-），美國杜克大學教授，批評研究中心主任。美國文學理論家、文化批評家，當代馬克思主義者中最有成效地把符號學結合進來的學者。代表作包括：《馬克思主義與形式》、《政治無意識》等。

20世紀六、七十年代，美國學術界、思想界對索緒爾符號學傳統符號學還較為陌生，詹明信的《語言的牢籠》一書將這一理論流派介紹給美國學界。作為一名馬克思主義理論家，詹明信並不滿足於對索緒爾及其追隨者的理論做一般性介紹和闡釋，而是將形式論思想置於馬克思主義理論視域內加以考察。

詹明信首先提出思維模式問題，認為西方所有關於思維形式的理論都與結構概念相關；西方最早關於結構的概念，也可以被理解為「用以理解具有各個不同元素的總體的模式，是有機論。」（Jameson 1997：16）在詹明信看來，模式即意味著結構。這與現代發達國家的現代社會生產、生活背景特點相關：「在那裡，真正的自然已不復存在，而各種各樣的資訊卻達到了飽和的程度；這個世界的錯綜複雜的商品網路本身就可以看成是一個典型的符號系統。」（Jameson 1995：4）基於這樣一種文化社會學認識，符號學模式在很大程度上形成了詹明信文化理論的基本維度。

同時，詹明信也清醒地考察到索緒爾結構主義傳統的理論窠臼，即將分析物件局限於諸多「結構」、「系統」式的共時性封閉範疇，而忽視了與社會、歷史等現實範疇相聯繫的歷時性批評維度。因此，

他以馬克思主義為基本認識維度，將社會、歷史等諸多歷時性因素引入到索緒爾的傳統中去，這是對符號學理論的批判式建構。在詹明信的「元評論」實踐，以及對格雷馬斯方陣的運用中，這種基本認識維度都有明顯的體現。（張碧）

參見：索緒爾，系統性，共時性

延伸閱讀：Jameson 1995，1997，1999，2004

K

Kongzi 孔子

孔子思想是中華民族最重要的文化遺產，孔子的符號學思想卻一直未得到足夠的關注。

孔子（551BC-479BC），名丘，字仲尼，魯國人，先秦儒家文化的代表人物。孔子出生在一個沒落的貴族家庭，據《史記》記載，孔子出生後，其父叔梁紇就亡故了。孔子出生在一個「禮崩樂壞」的年代，「禮樂征伐自天子出」的局面轉變成「禮樂征伐自諸侯出」（《論語·季氏》）。孔子小的時候，就對先前禮樂文化有著濃厚的興趣，「孔子為兒嬉戲，常陳俎豆，設禮容。」（《史記·孔子世家》）縱觀孔子的一生，是以恢復禮樂文化符號秩序為己任的。

禮樂文化符號，即是通過一套禮樂文化系統來規範現實生活中的尊卑等級秩序。如根據當時的禮樂規範，不同等級身份的人，享用不同形式的舞樂。孔子曾對弟子批評季氏曰：「八佾舞於庭，是可忍也，孰不可忍也？」古代舞樂，八人為一行，叫做一佾，八佾即是八行，共六十四人。根據當時的禮樂規範，八佾是天子才能享用的舞樂，諸侯是六佾，即是四十八人舞，大夫是四佾，即是三十二人舞，士是二佾，即是十六人舞。由此可見，「佾」的數量具有不同的「禮」的意義。由此我們可以這樣理解，「佾」是一套用符號加強社會秩序的禮儀規範，這套禮儀規範的所指是社會的尊卑等級秩序，正是通過「佾」這套禮儀才將社會分成各個不同的等級。能指分節，才產生了所指的分節。如果沒有一套禮儀規範將「佾」區分開來，那麼也就不存在「是可忍孰不可忍」的事情了，因為二、四、六、八佾在音樂和舞蹈上的區別沒有如此明顯。

　　由此可見，以孔子為代表的儒家文化是偏向於「語法傾向文化」的。儒家文化通過禮儀，建立一整套規範準則，各種禮儀之間有明確清晰的界限，並且互相配合，從而使所指──社會等級秩序的呈現明顯了然。

　　孔子恢復先前禮樂文化符號的核心思想是在禮樂文化中加入「仁」的文化價值觀念。《論語・顏淵》中這樣記載：

　　顏淵問仁。子曰：「克己復禮為仁。一曰克己復禮，天下歸仁焉。為仁由己，而由人乎哉？」

　　顏淵曰：「請問其目？」子曰：「非禮勿視，非禮勿聽，非禮勿言，非禮勿動。」

　　在孔子看來，克制個人欲望，使自己的言行合乎禮儀，這樣就是「仁」，要做到「仁」，需要個人的自律，不符合禮儀的事情不做，不符合禮儀的話不聽，不符合禮儀的話不說，不符合禮儀的事情不去做，這樣就能達到「仁」的境界。所謂「仁」，其實也就是自覺遵守禮儀規範所區分出來的社會等級秩序，自覺地遵照自己所屬的那個等級的禮儀行事，遵守能指的劃分界定，從而使社會的尊卑等級劃分明確固定，進而社會安定。不過，這種遵循，按照孔子的說法，必須通過個人有意識地努力實現。

　　孔子恢復禮樂文化的核心主張即是正名。所謂「名」即是名分、名稱，「名」所指向的是一定的等級秩序。「正名」就是要通過將一定的能指，也即「名」，與一定的所指，也即社會的等級秩序聯繫、明確並固定下來，從而使社會的區分更加明確，使社會秩序更加井然。孔子的「正名」主張進一步說明了禮樂文化其實是一套所指優勢符號系統。《論語・子路》中記載了孔子的「正名」觀：

　　子路曰：「衛君待子而為政，子將奚先？」

　　子曰：「必也正名乎！」

　　子路曰：「有是哉，子之迂也！奚其正？」

子曰：「野哉，由也！君子於其所不知，蓋闕如也。名不正，則言不順；言不順，則事不成；事不成，則禮樂不興；禮樂不興，則刑罰不中；刑罰不中，則民無所錯手足。故君子名之必可言也，言之必可行也。君子於其言，無所苟而已矣。」

「正名」是恢復或維持禮儀文化最核心的、也是最基本的步驟。正名即用符號的強制力量將一定的社會等級秩序建構為一種社會契約，使得禮儀文化真正成為一種所指優勢文化。

「禮非玉帛」是《論語》的重要論點，《論語・陽貨》云：

子曰：「禮云禮云，玉帛云乎哉？樂云樂云，鐘鼓云乎哉？」

孔子認為，所謂禮樂並不只是指禮器、樂器之屬，更是指通過禮樂形式傳達出來的精神意義。

正因為玉帛、鐘鼓的規格即再現體，其所指向的物件為玉帛、鐘鼓，但禮並非指這些具體的實物，而是通過玉帛鐘鼓作為符號所引發的解釋。玉帛、鐘鼓皆是傳達「禮」的精神的符號，因為「禮」的意義不在場。玉帛這一符號形式需要解釋，其解釋後「禮」這一意義才會凸顯出來，但是玉帛本身並不是「禮」，玉帛只有放在禮樂文化的符號系統中解釋，其「禮」的意義才能實現。如晉人繆播所言：「玉帛，禮之用，非禮之本。鐘鼓者，樂之器，非樂之主。假玉帛以達禮，禮達則玉帛可忘；借鐘鼓以顯樂，樂顯則鐘鼓可遺。」「玉帛」、「鐘鼓」符號是用來表達「禮」的意義，正因為禮的意義不在場，才需要玉帛等符號來傳達。宋人葉適解釋說：「然禮非玉帛所云，而終不可離玉帛；樂非鐘鼓所云，而終不可以舍鐘鼓也。」這是符合符號學原則的。（祝東）

參見：再現體，符號三分式，皮爾斯
延伸閱讀：孔子2006；楊伯峻1980；劉寶楠1990

Kristeva, Julia 克里斯蒂娃

克里斯蒂娃（1941- ），符號精神分析學創始人。原籍保加利亞，1966年移居法國，現為巴黎第七大學教授。其知識履歷廣涉哲學、語言學、符號學、結構主義、精神分析、女性主義、文化批評、文學理論和文學創作等多個領域，成為後現代主義的一代思想宗師。

羅蘭・巴特（Roland Barthes）概括其特點說：「朱麗婭・克里斯蒂娃總是摧毀那一我們以為我們能夠從中感到慰藉，我們可以引為自豪的最新的偏見。」20世紀80年代以後，她在英語文化圈多被讀作法國女權主義的標誌性理論家，與西蘇（Hélène Cixous）和伊利格瑞（Luce Irigaray）構成「法國女權理論的新神聖三位一體」。儘管她個人有時希望將自己與女權主義區別開來，但她那些獨具風格的概念及其使用如「符號性」「卑污」「母性穹若」不僅與女性相關，且對女權主義者具有極大的誘惑力。

克里斯蒂娃最重要的主張之一在於符號學。她用的「符號學」一詞不應與索緒爾的符號學相混淆。對克里斯蒂娃來說，符號學與嬰兒的「前伊底帕斯」期密切相關，而「前伊底帕斯」的概念涉及佛洛德的、主要是克萊因及英國客體關係精神分析的著作，還涉及拉康的理論（前鏡像階段）。這是一個情緒範疇，受制於我們的本能，本能則存在於語言的裂縫和韻律中，而非詞語的外延含義中。從這層含義講，符號學反對符號（象徵，symbolic），符號對應著那些意味著較嚴格的、精確之含義的詞語。她還以其關於屈辱（此概念涉及拒絕的原始心理力量，被指向母親形象）和互文性概念的著作而聞名。克里斯蒂娃認為人類學和心理學，或者社會與主體之間的聯繫，並不意味著彼此，而是遵從相同的邏輯：群體和主體的倖存。她在對「伊底帕斯」的分析中進一步聲稱，說話的主體無法自行存在，而是「站在脆弱的門檻上，仿佛是由於一條不可能的劃界而站立著。」（Kristeva 1974：85）（張穎）

參見：符號精神分析
延伸閱讀：Kristeva 1980，1984，1986

L

Langer, Susanne 朗格

　　蘇珊・朗格（1895-1985），美國美學家，符號學家，她的思想受凱西爾和懷特海的影響，是第一個在哲學和美學領域獲得重大成就的女學者。著作有《哲學新解》（Langer 2002）、《情感與形式》（Langer 1986）等，晚年完成的最後的鴻篇巨制是三卷本的《心靈：論人類情感》（Langer 1972）。

　　從哲學理念上，蘇珊・朗格基本繼承了恩斯特・凱西爾（Ernst Cassirer）的符號論，特別是在藝術領域內發展和完善了符號學。可以說朗格學說的主要目標就是：探索人類心靈何以通過對生命體驗持續的符號化進程來產生意義，而反映在朗格的美學觀中則凝結為「藝術是人類情感的符號形式」這一重要論證。這種思想在朗格的數卷著作中逐步清晰並豐富，最終導向了對於各藝術門類形式基質的探討和對藝術符號中的表現性與情感性分析。

　　首先，朗格提出了「推論性符號」與「表現性符號」這一組關鍵的對立概念。推論性符號具有穩定的內容和組合，比如語言和邏輯符號；而表現性符號，如藝術作品，則不具備單一明確的意義，僅僅是一種「有意味的形式」，這種形式只能被作為整體來體會，逐一累積孤立的部分並不能使我們理解表現的整體。朗格在對藝術品的形式分析中進一步深化了這組對立概念，區分了「作為符號的藝術」與「藝術中的符號」，前者是一個先在的整體，後者則是可以被零散使用的。

　　其次，朗格認為藝術是一種「生命的形式」，即藝術符號與有機體生命活動的體驗具有相似的邏輯形式。這種邏輯形式包含了四個基本特徵：有機性（有機體的消耗與補充，新陳代謝）、運動性（結構

功能中的動態進程）、節奏性（持續連貫的進程中產生的節點）、生長性（運動具有從發展到消亡的方向）。藝術形式作為人類生命的一種投影從而具備了其自身的規律，能夠表現種種生命所經歷到的複雜感受。

再次，朗格對於藝術所表現的情感內容做出嚴格的限定：藝術表現的是「抽象的情感」。它來自於藝術家所理解的具有普遍性的人類情感，是人類內心活動統一性、個別性和複雜性的概念，並非個體情感的肆意宣洩。藝術抽象，非同於科學抽象的規約原則，並不丟棄它所根植的鮮活本體，而與具體的感性形態密不可分。

總之，朗格對於藝術理論的最大貢獻就是將符號性視為藝術的本質屬性，從而批判了模仿說，超越了單一的表現論或形式論。藝術作為人類文化的獨特形式一俟進入符號學研究視野中，則不僅美學獲得了更為豐富有效的理論支持，也讓情感的表現方式被納入符號學大表意體系，人類心靈不再是難以捉摸而是有章可循的。（江淨沙）

參見：凱西爾
延伸閱讀：Langer 1957，1972，1986

langue 語言

索緒爾稱系統規則為「語言」（langue），而系統的任何一次出現形態為「言語」（parole）。更確切的說法是深層結構（deep structure）與表層結構（surface structure）。深層結構是任何系統能發揮作用的關鍵，因此索緒爾對符號學發展的貢獻，往往被稱作「系統論」（systematics）。系統的任何狀態都只是一種暫時的顯現方式，系統保證了動態變化中的延續。例如下棋，從開局下到面目全非的任何階段，都在系統規則能處理的範圍內。系統的變化服從一套規律（下棋規則、「棋路」），這套規律控制了系統的全部運作。

後來出現的控制論，把系統的這種能力，稱為系統的「自行組織」（self-organizing）能力，或「抗擾亂」（counter-perturbation）能

力。這種能力的由來，是因為表層結構（言語），受深層結構（語言）的控制。（趙毅衡）

參見：索緒爾，系統性

Laozi 老子

　　老子，姓李名耳，字伯陽，又稱老聃。《史記》記載老子是「周守藏室之史也」。見周室衰微，辭官歸隱，在通過函谷關時，被關令尹喜挽留，要求他將自己的學說寫成書，才准予通關，於是老子「乃著書上下篇，言道德之意五千餘言而去，莫知其所終」。這五千餘言的上下篇，就是現在的《道德經》，亦名《老子》或《道德真經》。《道德經》充滿與符號學相應的哲學思想。《道德經》第一章即云：

　　道，可道，非常道。名，可名，非常名。無名，天地始；有名，萬物母。

　　在老子的觀念裡面，「道」是指支配宇宙萬物運動變化的普遍規律，萬物是變化的，但是其規律是不變的，這就是「常」，如朱謙之言：「蓋『道』者，變化之總名。與時遷移，應物變化，雖有變易，而有不易者在，此之謂常。」，「常道」屬「形而上」的思維，它可意會，但不可言說；再者，天地之間，本來無名，語言文字的產生，是人類為了聯繫溝通的需要而發展起來的，事物在變化，名稱也隨之變化，而那種永恆不變之名，即是「常名」。老子認為，「道」如果能夠言說，就不是「常道」，「名」如果能夠叫得出來，那就不是「常名」。「常道」莫可名狀，故無「常名」，也即是「道隱無名」，無名則道不可言知。能指製造所指，沒有能指也就沒有所指，沒有萬物之名，也就難以區分萬物，所以有名是萬物之始。

　　「無名，天地始」，所謂「始」，《說文》曰：「女之初也。從女台聲。」女之初，即是女子初潮，男女性別特徵開始出現分別，因此始當解釋為「分野」。此即是說萬物沒有名稱的時候，是天地混沌

初分之時。「有名,萬物母」,所謂「母」,《說文》曰:「牧也。從女,象裏子形。一曰象乳子也。」由此母當訓作化生養育。此即是說有名之時,乃是人類化育出來之後的事情。各種事物之「名」,正是人類語言符號出現之後的產物,沒有人類的語言符號,當然無所謂名的存在。語言符號是人類抽象思維的產物,它作為一種交際工具,是人類思維對自然和社會規律的反應。

語言符號隨著人類社會的發展而產生並逐漸豐富,人類亦根據事物的不同性質而制定了不同的名稱符號,即《道德經》有云:「始制有名。名亦既有,天將知止。」名稱是根據事物的性質制定的,維繫一個事物的性質則是其限度,如果事物超出其限度,那麼其性質會隨之發生改變,名亦將隨之變更,否則,符號與意義將不能對應。(祝東)

參見:名實論,莊子,墨子
延伸閱讀:陳鼓應1984;朱謙1984

Lasswell, Harold Dwight 拉斯韋爾

拉斯韋爾(1902-1977),美國著名的政治學家,傳播學奠基人。他對傳播學的貢獻集中在宣傳分析和傳播過程研究等方面。

拉斯韋爾致力於打破學科間人為劃定的界限,在政治學、傳播學和社會學等多個領域都有重大貢獻。他是傳播學內容分析法的開創者,他所使用的方法與符號學文本分析有一定內在關聯。拉斯韋爾對傳播學的貢獻主要表現在三個方面:

第一,他首先用政治學觀點對傳播學進行系統的研究,是公認的「宣傳和政治符號理論發展的先驅」。他最早在宣傳研究領域擁有很大的影響,1927年,他的博士論文《世界大戰時期的宣傳技術》,全面地分析了第一次世界大戰中的宣傳策略及其效果。

第二,他提出了著名的「5W」傳播模式和傳播「三功能說」,前者構成了傳播的過程,並為當代傳播學研究指明了方向,確立了傳播

學的五大基本研究領域，三功能說」則為賴特、施拉姆等學者對傳播功能作出進一步的理論闡述奠定了基礎。

第三，他用定量語義學的方法，比較了有意義的政治符號在不同時間和地，點在主要新聞機構的分佈，為傳播學研究運用內容分析的方法提供了有益的經驗。拉斯韋爾對第一次世界大戰的宣傳資訊的內容分析主要是定性的，以確定其所使用的宣傳策略。在二戰中他將這一技巧發展得更加成熟，主要運用定量和統計學的方法來進行內容分析。根據美國國會圖書館所保存的「戰時傳播專案」檔，拉斯韋爾對交戰雙方的報紙的內容進行了分析，用表格排列了諸如「戰爭」、「國家」、「和平」和「帝國主義」等詞語的出現頻率，由此看出德國宣傳機構如何把發動二戰的罪名加於對手的策略。（胡易容）

參見：內容分析法，五W模式，傳播學
延伸閱讀：Lasswell 1965，2003

lebenswelt 生活世界

現象學重要概念，也常為當代符號學家所使用。胡塞爾（Edmund Huserl）生涯後期對「生活世界」概念的分析，起源於其對「歐洲科學危機」的沉思，亦即他對主宰著當時西方科學的「客觀主義」的批判。早在《純粹現象學和現象學哲學的觀念》第一卷（《觀念I》）中，胡塞爾就已經提出了兩種認識：科學的認識，前科學的非精確化的認識。在後期討論生活世界現象的《歐洲科學的危機與先驗現象學》中，胡塞爾提出了這樣一個論斷：因為文藝復興以來科學範式的不斷勝利與進步，科學的方式已經將前科學的方式完全罷黜為非真實的——科學思維否認前科學的直觀的可信性，並堅持只有自己基於數學模式的抽象化、中立化認識才能揭示世界的真實。比如，化學會宣稱，我們日常對於水的各類直觀知識（包括喝水、游泳、洗漱時得到的關於「水」的經驗）是非真實的，而唯有H_2O這個化學式，才能表達水的真實本質。科學通過這種宣稱建立起一套完全無視人類

主體的意義，以及科學與現實生活之關係的體系：這就是客觀化的世界。

為了對峙這種客觀主義，胡塞爾在《危機》中提出了前科學式認知的重要性。他提出，雖然科學研究者們旨在尋求超越非課題的當下境遇的知識，但是為了尋求這種知識，他們必須紮根於境遇之中：比如，他們必須以非科學的方式（比如，感覺直觀）使用他們的工具，包括儀器、書籍等等；在這個意義上，前科學的直觀視域就成為了科學認識得以可能的基底。胡塞爾將這種基底性的視域稱之為「生活世界」。進一步的，雖然科學知識本身超越了非科學的直觀世界，但是這些知識本身卻可以「流入」生活世界，而成為生活世界的一部分；在這些情況下，科學知識本身的被給予方式乃是非科學的，直觀的。比如，人們在使用電器時，相關的物理學知識就是作為生活世界中的「常識」，被非科學地給予的；關於大地作為球體的知識，也是這種例子之一。通過這種「流入」，生活世界的意義就超越了單純的非科學性視域，而成為了某種整體的視域。（董明來）

參見：胡塞爾
延伸閱讀：Husserl 1969，1996

Lefebvre, Henry 列斐伏爾

列斐伏爾（1901-1991），馬克思主義文化社會學家。他的研究方法曾受到符號學的極大影響。儘管對索緒爾（Ferdinand de Saussure）、李維史陀（Claude Lévi-Strauss）、阿爾都塞（Louis Althusser）等人的結構主義方法持一定批判性態度，但列斐伏爾仍將結構主義符號學方法運用於對社會文化現象的批判之中。

列斐伏爾首先考察了當代社會文化的符號學特點。據列斐伏爾觀察，及至20世紀，在科學、技術及各種社會因素的物化作用下，符號與指稱的關係產生裂變，並且逐一崩潰。現代技術對世界產生了巨大影響，物理世界的可感知性及真實性因此受到由現代技術所營造的圖

景的衝擊，並導致「代表絕對現實的『共通感』觀念消失」（Lefebvre 1984：112）。在這種由技術性幻象營造的氛圍中，符號從整體上呈現出一種「第二自然」景觀，並取代了作為「第一自然」的現實世界。

指稱物的消失使歷史失去了現實依據的可靠性，並導致符號失去穩定的關係。列斐伏爾曾對這種狀況感慨道：「身處此世，你卻不知自己立足何處；如果你想將能指與所指聯繫起來，便頓時如墮五里雲霧」（Lefebvre 1984：25）。指稱物的消失，使符號脫離其社會語境，於是語言成為唯一的「指稱物」，獲得了一種決定現實的能力，亦即「元語言」功能。作為元語言的語言成為調節能指與所指關係的唯一決定因素，並且能夠對能指與所指進行隨意組合，但也使這種組合關係呈現出某種紊亂狀態。因此，社會話語構建者能夠「通過語言塑造出現實性，在言論中，語句得以傳達印象、感情、感受、對話（並非真正的對話）、孤獨，並有助於建構一種『性格』的所有相似性與差異性，以及秩序與混亂」（Lefebvre 1984：10）。

在列斐伏爾看來元語言的這種行動過程往往由「書寫」活動來完成。元語言書寫對作為符號的事物的決定功能，使其與某種制度化權利模式相關聯，從而起了維護社會制度的形式化立法性質，這也成為列斐伏爾所描述的「恐懼主義」（Terrorism）文化社會的主要特點。（張碧）

參見：元語言
延伸閱讀：Lefebvre 1984

legisign 型符

皮爾斯（Charles S Peirce）從符號自身得出的三種符號類之一，另外兩種是質符和單符。型符是一種普遍法則。每一個型符都是通過它的應用實例，即「token」來指稱的，這種應用實例也可稱為它的複製品（replica）。每一個型符都需要單符，但並非一般的單符，而是被認為有意義的特殊事實（Peirce 1992-1998：2. 291）。

型符和單符共同構成一個符號，可以理解為符號的不同側面。語言符號就是典型的型符與單符的統一，它的一個鮮明特點就是兼具「單符」和「型符」兩個側面。單符和型符同時決定了符號的性質。離開了單符，型符只能是一種抽象的假設；離開了型符，單符則失去了同一性，不能和其他符號進行區別。一個符號要同時具備同一性和變異性才能保證其複現的可能，而這種複現的可能是符號生產的前提，也是符號作為仲介的必要條件，是符號的本質特性。（顏青）

參見：類型符，單符，質符

Levi-Strauss, Claude 李維史陀

李維史陀（1908-2009）結構主義人類學家，哲學家，為20世紀六十年代歐洲結構主義符號學大潮作出了決定性貢獻。1935年至1939年在巴西的聖保羅大學任教，在這期間在亞馬遜熱帶雨林地帶對當地的印第安部落進行田野考察，並搜集大量的田野考察資料。

20世紀40年代，他在美國與雅柯布森（Roman Jakobson）交流，雅柯布森向他介紹了索緒爾與符號學思想，使他對人類學中的結構原則豁然開朗。他把結構主義應用於人類學研究，使符號學第一次越出語言學範圍，成為人文－社會科學的總方法論。（張洪友）

參見：結構主義，符號人類學，雅柯布森
延伸閱讀：Levi-Strauss 1974，1987，2005，2006，2009；Leech 1985

liminal phase 閾限階段

符號人類學重要概念，範·根內普（van Gennep）在其著作《過渡儀式》（Gennep 2004）中首先提出。也譯為通過儀式，英文Rites of passage，法rites de passage。閾限階段，起源於拉丁文limen，有門檻和極限的意思。根內普認為人的生命總是在一個階段向一個階段的轉化過程中。這樣就有一個過渡儀式，分為三個階段：分離階段、閾限階

段、聚合階段。首先，在分離階段，儀式主體，與原來的身份地位等等分離。這樣在閾限階段，過渡主體便是脫離原來的身份而沒有獲得新的身份的模糊不清的階段，閾限階段是沒有身份，在結構上不存在的地帶。而在聚合階段，儀式主體又獲得新的地身。

在閾限階段儀式主體是不潔的，或者污染，看作是潛在危險的。瑪麗・道格拉斯認為，人有種將世界萬物清楚歸類的傾向，模糊不清的就是污染或者是禁忌。維克多・特納在他的《象徵之林》和《儀式過程》中繼承並深化前人的理論，並著眼於這一儀式對社會發展的作用。首先，他也認為處於閾限階段的儀式主體，既不是這個也不是那個，然而又或許兩者都是的一種奇特的狀態。儀式主體脫離了一個結構，而沒有被納入另外一個結構，所以是未被結構化的，是純粹潛能的無定型狀態。他們一無所有，沒有性別，姓名，要服從一個儀式權威，並且要禁欲。

借助過渡儀式所具有的象徵力量對社會結構的否定，就形成了一個與社會結構相對的階段這個階段，否定了社會的通常規則，社會階層之間的對立，在社群中等級取消，或者等級是顛倒的，成為一種反結構的階段。經過這個階段會加強使社會得以存在的人與人之間的關係紐帶。特納認為社會是辯證發展的，是結構與反結構相互作用的結果。（張洪友）

參見：符號人類學，族群身份，禁忌，儀式
延伸閱讀：LaPorte 2005

link-text 鏈文本

伴隨文本的一種。接收者解釋某文本時，主動或被動地與某些文本「連結」起來一同接收的其他文本，例如延伸文本、參考文本、注解說明、網路連結等；鏈文本在網路上體現最為具體：許多人的網上閱讀就是從一篇「連結」到另一篇。網頁文本，不管是文字還是圖片，在「介面」（interface）上提供各種被稱為「微文本」

（microtext）的關鍵字連接、友情連結、評論欄、跟帖等，這些都是鏈文本元素。

鏈文本在任何時代一直有，例如圖書館的分類、書店或圖書館的上架、畫展的同時展出、樂曲演出的序列，詞典上給出每個詞條的同義詞、反義詞、片語搭配等。不僅能使讀者「順便流覽」，而且提供了一個「參照背景」。

鏈文本與型文本的最大不同是，型文本是在生產時意識到的「同型」文本集群，而鏈文本是在符號文本被接收同時的延續行為，一道接收的不一定是同類型文本，某個符號文本的接收變成一批文本的集體接收。（趙毅衡）

參見：伴隨文本

Lippmann, Walte 李普曼

李普曼（1889-1974）美國新聞評論家和政論作家，傳播學史上具有重要影響的學者之一，長於宣傳和輿論研究。

他在1922年的著作《公眾輿論》中，開創了議程設置的早期思想，是傳播學領域的奠基之作。在《公眾輿論》和《自由與新聞》等著作中，提出了兩個重要的概念，一個是「擬態環境」（pseudo-environment）；另一個就是「刻板成見」（stereotype）。李普曼認為，現代社會越來越巨大化和複雜化，人們由於實際活動的範圍、精力和注意力有限，不可能對與他們有關的整個外部環境和眾多的事情都保持經驗性接觸，對超出自己親身感知以外的事物，人們只能通過各種「新聞供給機構」去瞭解認知。這樣，人的行為已經不再是對客觀環境及其變化的反應，而成了對新聞機構提示的某種「擬態環境」的反應。（胡易容）

參見：擬態環境，刻板成見
延伸閱讀：Lippmann 2008

loan character 假借

漢字符號的構成方式之一。漢字的假借雖是把一個意符變成一個聲符，但假借是表意性漢字存在的必要條件而非顛覆性力量：第一，漢字假借的目的是一字多用，如象形為鬍鬚的「而」字假借為表虛詞的「而」，是對漢字意符的數量無限膨脹趨勢的制衡（表意體制傾向於為每一個概念和物件造字，這實際上是不可能的）。第二，假借並沒有像字母那樣純代表一個語音單位，假借漢字代表的仍是一個語素、一個音義結合體，因此它仍然堅持了漢字「一個形體、一個音節、一個概念」的表意制度，仍屬於體制內思維。第三，假借與表意都是反約定的制衡思維。字母的約定性來自於造字者和用字者對共同規則的遵守，是話語權的分享。第四，這種話語權制衡的假借思維，最終產生的並不是話語權分享的約定性文化。假借思維與意符思維一樣，屬於漢文化最深層的符號思維機制。（孟華）

參見：會意，形聲

long zhang feng wen 龍章鳳文

又稱龍章鳳篆，道教符書的一種，指字形如龍鳳之像的符篆，亦指用雲篆寫成的經文。因字體筆劃曲折盤紆，有龍鳳之形，故稱龍章鳳文。《上清靈寶大法》云：「夫靈寶大法，乃天地之根宗，元始之妙氣，鳳篆龍章結為真文。」另據《雲笈七籤》，龍章鳳文經書藏在太上六合紫房之內。（黃勇）

參見：道教文字觀，符籙，雲篆

Lotman, Juri 洛特曼

洛特曼（1922-1993），20世紀俄國著名的文藝理論家和符號學家，莫斯科－塔爾圖學派的奠基者和領袖人物。他數十年在塔爾圖大

學任教，並多次組織和參與了「符號系統夏季研修班」，該研修班是莫斯科－卡爾圖學派形成的基礎。由於他的猶太人身份不見容於蘇聯當時的政治環境，洛特曼在教學和研究中遇到頗多阻礙，但他仍勤於治學，所著論文和專著數量超過一千種。

洛特曼早期的學術研究重點主要是文藝符號學。他以文學研究為起點，把對藝術語言和藝術結構的研究推進到繪畫、戲劇、電影等多方面，探討了文藝符號的功能結構。洛特曼這一時期的研究深受結構主義的影響，並繼承了彼得堡詩歌語言研究會的文藝傳統，從文藝學理論出發對藝術符號系統進行了模式分析和結構分析，以聚合和組合為軸心探討了文本的構建原則。洛特曼將藝術作品作為建立在自然語（第一類比系統，Primary Modeling System）基礎上的第二類比系統（Secondary Modeling System），借鑒生物學理論將文學藝術作為「文化鏈」的環節之一來闡述藝術文本和外文本之間的關係。這種從整體上進行的文藝符號學研究對洛特曼後來的文化研究奠定了方法論的基礎：他對文化的系統性考察也是從整體出發，融合生物學等自然學科的理論，試圖從宏觀上把握文化運動的規律，並找出其中的恒量與變數。

20世紀70年代以後，洛特曼的研究重點轉向文化符號學，這也是他學術成就最高的領域所在。在他的一系列著作中，洛特曼建立起一套以符號域（semiosphere）為中心的理論，來描述其系統內部的運動規律和空間結構。洛特曼對文化的最早研究始於他在1971年和烏斯賓斯基（Boris Uspensky）合寫的論文《文化的符號機制》。他們在文中進行了對文化基本特徵的初步描述，如文化這一符號系統的邊界性、互動性、連續性和集體記憶功能等。洛特曼文化觀的大致成形則體現在他於1984年發表的《符號域》一文中。符號域是民族文化的載體，是符號存在和運動的空間，也是文化存在和發展的前提和結果。在後來撰寫的一系列文化符號學著作中，洛特曼引入了資訊理論、控制論、耗散結構理論和拓撲學等自然科學原理來闡釋文化符號域內部和

內外之間的文本互動，以此說明符號域這一開放性系統是如何維持動態平衡的。洛特曼關於文化結構和文化動力的看法對莫斯科－塔爾圖學派的研究影響很大，該學派的很多學者都利用系統論從整體結構上對文化進行研究。

「文化文本」（cultural text）是洛特曼文化符號學理論的另一個中心概念。他對文本的早期研究集中於對其結構和類型的分析。隨著研究的深入，洛特曼的文本觀發生了很大變化。文本被視為文化的基本單位，「是完整意義和完整功能的攜帶者」。所謂完整意義和完整功能要視相應的文化語境而定：在不同層面上，同一個資訊可以是文本的一部分，也可以是文本或者文本叢。文本可分為分離型文本（discrete text，又譯作「離散型文本」）即「第二性文本」，和圖像文本（iconic text又譯作「渾成型文本」）即「第一性文本」，也可以是這兩種文本的混合。文本具有資訊傳遞功能、資訊生成功能和資訊記憶功能。文本和文本之間既有直接的聯繫，也有在闡釋過程中發生的新的聯繫。由於文本和文本之間相互影響，形成持續不斷的運動，整個文化史可以看作文本關係的發展史。

洛特曼的符號學理論以「文本」這一觀念為載體，以「符號域」為視域，從文化描寫的元系統出發考察了符號運動的意義和功能。在符號學界產生了深遠的影響。（彭佳）

參見：莫斯科－塔爾圖學派，耗散結構，符號域，熵，文化符號學
延伸閱讀：Lotman 1970，1990，2005

M

Macherrey, Pierre 馬歇雷

　　馬歇雷（1938- ），是當代法國著名的馬克思主義美學家、批評家。他最早分析形式主義與意識形態的關係。

　　在馬歇雷看來，以巴特為代表的結構主義者將作品視為某種結構的摹本，認為作品只是對結構的依附與模仿；同時，以列維一斯特勞斯為代表的結構主義者，將文學批評工作解釋為對這一結構的重新發掘。馬舍雷認為這種文學批評並不具有真正的獨立性，充其量只是對作品原有資訊的傳播和詮釋。由此，馬舍雷認為結構主義符號學批評不考慮作品的產生環境等具體因素，而一味地將注意力放在對文學主題（「結構」）的發掘上，算不得一種科學的批評方法。同時，馬舍雷對結構主義符號學的另一處抨擊體現在：認為結構主義的「整體論」觀念只是自亞里斯多德以來的有機論傳統的延續。文學的諸多組成成分，只有在「結構」的統攝下，才能使構成作品的諸多成分各得其所，使之真正成為文學的有機組成成分、以及文學批評所分析的物件，而結構主義的批評方式僅僅是對文本進行條分縷析地剖析。在這種對結構主義符號學的批判基礎上，馬舍雷提出了著名的「離心結構」（decenterd structure），將理論建構引向了後結構主義符號學。（張碧）

參見：馬克思主義符號學，阿爾都塞
延伸閱讀：Macherey 1978

mapping 映現

　　「映現」這個術語，源自地圖製圖法，近年在符號學中用得越來越多：同一個地理物件，可以「映現」為各種不同的圖式，因此這詞

的意義接近「共型」（analogy），轉用到生物（例如細胞間的DNA複製）、數學、邏輯、電腦技術等學科。在符號學中指不同模式、不同媒介之間的轉換，因而是「文化拓撲學」的重要一環。在符號修辭學討論概念比喻時，這個術語很有用。比喻發生在語言之上的概念層次，兩個概念域之間，此時出現一種穿過仲介的映現關係。（趙毅衡）

參見：比喻

markedness 標出性

標出性這個概念，中國語言學界一直譯作「標記性」，此譯法丟失了markedness的被動意味。此概念是布拉格學派的俄國學者特魯別茨柯伊（Nikolai Trubetzkoy）在給他的朋友雅柯布森（Roman Jakobson）的信中提出的。

對立的兩項之間必然不對稱，出現次數較少的一項，是「標出項」（the marked），而對立的使用較多的那一項，是「非標出項」（the unmarked）。因此，非標出項，就是正常項。關於標出性的研究，就是找出對立項不對稱的規律。

語言學界關於標出性已經有長達80年的熱烈討論，至今理論上仍混亂。雅柯布森已經意識到標出性並不局限於語音、語法、語義等，應當進入「美學與社會研究領域」。

語言學家石毓智認為，哪怕研究語言標出性，也應當用「模糊邏輯」：「傳統的剛性的二值邏輯變成了有彈性的多值邏輯。對於中間狀態的處理，不再是非此即彼了，而是利用隸屬度的概念，看其在多大程度上屬於某一類」。但是他並沒有說語言的標出性必然取決於「中間狀態的隸屬度」（石毓智2001：21）。本詞條認為：兩項對立中，導致不平衡的，是第三項，即「非此非彼，亦此亦彼」的符號。中項偏邊導致文化標出性，文化對立範疇之間必然有中項。

文化有標出性的「非文化」對立面，可以是異文化、亞文化。在一個文化內部，常常有亞文化群體（例如異教徒眾、移民社群、同

性戀群體、「流氓」幫派等等），他們也經常以特別的風格（例如所謂奇裝異服）區別於主流文化。異項組成一個亞文化社群時，很可能自覺地維持標出性形式特徵，避免被主流吸納。英國伯明罕學派的文化學者希布里奇認為，青少年亞文化「流氓」集團對社會的「威脅性」，多半只是在「能指形式」上，而不是在所指（意識形態）層次上（Hebdidge 1979：98）。

標出異類，是每個文化的主流必有的結構性排他要求：一個文化的大多數人認可的符號形態，就是非標出性，就是正常。文化這個範疇（以及任何要成為正項的範疇）要想自我正常化，就必須存在於非標出性中，為此，就必須用標出性劃出邊界。

為此，必須劃出少數異項，必須邊緣化異項，必須容忍異項——這是主流文化對標出性的「三個必須」，它們都是廣義的政治行為。由此，人類文化從一開始起，就充滿了關於標出性的意義政治。語言的標出性相當穩定，在歷史上很少變動，而文化的標出性易變，因為中項的站位容易變動。（趙毅衡）

參見：能指優勢，文化符號學，標出項翻轉
延伸閱讀：Jakobson 1956

Martian language 火星文

火星文是對在網路脈絡下生成的語言符號的戲稱。它作為網路語言的新變種，在符號能指形式及表意方式上都有所變化。

火星文通常是簡體中文、繁體中文、生僻字、韓文、日文、英文、圖像符號，同時夾雜方言等構成的符號綜合體。它一般在網路聊天室、論壇、貼吧、個人空間等網路脈絡中使用。火星文歸屬亞文化符號體系，是青少年交流的獨特語言符號，其存在的符號意義在於：青少年往往對新興事物具有較快的接受力和傳播力。同時，火星文也作為青少年群體的獨特文化符號系統構成抵制成年人文化的壁壘。（劉吉冬）

參見：網路語言

Martinet，André 馬丁奈

　　馬丁奈（1908-1999），法國符號語言學家，結構主義語言學的代表。代表性著作有《普通語言學要素》和《語言變化的結構》等。

　　馬丁奈從功能主義出發，認為將語法功能單位——詞予以結構性規定很困難，主張詞不應分為諸詞素，也不應像美國語言學家那樣區分同一意義詞素的諸聲音變體，而應區分語法性詞素和語義性詞素。如有關詞綴、變革、變位的詞形部分即為語法性詞素，詞根部分法詞素（morpheme），表示意義的部分為義詞素或詞彙詞素（lexeme），義詞素數目無限，而法詞素數目有限（Martinet 1964：110）。單獨的義詞素並不提供實際資訊，只有與法詞素共同出現在句子中才形成資訊。為了避免傳統用法中的「詞素」（即口語的詞素morpheme，或書寫的書素grapheme）一詞兼涉詞法學和詞彙語義學，他創造了一個新詞「基本詞素」（moneme）作為最小意義單元，即作為他的第一分節層上的最小記號單元，它可以是一個單詞，一個詞根，一個首碼或詞尾。並將其分為獨立詞素（如一些副詞）、功能詞素（如介詞）和非獨立詞素。與此對應地出現的是發音的最小（phoneme）。

　　馬丁奈的這個理論首次將「雙重分節」這個重要概念具體化。（唐秋平）

參見：功能主義

Marxist semiotics 馬克思主義符號學

　　馬克思主義符號學是馬克思主義對符號學批判、改造與吸納，並用符號學方法推進馬克思主義而形成的一個新興的學科領域，目前它正在獲得學術界的廣泛關注。

　　作為20世紀兩大批評流派，馬克思主義文化理論與符號學的發展都已超過百年。兩大流派在哲學背景及方法論基礎方面截然不同。馬克思主義理論從歷史唯物主義的哲學觀出發，立足於社會結構來考察

意識形態，其中包括作為意識形態的文學；且結構主義符號學及其相關領域基本理論框架系統論則強調系統的封閉性與自指性，強調系統外部力量的不可介入性。兩種流派的方向似乎正好相反。

實際上，即使是注重進行意識形態批評的評論家，同樣需要依靠形式主義符號學或敘述學的術語、模式進行分析，唯有如此，才能有效地揭示文學與文化中的歷史與意識形態內涵。柯裡認為，將歷史主義與形式主義對立起來是一種荒謬的行為，因為從批評實踐的角度而言，文藝理論家如果希圖發掘意識形態如何在文學中發揮作用，便必須依賴形式主義的理論遺產資源。

在馬克思主義文化理論學派中，包括一批對形式主義作出積極反應的學者。義大利學者德拉沃爾佩（Della Volpe）提出使用結構主義「語符學」對馬克思主義理論做必要的補充；美國學者詹明信（Fredric Jameson）曾借符號學相關知識分析現實主義、現代主義及後現代主義文學各自的形成原因及形式特點。他們直接對形式主義（包括結構主義符號學）加以利用和改造，尤其是在文化社會領域。馬克思主義學者們對符號學的應用，往往伴隨著對結構主義某些基本哲學維度的質疑，例如法國社會學家布迪厄（Pierre Bourdieu），雖然其學說受到過結構主義符號學的影響，但其對結構主義「系統論」的封閉性卻大為不滿。

在馬克‧思主義理論家們科學的理論建構中，往往滲透著某種指向社會現實的人文主義關懷：列斐伏爾（Henri Lefebvre）、布希亞（Jean Baudrillard）借助符號學理論，對資本主義消費意識形態進行揭示；巴赫金（Mikhail Bakhtin）「對話理論」「符號生機論」中意味深長的倫理用意令人沉思；而阿爾都塞（Louis Althusser）這樣的「科學主義馬克思主義」者，也是在借符號的「科學」分析的名義，破除當時某種政治意識形態過於強烈的理論氛圍，使理論家能夠以更為清醒的哲學眼光來看待世界。（張碧）

參見：阿爾諾多，阿爾都塞
延伸閱讀：Della Volpe 1978，1979；Althusser 2004，2010

mass media 大眾傳媒

指借助各種技術手段，向廣大受眾傳遞資訊的工具形態及實施傳播活動的組織機構。大眾傳播媒體主要有：報紙、雜誌、廣播、電視、電影、書籍、網路。

一般而言，大眾傳媒在傳播特點上具有資訊的大量複製、受眾的匿名性、傳播手段的技術化、產業化等特徵。此外，大眾傳媒呈現出較強的單向傳播傾向。當前，在數位化技術和網路的推動下，大眾傳播出現了小眾化、分眾化、交互化趨勢，尤其是自媒體和社交媒體興起以來，大眾傳媒的絕對主導地位有所下降。（胡易容）

參見：媒介，資訊，全媒體

McLuhan, Marshall 麥克魯漢

馬歇爾・麥克魯漢（1911-1980），加拿大著名傳媒學家，媒介環境學的先師。他的媒介理論對傳媒符號學研究具有重要參考價值。

麥克魯漢的思想富有原創性但也非常有爭議，他留下的思想遺產被人們反復使用和詮釋。他創造的許多新詞彙後來成為世界學術的話題，甚至成為我們生活中的共識。如：地球村、媒介即訊息、人的延伸、內爆、後視鏡、冷熱媒介等。

麥克魯漢的基本理論立場是以媒介形態為座標理解歷史與文明的思想。他將英尼斯的研究推至更廣泛的領域，並以媒介為座標建立了更為系統的人類文明的分期。他與英尼斯之間共同的出發點是他們基於媒介技術座標關照人類文明，並認為媒介形態具有決定性作用。他依據媒介形態將人類劃分為三個階段：（1）部落化時期——口頭傳播文明；（2）去部落化時期——文字印刷傳播；（3）重歸部落化時期——電子傳媒文明。

麥克魯漢的媒介理論常被歸納為三個著名的命題：媒介即訊息、人的延伸、媒介冷熱論。

麥克魯漢理論中的符號觀體現在，他認為媒介形態通過決定符號形式而影響意義表達，這種影響最終體現在人類文明中的各個部分。因此，麥克魯漢的理論看似是從媒介技術出發，但是潛在地暗示了媒介環境與符號環境的關係。從方法論來看，麥克魯漢的觀點之所以震驚世人，是由於他放棄社會科學的實證研究方法，而通過藝術符號學的方式進行探索，以詩人的想像力來觀察傳媒在現代社會的作用。媒介研究的後繼者們將麥氏的媒介決定論推演為一種更為綜合的媒介與文化共生論，媒介研究與符號研究從方法論和研究實踐都在互相走向更深入的綜合。（胡易容）

參見：英尼斯，冷熱媒介，媒介即訊息
延伸閱讀：McLuhan 1962，2000，2004

media hot and cold 冷媒介／熱媒介

傳媒學家麥克魯漢（Marshall McLuhan）區分媒介的術語。他認為，熱媒介提供大量資訊，使符號文本具有高清晰度，又叫「高清晰度媒介」；而「冷媒介」能提供的資訊相對較少，對任何事物都缺乏詳細的描述，又叫「低清晰度媒介」。冷熱媒介的具體區別，可以總結為以下幾個指標：

分類指標	熱媒介（高清晰度媒介）	冷媒介（低清晰度媒介）
感觀作用	只延伸一種感覺	可能延伸多種感覺
數據飽和	具有高清晰度數據飽和	提供較少資訊資料匱乏
參與度	參與程度低	參與程度高
媒介特性	具有排斥性	具有包容性
社會作用	非部落化結果	形成部落化結果

　　從符號接受心理來看，任何符號的接受都有一種心理完形趨勢。傳統理論認為，清晰的表意與傳達效果具有正相關關係。而媒介冷熱理論揭示了另一種真理：適當低清晰度的傳播需要指出的是，冷與熱是相對性概念。這一組概念對我們今天研究傳媒文化仍有重大意義。

　　行為，可能有更好的接受效果。（胡易容）

參見：麥克魯漢，媒介即訊息
延伸閱讀：McLuhan 2000

mediation 仲介化

　　符號學與傳媒學的核心概念之一，又譯媒介化，指符號被媒介傳送並表達。在符號哲學話語中該詞意義複雜，有「調解」、「和解」、「間接的」等多種意涵（Williams 2005：302）。

　　媒介技術導致現代人的事件經歷方式都處在「仲介」（媒介）影響下。我們看到的「意義」是經過仲介加工再造的。

　　再仲介化是指新的數位技術取代了傳統仲介的作用。新型仲介無論是價值取向還是功能上與傳統仲介都有本質的區別（Toffler 1986）。（胡易容）

參見：媒介，擬態環境

media 媒體，諸媒介

　　在當代文化中，media指專司傳達的文化體制和機構，中文譯為「媒體」或「傳媒」。媒介一詞的西文medium為拉丁文中性單數，其複數形式為media，但是media又是medium的複數，意即「各種媒介」，具體何所指要看情況。因此multimedia text，應為「多媒介文本」，學界常用「多媒體文本」，是誤譯導致誤用；反過來，布希亞所謂「媒體事件」（media event），有論者稱為「媒介事件」就不太合

適，因為明顯是在討論文化體制。媒介是符號傳送的技術型構造，而媒介社會體制化為媒體。（趙毅衡）

參見：媒介，全媒體

(the) medium is the message 媒介即訊息

麥克魯漢（Marshall McLuhan）最著名的媒介理論命題之一，他通過這一看似違背常理的命題提醒人們：我們往往只看到內容訊息，而忽視承載及傳送訊息的媒介形式。麥克魯漢認為，媒介才是真正重要的，它決定性地影響著人們對訊息的感知方式。例如：人們看電視會習慣性認為是看某個內容的電視，實際上最終影響人們生活的並非某個電視的具體內容，而是「看電視」這一行為本身。從這個角度來說，媒介才是真正重要的訊息。

從宏觀層面來說，任何媒介（即人的延伸）對每個人和社會的任何影響，都是由於新的尺度產生；新的技術在我們的事務中引進新的尺度；媒介承載方式決定的符號構成，進而，媒介形態對感知方式和表達方式傳播媒介在形式上的特性構成了傳播媒介的歷史功效。（胡易容）

參見：麥克魯漢，人的延伸，媒介
延伸閱讀：McLuhan 2000

medium 媒介

傳媒符號學的核心要素，不同學者分別從傳播學與符號學出發討論此概念。

從符號學來看，符號依託於一定的物質載體，載體的物質類別稱為媒介（medium，又譯「仲介」），媒介是儲存與傳送符號的工具。媒介與符號載體的區別，在於符號載體屬於個別符號，而媒介是一種類別：例如一封信的符號載體是信紙上的字句；而媒介是書信，是一個文化類別。

媒介就其功能可以分成三種：

記錄性媒介：能保存符號文本，遠古是岩畫等圖像，古代是文字書寫與印刷，現代則有電子技術。記錄性媒介造成文本的過去性；這種媒介造成的文本是成品，讀者已經無法改變小說的結局。

呈現性媒介：往往用於表演，如身體姿勢、言語、音樂、電子技術等；呈現性媒介造成文本的表演性現在性；呈現性媒介是一次性的，現在進行式的，如果用於表意（例如臺上演出一個故事），會讓接收者覺得後果不明，因而出現強烈的「戲劇反諷」，接收者有干預衝動，一如在對話中聽者與說話者可以互動。

心靈媒介：是組成幻想、夢境、白日夢等的載體，它們往往被認為是符號表意的草稿，符號發出者大量的表意意圖最後並沒有形成表意，成為自我符號。心靈媒介形成的往往是「文本草稿」，但是人能夠表現的只是這巨量草稿的冰山一角。

傳媒文化學者討論側重稍有不同。威廉斯（Raymond Williams）認為，medium有三種含義：中間機構或仲介物、技術層面、資本主義（Williams 2005：203）。費斯克（John Fiske）認為，廣義的媒介概念的用法正在被淡化，而人們日趨將其定義為技術性媒介，尤其是大眾媒介。有時他還用來指涉傳播方式（Fiske 2004：161）。麥克魯漢的媒介則甚至包括交通運輸工具的技術載體。他認為，媒介技術包含的個人意義與社會意義往往大於它的實際使用，並以媒介技術形態為尺度將人類社會分為口語文明、文字與印刷文明和電子文明階段。

現代傳播學往往把媒介稱為「傳送器」（transmitter），因為符號的發出與傳送靠的是不同的物，實際上這兩者的區分對於符號學沒有多大意義。例如電視，符號文本的發出者是電視臺的攝製組，在提示圖像與言語；傳播媒介是電磁波，轉播衛星，數位轉換成螢幕光波聲波。艾柯認為符號表意必然是「異物質的」（heteromaterial），符號必然需要另外的介質來傳送。這種分析在技術上可能是必要的，對符號學而言，說媒介是「電視」就足夠了。

　　媒介與技術有重要關聯，現代媒介延長了表意距離：電氣技術與電子技術對媒介的改造，形成人類文化的巨變。動物以及原始人類的符號行為，絕大部分只能是超短距的，人類的五個管道中，觸覺、嗅覺、味覺至今相當短程，當代的電子技術，使呈現性媒介可以輕易地轉化為記錄性媒介，使通向人類五官的管道得到延長。符號資訊的發出、傳送、接收，現在可以克服時空限制，越過巨大跨度的間距相隔，這是當代文化之所以成為符號充溢文化的一個重要條件。（趙毅衡、胡易容）

參見：符號載體，媒體，管道
延伸閱讀：趙毅衡2011；Fiske 2004；Williams 2005

mental semiosis 心靈符號

　　人在沉思、幻覺、做夢時的「感知」攜帶著意義：幻覺者聽見失去的親人說話使人流淚，信教者看見聖靈符號顯現而認為靈魂得救，這些形象意義重大：牧師或心理分析醫生的任務就是對它們進行解讀。類似的「心象」也出現於藝術欣賞中：我們讀小說後，腦中會有個人物形象。無法說這種形象是「物質性的」，但是這些形象，攜帶著豐富意義的感知。「心象」或「概念」的符號載體不是物質性的，只能說它們有可能與人在世界上獲得的經驗有關。（趙毅衡）

參見：符號，符號載體

Merleau-Ponty, Jean-Jacques Maurice 梅洛－龐蒂

　　梅洛－龐蒂（1908-1961），法國現象學家、存在符號學家。梅洛－龐蒂的學說影響了同時代與二戰之後成長起來的法國人，並具有世界性影響力。

　　梅洛－龐蒂的符號學思想貫穿他的所有著作，但集中表現於《符號》一書。他認為思想就是將意識和意識的物件統一到人的身體之

中，身體的經驗又在人的「生存」之中，而人的「生存」又離不開一定的情境。梅洛－龐蒂超越了胡塞爾（Edwund Husserl）以先驗現象學為主的哲學探究，回到人的具體生存和生存的情境上來。他將人的生存視為具體的、個人的、感性的和運動的存在。梅洛－龐蒂認為「我思」其實是可以懷疑的，而「唯一不能質疑的意識則是投入的意識」，而投入的意識構成「生存」這個詞的意義。而生存的我又是在世界之中。

梅洛－龐蒂認為意義產生於符號與符號之間的差別。語言是不透明的。符號並不傳達意義，故語言與意義的關係是含糊的、曖昧的和不確定的。除此之外，意義還在言詞的空白地帶產生。符號對應的恰恰是意義本身的缺席。梅洛－龐蒂認為在活的語言中，有一種「語言的『語言』意義」，在說話主體的意向和詞語之間起著仲介作用，梅洛－龐蒂將這種「意義」歸結為「我能」，就是說話主體的言語能力，或者表達能力，以及身體意向性的表現。

由於言語能力是身體意向性的表現，語言的交流不僅是單純的思想的交流，也是身體的交流。身體的交流是一種最原初的交流，比起語言來更能傳達一種無限的意義。而語言也不是單純的語詞，語言交流意味著身體間性，因此，言語與意義的關係變成了身體與世界的關係。（顏小芳）

參見：存在符號學

延伸閱讀：Merleau-Ponty 2003，2007，2008，2009

message 訊息

訊息是資訊（information）的具體化呈現，兩者在日常使用中有時可以互換，但在傳播學中日益有將兩者區分開來的趨勢。如：哈特萊（Ralph Hartley）在《資訊傳輸》（Hartley 1928：535-563）一文中指出，資訊是包含在訊息中的抽象量，訊息是資訊的載荷者。費斯克（John Fiske）將訊息視為在傳播過程中得到傳遞的東西（Fiske

2004：164）和發送者藉以影響接受者的手段。傳播者通過編制有序性符號（編碼）傳輸資訊，受傳者則通過譯讀有序性符號（解碼）還原資訊。

在傳播中，傳者傳出訊息，並不意味著受者就一定收到訊息；受者收到訊息，也不能保證還原成傳者意欲傳遞的那種資訊。（胡易容）

參見：編碼／解碼，符碼，資訊理論
延伸閱讀：Hartley 1928

metalanguage 元語言

元語言是符碼的集合。符號常常以集團的方式起作用。討論解釋的問題，往往稱為元語言問題，而不稱為「符碼問題」。

元語言是理解任何符號文本必不可少的，任何符號表意行為，只要被當作意義傳播，就都必須有相應的元語言來提供解釋的符碼。意義的存在條件，就是可以用另一種符號體系（例如另一種語言）解釋。元語言是文本完成意義表達的關鍵。

任何對符號文本的解釋努力，背後必須有元語言集合，文本並不具有獨立的本體存在，文本面對解釋才存在。這不是說每一次的解釋元語言必須是完整的不變的。接收者在每一次解釋都提出一個臨時性的元語言集合。例如一部電影裡帶著外語、音樂、歌曲、歷史、民俗。要解讀這樣複雜的文本，接收者心裡必須有幾套完整的元語言。電影的接收者，自然而然地就他的知識、感情、經驗、教育等，合起來組成一套「元語言集合」。

既然每一次解釋努力，背後都有一個元語言集合在支撐，那麼，組成這個元語言集合的因素來自何處？實際上，表意過程的各個環節，都參與構築文本解釋需要的元語言集合。可以把用於解釋的元語言因素分成三類：（社會文化的）語境元語言、（解釋者的）能力元語言、（文本本身的）自攜元語言。這才能說明為什麼同一人，

幾次讀同一本書，每次理解會不同。文化符號活動的特點是元語言集合變動不居，對同一個符號文本不存在一套固定的「元語言」：每次解釋，解釋者調動不同的元語言因素，組合成他這次解釋的元語言集合，從而使同一文本能產生無窮的歧出意義。（趙毅衡）

參見：符碼，解釋漩渦

metalingual 元語言傾向

雅柯布森提出的符號文本六個主導功能之一。當符號側重於符碼時，符號出現了較強烈的「元語言傾向」（metalingual），即符號提供線索應當如何解釋自身。自攜的元語言往往來自文本的體裁、風格、副文本等元素上，如果文本討論如何解釋自己，往往用「你明白我的意思嗎？」、「你好好聽著」這樣的指示符號來提醒。開符號文本往往包括了對自己的解釋方法，即包含了內在元語言，這是雅柯布森對元語言理論作出的重要貢獻。（趙毅衡）

參見：主導功能，自攜元語言

metaphor 比喻

符號修辭學術語。Metaphor這個詞在西文中有雙義，中文翻譯沒有固定對應的詞。為了區分，本詞典建議把廣義的metaphor稱為「比喻」（也就是把所有的修辭格都看成一種比喻），而把修辭格之一的metaphor稱為「隱喻」。

比喻不僅是最常見的修辭格，而且很多人認為所有的修辭格根本上說就是比喻的各種變體，修辭學就是廣義的比喻研究。西方中世紀經院哲學中，對比喻的討論幾乎到了繁瑣的程度，比喻研究在中國也是一門古老的學問，符號修辭的核心問題也是比喻研究。（趙毅衡）

參見：符號修辭學

metaphor 隱喻

符號修辭最常見一格。中文中通常把廣義的metaphor稱為「比喻」（也就是把所有的修辭格都看成一種比喻），而把修辭格之一的metaphor稱為「隱喻」，這個區別在西語中不顯。

與明喻不同，符號隱喻的解讀有一定的開放性，喻體與喻旨之間的連接比較模糊，相似點不是強制性地出現於文本層面。

在符號修辭中，符號明喻與符號隱喻之間，沒有語言修辭那樣清晰而絕對的分界。文本的某些成份，可能成為喻旨的固定點，例如電影的片頭、雕像的題銘、廣告的商品、封面的標題等。這樣的符號隱喻就變成了明喻。（趙毅衡）

參見：符號修辭，喻體，喻旨

metaphorical iconicity 比喻像似

皮爾斯依據抽象程度將像似符號分成三級：形象像似、圖表像似、比喻像似。其中，比喻像似抽象程度最高，成為某種思維的「擬態」像似。

參見：像似符，形象像似，圖表像似

meta-text 元文本

熱奈特使用的術語，指符號文本生成之後，所出現的評價，包括有關此作品及其作者的新聞、評論、八卦、傳聞、指責、道德或政治標籤等等，這些都可能影響文本的接受和解釋。在接收符號文本時，很多人有意排除元文本的壓力，例如審案者努力不理會關於某案的輿論，例如自視甚高，有意不理會別人的評價，這種排拒態度似乎是「反元文本」，實際上是對元文本壓力的反彈。

　　元文本在文本出現之後才生成。由此出現一個悖論：我們可以討論《紅樓夢》對《金瓶梅》的「影響」。一旦後出作品被當做元文本，也就對解釋產生作用。一本十八世紀末的小說，的確能「影響」對一部十七世紀初的小說的解讀：《紅樓夢》的成就，使我們看清了《金瓶梅》在中國小說史上的重大意義，成為後世人讀《金瓶梅》時無法忽視的元文本。（趙毅衡）

參見：元語言，伴隨文本

metonymy 轉喻

　　符號修辭中的一格，轉喻的意義關係靠的是鄰接，轉喻多見於症狀，蹤跡，手勢等指示性符號，因此符號的轉喻，經常是轉喻性的指示符號。

　　轉喻在非語言符號中大量使用，甚至可以說轉喻在本質上是「非語言」的：轉喻的基本特點是「指出」，而語言的指出功能，並不比非語言符號強：箭頭，手指，比指示代詞「這個」、「那個」更清楚更直觀。

　　在拉康看來，欲望是轉喻：欲望指向無法滿足的東西，其喻旨與所有的符號意義一樣，必須不在場。欲望的轉喻本質，是它永遠得不到滿足的原因：符號轉喻永遠不可能代替喻旨意義，一旦意義在場，就不再需要符號。同樣，一旦欲望達到了目的，欲望就不能再叫作欲望，欲望就只能退場。（趙毅衡）

參見：提喻，符號修辭

Metz, Christian 麥茨

　　麥茨（1931-1993），電影符號學奠基人，巴黎第三大學影視研究所教授。1991年5月他提前退休，1993年飲彈自盡，原因不詳。

　　麥茨的電影理論活動大體上可以分為三個時期，即符號學時期、敘事學時期和文化學時期。而符號學時期可再分為：電影符號學的創立階段、文本分析階段和深化階段。

　　創立階段的標誌是他1964年發表的《電影：語言系統還是語言？》一文，該文運用索緒爾的結構主義語言學方法，把電影作為一種特殊形態的影像語言，即具有某種約定性的表意符號來處理，論證電影的語言特性，對電影的語言特性、代碼分類，並提出了鏡頭的八大組合段分類體系，即非時序性組合段、順時序性組合段、平行組合段、插入組合段、描述組合段、敘事組合段、交替敘事組合段、線性敘事組合段。這一個階段也被稱為電影第一符號學階段。

　　文本分析的標誌是他的《電影與語言》（Metz 1971）一書。他開始注意到影片內涵的解釋僅靠孤立的代碼是無法解決的。因為，一部電影具有極其複雜的構成，它的意義由多鏡頭構成的網路「織本」，即文本為基礎的。他的文本分析主要是強調了從研究表述結果的符號學過渡到研究表述過程的符號學的必要性，闡述了每一部影片都有一個文本系統的觀點，暫時擱置制定一個有效代碼體系的努力，轉而強調對影片的社會作用和各種意義的全面研究。

　　深化階段也就是電影第二符號學階段。這一階段的著作有《想像的能指：精神分析與電影》（Metz 1975）。這一時期，他的主要思路是運用拉康的後佛洛德主義來解釋電影現象。第二符號學主要強調了主體的初級心理過程的分析。

　　從20世紀80年代開始，麥茨轉向電影敘述學。麥茨在巴黎大學的博士生班講授他的研究成果，他的電影敘事學著作《無人稱表述，或影片定位》（Metz 1991）是根據他的講稿整理而成的。書中廣泛而詳細地探討了電影敘事學的各種問題。如主觀影像和主觀聲音、中性影像和中性聲音，影片中的影片、鏡像、畫外音、客觀性體系等涉及表述主題和表述客體等問題，深化了電影敘事學的研究。（何燕李）

參見：電影符號學
延伸閱讀：Metz 2002，2005，2006

mid-term 中項

　　文化符號學討論標出性問題時提出的概念。非此非彼的第三項，即中項，「中項偏邊」是文化標出的核心機制。對立範疇之間必有標出性。對立範疇中的一項爭奪到裹挾中項的意義權力，就確立了非標出的正項地位：任何文化範疇的兩元對立，都落在正項／異項／中項三個範疇之間的動力性關係中。由於中項的介入和易邊，都處於動態變化之中。

　　這種意義的文化變易，在兩個對立——健康／病態，清醒／瘋狂——中最為明顯：衡量病態與瘋狂的標準必須維持在一定的水準，不然社會大多數人，或大多數行為，都表現為病態或瘋狂，文化就很難「自覺」為正常。但是一個文化又必須對此有一定合用的標準，不然病態與瘋狂無法標出成異項。因此，病態與瘋狂是被社會打上標出性烙印的符號表意範疇，因時因地因不同文化而異，而不是絕對的科學判斷。（趙毅衡）

參見：標出性，標出項翻轉
延伸閱讀：趙毅衡2011

Ming Jia 名家

　　中國古典符號思想的重要來源之一。名家是先秦的一個重要的思想流派，該學派關心的核心問題是名與實的關係，其思想遺產對邏輯學和符號學有重要價值。

　　《漢書·藝文志》記載曰：「名家者流，蓋出於禮官。古者名位不同，禮亦異數。孔子曰：『必也正名乎！名不正則言不順，言不順則事不成。』此其所長也。及譥者為之，則苟鉤鈲鑴析亂而已。」明確指明了名家的來源及其主張，蓋名家起源於禮官，其目的在於正名，因為名不正則言不順。名的觀念在先秦的知識論與倫理思想上都極為重要，如儒家的孔子有正名說，荀子有《正名篇》，道家的老子

有「名可名，非常名」之說，墨家墨辯之論，法家亦有形名之說，各家的名學思想各有側重，其中名家的名學思想注重的是知識論，以正名論理，注重邏輯思辨，其中心是「名」與「實」的邏輯關係問題。

名家的代表人物有鄧析、尹文、公孫龍、惠施等人。由於名家的邏輯思辨性很強，一般人難以接受，甚至受到了其他學派的激烈攻擊，如《荀子·非十二子》云：「不法先王，不禮義，而好治怪說，玩琦辭，甚察而不惠，辯而無用，多事而寡功，不可以為治綱紀；然而其持之有故，其言之成理，足以欺惑愚眾；是惠施、鄧析也。」（王先謙《荀子集解》93-94）所以名家傳世之作不多，《漢書·藝文志》曾記載名家著作有《鄧析》二篇，《尹文子》一篇。《公孫龍子》十四篇，《成公生》五篇，《惠子》一篇，《黃公》四篇，《毛公》九篇。秦後逐漸湮沒無聞，時至晚清，先秦名家才逐漸興盛起來，但是諸多著作已經失傳了，只剩下《公孫龍子》六篇及其他一些資料中殘存的文獻可資參考。

名家的核心學說即是名實關係問題，但是有所偏重，名家是以「名」這種符號自身作為其主要研究物件，而不是以『名』所指稱的『實』為其主要對象，雖然它不可能完全撇開『實』來討論『名』的問題。也即名家主要研究的是符號的能指問題，而非如道家所主要關注的是所指問題。如鄧析就提出循名責實，按實定名的觀點：「循名責實，實之極也；按實定名，名之極也。參以相平，轉而相成，故得之形名。」（《鄧析子·轉辭篇》）名與實之間要相互參證，名要求反映實，實與名要相符。

如何才能做到名實相符呢？必須要「見其象，至其形，循其理」才能達到「正其名，得其端，知其情」的效果（《鄧析子·無厚篇》），通過事物的「象、形、理」來正其名，再通過名來瞭解事物的端由、情理，其中心在於探尋符號與其指稱或描寫事物的外在關係問題，即語義問題。尹文對這一問題進行了深發，指出：「名也者，

正形者也。形正由名，則名不可差。……名生於方圓，則眾名得其所稱也。」（《尹文子·大道上》）名是從各種不同的事物中抽象出來的，那麼名要與其指稱的事物相對應，名來自於形，是形的反映，反過來說，「形者，應名者也」，那麼形也必須要與名相適應，「故亦有名以檢形，形以定名，名以定事，事以檢名」，名可以檢驗形，形可以確定名，名可以規定事物的性質，事物的性質可以檢驗其名稱，總之，名與形是要相統一而不能背離的。公孫龍的符號學思想見「公孫龍」詞條，以下分析惠施的符號學思想。

惠施在《史記》中沒有立傳，《漢書·藝文志》中班固自注云其「名施，與莊子並時」，據胡適推論，惠施大約生活在380BC～300BC之間（胡適2006：121）。惠施的學說保留下來的只有《莊子·天下篇》中記載的十個命題，也即是歷物十事，所謂「歷物」即是對天下萬物進行分辨。在惠施看來：「日方中方睨，物方生方死」（《莊子·天下篇》），從語義學的角度來看，符號與其指稱的事物是相聯繫的，事物之性質發生轉變，那麼名也就要相應轉變過來，以適應其變化。（祝東）

參見：名實論，公孫龍
延伸閱讀：譚戒甫1963；譚業謙1997

misreading 誤讀

誤讀是「錯誤」的解釋，是對正讀的偏離。美國著名文學理論家、批評家哈樂德·布魯姆（Harold Bloom）在其1973年發表的名著《影響的焦慮》（The Anxiety of Influence）中首次在理論上捍衛誤讀。此後，在《誤讀圖示》（A Map of Misreading，1975）、《詩歌與壓制》（Poetry and Repression，1976）等一系列著作中，布魯姆系統地闡述了自己的誤讀理論。他強調任何一種閱讀總是一種誤讀。

艾柯在其著作《讀者的角色》（Eco 1984a）、《開放的作品》（Eco 1989）、《詮釋與過度詮釋》（Eco 1992）、《誤讀》（Eco

2009）中，艾柯全面闡釋了自己的誤讀理論。艾柯提出：「一件藝術作品，其形式是完成了的，在它的完整的、經過周密考慮的組織形式上是封閉的，儘管如此，它同時又是開放的，是可能以千百種不同的方式來看待和解釋的。……對作品的每一次欣賞都是一種解釋，都是一種演澤，因為每次欣賞它時，它都以一種特殊的前景再生了。」從而集中體現了解釋的無限開放性，強調在解釋過程中接受者的主體性的發揮。

艾柯也注意到了「過度詮釋」的問題。他認為文本意義解釋的這種無限性並不是自由隨意的，不應陷入無休止的、不斷推衍的不確定性過程之中，而是應當受到文本客觀性的限制。因此，在其《詮釋與過度詮釋》和《讀者的作用》中，艾柯引入了「作者意圖」、「文本意圖」、「標準讀者」等概念為文本闡釋設定某種界限，也就是「度」。正是這些因素限制了意義產生的語境範圍，界定了文本闡釋的可能性範圍，超出這一範圍的闡釋就成了「過度詮釋」。「過度詮釋」由於超出了文本解釋的界限，是對文本和作者意圖的一種誤讀。而艾柯關於「作者意圖」、「文本意圖」和「標準讀者」的論述從整體上辯證地把握了作者、作品和讀者之間的關係。

應當指出，對科學－實用符號文本，發送者意圖是判斷誤讀的一個重要參照，但是對於文學藝術文本，判斷是否誤讀，實際上幾乎沒有標準。這是闡釋學與符號學面臨的共同難題。（李靜）

參見：艾柯
延伸閱讀：Bloom 2006，2008；Eco 2005，2009

modality 模態

模態是指符號資訊的地位、權威性和可靠性，模態判斷是基於被看作一個整體的符號活動語境，模態判斷典型地表現符號活動層面中其他主要關係。

　　模態是資訊符號活動效果的關鍵因素，即其模仿內容與指涉物件構成的被世界認定的那種關係。這種關係在從肯定（高度親密，高度模態）和到否定（弱度或零度親密／模態）之間的連續統一體中得到定位。模態判斷是通過模態標記（modality markers）傳達，通過模態指示（modality cues）得到闡釋。通過模態判斷，接受者以參照模態標記和任一符號活動層面構成成分和關係這種方式，對資訊的重要性進行評估。符號層面中模態活動大量存在的地方，稱之為模態密集（densely modalized），反之則為模態淡化（lightly modalized）。

　　在社會符號學中，模態是與「述真」有關的問題。它與這兩者有緊密的關聯——事實與虛構，現實與幻想，真實與虛假，信任與偽造，以及社會行為問題。因為關於「真實」也是一個社會問題——在社會語境中什麼被看作是真實的，而對另外一些人來說真實顯得並沒有那麼必要，伴隨著這些將會產生怎樣的結果（Theo Van Leeuwen 2005：160）。

　　因此，關於「真相」和「現實」的模態被用於表現和建構特定社會關係。（馮月季）

參見：社會符號學，述真
延伸閱讀：Hodge & Kress 1988 ；Leeuwen2005

moment-site 此刻場

　　關於符號文本意義的重要概念，又譯「當下即是」。

　　在《存在與時間》中，此詞意指一種本真的當下性：海德格用此概念來說明解釋行為的時間性。海德格認為，解釋（領會）乃是對人類可能性的展開，這種解釋必然建基於將來。從作為可能性的將來而來，有一種本真的當下化：這種當下化，就是此刻場。用他的話來說，（本真的）將來必須從非本真的將來而不是從某種當前贏得自己本身。（董明來）

參見：海德格

montage 蒙太奇

一種符號文本的組合方式，最早是建築學術語，被延伸到電影藝術中，後逐漸在視覺藝術等衍生領域被廣為運用。

愛森斯坦等蘇聯電影藝術家把蒙太奇發展成一種鏡頭組合的理論：蒙太奇一般包括畫面剪輯和畫面合成兩方面。畫面剪輯：由許多畫面或圖樣並列或疊化而成的一個統一圖畫作品；畫面合成：製作這種組合方式的藝術或過程。在電影領域，蒙太奇就是根據影片所要表達的內容，和觀眾的心理順序，將一部影片分別拍攝成許多鏡頭，然後再按照原定的構思組接起來。（何燕李）

參見：愛森斯坦，電影語法
延伸閱讀：Eisenstein 1998；李恒基／楊遠嬰 2006；Martin 2006

Morris, Charles 莫里斯

莫里斯（1901-）美國著名哲學家和邏輯學家，對發展皮爾斯（Charles S Peirce）符號學作出了重要貢獻。

莫里斯把「符號」描述為一切「有所指」的東西，不僅包括語言中的符號，而且包括非語言的符號。符號學是一種關於符號及其運用的一般理論，以符號過程作為自己的研究物件。符號學可分為純粹的、描述的和應用的三種類型。符號包含三種類型的關係：符號與其物件的關係，符號與人的關係，符號之間的關係，並分別屬於符義學、符用學和符形學的研究物件。符號學是這三種學科的總括，是一切科學的「元科學」。

莫里斯認為，符號由語形和意謂兩方面構成，具有定位、指謂、評價、規定符號四種類型或意謂方式，他進而將符號的意謂方式與四種用法（告知的、評價的、鼓動的、系統的）加以配合，指出符號的十六種論域。符號學的中心和前沿課題是「指表模式」（mode of signifying）的問題。莫里斯對此的主要貢獻是劃分了五種類型的指

表模式：識別符號（identifier）、標示符號（designator）、評價符號（appraiser）、規定符號（presoriptor）、構成符號（formator）。

「論域」的研究是莫里斯主要的符號學工作之一，對論域的研究實際上就是從符號學觀點來揭示語言現實運用現象的符號本質和特徵。（唐秋平）

參見：皮爾斯，符形學，符用學，符義學

Moscow-Tartu School 莫斯科－塔爾圖學派

莫斯科－塔爾圖學派是前蘇聯最重要的符號學派，洛特曼（Juri Lotman）是該學派的領軍人物。其主要成員包括伊凡諾夫（Vyacheslav Ivanov）、皮亞季戈爾斯基（Alexander Piatigorsky）、烏斯賓斯基（Boris Uspensky）等符號學家。

該學派利用資訊理論和控制論，尤其是普利高津的耗散結構理論建立了一套文化符號學的理論框架，呈現出濃厚的技術色彩。其中最重要的是洛特曼的「符號域」（semiosphere）理論。該學派於1964年始發的刊物《符號系統研究》（Sign Systems Studies，又譯作《符號系統叢書》或《符號系統著作》）是世界上最早出版的符號學專門期刊。

在學派發展前期（20世紀60-70年代），其研究方法受到俄國形式主義的影響，具有鮮明的結構主義特徵。在這一階段，學派將研究物件從語言學推進到非語言學客體及文化符號學領域，並實現了對莫斯科學派的語言學傳統和列寧格勒派文藝學傳統的融合。70年代以後，隨著世界符號學的發展，該學派確立了「元符號學」和「文化符號學」兩大發展方向（楊明明2006：2.151），研究方法體現出後結構主義特徵。

莫斯科－塔爾圖學派研究的核心概念是「初度類比系統」和「再度類比系統」（Primary versus Secondary Modeling Systems）。自然語是「第一類比系統」，它是現實世界的一般模式化。而構築在語言之上

的符號系統被稱為「第二類比系統」，對其結構關係和組合機制的研究可以說明研究者實現對符號系統的整體認識。

洛特曼的「符號域」理論和文本觀對學派的研究有很大影響，該學派的學者們強調文本的邊界性和意義結構，將文本結構視為一個有機體，而文本則是意義機制的發生器。將文本置於文化運動的中心地位是該學派研究的重要原則。烏斯賓斯基對藝術文本結構進行了不同層面的劃分並強調了這一劃分標準的相對性，從而指出了從不同視點出發進行的解釋對文本結構和意義多元化起到的作用。同時，他還強調文化的集體非遺傳性記憶特徵，將文化視為一個如語言或語言綜合體般的交際和資訊體系。在該學派其他學者的研究中，也體現出將文化體系和機制進行整體研究、尋找文化模式共性的傾向。

該學派的研究對西方的符號學界和語言學界產生了重大影響。20世紀90年代，蘇聯解體後，該學派逐漸被改稱為「塔爾圖符號學派」（Tartu Semiotics School），其主要成員為塔爾圖大學的符號學者，代表人物包括彼得・托普洛夫（Vladimir Topornv）、米哈伊爾・卡斯帕羅夫（Mikhail Gasparov）等，研究領域也從文化符號學擴展至翻譯符號學、生態符號學等方面。（彭佳）

參見：洛特曼，符號域
延伸閱讀：Lotman 1977，1990，2005，王立業2006

motivation 理據性

理據性是符學學的最基本概念。指符號與物件之間非任意武斷的連系。索緒爾把「任意武斷性」的反面稱作「理據性」，他堅持認為符號與意義之間沒有理據。皮爾斯沒有用理據性這個術語，他的理論體系卻立足於理據性。

索緒爾承認，任意性原則，哪怕在語言的詞彙層面上也不是絕對的，至少有兩種詞不完全任意。一是具有「語音理據性」（phonetic motivation）的象聲詞，感歎詞，只是這兩種詞在語言的詞彙總量中很

少，可算普遍任意性中的例外；二是具有排列方式的理據性複合詞或片語，如「十五」、「蘋果樹」。全世界的語言中都有「聲音像似」（phonetic iconism）。但是這種語音像似，在任何語言中都過於零散，無法構成語言的基礎。

皮爾斯的符號學一開始就不以語言為符號範式，於是符號與其物件之間的關係，就顯示出各種「本有的」連接。皮爾斯認為，根據與物件的關係，符號可以分成三種：像似符號（icon），標示符號（index），規約符號（symbol），前兩種是有理據性的符號。

此後，符號學界發現語言中理據性範圍相當大。烏爾曼進一步指出語言中有三種根據性：語音理據性（即擬聲理據）；詞形理據性（衍生詞理據）；語義理據性，指的是各種修辭性語言，尤其是比喻與轉喻（Ullmann 1962：81）。有論者認為，一旦語言「風格化」，就可能獲得根據性（Merrim 1981：54）。瑞恰慈就認為儀式性（ritualistic）的語言是有理據的（Richards Ogden & Wood 1923：24-47）。費歇甚至認為語法是一種「圖表像似」，因為語法實際上是意義的同型結構，與意義相應（Fisher 2010：279-298）。由此，烏爾曼幾乎推進到了最後一步：「每一個慣用語，都有任意武斷的詞，也有至少部分有理據，即透明的詞」（Ullmann 1962：7）。但是在這些中外論者看來，語言中理據性再多，也都是部分的、偶發的。

近年有些符號學家提出應當建立普遍理據性，或符用理據性。（趙毅衡）

參見：任意性，克拉提魯斯論
延伸閱讀：Ullmann 1962，1964, Fisher 2010；趙毅衡 2011

Mozi 墨子

系先秦墨家學派的著作彙編《墨子》的作者，《墨子》中有很豐富的符號思想。

　　《漢書・藝文志》言墨家時云：「墨家者流，蓋出於清廟之守。茅屋采椽，是以貴儉；養三老五更，是以兼愛；選士大射，是以上賢；宗祀嚴父，是以右鬼；順四時而行，是以非命；孝視天下，是以上同：此其所長也。」在戰國時代，儒家、墨家皆是顯學，「世之顯學，儒墨也」（《韓非子・顯學》）。但是自漢代「罷黜百家」以後，其逐漸淪為絕學了，直至近代，墨學才開始引起學者的注意。

　　墨家學派的代表為墨翟，其生卒籍貫不詳。《墨子》成書於戰國末期，為墨家後學所編，大體涵蓋了墨家沿流中的基本學說思想。《墨子》為中國邏輯學的集大成者，含有豐富符號學思想。

　　《墨子》包含的符號學思想是從辨名的角度進行的。《墨子・經說上》篇云：「所以謂，名也。所謂，實也。名實耦，合也。」名是用來指稱實的，名與實對應，此即為名實相合。由一事物之名感知一事物之實，能指必然是有所指的能指，也即名必然是指向實的名。「名，實名」（《墨子・大取》）。

　　墨子還對名進行了分類，即所謂達名、類名、私名，分類所依據的也即名與實結合的方式。「物，達也；有實，必待文名也命之。馬，類也；若實也者，必以是名也命之。臧，私也；是名也，止於是實也。聲出口，俱有名，若姓字灑」（《墨子・經說上》）。達名範圍最廣，如物，可以泛指萬物；而類名次之，如馬，凡屬馬類動物，不論白馬黑馬大馬小馬，皆可謂馬；私名最小，只用於特定的稱謂，如「臧」為一人之私名，只對應這個叫臧的人。達名和類名的區別只在於所指稱類型的大小。不僅如此，墨子在這裡還意識名的特點，「聲出口，俱為名」，名是有音響的，是能被感知的部分，這種音響還對應到一定的形象。

　　墨子特別重視名實對應的原則問題，《墨子・貴義》篇云：「今瞽曰：『鉅者，白也。黔者，黑也』，雖明目者無以易之。兼白黑，使瞽取焉，不能知也。故我曰瞽不知白黑者，非以其名也，以其取也。今天下之君子之名仁也，雖禹湯無以易之。兼仁與不仁，而使天

下之君子取焉，不能知也。故我曰天下之君子不知仁者，非以其名也，亦以其取也。」名固然重要，但是更重要的是維護名與實的對應關係，必須「察名實之理」（《墨子・小取》）。一旦符號系統形成，名實之間的關係就得以固定，也即具有了「名實之理」。墨子在這裡舉了一個例子，盲人不辨黑白，當把黑白兩種東西混在一起，讓盲人識辨時，就要根據他所拿到的具體的東西來正名，所取為白則是白，所取為黑則應為黑，不能隨意更名，而要根據實際所取之顏色與約定俗成的法則來定名，這樣才能保證資訊傳達的有效性，而不至於黑白淆亂。這樣就是說一旦命名完成，名與實之間的結合就具有強制性，不能隨意更改。

　　同時，墨子要求概念的明確性，因為現實世界確實存在諸多同名異實或同實異名的現象，「所謂，非同也，則異也。同則或謂之狗，其或謂之犬也。異則或謂之牛，其或謂之馬也。俱無勝，是不辯也。辯也者，或謂之是，或謂之非，當者勝也。」狗犬，是同物異名，牛與馬，是不同之物，要對這些事物進行區分，必須明確各自概念的意指內涵，只有概念明確了，事物才能得以區別。《墨子・經說下》舉了這樣一個例子：「牛與馬惟異，以牛有齒、馬有尾，說牛之非馬也，不可。」如果要辨別牛與馬，說牛有牙齒，馬有尾巴，這是不行的，因為馬亦有牙齒，牛亦有尾巴，牙齒與尾巴不是兩者的本質差別，所以以此二者不能辨別牛與馬的差別，因為辨者沒有抓住牛馬概念的本質核心，所以傳達出來的資訊是錯誤的。總之，針對名實誤用的現象，墨子提出「取實予名」與「以名舉實」的觀點。在墨家看來，事物的命名是從實出發，賦之以名的一個過程。命名一旦完成，名之間的區別也就是實之間的區別，即「以名舉實」。（祝東）

參見：名實論，名學
延伸閱讀：梁啟超1922；吳毓江1993

multimedia 多媒介

此詞常被譯為「多媒體」，指符號文本由多種介質共同構成。從純粹技術化的角度，可以說：多媒介技術，即是電腦互動式綜合處理多媒體資訊——文本、圖形、圖像和聲音，使多種資訊集成為一個系統並具有交互性。多媒介技術經常指具有集成性、即時性和交互性的電腦綜合處理聲文圖資訊的技術。

媒體是文化體制性概念，媒介是技術性概念，因此，multimedia應當稱為「多媒介」。在符號學視野中，多媒介文本配合能夠使表意更加明確、豐富。在多媒介表意當中經常有一種主導性媒介，為整個傳播活動「定調」。在受眾閱讀多媒體文本時，需要相對應地進行「聯合解碼」。（胡易容）

參見：超文字，媒介，聯合解碼，全媒體
延伸閱讀：趙毅衡2011；Fiske 2009

musical semiotics 音樂符號學

在音樂符號學發展前期，這種研究是音樂學的一支。當代音樂符號學討論整個音樂文化中的符號現象，成為音樂文化符號學。做了大量音樂分析研究的納梯艾（Jean-Jacques Nattiez）實踐了系統的皮爾斯符號學研究方法；另一位音樂符號學的領軍人物塔拉斯蒂（Eero Tarasti）更重視音樂的意義，他的研究方法更接近格雷馬斯的路子。至今，納梯艾（1975）與塔拉斯蒂（1994）的兩本《音樂符號學》，是這個領域中最扎實的成績。

音樂符號學始於傳播理論的發現。瑞士音樂學家本特森（Ingmar Bengtson）把傳播模式運用到音樂上。然而，接收者要理解音樂資訊並欣賞音樂，僅僅傳播是不夠的，發送者和接收者必須分享編碼與解碼規則。如果一個作曲家寫一首音樂，裡面必須有一個作曲家和演奏者都熟悉的符號系統（音樂符號系統），另一方面，如果作曲家想用

他的音樂喚起某種情感，聽眾也必須瞭解這種音樂風格和它的習俗。美國音樂學家查理斯・西格（Charles Seeger）認為音樂使用多種管道：除了聽覺，還有視覺和觸覺。例如，在音樂會上，我們看到樂器，影響我們對音樂的感受。觸覺指舞蹈和身體傳播，運動和觸覺語言。斯潑林格（George P Springer）認為：言語和音樂都可以看成是「被組織的聲音」。這兩種符號結構相應，兩者都有音調的性質：聲調的變化，長度，音量。趙元任也認為，言語和音樂的區別並不嚴格，言語和音樂之間並沒有明顯的界限，他們之間更像一個連續的統一體。

20世紀六、七十年代，許多音樂符號學家熱衷於尋找喬姆斯基式的「音樂語法」，如辛哈・阿羅姆（Simha Arom）和尼古拉斯・魯韋特（Nicolas Rnwet）。鑒於音樂分析更依賴直覺且並無體系，這個工作的確比較困難。但在民族音樂學中，音樂能力或許可以與語言能力比較：在每一種獨特的音樂風格中，都有一個「隱藏」的語法。

當代急速變化首先發生在流行音樂領域，更新的音樂風格不斷誕生，不同時尚壽命很短。因此，符號學理論更多地運用在網路傳播、電視音樂、電影音樂等音樂文化領域。（陸正蘭）

參見：塔拉斯蒂，喬姆斯基
延伸閱讀：Tarasti 1995，1996，2002

myth 神話

符號文化分析與符號人類學重要概念。Myth一詞起源於古希臘語Mythos，意為「故事、敘述」。在希臘的早期人們往往會被具有詩性的神話故事所征服，在古希臘後期隨著科學和哲學的發展，神話就成了與理性相悖的虛構和荒謬的話語。

文化符號學相當關注「現代神話」。巴特（Roland Barthes）認為，神話是由兩級系統組成的言說系統。在《神話學》（Barthes 1998b）中，他寫道：「神話並不是任何一種言談：語言需要特別的條件才能變成神話……神話是一種傳播的體系，它是一種訊息。」它

可以包括寫作或者描繪，不只是寫出來的論文，還有照片、電影、報告、運動、表演和宣傳，這些都可以作為神話言談的載體。巴特指出，神話是一個奇特的系統，因為它是從一個早於它存在的符號學鏈條上被建構的：它是一個二級的符號學系統。在一級系統中作為符號存在的東西（亦即一個概念和一個形象結合的總體），在二級系統中變成了一個能指，指向一個新的所指。這樣的兩級系統結合而成的意指方式，就是巴特所說的神話。這兩級系統是相互交錯的，第一級系統是語言─物件系統，是神話建立的基礎。而神話是第二級的，巴特稱之為「元語言」，因為它是第一級系統的表意的方向，換句話說，是解讀第一級系統的基礎。神話的一個任務就是「要賦予某一歷史意圖自然的證明，並使偶然性顯得永恆的」。

巴特看來：「神話是一種被過分正當化的言說方式。」因為神話將歷史轉化為自然。將意義轉化為形式，這樣神話是一種具有劫掠性的語言。在次生系統中，因果關係是人為虛假的，卻又顯得樸素自然。神話是一種在裝扮中呈現的自然。

巴特說：「倘若把『集體表象』看作符號系統，就能期望從盡責的揭露中擺脫出來，就能深入細緻地瞭解神話製作過程（mysitification），這過程使小資產階級文化轉變成普遍的自然。」（張洪友、饒廣祥）

參見：神話素，神話─原型
延伸閱讀：Barthes 1998b

N

narrative subject 敘述主體

敘述主體是敘述文本所表達的主觀感知、認識、判斷、見解的來源（趙毅衡 1998：23）。任何符號表意和解釋活動，都需要從一個意識源頭出發。由於敘述結構的複雜性，主體在敘述中被劇烈地分化為若干層次，體現在若干個體身上，也就是說，敘述資訊來自不同源頭。

敘述主體在文本層面分化為：隱指作者－敘述者－人物（說者）；與之對應的資訊接收者則為隱指讀者－受述者－人物（聽者）。敘述文本要生成意義，敘述主體就離不開他者的介入與互動。對整個文本的充分理解，必須放置到敘述主體與接受主體之關聯的動態網路中。

「敘述」是指敘述主體受控於接受主體的表意方式，體現出兩個主體「之間」互動的關係性質，而非單向的意圖輸出。因此，敘述者的主體性就是敘述主體與接受主體之間的交互主體性（inter-subjectivity）。敘述文本中的主體性，體現在主體之間的關係中解決。（文一茗、趙毅衡）

參見：主體
延伸閱讀：趙毅衡1994，1998

narratology 敘述學

敘述學是符號學對敘述文本進行的研究。作為一門學科，敘述學最早誕生於法國。1969年，托多洛夫（Tzvetan Todorov）發表《〈十

日談〉語法》一書，他寫道：「……這部著作屬於一門尚未存在的科學，我們暫且將這門科學取名為敘述學，即關於敘事作品的科學。」

但是敘述研究潮流在此之前已經形成，敘述學理論在逐漸發展及最後確立的過程中，受到了一些相關理論研究的影響。其中比較重要的是20世紀20年代開始由俄國形式主義者，如托馬舍夫斯基、什克羅夫斯基等所進行的對敘事作品詩學的研究。如普洛普（Vladimir Popp）對民間故事的研究。尤其是英美學者從20世紀初開始的對「視角」的討論，使敘述研究成為文學研究中的最活躍力量。

1966年，法國《交流》雜誌出版了以「符號學研究──敘事作品結構分析」的專集，在集中巴特發表了著名的《敘事作品結構分析導論》，為敘事學提出了綱領性的理論設想。同年，格雷馬斯的《結構語義學》問世，主要研究意義在敘述中的組織，以符號學方陣分析意義的基本構成模式。

敘述學關注文本的三個層面。一是情節的構成，從普洛普到格雷馬斯都努力尋找故事的構成方式；二是敘述文本的形式構成，尤其是敘述聲音的分佈，熱奈特為其集大成者；三是敘述文本與閱讀的互動，如不可靠敘述，隱含作者等，這是布斯的名作《小說修辭學》留下的重大課題。這三個重點形成不同的派別。但現在他們都被稱為「經典」敘述學。

20世紀90年代以來的敘述學研究發生了明顯轉向，被稱為所謂「後經典敘述學研究」。敘述學跳出了長期以來將其自身限定於敘述文本內的封閉式研究的窠臼，在保持其自身的理論特徵和特有的理論模式的同時，它與諸多外在要素相關聯，並與已經存在的大量其他的研究方法結合。從而形成敘述與文化理論融會貫通、向縱深發展的局面，由此相應出現了敘述學研究中的各種變形。

近年來，電子傳播技術和電子遊戲媒介使敘述學面對完全不同的物件，由此，敘述學與符號學重新合流的趨勢日益明顯，因為只有符號學能解決一般敘述問題。符號學的迅猛發展使敘述學進一步溢出

「後經典敘述學」範圍，發展成符號敘述學，即廣義敘述學。敘述學的發展正在進入一個嶄新的階段。（王悅、趙毅衡）

參見：符號敘述學
延伸閱讀：羅鋼1994；申丹／王麗亞2010；Booth 1987

neng-suo 能－所

　　唯識學中有多組以能－所關係相待出現的概念，如能緣-所緣、能取－所取、能詮－所詮等。在因明學中，則有能量－所量。「能－所」是一組相對概念，二者雖然可以暫時分開來使用和進行相關闡述，在本質上卻相恃相成、互不可缺（稱為「相待」）。這些相待概念的構成包含兩個層次的前提：

　　這些概念都是針對某種特定的唯識學語境，如說能緣的心識和所緣的外境時，人的「心識」和「外境」是構成能緣－所緣關係的特定語境。同樣，「能詮－所詮」亦是一組相待概念，用以指稱語言的指向功能，例如在「名詮自性，句詮差別」（《成唯識論》卷二）這句話中，「名」（名稱、概念）詮解「自性」（事物的本質或規定性），「句」（句子）詮解「差別」，名、句、自性、差別都是對唯識學中某種特定語境的針對性表述，而在其間才構成了能詮－所詮的相對關係。

　　其次，人的認識活動相互關聯、相互依存，能－所亦是如此。例如說能緣的心識和所緣的外境時，雖分開而說，人的心識活動卻不能單獨生起，必攀緣外境而生。佛教認為世間一切事物現象（「萬法」）都依緣而生，任一事物或現象都沒有單獨、不變、絕對的自性或主體性（「無常」、「無我」）。

　　上述兩層前提也是唯識學對法相進行精密分析的前提，在此前提下，唯識學對「名」與「法」之間的關係進行了嚴格界定，亦由此形成了「能－所」的相對關係以及從能所關係出發的種種具體使用。在唯識學中，雖然對人的認識活動進行了精密詳盡的結構性分析，並

對其間的種種關係進行了嚴格界定，安置了種種符號名稱，然而安置這些名稱概念和符號都是為了精確指稱相應的意義並用以引導修行而設置的（「假名安立」），最終的目的是要離開這些名稱概念符號而獲得更高層次的認識（「離言自性」）；如果認為這些符號具有實在性，就會產生錯誤的認識與執著（「遍計所執」）。

現代中國學者在翻譯中，用緣自佛教譯經而來的「能－所」關係來分別指稱兩個層面，並形成了符號學的「能指－所指」，與現象學的「能思－所思」兩對術語。

十一世紀的梵語詩學家恭多迦提出了非常接近「能指的」（vacaka）和「所指的」（vacya）的兩個概念相結合的理論。他說：「義是所指（表示義），音是能指（表示者），這已經成為常識。」音義結合論事實上隱含了能指與所指融為一體的詩學觀點。（劉華、尹錫南）

參見：唯識學，法相，能指，所指

New Criticism 新批評

20世紀上半期最重要的文學批評學派之一，這一派二三十年代起源於英國和美國，在四五十年代成為美國文學學術界的主導學派，此後英語文學界多元化，但是新批評留下了濃重的痕跡。新批評派應當說是文學史上第一個「成功」的形式論，它迫使所有的文學教學和研究轉入嶄新的模式。

新批評派對文學持極端的文本中心主義立場，他們主張對文本進行細緻的閱讀分析，因為他們認為：文學作品的意義都在文本之中，而不是在其外，不在作者的個人創作意圖中，也不在文化施加與創作的文化意圖之中。他們的論辯是：如果意圖沒有體現在文本中，那麼這些意圖與作品無關，不管作者自己如何申說都與文學本身無關；如果意圖成功地滲透到作品中，就必然在作品的語言結構中得到充分體

現，那麼作品本身就是意圖的最重要依據。由此而產生新批評提倡的「細讀法」（close reading），成為新批評派對文學批評實踐留下的最重要方法。

新批評派對文學語言的重視，使他們對文學區別於其他文體的「特殊性」提出一系列重要標準，例如英國文學理論家燕卜森（William Empson）提出「複義」（ambiguity）是文學語言的重要特點；美國批評家布魯克斯（Cleanth Brooks）提出「反諷」（irony）與「悖論」（paradox）是文學語言的特點；美國作家兼批評家沃倫（Robert Penn Warren）則提出「不純」（impurity）應當是現代文學的原則；而退特（Allan Tate）則提出「張力論」（tension），認為詩歌語言應當在各種對立中獲得一種緊張關係，尤其是在內涵與外延之間。

現當代批評界，包括符號學，嚴厲批判新批評的文本中心論，當代批評理論的確視野比新批評寬廣得多，但是新批評的某些觀點，已經成為符號學的重要財富。（趙毅衡）

參見：形式論，瑞恰慈
延伸閱讀：Richards 1956，2001

news discourse 新聞話語

對新聞話語進行分析就是對新聞形式和語義的結構、用法及功能進行分析。新聞製作過程受到環境約束和社會意識形態的限制。話語分析的主要目的是對我們稱為話語的這種語言運用單位進行清晰的、系統的描寫。這種描寫有兩個視角：文本視角和語境視角。文本視角是對各個層次上的話語結構進行描述。語境視角是對這些結構與語境的各種特徵的描述。（李暉）

參見：傳播符號學

Nicholas Negroponte 尼葛洛龐帝

　　尼葛洛龐帝（1943-），美國電腦專家，麻省理工學院教授。1985年他和幾位同仁一起建立了數位媒體實驗室。1996年，尼葛洛龐帝出版了《數位化生存》，成為繼托夫勒之後的又一位令人矚目的未來學家。1998年被《時代週刊》譽為「當今時代最重要的未來學家」。人們將尼葛洛龐帝與麥克魯漢（Marshall McLuhan）、吉爾德（George Gilder）並稱為「數位化時代三大思想家」。他對數位記號與人的生存關係的思考具有重要啟發意義。

　　尼葛洛龐帝認為，計算決定我們的生存。資訊時代的比特將超越原子，成為人類生活中的基本交換物。尼葛洛龐帝用「比特的時代、人性化介面與數位化生活」三部分內容簡明概括了數位化時代帶來的符號生活的改變。「比特」是數位化計算的基本單位，簡單地說，就是「0」或「1」，開或關，黑或白。比特（bit）組成數位化空間，成為數位化生存最小的符號單位，這個符號元素具有傳送速率快、可以分享等特徵。尼葛洛龐帝從三個方面預測了比特帶來的社會意義：在宏觀層面上，數位化技術對社會結構變遷起著決定性的意義，它日益改變著整個地球的面貌；在中觀層面上，數位化技術對資訊產業產生巨大衝擊力與推動力，比特取代原子成為新的資源與經濟增長點；在微觀層面上，數位化技術對個人的工作、學習等日常生活的全方位滲透與影響，人們以更靈活與有效率的方式來處理個人事務。

　　數位化生存時代實際上是「符號化生存」在未來數位資訊社會的具體呈現。（劉吉冬）

參見：比特，數位化，人性化介面
延伸閱讀：Negroponte 1997

noema 所思

胡塞爾將意向性意識的物件稱為「所思」（即「意向物件」）。
這個術語在胡塞爾這裡主要有兩種含義：首先，所思是指一個綜合的物
件，一個綜合了諸屬性（用諸謂語表達的各類意義）的統一體；其次，
純粹的所思乃是一個空白的X，它是諸種意義－謂語得以形成綜合體的
一個「基底」，諸屬性「生長」在這個空白的基底之上，形成被意向的
綜合體。這種意義的綜合與構造，乃是「能思」的功能。（董明來）

參見：胡塞爾，能思，現象符號學，意向性

noesis 能思

「能思」（又譯「意向行為」）在胡塞爾的意向性分析中，是
與所思同等重要的概念。能思與所思共同構成了完整的意向性意識。
具體來說，「能思」意指意識的特殊功能，通過這個功能，能思的諸
屬性（謂語）才能綜合於其基底之上，成為一個統一體。也就是說，
能思乃是意識「立意」的功能，意識通過它為物件（所思）構造起意
義。（董明來）

參見：胡塞爾，現象符號學，意向性

noise 噪音

噪音是符號的感知中對解釋意義無用的成分。巴特在《符號學
原理》一書中聲稱：「藝術無噪音。」（Barthes 1967：58），意思是
藝術作品是一個完整的符號系統，作品中任何元素都是構成系統的單
元，不存在不需要的組分。巴特又在《流行體系》中聲言：「（對時
裝的）描述是一種無噪音的言語。」，因為「任何東西都不能干擾它
所傳遞的單純意義：它完全是意義上的。」（Barthes 2000b：18）。說
文本無噪音，實際上就是把文本看做一個完全自組自適的系統。

　　格雷馬斯的觀點卻相反，他認為噪音問題與體系的開放程度有關：「在一個封閉文本中，一切冗餘（redundancy）皆有意義，與開放文本相反，那裡的冗餘是『噪音』。」（Greimas 2005：148）噪音取決於如何看待文本：如果文本被認為是一個完整的系統，就無噪音可言，而開放的文章意義解讀是變動不居的，對某種解釋不起作用的部分即噪音。跳出系統之外，就可以看到，符號表意中的冗餘不可避免。

　　符號意義的發送與解釋，不可避免是一種片面化，被片面化排除到表意之外的感知，就是噪音。噪音部分可被感知，但常常不被「內化」為解釋：我們讀書時，會儘量忽視別人亂塗的不相關詞句；我們看電影時，會儘量不顧及起身臨時遮住視線的觀眾。人在符號化過程中，不自覺地貫穿了目的論，為了求解目的而把經驗豐富性抽幹了。世界並不是純然目的化的符號世界，符號化是有意排除符號源「噪音」的過程。

　　難題出在如何看待人造的「純符號」，尤其是藝術：既然藝術文本是精心製作的，為什麼文本還會有噪音？既然噪音是違反發送者意圖的干擾因素，藝術作品不是完全可以刪除這些干擾？

　　為解答此問題，應當區分兩種噪音：第一種是符號發送過程中由於技術原因無可奈何帶上的不表意部分，這種噪音多半發生在技術性符號過程中，例如演員說話突然結巴，例如無線電發送中的干擾音，電影攝製過程中不小心拍攝進來的物件。在精心製作的純藝術符號中，這種噪音應當減少到最低程度；第二種是符號接收與解釋過程中，解釋者認為對他的解釋不起作用的部分，這種噪音普遍存在，不可能完全消失，因為每個解釋者提供的意義不一樣。在可以解釋成意義的範圍之外的感知，就是噪音：解釋活動必然產生噪音，任何一種解釋方式都不可能讓符號文本的每一部分都對所產生的意義作貢獻。

（趙毅衡）

參見：符號過程，解釋，片面化
延伸閱讀：Barthes 1967；Greimas 2005

nonsense 無意義

符號究竟有沒有可能沒有意義？換句話說，一旦被認為是符號，還可能沒有意義嗎？這是符號學的一個大難題。喬姆斯基在1957年造出一句「不可能有意義」的句子，「無色的綠思狂暴地沉睡。」（Colorless green ideas sleep furiously.，Chomsky 1957：15），用來挑戰語言學界。但趙元任在他的名文《從胡說中尋找意義》（Making Sense out of Nonsense）證明：在釋義壓力下它必須有意義（Chao 1997：7.32）。

法國電影符號學家讓·米特裡（Jean Mitry）指出，一句符合語法的短語，不可能荒誕或缺乏邏輯：卡爾納普說符合語法的句子如「這匹馬是一隻六腿甲蟲」（The horse is a six-legged beetle）是荒誕的，米特裡認為它只是不真實（not true）而已，在藝術裡完全可以有意義。即使如：「這條狗生病了但沒病」、「我的勇氣有5公斤」、「彼得被網球聯習著」，這些句子的確荒誕，但並不是沒有意義，在詩歌裡經常可以見到。因此，米特里乾脆地指出：「電影中不存在胡說，哪怕有意做成反諷或混亂（anarchy），玩弄物的邏輯意義，哪怕被認為荒誕，也就有了意義。」同樣，美術也不可能無意義，達利、馬格利特、夏加爾等超現實主義的繪畫就是證明。至今各種符號行為都在挑戰意義的邊界，它們這樣做，就是把自己變成藝術。

里法泰爾也討論過詩歌語言中的「不通」，他說：「我應當強調再強調，這種初次閱讀的障礙，正是符號表意的指南，是在通向更高的系統上意義的鑰匙，因為讀者明白了這是複雜結構的一部分。」，「不用說，這種不通引人注目，為狂歡理解的洪水打開了閘門。」（Riffaterre 1978：6.62）。

當解釋面對一個「無法理解」的文本，解釋者會從各個方向收集元語言元素，直到藉此生成的元語言集合迫使文本產生意義。元語言因素積累達到足夠的壓力，解釋的必要性增加到一定程度，就不存在

「不可解」的文本。不過，里法泰爾說「不可解」的藝術必定是傑出的，倒是很難作這樣的結論。（趙毅衡）

參見：元語言，不通

O

object 物件

　　符號直接所指的事物稱為object，譯為「物件」較為合適。該詞本身有語義混亂，但西文本身就不清楚，《簡明牛津詞典》上對object給出三條定義，object可以是：1.「一件可見到或可觸摸的物體」（a material thing that can be seen or touched）；2.「行為或感情針對的人或事物」（a person or thing to which action or feeling is directed）；3.「獨立於思考心智即主體的東西」（a thing external to the thinking mind，subject）。三個不同定義，漢語中竟然都恰好譯為「客體」，應當說把事情弄得更糊塗了：第一條，可感知之物是客觀存在，所以中文叫「客體」；第三條，與主體相對之物是主體外之客，所以中文也叫「客體」。而中文的「客體」，詞典解釋是「在人類意識之外獨立存在的」（《古今漢語詞典》商務印書館2001年）。這個解釋正好綜合了上面第一和第三兩個定義，這樣中文就混淆了物理客體與心智客體，似乎所有的心外之物都不言而喻是客觀的物的存在。

　　符號的表意指向，是上面說的第二種object，即「行為或感情針對的人或事物」。因此，符號學中的object一詞應譯為「物件」，而不譯為「客體」，避免與第一或第三種意義糾纏。在符號學之外，object第一義「物」，仍然在文化研究中廣泛使用，例如布希亞（Jean Baudrillard）的《物體系》（The System of Objects）（Baudrillard 1988）。

　　物件，是皮爾斯理論中符號的第二個構成要素，另外兩個是再現體和解釋項。皮爾斯關於物件有一個非常寬泛的理解：「它可以是一個已知的獨立存在的事物或者人們確定相信它存在過或認為它存在的事物，或者是這種事物的集合，或者是一種質、一種關係、一個事

實，這種事物可能是一種集合，也可能是部分組成的整體，或者它有其他的存在模式，比如一種允許其存在不阻止它的消極性也被同樣允許的行動，或者某種普遍的自然的欲望，或者總是基於某種普遍情況的事物。」（Peircel936-1958：2.232）。

是否真實不是成為符號物件的標準，也不是判斷一個符號是否具有意義的標準。因為一個符號的意義不在於它的物件，而是在於對指稱關係和指稱物件的性質的認知。皮爾斯擴展了符號所指稱的物件，區別了符號的意義與符號的物件，並把符號的意義歸結到符號解釋者的認知上。（顏青、趙毅衡）

參見：再現體，解釋項，意指三分式

octant 卦

《周易》中一套有象徵意義的符號。以陽爻（－）、陰爻（－）相配合，每卦三爻，組成八卦（即經卦），象徵天地間八種基本事物及其陰陽剛柔諸性。八卦相互組合重疊，組成六十四卦（即別卦），象徵事物間的矛盾聯繫。古代視占卜所得之卦判斷吉凶。如：卦數（《周易》中的一套有象徵意義的符號。八卦互相重疊，組成六十四卦。故以卦數代六十四卦）；卦肆（卦鋪）；卦爻（《易》的卦和組成卦的爻）。

以咸卦為例，作為《周易》卦符中的一個重要的符號，其對中國文化產生了重要的影響。但是長久以來，這一卦符卻因其艱澀難懂不但使人們難窺其旨，反而籠罩上了撲朔迷離的牽強附會之解。一如李贄所言：「（該卦）取象最難，膠於習聞者，讀亦未必知」。（張再林、李軍學）

參見：陰陽，周易
延伸閱讀：許慎1981，2004；高亨1984，2010；郭彧2006

omnimedia 全媒體

　　全媒體既是數位化背景下的媒介形態融合結果，又是與之相適應的大眾傳媒運營模式。隨著大眾傳播形式的發展，傳統媒體與新媒體之間整合加速，「全媒體」（omnimedia）的概念在傳媒行業中逐漸成為一種新的行業模式，並逐漸得到學界重視和研究。其內涵有二：一是指新聞傳播媒體機構的「整體式的業務運作」，即通過資本運營及相關手段集成運用所有媒體手段和平臺來構建大的報導體系。新聞業界已全面向「全媒體」過渡並形成了相應的「全媒體」過渡模式，如報網模式、台網互動模式、移動多媒體模式等；二是指傳媒形態的深度融合所形成的「跨媒介」新型樣態。全媒體能綜合運用各種符號形式立體地展示傳播內容，同時借助不同符號載體和管道全方位的傳播資訊，涵蓋視、聽、觸覺等人們接受資訊的全部感官管道。

　　全媒體的技術基礎是網路和數位技術，所有的全媒體具體形態都是基於網路傳輸的高度發展與數位技術對資訊的數位化處理。（胡易容）

參見：大眾傳媒，管道

onomatopoeia 擬聲詞

　　擬聲詞（又譯象聲詞）是用語音類比自然聲音，利用字義及聲音間的關聯性構成的詞。擬聲詞是一種重要的語言修辭手法，是世界上所有語言都具備的成分。其來源可追溯至語言前期，由簡單聲音的模仿逐漸地轉變成符號。

　　擬聲詞分為直接擬聲和間接擬聲兩種。直接擬聲指的是動物的聲音與意義基本吻合，能夠直接產生音義之間的相互聯想。如聽見[mu：]的聲音使人想到母牛的「哞哞」聲。這類擬聲詞摹擬動物的發音，能夠使讀者達到動物如在眼前的感受，從而產生豐富的聯想。間接擬聲是指音與某種象徵性意義發生聯想，指的是詞的發音並不直接

喚起某種聽覺的經驗，即並非對動物自然聲音的直接模擬，而是引起一種運動的感覺，或者某種物質與精神特性的感覺。例如英文的「打擊」意義詞bang、beat、batten、bash、bruise都是「b」這一輔音的間接擬聲。（唐秋平）

參見：同形詞

open concept 開放概念

一種符號學範疇分析方式，尤其明顯地見於藝術的定義。

最早明確提出藝術開放概念的是韋茨，他應用維特根斯坦（Ludwig Wittegenstein）的「家族相似理論」來打開封閉定義，因而被稱為「分析美學」（Weitz 1956：27-35）。布洛克等人在20世紀70年代末進一步提出：藝術的定義只能是一個「開放概念」（Blocker 1979）。因為藝術的任務就是挑戰程式，就是顛覆現有規範，也就是說，一旦藝術有定義，這個定義就在邀請藝術家來衝破自己：藝術的定義本身就是反對定義，藝術的本質是反定義的。

萊文森提出藝術作品應當分成兩種，一種屬於藝術的體制範疇，例如歌劇、美術，哪怕是劣作，是否屬於藝術無可爭議。另一種是「邊緣例子」（borderline case），它們被看成是藝術，是由於它們「鄭重地要求用先有藝術品被看待的相同方式來看待。」（Levinson 1990：8），也就是說它與已經被認定的藝術品有一定的關聯。「邊緣開放」論，允許藝術既在傳統與體制之中，又有發展出邊界的可能，實際上是承認應當區別意圖意義、文本意義、解釋意義：體制範疇，歸因於文本品質，它們屬於「藝術體裁」；邊緣例子」是否為藝術，歸於解釋：接收者用藝術方式解釋之，才成為藝術。

開放概念原本就是符號學對任何概念範疇的態度，它讓體裁在文化規定性的約束力與衝破規定性的開創性之間取得一個協調，也就是讓型文本與文本之間得到一個動態平衡。所有符號文本體裁都需要把自己的概念打開，以打開定義為定義的一部分。例如檔案（什麼樣

的記錄是應該保存的），例如歷史（什麼樣的時間間隔可以成為歷史），再例如文學、遊戲、廣告，甚至信仰等等：體裁本來就是文化對文本的接收方式的規定，任何範疇都不得不在開放中保持體裁本身的有效性。

開放概念，也是符號學自身的思維方式：皮爾斯認為符號的認識，是一個不斷「試推」的過程，是以否定為基礎的推演。因此，任何範疇，從符號學分析必然是開放的。（趙毅衡）

參見：藝術符號學，體制－歷史論
延伸閱讀：Levinson 1990

oral-formulaic theory 口頭程式

民俗文學符號術語，口頭程式源於口頭詩歌的創作理論，後來發展成為20世紀民俗學的一個重要流派。

該理論由美國民俗學家帕裡（Milman Parry）和洛德（Albert Lord）創立，因此又稱「帕裡－洛德理論」（The Parry-Lord Theory of Oral Composition）。這一理論產生於對「荷馬問題」（The Homeric Question）的研究，即荷馬其人是否真實存在以及荷馬史詩是如何形成的。帕裡和洛德採用語言學和人類學的理論與方法，通過對荷馬史詩文本的語言學解析和口頭詩歌經驗的田野調查，創造了口頭程式理論，論證以史詩為代表的口頭詩歌的口述性敘事特點和獨特的詩學法則及美學特徵。

口頭程式理論的核心是關於「程式」的概念及其理論延伸。口頭程式有三個結構性單元概念，即程式（formula）、話題或典型場景（theme or typical scene）、故事型式或故事類型（story-pattern or tale-type），由此解釋了那些傑出的口頭詩人的創作規律。程式是史詩多樣化的敘事結構、敘事單元最小的公分母。帕裡認為它是一組在相同的韻律條件下被經常使用來表達一個特定的基本觀念的詞彙，如「苦難深重的奧德修斯神」、「飛毛腿阿基里斯」、「牛眼的天后赫拉」

等。「話題或典型場景」在《故事的歌手》（The Signer of Tales）中被洛德界定為「成組的觀念群，往往被用來以傳統詩歌的程式風格講述一個故事」。

口頭程式理論是形式主義和結構研究的接續，同時也反映出20世紀人文社會科學領域中試圖重建歷史和偏重歷時性研究的趨向。它一方面影響了「展演理論」（Theory of Performance）和「民族志詩學」（Ethnopoetics）等流派，另一方面廣泛影響了區域文化研究和口承文化傳統的研究。（楊驪）

參見：民俗符號
延伸閱讀：Lord 2004；Foley 2000

Overcoding 過度編碼

艾柯在其《符號學理論》（Eco 1990）中提出過度編碼的概念，是符號發出者的對符號文本意義實施的干預行為。

在文本的釋義中，編碼量並不一定與編碼一致。如果在一個既定的規則之外再加上一個新的規則，造成原規則的一個應用特例，就成為了過度編碼（ovecoding），或譯超編碼。在語言符號系統中，過度編碼可分為修辭性和風格性過度編碼。修辭性過度編碼常見於省略句中，在釋義時必須有超出語法規則和一般語用學規則之外的過度編碼。風格性過度編碼存在於任何可以辨認出風格特徵的文本中，因為風格本身是超出一般釋義要求的附加成分。

過度編碼以雙重方向進行：倘若一種代碼給一定的最小運算式賦指意義，則過度編碼會給這種運算式之外的系統賦予外加意義；尚若存在一定的編碼單位，則過度編碼就會把這些單位分解為更具有分析特性的實體。這種雙重運動的過程使過度編碼「從現存代碼推進到更有分析力的次代碼。」（Eco 1990：160）。艾柯進而說：「在這一意義上，過度編碼是一種創新活動。」（Eco 1990：158）。（李靜）

參見：不足編碼，過度解碼，誤讀，代碼

over-decoding 附加解碼

符號文本的發出者在既定的符碼之外嘗試加上另外一些符碼,即附加解碼,形成原規則的特例。附加解碼可以是修辭性的:對某些文本形式,解碼者體會出「史詩般宏偉」或「婉轉蘊藉」,這是在文本的直接意義上附加了風格解碼。例如對文本中的「欲言又止」,解碼就不得不添上略去不說的內容;對文本中的「欲蓋彌彰」,解碼解釋其「真實」的內容。

文化╱藝術作品有大量未充分編碼的部分,幾乎每個解釋都是附加解碼的嘗試。因此,這些文本既受符碼支配,又不受符碼支配;附加解碼既遵守規則,又改變規則,這是文化和藝術符號解釋的本色形態。(趙毅衡)

參見:符碼,不足解碼

P

paradigmatic 聚合軸

索緒爾提出：符號文本的建構和展開，有兩個向度：組合軸，聚合軸。任何符號表意活動，必然在這個雙軸關係中展開。

聚合是符號文本建構的方式，一旦文本構成，就退入幕後；組合是文本構成方式，因此組合是顯示的。聚合是組合的根據，組合是聚合的投影。

聚合的定義是符號文本的每個成分背後所有可比較，從而有可能被選擇的各種成分。聚合軸上的成分，只是可能進入符號發出者的選擇，也有可能被符號解釋者體會到它們的存在。聚合軸的選擇，是基於某種標準的選擇。這標準可以千變萬化，可以多重疊加。聚合軸上的成分「結構上可以取代"（structurally replaceable）被選中的這個成分。聚合關係中的符號，選擇某一個，就是排除了其他「備選成分」。注意這裡說的不是「意義上可以取代」（相同相近意義取代），「結構可取代」的面寬得多。聚合是文本建構的方式，一旦文本構成，就退入幕後，因此是隱藏的；組合就是文本構成方式，因此組合是顯示的。可以說，聚合是組合的根據，組合是聚合的投影。就一次文本運作過程而言，聚合關係中的符號，選擇某一個，就是排除了其他（Silverman & Torode 1980：225），聚合軸的定義，決定了除了被選中的成分，其他成分不可能在文本組合形成後出現。

解釋符號文本時，同樣需要雙軸操作：接收者感知到的，只是文本和一部分伴隨文本，他的任何解釋最好深入到已經隱藏的聚合系列。理解活動本身，就是朝文本背後隱藏的聚合系列探察，就是探索文本後隱藏的構成原因。

　　中文把這個雙軸名稱譯成「聚合軸」與「組合軸」，似乎兩者之間真有座標那樣的一橫一縱的關係。聚合軸完全談不上方向，而組合軸也不一定是橫向的，只有語言這種線性展開（即索緒爾說的「序列關係）的符號文本才有縱橫，也只有西方語言一直是從左到右「橫」向展開。

　　雅柯布森（Roman Jakobson）在五十年代提出：聚合軸可稱為「選擇軸」（axis of selection），功能是比較與選擇；組合軸可稱為「結合軸」（axis of combination），功能是鄰接粘合。雅柯布森從失語症研究出發，指出比較與鄰接，是人的思考方式與行為方式的最基本的二個維度，而這正好是隱喻與轉喻的根本機制。因此，可以有縱聚合風格傾向文本，與橫組合風格傾向文本。用這個方式，雅柯布森把雙軸關係轉換到同一表達平面上來，這樣，聚合軸不再永遠是隱蔽的。（趙毅衡）

參見：組合軸
延伸閱讀：Jakobson 1987b

paradox 悖論

　　悖論與反諷同為符號修辭學基本概念。反諷是「口是心非」，衝突的意義發生於不同層次；而悖論是「似是而非」，文本表達層就列出兩個互相衝突的意思，意義矛盾的雙方都顯現於文本。哲學中常用悖論：「道可道，非常道」，或「沉默比真理響亮」。在文本層面上，悖論是無法解決的。只有在超越文本的解釋中，在元語言層次上才能合一。

　　反諷與悖論兩者容易混淆，因為都是自相矛盾的表達方式，都是旁敲側擊，在許多思想家眼光中，兩者也不必分。

　　符號表意經常是多媒介，這就是為什麼反諷在符號表意中出現得更多。一旦修辭學從語言擴大到符號，各種媒介的資訊很可能互相衝突，互相修正。此時原先在單層次上的反諷，就會變成複合層次的悖論。所以，一旦進入符號修辭學，恐怕很難再區分反諷與悖論。例

如，一個人說「今天天氣太好了」，但是他手裡拿了一把雨傘，或是臉上有詭異的微笑，或是當時正響雷——只要有伴隨文本襯托，我們知道他說的話是反諷；如果我們把雨傘、微笑、響雷都看做多媒介符號文本的一部分，那他給出的就是一個符號悖論。（趙毅衡）

參見：反諷，符號修辭學

paralanguage 類語言

類語言介於語言和非語言符號之間，指一些超出語言特徵的附加現象，即人類所發出的有聲音但無固定意義的「語言」，又稱「副語言」或「伴隨語言」。

狹義的類語言包括「輔助語言符號系統」（指發聲系統）和「語言外符號系統」。廣義的副語言除了研究聲音要素和功能性發聲外，還包括身勢語和服飾語等。聲音要素包括作用於人說話的語氣、腔調的音調、音量、音速和音質等。功能性發聲包括用來發洩人的各種情感的哭、笑、歎息、口頭語等。人際資訊溝通總伴隨著情感交流，而情感交流在很大程度上取決於「怎樣說」，而不完全取決於「說了什麼」。所以，類語言學是語言符號學的重要門類。（唐秋平）

參見：語言學
延伸閱讀：Poyatos 1992

paratext 副文本

副文本是伴隨文本的一種，有人譯成「類文本」。副文本是完全顯露在文本表現層上的框架因素，甚至可以比文本更加醒目，對符號文本的接收起重大作用。如標題、作者名、題詞、注解等。

副文本因素往往被拋在一邊，似乎比文本因素的重要性小得多。主張「文本中心論」的新批評派，在「細讀」中，首先排除的就是副文本因素。20世紀20年代瑞恰慈執教於劍橋文學系，做了一個著名的實驗，他把一些詩略去作者署名，列印出來分發給學生，請他們交上

他們讀這些「純文字」的理解與批評，結果令人大吃一驚：這些受過良好文學訓練、悟性不錯的學生，竟然會大捧三流詩人的劣作，而否定大詩人的傑作。瑞恰慈逐一評點學生出現錯誤的原因，寫出了著名的《實用批評：文學判斷研究》（Richards 1956）一書。新批評的文本中心理論，以及細讀方法，就是從這個實驗中發展出來的。

過於熱衷於副文本因素，可能讓人放棄獨立的個人解讀評判。瑞恰慈這個實驗的確說明，細讀文本是一種重要的訓練。今天我們回顧瑞恰慈這個實驗，可以說它反過來證明副文本因素的重要性。（趙毅衡）

參照：伴隨文本
延伸閱讀：Richards 1956

partialization 片面化

符號載體必須能被感知，但是被感知的只是物的某個或某些品質。讓物的過多品質進入攜帶意義的感知，反而成為表意的累贅：「被感知」並不能使符號回歸物自身，恰恰相反，符號因為要攜帶意義，迫使接收者對物的感受「片面化」，以形成意義的「簡寫式」。

例如，看到一輛汽車駛過來，一個人會馬上解釋出「危險」這一意義，並且立即閃避。解釋者此時不僅不需要對汽車有整體認知，甚至他不需要這方面的「前理解」——他不需要曾有被汽車壓倒的經驗，也不需要曾經觀察過汽車撞傷人的記憶——他可以從各種非直接的途徑獲得解釋能力：只需要意識到汽車的重量、速度，一旦被撞到，對他會有很大危險。此時汽車的其他品質，例如色彩、樣式、品牌，只要與重量和速度無關，就應當被忽視，萬一與意義解釋無關的品質被感受到了，就是符號文本中的噪音。

可以看到，片面化是符號化之必須：無關品質可以甚至必須忽視，不然解釋效率太低。符號在傳送與解釋的過程中片面化，最後只剩下與意義相關的品質，這是感知成為符號載體的保證。（趙毅衡）

參照：符號載體

pattern 圖紋

　　圖紋指的是民俗文化中的紋飾與圖案符號。古往今來豐富的圖紋符號在民俗生活中傳播著深遠的民俗文化觀念，在民俗生活中有著重要的意義。紋飾是較早產生的民俗文化符號，有記錄原始漁獵生活的紋飾，如魚紋、蛙紋、鳥紋等；也有反映圖騰崇拜與宗教信仰的紋飾，如夔龍紋、龍紋、鳳鳥紋、龜紋等；還有大量反映吉祥含義的紋飾，如龍鳳紋、鶴鹿紋、麒麟紋、蝙蝠紋、石榴紋、牡丹紋等，其趨勢逐漸由單一性質的紋飾符號向複合多義的符號演變。後來，紋飾逐步發展為圖案。民俗圖案有兩大類型，一是傳達吉祥、長壽、幸福、富貴等民俗祝願的資訊，採用隱喻、雙關等方式創造出具有特定涵義的圖案，如魚躍龍門圖、龍鳳呈祥圖、喜（鵲）上眉（梅）梢圖、松鶴延年圖、五福捧壽圖、榴開百子圖、年年有餘（魚）圖等。一是表達宗教信仰的圖案，如民間巫儺習俗中的鬼神造像，如女媧娘娘、媽祖天后、觀音菩薩、十八羅漢等。形形色色的神偶圖像不僅有普遍的神靈崇拜的形象代碼，也有其獨特的細部的民俗代碼，由此傳遞民俗信仰的資訊。（楊驪）

參見：紋身

Peirce, Charles Sanders 皮爾斯

　　皮爾斯（1839-1914），美國哲學家、邏輯學家，現代符號學創始人之一。

　　皮爾斯1839年9月10日生於美國麻塞諸塞州的坎布裡奇，1863年從勞倫斯科學學院獲得科學學士學位。其後15年，他一面在哈佛大學天文臺從事天文觀察，同時在美國海岸觀測所工作。他利用業餘時間從事了大量哲學和邏輯學等研究。1866-1870年間，他討論了符號關係和意指理論的某些問題。1870-1884年，他著重研究關係邏輯。皮爾斯生前幾乎沒有發表過任何學術著作。1914年，皮爾斯逝世後遺留下大

量的未發表的文稿由哈佛大學哲學系購得。1931-1935年間，哈特肖恩（C. Hartshorne）和魏斯（P. Weiss）根據這些文稿和已發表的少數論文，編輯出版了6卷《皮爾斯文集》（Peirce 1938-1953）；1958年，伯克斯（Arthur W. Burks）又續編了第7卷和第8卷。

皮爾斯生前鮮為人知，生後卻得到眾多思想家和學者的高度評價。皮爾斯精通自然科學，尤其是化學、測地學、計量學與天文學。他是美國哲學史上一位劃時代的人物，但皮爾斯認為自己首先是一個符號學家。皮爾斯認為符號學是哲學的分支，是一門形式的規範科學，與真理問題相關。他不僅研究符號的描述和性質，還研究它們的應用方式，以及它們讓人相信和達成一致意見的方式。符號學作為一門形式科學，主要確定符號性質和運用的根本必要條件。

由此皮爾斯認為符號學有三個分支：符號語法——研究事物成為符號的必要條件；比評邏輯——通過符號進行推斷來確定判斷一個事物為真的準繩；普遍修辭——確定符號交流、發展的條件。此外，符號學作為哲學的一個分支，它是一門綜合觀察科學，它把對符號的日常體驗作為它的材料基礎，運用在所有研究中都普遍適用的抽象、推論和論證活動，來確定它關於符號性質和應用標準的結論。

皮爾斯對符號學的界定，對符號的定義以及對符號性質的看法，對符號的分類，再到符號學中意指過程的看法等，都與索緒爾的符號學有著根本分歧。對於索緒爾來說，符號主要是心理產物，而皮爾斯則認為符號學為一般或社會心理學和語言學提供主要原理。

對於皮爾斯，符號學是一種研究原則，它可以貫穿理論。對於索緒爾，符號學可能不適用於自然科學，它歸屬於心理學；而對於皮爾斯，符號學也適用於自然科學。皮爾斯的符號概念比索緒爾更加廣泛，除了規約性符號以外，還包括了自然的和非人類的符號，他把符號學設定為一門更加綜合的研究，它的結果可用於多種經驗理論。皮爾斯的符號理論為人文－社會科學打下基礎。（顏青）

參見：意指三分式，試推法，無限衍義
延伸閱讀：Peirce 1931-1958，1982，2006，2010

phaneroscopy 顯現學

皮爾斯把他心目中的現象學，稱作「顯現學」（phaneroscopy）。皮爾斯沒讀到胡塞爾，他只是有意不用黑格爾在他之前創用的「現象學」（phenomenology）一詞。他說：「我用顯現phaneron一詞（而不用『現象』phenomenon）來稱呼以任何方式以任何意義存在於頭腦的東西，不管它們是否與現實事物相應。如果你問是什麼時候，存在於何人的頭腦，我的回答是這個問題不必回答，因為我從來不懷疑我的頭腦發現的顯現的特點，任何時候都存在於任何人的頭腦中」（Peirce 1931-1958：1. 284）。

這話的意思是：不必懷疑經驗中的現象是否是真相，因為經驗現象是人類共有的能力。所以皮爾斯的「顯現論」討論的物件，並非「什麼東西出現了」（what appears），而是「看來顯示是什麼」（what seems，Waal 2003：24）。顯現的第一性經驗是所有的人共用的，不同的在於此後符號解釋的形成路線。（趙毅衡）

參見：解釋的三階段，質符

phatic 交際性

雅柯布森的符號過程六種功能之一。當符號表意側重於媒介時，符號出現較強的「交際性」（phatic），這種話語的目的是純粹為了保持交流暢通，或保持接觸，佔用資訊管道。

最簡單的例子是打電話時說的「喂喂，你聽得見嗎？」；再比如，戀人之間的絮語，最典型的例子可能是英國議會中所謂filibuster，即在議會中用冗長無關的發言拖時間，以推遲某個法案通過：此時說的內容無關緊要，符號的用途是佔領管道。

反復，也是一種保持接觸的方式，幼兒首先學會使用的就是符號的這種功能。戀愛中人往往不斷地說重複的話，家人之間常談些閒

言碎語，對他們來說，最重要的保持接觸，是交流管道暢通本身帶來的快樂，資訊內容倒在其次。比如說明星為追求上鏡率，使用的方法多種多樣：自曝情史、揭家醜、參加慈善活動、著奇裝異服等等。這些符號最重要的目的是曝光率。不保持接觸，明星很快就被人遺忘。（趙毅衡）

參見：主導功能，雅柯布森，詩性

phenimenological semiotics 現象符號學

現象學哲學是上世紀，乃至整個西方思想史上最為重要，影響最為深遠的哲學思想之一。現象學在豐富的維度上與符號學理論接壤，很多論點互相交叉。

首先，是現象學哲學家們對符號現象的思考。在《邏輯研究》第二卷中，胡塞爾一上來就討論廣義的語言－符號現象，並且認為，唯有對此現象的現象學考察，才能真正把握邏輯學的客體。在海德格的《存在與時間》中，符號現象（領會、解釋與命題）被把握為人類（此在）生存於世界中的基本方式之一；而在他後期的思想中，詩歌，以及作為「原始詩歌」的語言，則更是作為一個主導地位的主體發生著作用。梅洛－龐蒂的《知覺現象學》進一步推進了胡塞爾的工作，深入地分析身體知覺在符號行為中的地位與作用。

「現象符號學」也指同時身處現象學哲學傳統和經典符號學（主要是索緒爾傳統的結構主義語言學）傳統的學說。梅洛－龐蒂可以算作現象符號學早期代表。另外一個重要的代表人物，是尚－雅各·德希達，他的哲學從批判胡塞爾的符號觀開始。在某種意義上，「現象符號學」可以說是戰後法國獨特的思想風景。

「現象符號學」與符號學二者在各自思想邊界上的接觸、對抗以及融合是一個大課題。符號－語言現象作為人類生存中最為重要的現象之一，必然地引起各種哲學，包括現象學的關注。而在另一方面，經典符號學奠基於索緒爾的語言學和皮爾斯的邏輯學，這兩種思想背

景雖然為符號學的發展提供了原初的動力，但當對人類符號現象的思想觸及其最為重要的一些領域時，這兩個傳統引導了某些更為開闊的探索。其中，對於符號學思想來說最為重要的問題之一，就是作為一種被給予現象的符號，究竟與人類意識，以及人類身處其間的世界處於一種什麼樣的關係之中。經典符號學難以處理的那些問題，諸如真理、真實的話語、謊言等現象，都必須在兩個傳統的結合之中加以處理。

在這個意義上，可以說，現象學哲學應該理所應當地承擔起這樣一個任務：那就是為符號學的進一步探索奠定其哲學基礎。（董明來）

參見：胡塞爾、海德格
延伸閱讀：Husserl 1969；Ricoeur 2004

pheno-text 現象文本

克里斯蒂娃（Julia Kristeva）提出的概念。現象文本就是呈現的文本，與其相對的生成文本，是構築現象文本的底蘊機制。

克里斯蒂娃認為文本可以分作兩層：現象文本是一種構造物，服從傳達的規則，從發送主體（subject of enunciation）到接收者（addressee）完成傳達；而生成文本則是「一個過程，不斷穿過邊界相對變動的區域，構成一個不局限於兩個充分主體之間的傳達通路」（Kristeva 1984：86-87）。每一次顯現的現象文本，是深層的生成文本又一次轉換的結果。它為完成的生產物而被認識，是作為意義作用和傳達機能處在文本的表層。儘管文體學把這種表面結構視為文本的最終意義，但實際上它只是作為心理和歷史活動較圓滿「形成的」的文本的殘餘。現象文本是一種可生成的結構，克里斯蒂娃指出「現象文本用來表示運用於交流的語言，在語言學中是相對於語言能力和語言呈現而言。現象文本不停地被分界區分，被束縛在通過現象文本起作用的符號過程中。」（Kristeva 1974：87）因此，在讀解現象文本時，

必須追溯文本的深度乃至厚度，這也是生成文本，二者不是處於相互排斥的關係中，而是在文本中，互相聯繫，交織在一起的。

克里斯蒂娃認為：「生成文本與現象文本之間的區別，可以在漢語中，尤其是古典漢語中看到：寫作與口語現象文本不對應；而話語言說（與寫作對應）恢復了兩個主體之間的意義交換所必須的辯證批評（diacritical）因素」（Kristeva 1984：87）。她的意思是說：中文的文言書寫不像西方的拼音書寫那樣複製口語，而口頭的現象文本，只是書寫生成的一次表現。（張穎、趙毅衡）

參見：文本間性，生成文本
延伸閱讀：Kristeva 1984

phonetic iconicity 語音像似

錢鍾書稱之為「聲音象徵」（sound symbolism）。此種象徵往往使用於非常具體的效果：給人賀喜畫上紅蝙蝠，象徵「洪福齊天」；往新娘床下放紅棗、花生、桂圓、瓜子，喻「早生貴子」。這些只是利用祈福，也有因字音字形罹文字獄：雍正時，翰林官徐駿在奏章裡，把「陛下」的「陛」字錯寫成「狴」字，雍正帝見了大怒，然後在徐駿的詩集裡找出了兩句詩：「清風不識字，何事亂翻書？」於是說是徐駿誹謗清朝，判他死罪。使用象徵，是因為符號發送者不便直言其意義，或是被斷定有意不直言。（趙毅衡）

參見：象徵，像似符號

pictorial semiotics 圖像符號學

圖像符號學與藝術史緊密關聯，但它的分析遠遠超出了藝術史或藝術理論對少數藝術傑作的分析——圖像符號學聚焦於更一般的圖像符號及其文化意涵研究。圖像符號學主幹是由符號學領域的研究與美術領域的研究合流而成。

　　凱西爾較早進行了現代意義的視覺文化的研究。布拉格學派開始注意圖像的一般性表意觀念。法國結構主義學者們對一般性圖像理論有了更系統的闡釋，圖像符號理論才正式出現。圖像符號學的先行者還包括羅蘭・巴特（Roland Barthes）。他的論文《圖像修辭》是圖像藝術符號學發展的重要節點。巴特與他的追隨者們不僅試圖將所有的意義簡約為語言學意義，並且還採用了結構主義語言學家的模型來解釋它們。此後，對圖像符號學最有影響力的是艾柯，他界定了該領域的一些基本問題，並指出圖像與語言一樣是規約性符號。

　　圖像符號學另一重要來源是西方美術史研究及其形式論方法。藝術史家潘諾夫斯基（Erwin Panofsky）被稱為圖像學領域的索緒爾。他于1927年發表了《透視作為符號形式》，從繪畫史的角度研究作為符號生產階段的人類視覺藝術史。阿恩海姆繼承了格式塔心理學派的路徑，系統地闡述了「視覺的完形心理」。貢布裡希爵士在《秩序感：裝飾藝術的心理學研究》中辟專章論述「作為符號的圖案」。他認為，如果把一切都視作符號，重新解釋（圖像學），這個領域則可能煥發出新的活力。

　　圖像符號學此後的發展並未沿著「美術研究」發展出一門隸屬於美術史的「藝術圖像符號學」，而是逐漸走向大眾文化和日常生活的景觀圖像分析。重要的推動者米切爾在提出的「圖像轉向」命題，影響很大。他認為圖像理論的研究領域應當超越美術史領域而進入日常生活，並且其研究方法也要突破語言符號學限制。這就意味著圖像符號學必須以「觀看」而非閱讀經驗為基礎來展開研究。它是一種建立在對圖像形式分析與意涵分析基礎上的「視覺文化」研究，也是當代文化符號學的分支。（胡易容）

參見：視覺符號學

延伸閱讀：Barthes 1977；Eco 1968；Mitchell 2006；Panofsky 1987

picture writing 圖畫文字

圖畫文字屬於非語言符號，也是歷史上有史可證的最原始最古老的文字。這種書寫符號表達整個資訊，但在字形上幾乎不分解為單個的詞。根據用於表達資訊的字形手段，圖畫文字可以分為兩種：純圖畫符號和古老的約定符號。純圖畫文字是複雜的圖畫，獨立表達某個完整的、在圖形上沒有分解為單個詞的資訊。古老的約定符號屬於氏族符號和部落符號，包括圖騰、所有權符號、各種巫術符號以及許多其他的符號。網路圖畫文字綜合了像似符號、指示符號和規約符號等特性構成了一個情節豐富的圖畫。（劉吉冬）

參見：圖像符號學，表意性

poeticalness 詩性

雅柯布森的符號功能理論之一。他認為當符號側重於資訊本身時，就出現了「詩性」。這是對藝術符號根本性質問題的一個非常簡潔了當的說明：詩性，即符號把解釋者的注意力引向符號文本本身：文本本身的品質成為主導。

雅柯布森認為詩歌文本「通過將語詞作為語詞來感知，而不是作為指稱物的再現或情緒的宣洩，通過各個語詞和它們的組合、含義，以及外在、內在形式，獲得自身的分量和價值而不是對現實的冷漠指涉」（Jakobson 1987：378）。詩的功能，通過符號的自我指涉，加深了符號同物件之間的分裂，強調符號文本本身的意義。

雅柯布森指出，詩性並非只出現於詩歌中，或文學藝術中，詩性出現於許多表意場合。雅柯布森舉出的例子極為廣泛，有順口溜，廣告，詩體的中世紀律法，梵語中用韻文寫的科學論文，競選口號，兒童給人起的綽號，等等。這些符號並非沒有其他功能，只不過符號的形式成為意義所在。

　　在當代，我們可以看到大量的廣告或招牌，利用符號「詩性」讓人記住。雅柯布森引詩人霍普金斯的話：詩是「全部或部分地重複聲音形象的語言」。因此詩性的一個重要標記是重複某些要素，讓這些重複之間出現有趣的形式對比。「詩性」是一種風格特徵，能讓一個符號文本帶上某種「藝術性」，但不一定能使這個文本變成藝術。雅柯布森還作了一個有趣的觀察，他認為：「『詩性』與『元語言性』恰好相反，元語言性是運用組合建立一種相當關係，而在詩中，則使用相當關係來建立一種組合。」（Jakobson 2004：183）。元語言性說明文本指向意義，重點是解釋；而詩性讓文本回向自身，重點停留在文本上，不求解釋。（喬琦、趙毅衡）

參見：主導功能，雅柯布森，意動，接觸性的
延伸閱讀：Jakobson 2004，1987

Pollyanna hypothesis 樂觀假定

　　樂觀假定提出人對符號文本認識方式的一種特殊方式。

　　Pollyanna是19世紀末一部英國小說中的女主人公，是一個永遠快樂的樂天派。語言學家發現往往是人傾向於「說好話，用好詞」使某些「善詞項」在語言中成為非標出項：「人類集體擁有別的一個傾向，及頭腦加工資訊時，比起令人不愉快的資訊，人對愉快的資訊認知更快，識別更多，更願意接受，加工更快，也更容易回憶起來」（Matlin & Stang 1978：2）。例如幾乎在任何語言中，詢問句都是：「這孩子有多高？」而不問「多低？」；「這包有多重？」而不問「多輕？」。

　　「樂觀假定」，即人傾向於把使人愉悅的符號作為普遍使用的非標出項。社會心理學至今尚未能嚴密論證這個假定。從符用學上看，卻是一個普遍的符號行為（Andrews 1990：67-69）。呂叔湘指出，漢語中「大」與「小」兩詞不對稱：「大自然」「大海」，可以用「大」卻很難用「小」，與實際的大小無關（呂叔湘1984：73）。石

毓智對漢語中的「積極形容詞」與「消極形容詞」使用的「詢問域」之不對稱有詳細的統計（石毓智2001：226-259）。沈家煊推引此論，認為在漢語中「消極詞」是標出的（沈家煊1999：25）。

「樂觀傾向」造成符號中項朝「非標出性」偏邊，而被文化視為正常的，人就覺得愉悅。因此，對美的最一般的定義是：能給人愉悅與快感經驗的，就是美的，而非標出項，有令人愉快的正常性，因此，美感常常是「在非標出性中感到的愉說」。

錢鍾書解《詩經》「洵美且都」，認為「都」即是「京城樣式」，他引楊慎「山姬野婦，美而不都」，又引《敦煌掇瑣》「及時衣著，梳頭京樣」（錢鍾書2007：1.184）。「首善之區」的各種符號表意方式，包括方言，被政治或經濟力量強加於全民，歷經彌久，其美感，來自其「正常」地位：接觸多，敬重多，就變成正常；而地方方式則成為文化中的標出項，因為邊緣化，就被認為是醜。從符形與符義角度完全無法解釋其中美醜之別。（趙毅衡）

參見：標出性，藝術符號學

polyphony 複調

現代文論重要概念，原為音樂術語。巴赫金（Mikhail Bakhtin）用以概括陀思妥耶夫斯基作品特徵。這一概念的提出不僅開啟了陀思妥耶夫斯基研究的新階段，更具跨學科影響，是一種獨特的符號文本解析方式。

在其名著《陀思妥耶夫斯基的詩學問題》（Bakhtin 1988）中，巴赫金提出複調的概念是：「有著眾多的、各自獨立而不相融合的聲音和意識，由具有充分價值的不同聲音組成真正的複調……在他的作品裡，不是眾多性格和命運構成一個統一的客觀世界，在某一作者統一的意識支配下層層展開；這裡恰恰是眾多的地位平等的意識連同他們的世界結合在某個統一的事件中，而且相互間不發生融合。」

在形式上，複調作品擁有各類鮮明的詩學特色：巴赫金認為陀思妥耶夫斯基的作品在語言上充斥著各類雜語和對話，並且喜好讓情節在各類狂歡式的邊緣性場景中展開，以突出各種不同生活要素之間的衝突、對立與並存，從而構成作品整體上的「複調性」。

「複調」理論不僅是一種文學作品的特徵，更是一種新的認知話語和思維方式，在深刻剖析現代人的生存面貌和精神狀態方面表現出獨特的魅力，展現了巴赫金作為一位文化哲學家的思辨。有研究者評論，「複調」理論從一種小說論、批評論走向了美學，最終歸於哲學。（董明來）

參見：巴赫金，雜語，對話，狂歡

possible world theory 可能世界理論

「可能世界」，這一概念最早是德國哲學家萊布尼茨（Gottfried Wilhelm Leibniz）提出的。在當代，可能世界理論，廣泛應用於各種虛構體裁，有可能成為符號學發展的一個重要方向。

萊布尼茨認為，實在世界是眾多可能世界中，由上帝依據「充足理由」選擇的最豐富與最完美的一個，沒有被上帝選中的是「可能（被選中因而行得通）的世界」。萊布尼茨的「可能世界」理論既是邏輯學的，也是哲學的：一方面，「可能世界」是從邏輯原則推演出來的邏輯語言體系；另一方面，「可能世界」又是現實的或實在的，它是一個反映著現實世界潛有的哲學範疇。萊布尼茨用這一理論說明必然、可能、偶然等問題，如命題「方不是圓」是必然的，它在所有可能世界為真；命題「黃金是藍色的金屬」是可能的，它在某些可能世界為真。邏輯真實是絕對真實。現象真實只適合某個可能世界。

20世紀40-60年代，邏輯學家卡爾納普（Rudolf Carnap）、克里普克（Ssul. A. Kripke）、路易斯（David Lewis）等，在萊布尼茨「可能世界理論」基礎上，深化建立模態邏輯的形式語義學即可能世界語義學。他們對萊布尼茨的思想，進行了三方面改進：

一、**命題真假相對化**。經典語義學是相對現實世界而言的，它可以一般性地談論公式的真假，而無須特別指明是在現實世界中。而在模態邏輯中，有眾多可能世界且有其差異性，個體或事件在一可能世界中存在或發生，未必在另一可能世界中存在或發生，於是，命題的真假不再能被一般性地談論，給命題賦值必須指明是在某一可能世界中。

二、**必然性與可能性概念相對化**。某一命題是必然的或可能的，也就不再能一般性地談論，而需要特別指明是在某一可能世界中。

三、**可能世界之間有聯繫**。命題在某一可能世界中是必然的，當且僅當它在與該可能世界有關的那些可能時間中為真，而與它在那些無關的可能世界中的真假無關。因此，一命題在某一可能世界中的必然性，是相對於與該可能世界有關的所有可能世界而言的。

可能世界語義學有助於說明虛構個體的存在方式，自20世紀70年代以來，可能世界語義學逐漸為文學理論改造借用，主要用以探討敘述虛構問題。

首先，重新關注虛構性（fictionality）即虛構與現實之間的關係問題。經典敘述學中虛構性一度被敘事性（narrativity）遮蔽或整合。文學理論從結構主義到後現代主義，通常堅持以話語置換「現實」的泛文本主義立場，發展到從文本的寫作和闡釋看待歷史真實的新歷史主義，不得不面對「事實」的質疑。可能世界語義學與文學理論結合，使文本符號分析重返虛構性論題，區別對待真實和指涉。同時，打破傳統文學虛構理論的虛構模仿現實的單方面反映關係，強調現實與虛構的相互模仿關係，肯定虛構的實體存在。

其次，虛構話語的命題真值問題。可能世界語義學為非現實的可能實體、屬性和事態的存在建立了合法性，虛構作品可以被視為對現實世界之外的可能世界的真實情況的描述。在「文本實在世界」

（textual actual wold）中，通過系統嵌套，形成多個有因果條件關係的可能世界。通過將虛構世界的特定命題進行恰當定位，可以對其核實、證明為誤或懸而不決，以此判斷命題的真假。

多勒策爾（Lubomir Dolezel）關注文學虛構的本體論地位，艾柯提出文學世界中現實、文本、人物亞世界層次模型，瑞恩（Marie-Laure Ryan）結合人工智慧、電腦虛構世界敘述學取得突破性進展。可能世界模型不再預設現實世界的特權地位，虛構世界不僅僅是對現實世界的表徵，而且是按照通達規則進行類比的可能世界。（孫金燕）

參見：模態，敘述學

延伸閱讀：Kripke 1963，2005；Lewis 1978；Dolezel 1998；Ryan 1991；張新軍 2011

potential sign 潛在符號

潛在符號，是作為符號被生產出來的人工製品（純符號），因為各種原因沒有完成傳送，沒有被接收，沒有完成符號傳達過程。但是它們依然是符號，原因是它們是人類作為符號製造出來的：符號發送者明確地給它們以意義，只是沒有夠及接收者。

皮爾斯說：「只有被解釋成符號，才是符號」。對此，潛在符號是例外，甚至可以說，被接收而實現了可能攜帶者的意義的符號是少數：有很多符號未能被解釋成符號，卻無法說它們不是符號，因為它們除了攜帶意義沒有別的用處。實際上，大量人工製造的「符號品」（例如紙幣、錄影、書籍）除了表達意義沒有其他用途。這些製品如果沒有被發行流通，就只能是潛在符號。

沒有發表的文學藝術作品，沒有被人看到的化妝或設計，半夜裡無車輛行人時的紅綠燈，沒有傳送出去的電子信，沒有送出的禮品，沒有郵寄的單相思情書。這些都是符號，因為它們明顯地攜帶著意圖意義和文本意義，哪怕沒有接收者，它們依然符合「攜帶意義」的符號定義，具有「被認為攜帶意義」的潛力，一旦有機會遇到接收者

（例如一篇「抽屜文學」重見天日，一個無人的街口錄影被檢查），就可以完成符號表意的整個程。

有的潛在符號落在符號的門檻上，艾柯指出：當我們聽到一段純粹的吼喊，我們不會完全不理解，因為我們能從語調、重音、姿勢、節奏、律動、加速、遲延等方面，感覺到它們可能具有的內容：只是它尚未落到我們的文化中，尚未被語言與其他符號系統轉化為文本，因此是未充分成為文本的符號（Eco 1979：28）。

克里斯蒂娃（Julia Kristeva）認為在符號之前，尚有「子宮間」（Chora）前符號層面，它是欲望、律動、姿勢、動力能量，它們形成人之存在的「前符號」（pre-symbolic）原始階段。這是人的潛意識中的符號。它們尚未得到符號文化規範的編碼，尚未能以一定的符號文本形式出現，所以克里斯蒂娃認為它們是「前符號」符號活動。這也是一種特殊的潛在符號。（趙毅衡）

參見：符號過程，不完整符號
延伸閱讀：Kristeva 1984；Eco 1979

practical meaning 實用意義

符號是用來傳送意義的，其中大部分是實用意義。符號的價值從定義上無法量化。但符號的「實用意義」可以比較，可以作社會學的調查統計度量，在當代甚至經常可以用貨幣度量。

符號量化不是自今日始，它是人對意義本身的一種解釋方式。例如禮物作為人際關係的符號，已經有幾千年歷史，是人類文化向來就有的意義實踐。古代的番邦「進貢」，對朝貢者是個義務，被朝貢的天朝，也進入禮物所體現的意義契約。禮物的實際價值，把送禮者與收禮者的社會等級差距，所求索的好處價值幾何，以及各種其他因素（例如送禮者對收禮者貪婪卑劣程度的估計，對「禮尚往來」的回報計算），精打細算地計算在內：一旦禮物價值超過這些價值的總和，送禮就沒有必要。

　　符號實用意義的貨幣化估價，是當代消費文化的重要特徵之一：如果不能給品牌標價，即給商品定下超越實際價值的價格，品牌就不成其為品牌，商品的價值就淪為物的價值。冒牌商品的商標精美，製作加工也不差，但是貨主為了儘快脫手而標出價格便宜，這時冒牌反而暴露。此時價格不是商品的價格，也不是商品意義轉換成價值，價格本身就是符號的意義。（趙毅衡）

參見：符號，藝術意義

pragmatic motivation 語用理據性

　　索緒爾把任意性看成是「符號的第一原則」，他只承認擬聲詞的初度理據性，以及複合詞與片語的構造理據性；皮爾斯認為，大量符號是有理據的，但是語言詞彙，是無理據的規約符號；語言學家發現語言中理據性範圍大得多，從構詞法，到句法，到比喻通感等各種修辭手法，到語法構造，都出現局部理據性。

　　但是人類在使用語言時，使用普遍的「語用理據性」。西尼認為這是「現象符號學」的根本問題：「說『house』，寫成斜體，寫成大寫，像孩子一樣畫一所房子：這些聲音，記號，圖畫，意義都是相同的，哪怕說maison，或是說casa，都有一個相同的詞或思想的形式，使它們意指房子」。他稱這個「思想」為「形式的內容」（the content of the form）（Sini 2009：3）。諾特指出，語言像似應當分成內外兩類。「初度理據性」所說的語音理據與「再度理據性」的詞法，句法，詞源的理據性，都是語言的「內理據」（endophoric），即「模仿形式的形式」（form miming form）。而語言中真正在表意過程中起作用的，是「外理據」（exophoric），外理據是「模仿意義的形式」（form miming meaning）。內理據是個別的、偶發的，而外理據是普遍的，諾特稱之為「普遍語言像似」（Noth 2001：16）。

　　語言，作為人工製造的符號，必然被社群作集體使用。語言在使用語境中被理據化，這種語用理據性，在使用者社群中，是普遍的。

社會性使用，對於無論哪種符號，有意義累加作用：使用給符號以意義，使用本身就是意義。

語言的「像似」，一直是符號學中最大的爭議點。符號學家諾特指出，語言中的普遍像似性，表現在三個方面：第一，接收者的思想與認知中，心象無所不在；第二，在「創造性文本」中必然需要像似符號；第三，傳達中互相理解以語言的像似為先決條件（Noth 2001：125）。這三點都落在符用範圍裡，其中「心象原則」是最根本的，語言要能激發心象，文本中就必須有語象。

模態邏輯語義學的創始人克里普克指出：詞「使用」的歷史，造成意義積累。無論是專名，還是通名「並不是這個名稱的含義在起作用，而是這個名稱的起源和歷史，構成了歷史的因果傳遞鏈條」。「而當一個專名一環一環地傳遞下去的時候，確定該名稱的指稱方式對於我們來說是無關緊要的，只要不同的說話者給它以相同的指稱物件」（Kripke 2005：125）。在「形成鏈條」的使用中，命名獲得了使用理據性。

作為語言符號基礎的任意性原則依然成立，在符形符義層面上，理據性是語言內部的特殊關係方式，並非普遍；而在語用層面上，「外部性」理據，是語言有效使用的基礎。因此，任何符號系統都處於任意性與理據性的張力性結合之中；兩者的平衡是動態的，因使用語境而變化的。（趙毅衡）

參見：任意性，理據性
延伸閱讀：Noth 2001；Kripke 2005

pragmatics 符用學

莫里斯符號學三分科之一，中國語言學界又譯為「語用學」。莫里斯的符用學本質上是術語「行為主義的語用學」。在莫里斯看來，符用學是「一種符號學，它在符號存在的行為中處理符號的來源，使用及效果」。基於他所處時代的行為科學，莫里斯建立了一整套新的符號術語，其中最重要的是符號過程和符號行為的概念。符號過程中包含

五種因素，即包括符號的接收者和使用者在內的解釋者（interpreter）、符號或符號媒介物（sign-vehicle）、解釋（interpretation）、意謂（signification）和脈絡（context），它們共同構成了一個符號過程。同時，莫里斯看到，符號過程是同解釋者的行為密切地聯繫在一起的，從而強調符號與行為以及行為環境的關係，認為符號只有在交往過程中有人或動物充當它的解釋者的情況下，才能起符號作用。

符用學研究符號與接收者之間的關係，研究接收者在什麼樣的條件、什麼樣的情景下，會求得何種意義，以及接收者如何使用這個意義。凡是必須考慮到使用者的問題，都落在符用學的領域。符號學家裡奇指出，凡是對應了以下四條中的任何一條，符號的解釋都進入了符用學的範圍：

1.是否考慮發送者與接收者？

2.是否考慮發送者的意圖，與接收者的解釋？

3.是否考慮符號的脈絡？

4.是否考慮使用符號而施行行為？

這實際上就是說，一旦牽涉到符號使用者，由於具體的脈絡不同，符號的意義會變得無窮複雜：人類活動的各個領域，包括社會、文化、個人生活，都進入了考慮範圍。要理解一部電影，幾乎會捲入整個人文學科社會學科的知識：誇張一點說，如果這部小說或電影意義比較豐富的話，它創造的世界，可以支持任何論辯，讓任何理論言之成理，因為它不僅牽涉到解釋者個人，而且捲入符號的總體社會表意潛能。

符號學界原先認為，符用學的地位是成問題的，有人甚至覺得符用學是符號學的「垃圾箱」，發現什麼問題解決不了，就可以往裡扔，也就不加深究。現在，符用學成為符號學最活躍的領域。意義究竟是什麼，這個問題最可能的解決途徑，還是必須到語用學中找。

（趙毅衡）

參見：莫里斯，符形學，符義學

延伸閱讀：Leech 1974；Bloomsfield 1933；Wittgenstein 1997

pre-text 前文本

指一個文本生成時，所受到的文化中先前的所有文本的影響。這個概念與一般理解的「文本間性」相近，稱之為前文本，是因為此種影響，必然在這個符號文本產生之前。狹義的前文本比較明顯：文本中的各種引文、典故、戲仿、剽竊、暗示等；廣義的前文本，包括這個文本產生之前的全部文化史。因此，前文本是文本生成時受到的全部文化語境的壓力，是文本生成之前的所有文化文本組成的網路。例如，一部電影的生成，受到這部電影產生之前的整部電影史，整部文化史的意義壓力。（趙毅衡）

參見：伴隨文本，文本間性

pre-understanding 前理解

海德格所用術語。海德格認為，理解行為乃是對「上手之物的因緣整體」（也就是工具之間互相關聯的關係整體）的理解。這個關係整體可以不被「專題性」地把握；而對此整體的非專題理解，則被一種「前」結構所規定：海德格稱之為「前把握」「前佔有」，「前見」與「前掌握」。也就是說，人類（此在）的任何解釋，都必然地受到這種「前」結構的影響：它決定了人類的理解「瞄向」何種可理解性，決定了人類是贊同，還是反對針對物件的某種特定概念。海德格認為，沒有不受任何「先入之見」影響的「無前提的把握」，甚至連注疏家所依據的「原典」，也不過是另一種先入之見。（董明來）

參見：海德格，存在符號學

principle of acceptance 接受原則

對符號述真的一種判斷原則。首先討論符號述真問題的是格雷馬斯（Algirdas Julien Greimas），他認為：述真的模式化，最終在三個條

件上實現，即做（faire）、是（etre）、知（savoir）。拉斯提埃爾進一步認為，對於符號表意來說：對「誠信／作偽」（true/false）作區分是「述真狀態」（veridictory status）問題；「實在／非實在」（real/unreal）的區分是「本體狀態」（ontological status）問題；「正／負」（positive/negative）是「心理狀態」（thymic status）問題（Rastier 1997：86）。

述真問題是符號學的核心問題。

哈貝馬斯在討論社會交流時指出：發送者與接收者的互動，是交流的關鍵。他認為語言遊戲如棋局，交流雙方根據局面作進退處置（Habermas 1990：91）而巴恩斯（Barnes 1990）認為語言遊戲如撲克，遊戲雙方不知道對方掩蓋起來的牌，不像棋局那樣把棋子攤在桌面上。哈貝馬斯的比喻是比較準確的：符號表意文本是攤開的，如接收者能看到的棋子，而不是被遮掩起來的撲克。而且正因為接收者依靠的只有文本，文本的袒露遮蔽了發出者的動機，才會出現接收者不懷疑誠信而受騙的局面，這與下棋是同樣機制。

由此，出現符號述真問題上的三元原則，其中最為關鍵的是符號接受者的態度。（趙毅衡）

參見：誠信諸原則，述真
延伸閱讀：趙毅衡2011

principles of sincerity 誠信諸原則

有關符號「真實性」評價方式諸學說的一種傾向，即把交流的順利歸結為遵守某個誠信的原則。倫理哲學家羅斯（William David Ross）在20世紀30年代就提出人際交流「誠實原則」（principle of fidelity）（Ross 1930：35）。由於政治哲學家羅爾斯（John Rawls）在名著《正義論》中借用此原則，並且擴展成政治倫理學的「公平原則」（principle of fairness），而廣為人知（Rawls 1971：312）。語言學家格賴斯（Herbert Paul Grice）提出的「合作原則"（cooperative principle），

現在已經成為許多學科的基礎理論。此原則要求對話者「作出符合談話方向的貢獻」，因此必須遵循四個準則：「真實、足夠、相關、清晰」（Grice 1975：3）。以上這些理論的共同點，是認為有效的社會交流需基於某種誠信，違反這個原則的傳達則為「違規」。順利的交流，取決於如何排除這些違規。

在人類文化中，符合這些誠信原則的交流並不多，這些原則只是一種評價要求，可以用在法學、政治學、翻譯學、教育學中。一旦用到複雜的，有許多虛構的傳達場合，例如美學、敘述學、遊戲學，應用「誠信原則」就很困難（McManus & Harrah 2006：33.425）。

在「誠意」與「撒謊」之間，有非常寬的灰色地帶。建立功能語法的韓禮德（Michael Halliday）總結了各種「修正」策略，為了引入「介於是與非的那部分意義」（Halliday 1994：360）。語用學家里奇（Geoffrey N Leech）提出「禮貌原則」（politeness principles）從語用上修正格賴斯「合作原則」，他提出六條準則：策略、慷慨、讚譽、謙遜、一致、同情，有了這六種準則，說話就可以並不完全符合「合作原則」，但是傳達可以更為暢通（Leech 2005：6.3-31）。

符號學要處理的意義範圍比誠信諸原則寬得多，因為符號經常用來遮蔽真實意圖。（趙毅衡）

參見：述真，交流，接受原則
延伸閱讀：Grice 1975；Halliday 1994

product semantics 產品語義學

產品語義學是在符號消費興起的背景下發展起來的一種設計方法理論。作為符號學與產品設計理論結合的學科，它是一種應用符號學分支。

作為物質生產成果的產品，首先是一種技術活動過程，它是對自然界的加工和改造。在早期現代社會，物質性生產佔據主導地位，相應的產品設計主導思潮是「人機工程學」。人機工程學注重的是產品

與人的物理性關係和功能匹配。隨著人類進入消費社會階段物質產品的主導功能逐漸讓位於精神性需求時，符號滿足成為商品首要功能，產品語義學應運而生。

產品符號學理論架構始於1950年德國烏爾姆造型大學的「符號運用研究」，1983年，克里彭多夫（Klaus Krippendorff）以及布特（Reinhart Butter）提出產品語義學的基本思路。美國工業設計師協會（IDSA）所舉辦的「產品語義學研討會」對「產品語義學」進行了定義：產品語義學是研究人造物的形態在使用情境中的符號特性，以及在工業設計中進行應用的學科。它突破了傳統設計理論將人的因素都歸入人機工程學的限制，擴寬了設計指導思想範疇。產品語義學是研究產品及其人機界面的互動意義的學問，它將設計因素深入至人的心理、精神因素。產品造型除表達其功能性目的以外，還要透過其語義特徵來傳達產品的文化內涵，體現特定社會的時代感和價值取向。在很多情況下，人們並不是購買具體的物品，而是在尋求潮流、青春和成功的象徵。

總體而言，產品語義學可視為設計符號學的一個組成部分。產品語義學與其他設計符號理論相比，其符號載體——產品具有更鮮明的物質性和技術特性。（胡易容）

參見：視覺符號學
延伸閱讀：Krippendorff 2006

pseudo-environment 擬態環境

美國傳播理論家李普曼（Walter Lippmann）提出的一種符號環境觀，指人所處的環境是「環境的符號化」，而非客觀環境本來面目。

「擬態環境」並不是現實環境的「鏡子」式的再現，而是一種符號構築的「資訊環境」，是傳播媒介通過對事件資訊進行選擇和加工，重新結構化之後向人們展示的周圍環境。由於這一過程在媒介內部進行，所以通常人們意識不到這一點，而往往把「擬態環境」作為

客觀環境本身來看待，並回應以真實的行為，最終擬態環境改變了真實的環境，即「擬態環境環境化」。

　　李普曼特別強調大眾傳播的力量，認為大眾傳播不僅是「擬態環境」的主要營造者，而且在形成、維護和改變一個社會的刻板成見方面也擁有強大的影響力。（胡易容）
參見：傳播符號學，李普曼

punctum 刺點

　　巴特在《明室》（Barthes 2011）一書中提出的關於符號文本分析的重要概念，與展面（studium）相對。
參見：展面

pure language 純語言

　　翻譯語言是一種處於理想境地的「純語言」符號。

　　班雅明（Benjamin）在《譯者的任務》中的觀點為跨語際交流提供了新思路，按照他的觀點，本源語中的原文和接受語種的譯文應該服從於第三種符號——純語言，它「不再意指或表達任何東西，而是就像那不可表達的、創生性的太初之言，在所有語言中都有意義」（Benjamin 2005：6）。存在著這樣的語言符號，翻譯才有可能，不管我們是否有足夠的能力去理會「純語言」。

　　班雅明所謂的在翻譯中產生的「純語言」概念來自荷爾德林，荷氏提出純語言的目的是想在「他所翻譯的古希臘語和現代德語之間開闢一個文化和言語上的中間地帶，這個地帶既不完全屬於希臘語，又不完全屬於德語，而是更貼近所有人類語言所共有的東西」（譚載喜1991：140）。簡單地說，荷爾德林提出的「純語言」兼具了希臘語和德語的特徵，從而使譯文能夠被懂德語和希臘語的讀者所接受。也即是說翻譯語言應該具有原語和譯語的共同特徵，兩種語言「以一種互

補的關係共同存在」於翻譯符號這樣的第三種語言系統中，只有這樣才能最大限度地讓讀者領會翻譯中的指號過程以及翻文本。

　　班雅明提出「純語言觀」，目的是基於翻譯語言符號應該盡可能多地具備原語和譯語的共同性，顯示翻譯語言符號的跨語際特徵。（熊輝、劉丹）

參見：翻譯符號，潛譯本，可譯性
延伸閱讀：Benjamin 2005；Duff 1981

Q

qualisign 質符

質符，皮爾斯（Charles S Peice）從符號指稱範圍進行分類得出的三種符號種類之一，另外兩種是單符和型符。質符是一種感知。除非它被理解為攜帶意義，否則不能實際地充當一個符號。（顏青）

參見：單符，質符

R

ratio dificilis 難率

艾柯提出的關於符號產生方式的術語。與易率（ratio facilis）相對。

參見：易率

ratio facilis 易率

艾柯提出的關於符號產生方式的術語。易率與難率（ratio difficilis）相對，指的是某種意義的表現（expression）產生的「容易程度」。如果這種表達形式是一句某種預定的編碼方式產生的，產生的過程就比較「容易」，數量就多。例如當代社會的大量印刷品，或網上複製品。例如，數量巨大的景點地圖，導遊圖，按預定方式產生的。難率的表達產生方式則與之相反，其編碼方式是非預先決定的，而是在生產過程中創造的，例如藝術家畫一張風景。因此，易率符號是程式化的，而難率符號是風格化的。

人類文化的發展史，是符號表意無可阻擋地從難率向易率「崩塌」的歷史：一個信仰的發展，會是某種聖像易率化；一種遊戲的普及，會使某種符號（例如撲克牌的K）易率化；藝術品生產的機械化，會使大師演奏這樣的「極端難率」符號易率化。（趙毅衡）

延伸閱讀：Eco 1976

recentering 再中心化

瑞恩（Marie-Laure Ryan）提出的可能世界理論與符號敘述學重要概念，是讀者在閱讀過程處理虛構世界的方式。當讀者沉浸在虛構世

界裡，可能性的領域圍繞敘事者表現為現實世界的領域被重新中心化，人物所在的世界即文本現實世界暫時取代讀者所生活的現實世界。（孫金燕）

參見：虛構世界敘述學，瑞恩

redundancy 冗餘

資訊理論術語，指資訊傳播活動中不能增加有效資訊（即不減少熵）的成分。常常表現為已知的、可以預測的或重複的資訊。此概念出自貝爾電話實驗室的電訊工程師克勞德‧香農（Claude Shannon）和其合作者沃倫‧韋弗（Warren Weaver）合著的《傳播的數理理論》（Shannon & Weaver 1949）。冗餘度是一個情境可預測部分（已知、可確定的）的比率，它是對確定性的測定。非熵的那部分資訊叫冗餘。如果冗餘被遺漏，資訊仍然是基本的或可以補充完整的。

「冗餘」在傳播中並非是完全「多餘」無用的。為傳播活動順利進行，適度的冗餘是必要的。在社會交往方面，冗餘資訊則扮演著更重要的角色。例如，雅柯布森（Roman Jakobson）提出的交流六要素模型中指出，當資訊側重於表意媒介時，資訊語義重要性退縮，而成為保持接觸的方式，冗餘成為造成傳播接觸的手段。在香農－韋弗的技術性傳播模式中，冗餘資訊能夠起到抵消噪音、糾錯、彌補媒介缺陷等作用。（胡易容）

參見：資訊理論，熵
延伸閱讀：Shannon & Weaver 1949

reference 指稱

即符號再現體與物件關聯的方式。在索緒爾的符號結構中，指稱是能指引向所指的過程。這一過程看似清楚，實際上有模糊之處。在

皮爾斯理論中，這一過程是一個三分式。由此，指稱由一個簡單明確的實在客體之間的關係轉變成為不確定意義的衍義過程。（顏青）

參見：再現體，物件，第二性，指稱物

referentiality 指稱性

雅柯布森提出的符號文本六種主導功能之一。當一個符號表意文本的功能側重於物件時，符號出現了較強的「指稱性」。此時符號過程明顯以傳達某種明確意義為目的。實用／科學符號表意，大多是「所指優先」，這一類符號表意最為常見，也容易理解。此時符號的「物件」就是意義所在，意義明確地指向外延。（趙毅衡）

參見：主導功能，所指優勢

referent 指稱物

指稱物，即再現所指向的物件。當接收者體驗到再現體的指稱關係時，再現體就會指向那個與其相關的物件，這個物件就是這個再現體的指稱物。（顏青）

參見：指稱，對象，第二性

replica 複本

也譯成仿製或複製品。艾柯認為符號的物質形態都是能被複製的。複本與重複的不同之處在於，複本是指向同一個物件的不同符號，例如公路標誌等，而重複不構成符號。

一般而言，符號在複製後，意義產生變化，此時稱為複本，美術、音樂等都是如此。通常複本經濟價值與它跟原客體的重疊度有多高無關。當然，一件完美複製品也可能具有價值：如米開朗基羅「悲

慟」的完美複製品,其符號學屬性在於它非常忠實地轉達了原作細微之處。(李靜)

參見:重複

representamen 再現體

皮爾斯的術語,指符號構成的第一個要素,另外兩個是物件和解釋項。在皮爾斯的論述中,再現體(representamen)常常等同於「符號」一詞。皮爾斯最初對再現體的定義是:「符號或再現體,對某個人來說,它在某個方面或以某種身份代表某個事物」(Peirce 1936-1958:2.228);後來對再現體的定義則表述為:「符號,或者再現體,是一種第一性,它在真正的三元關係中表示被稱為它的物件的第二性,並決定被稱為它的解釋項的第三性以同樣的三元關係表示物件,而它自己也指稱這個物件」(Peirce 1936-1958:2.274)。(顏青)

參見:物件,解釋項

representation 再現

皮爾斯最早論述符號本質時所使用的術語,一部份中國學者譯此詞為「表徵」。再現是符號化的過程,即賦予感知以意義。皮爾斯將再現與能夠真正理解符號的意識聯繫起來。「由此,我們理解中的整個世界就是一個再現的世界」。

霍爾(Stuart Hall)對「再現」的功用解釋得非常簡明清晰:「你把手中的杯子放下走到室外,你仍然能想著這只杯子,儘管它物理上不存在於那裡」(Hall 2003:17)。這就是腦中的再現:意義生產過程,就是用符號來表達一個不在場的物件或意義。再現的對立面是「呈現」(presentation),一個杯子可以呈現它自身,物自身的呈現不能代表其他東西。只有當呈現對一個意義構築者意識發生,在他的解釋中變成再現,才會引向意義的解釋。呈現是事物向意識展開的第

一步，其感知尚沒有變成符號而獲得意義，再現則已經被意義解釋符號化。

漢語文獻中關於這個概念的討論，有時候與「表現」（expression）混淆。「表現」是個人意識（尤其是情感）的再現，是「再現」的一種。把這一派的符號學稱作「表現性的」，應當說是很準確的，他們很強調藝術的情感表現。（顏青）

參見：表現，呈現
延伸閱讀：Hall 2003

retroactive reading 追溯閱讀法

里法泰爾詩歌符號學的基本原則之一，重讀是構建詩歌深層意義的有效方式。

里法泰爾指出必須區分詩歌閱讀的兩個階段，第一步是教學式閱讀法（heuristic reading），第二步是追溯閱讀法。追溯閱讀法對文本進行再次思考，表層的不通和深層意義網路的合理性所構成的雙重符號，迫使讀者讀出詩歌意義。追溯閱讀法呼應了詩歌的迂回表達法，避免了簡單將文本和現實對應起來的企圖，里法泰爾指出，詩歌中的逼真性不是要把讀者帶向逼真性本身，「即使對樹幹的描述碰巧是忠實於實際情況的，深層含義的因素仍是根本的、不變的，是主題上的多聲部樂曲似的變異」。（Riffaterre 2004：375）對文本的反復閱讀是一個動態過程，閱讀無休無止，詩歌可以被無盡地再閱讀。（喬琦）

參見：里法泰爾，超規定性
延伸閱讀：Riffaterre 2004

reversed metaphor 倒喻

符號修辭學術語，即喻旨出現在喻體之前。例如《長恨歌》「芙蓉如面柳如眉」。一般說來，符號修辭的比喻，倒喻比「正常順序」的隱喻更多，喻體可以提供背景，烘托氣氛，而喻旨由於符號距離，

必然後出。所以電影中「芙蓉＋面」，遠多於「面＋芙蓉」。在沒有
線性順序的符號文本中，例如展覽會的建築與展品之間，室內裝修的
掛圖與整體風格之間，喻體與喻旨無法說出一個前後。但是喻體總
比喻旨更引人注目，接收者一般先注意喻體，然後注意喻旨。（趙
毅衡）

參見：隱喻，符號修辭

rheme 呈位

某些中國學者音譯為「類模」。皮爾斯把符號表意的解釋項
分成三個階段或三個等級，稱之為呈位、述位（dicent）、議位
（argument）。呈位解釋項只是一種可能的解釋，是解釋的第一步。

參見：呈位，議位，解釋項

Richards, I A 瑞恰慈

瑞恰慈（1983-1979）現代形式論的奠基者之一。他的美學與文藝
哲學著作，成為新批評派乃至整個現代形式論的理論基礎。瑞恰慈這
個名字（原本應當譯成理查茲），由於他長期在中國任教，是中國知
識界給他取的，已經相沿成習。

1922年，他的第一本著作，即與奧格登等（C K Ogden and James
Wood）合著的《美學原理》（The Foundations of Aesthetics）（Richards
& Ogden 1922），創造性地使用儒家中庸哲學，來解決西方思想中的
傳統命題。20世紀20年代瑞恰慈出版《文學批評原理》（Principles of
Literary Criticism）（Richards 2001），影響極大；瑞恰慈在劍橋大學
的文學研究班做了一個著名的實驗，把一些詩略去作者姓名，發給
學生評論，結果證明許多學生離開作者名字提示的各種傳記資料和社
會評價背景，完全無法作批評。瑞恰慈仔細分析這些案卷，寫成《實
用批評》（Practical Criticism）（Richards 1956）一書，這是至今有巨

大影響的細讀（close reading）批評的肇始。1929年瑞恰慈夫婦二度來
北京，在清華授課。寫成了西方孟子研究的開拓性著作《孟子論心》
（Mencius on Mind）。20世紀30年代末瑞恰慈來到中國長住，70年代末
來華講學，在演講途中倒下。

　　瑞恰慈1923年與奧格登（C K Ogden）合著的《意義的意義》
（The Meaning of Meaning）一書，系統地提出語境理論，至今被認為是
符號學的重要著作。（趙毅衡）

參見：語境論，符義學
延伸閱讀：Richards 1922，1923，1956，2001

Riffaterre, Michael 里法泰爾

　　里法泰爾（1924-2006），法裔美國學者，著作包括《詩歌符號
學》Riffaterre 1978）、《文本生成》（Riffaterre 1979）、《虛構的真
實》（Riffaterre 1990）等。他在《詩歌符號學》中建立了一套體系完
備的符號學詩歌理論。

　　里法泰爾認為「詩歌獨有的意義單元是文本有限的、緊密的
存在，理解詩歌話語最有效的方式是符號學的而不是語言學的」
（Riffaterre 1978：4）。他把一首詩的各個部分視為相互緊密聯繫在一
起的單元，若拋開系統，單個詞語、單個詩行、單個詩節都無法完成
意義的傳遞。

　　里法泰爾的詩歌符號學建立在「主型－模式－文本」理論框架
之上。主型是一首詩的核心意義單元，詩歌的其他意義以同義、近義
或反義的方式圍繞其展開和衍生；模式是對主型的回應，是主型最基
本的實現方式。主型是文本派生的動力，而模式決定著派生的方式。
「主型、模式和文本都是同一結構的變體」（Riffaterre 1978：19），
這裡的結構指文本的深層結構，它控制著文本的表面結構。

　　里法泰爾把閱讀分為兩個階段。初始階段是教學式閱讀（heuristic
reading），從模仿的角度分析詩歌，讀者關注語言符號指涉的客觀物

件、事件或概念，但這種閱讀困難重重，詩歌中的斷裂、矛盾、無意
義等不通現象無法得以解釋。若要掃清障礙，閱讀必須進入第二個階
段——追溯閱讀，即跨過模仿的障礙，進行闡釋學的閱讀。

　　詩歌研究是符號學最難處理的領域之一，里法泰爾的符號學理論
對詩歌文本形式、文本深層結構、語言詩歌難懂等問題作出了重要貢
獻。（喬琦）

參見：追溯閱讀法，不通，主型，模式，超規定性
延伸閱讀：Riffaterre 1978，1979，1990

ritual 儀式

　　儀式是一種重要的文化符號現象。是在一定的情境（如宗教，
或者世俗慶典等）中被反復使用且被賦予特殊的象徵意義的活動的總
稱。狹義上，儀式也單單指宗教儀式；廣義上則指人類文化中任何模
式化（patterned）的象徵性活動，例如選舉、節慶等。

　　現在對儀式的分析和解讀成為人類學界關注的熱點。早期的以弗
雷澤為代表的以「神話－儀式」為標誌的劍橋學派，關注儀式與神話
之間的互文（context）、互疏（interpretation）、互動（interaction）關
係。弗雷澤在《金枝》（Frazer 1998）中從進化論的視角分析出「死－
再生儀式」「豐產與生殖儀式」「替罪羊儀式」等原型儀式；泰勒則
將神話分為基本的、原始的「物態神話」（Material Myth）和從屬的、
其次的「語態神話」（Verbal Myth），物態神話便是儀式，而語態神
話是對物態神話所作的解釋。

　　塗爾幹（Emile Durkheim）、馬林諾夫斯基（Bronislaw Kaspar
Malinowski）等考察宗教儀式在整個社會中的功能和意義。塗爾幹在他
的《宗教生活的基本形式》（Dirnkheim 2011）中將世界劃分為神聖事
物和世俗事物兩部分；而信仰和儀式則是代表神聖事物的宗教的兩部
分，其中儀式通過物質形式和行為模式來展示信仰的主張和見解。馬
林諾夫斯基巫術和儀式都是為了滿足人們的基本需求。

　　李維史陀在《憂鬱的熱帶》（Levi-Strauss 2009b）中指出儀式是連接神聖世界和世俗世界的橋樑和必要條件。範‧根納普（Arnold Van Gennep）在《通過儀式》（The rites of passage）（Gennep 2004）中認為時間將人分成許多階段，人要在一個階段向另外一個階段過渡，這樣就有一個過渡儀式，許多過渡儀式都包括分離、過渡和組合三個基本內容，而又被表述為前閾限、閾限和後閾限三個閾限期。結構－功能主義者特納（Jonathan H Turner）將閾限定義為「兩可之間」或者是「模棱兩可」（betwixt and between）。閾限在結構上既不是這個又不是那個，但二者兼而有之。經歷過度儀式的人被成為「閾限人」，這些人在結構上是不可見的，他們既不再被分類，也不能被分類。在《象徵之林》中特納還將象徵性符號作為儀式的最基本的單元也是儀式語境的基本單元。儀式的象徵符號具有濃縮性，並且其中的支配性象徵符號是由迥然不同的所指相互連接組成的統一體。象徵符號意義具有「感覺極」和「理念極」兩個維度。（張洪友）

參見：巫術，禁忌，圖騰
延伸閱讀：Frazer 1998；Mestrovic 1992； Durkheim 2011

Ryan, Marie-Laure 瑞恩

　　瑪麗－勞爾‧瑞恩（1946-），瑞士裔美籍學者，曾任教於科羅拉多州博爾德（Boulder）大學英語系，目前在德國約翰尼斯堡大學任研究員。對傳統媒體和新媒體敘述學都有深入研究，虛構世界敘述學的集大成者。

　　瑞恩明確提出「敘述學在可能世界理論的框架下工作」（David 2000）。她首先建議對虛構和敘述二者的不同性質進行區分，並依據文本是否具備文學性、虛構性和敘述性將其劃分為八類。瑞恩還提出關於人物私人世界的模態結構。一種令人滿意的情節模式必須描述事實上的敘述世界（故事中的真實世界）中的既定構成同人物的私人世界的構成之間的關係變化。

　　瑞恩的另一個工作重點是數字敘述學。瑞恩承認虛構世界不是對現實世界的表徵，而是按照通達規則可進行類比的、與現實世界地位平等的可能世界的基礎上，試圖根據電腦的作用對其衍生的話語和文本的新形式加以區分。對於超文字、電腦遊戲、用戶參與型虛擬交互劇等，它們通常以故事和遊戲這兩種不同但互補的模式建構虛擬世界，為解決對超媒介數位文本性的學科殖民過程中來自遊戲學和敘述學立場的衝突提供了契機（Ryan 1999）。此外，她研究了電腦、網路理論、人工智慧尤其是虛擬實在中的敘事問題，將節點、網路、視窗、連接、類比等等概念用於分析敘述作品的敘述單位、情節、場面、敘述層變換、戲劇化敘事，以及超文字設置、文本內外主體間關係、虛擬世界的意義等等，得出了一些新的分析手段。（孫金燕）

參見：可能世界理論，虛構性
延伸閱讀：Ryan 1991，1999

S

san dong 三洞

　　載有道教符號的經書典籍。按道書的分類方法，指洞真、洞玄、洞神三部經書。據《道教三洞宗元》，由妙一（道）分出三元，由三元化生天寶君、靈寶君、神寶君。天寶君說十二部經為洞真教主，靈寶君說十二部經為洞玄教主，神寶君說十二部經為洞神教主，洞真為大乘，洞玄為中乘，洞神為小乘。三洞經書乃道炁所生，非人間所造，由特殊的符號組成。（黃勇）

參見：道教文字觀

Saussure, Ferdinand De 索緒爾

　　索緒爾（1857-1913），瑞士語言學家，符號學的創始人之一。索緒爾幾乎終身在日內瓦大學任教，他一生除了在他的「專業」梵語及印歐歷史語言學領域內發表過幾篇文章之外，幾乎沒有發表過任何語言學理論文字。他於1907-1911年在日內瓦大學講授《普通語言學》課程，這門課一共講了三次，每次有所不同，但是他生性沉默而孤獨，述而不作，甚至從來沒有寫下講稿，也可能沒有把自己的思想太當一回事。他去世後，他的學生把聽課筆記整理成《普通語言學教程》，於1916年初版，此書提出一系列突破性觀念，對20世紀批評理論起了決定性的影響。

　　索緒爾指出，語言學應當歸屬於一門範圍更大的學科符號學（他用法語semiologie，注意與當今通用詞semiotics不同）。語言是人類最大的符號體系，因此他認為語言學為整個符號學提供了基本模式。這

個觀念在符號學的發展過程中起了重大作用，但也導致很多局限，當今符號學已經越出了語言學模式。

索緒爾認為對語言（或其他任何符號系統）可以有兩種不同的研究方向：一是歷時的（diachronic），著重於發展；一是共時的（synchronic），展現為一個共存的結構。這個觀點給學術界震動很大，因為在這之前的語言學一直是語言或語系歷時演變的研究，從索緒爾開始，出現了共時結構研究的新方向。共時觀點最後也導致結構主義對歷史的忽視。

索緒爾指出，語言（或其他任何符號系統），有兩個不同層次：一是言語（法語parole），二是「語言結構」（法語langue），兩者合起來才成為一個語言（法語langage）。言語是每次使用語言的表現，是個人的表達；而「語言結構」是控制言語的解釋規則語法等的集合，它是社會性的，是存在於我們每個人的頭腦中的對語言這個系統的理解。正因為我們共有一個語言結構，我們才可能理解使用同一種語言的人。可以把言語看成表現方式，把「語言結構」看成深層結構，表現方式受深層結構的控制，這是索緒爾響最大的觀念，對20世紀所有的學術都產生了重大衝擊。

索緒爾認為，詞語或任何符號，由可以感知的能指（signifier）與所指（signified）兩個部分構成。兩者不可分，好像「一個錢幣的兩面」。索緒爾又指出，這兩者的結合是「任意的」（arbitrary，又譯「武斷的」），約定俗成沒有理由可言。任意武斷的符號要表達意義，就只有依靠它與系統整體中其他符號的區別，這樣整個結構可以共同起表意作用。因此，語言符號不是給已存在的概念命名，而是靠區分創造出概念範疇。因此符號單元只有依靠系統才能獲得意義。這是索緒爾整個體系的核心觀念。當代符號學已經突破了系統觀。

索緒爾提出的第四對兩元對立是組合（syntagmatic）與聚合（paradigmatic，索緒爾稱為「聯想關係」associative relations，已不用），任何意義表達行為，都必須在這個雙軸關係上展開。雙軸關係

理論在符號學發展中始終保持強大的生命力，俄國符號學家雅柯布森（Roman Jakobson）在這個理論上的貢獻尤為突出。

索緒爾的符號學思想，被20世紀許多學派發展開去，其衝擊首先發生在語言學領域：特魯別茨柯伊、馬丁奈、葉爾姆斯列夫、班維尼斯特、喬姆斯基等人，發展出體系完備的結構語言學，在六十年代造成巨大影響。結構主義語言符號學，也就是索緒爾式的符號學，席捲整個人文社科領域。然後從語言學發展到人類學、文學理論、文化研究，對現代思想界造成前所未有的衝擊。索緒爾的「任意性」原則造成的系統性要求，發展為有機論，也給符號學和其他學科的發展帶來一定的束縛。

20世紀70年代後，符號學發展成後結構主義符號學，皮爾斯的理論取向比索緒爾開放，索緒爾符號學逐漸被認為過時。但索緒爾留下的理論遺產，今日的符號學無法忽視。（趙毅衡）

參見：結構主義，系統性，有機論
伸閱讀：Saussure 1969，2007；Culler 1989

secondness 第二性

第二性，皮爾斯符號三範疇中的第二範疇，是「確有事實的存在」。在符號的構成中，物件是第二性的。皮爾斯從對現實性的考慮開始，認為一個事件的現實性存在於它在某時某地的偶然發生之中。關於某時某地的具體說明包含所有與其他存在物的關係，事件的現實性似乎就存在於與存在物宇宙的關係之中。皮爾斯舉了一個例子，比如把肩靠在門上並使勁想把它推開，就會感到一種看不見的、無聲的和不可知的阻力，雖然我們直接感知的是門。

然而，任何發生的事件都完全是個別的，它偶然出現在這裡或那裡。永恆事實的純粹個別性差一些，但它是現實的，它的永恆性和普遍性存在於它在每個個別的時刻存在於某處。（顏青）

參見：第一性，第三性

self-image 自我形象

　　主體符號學的關鍵概念。意識到某客體就意味著要審視觀看它。而距離是看的前提，正如拍攝照片就得首先與被攝之物保持合適的距離一樣。主體的自反性要求自我必須首先脫離原來那個第一人稱的我，與自我產生位移，援引一個有別於自身的另一視點，方可反觀自身。有別於自我，才能認識自我、自我反思，並試圖越出原來那個狹隘自我的藩籬。這種自我分裂如痛苦的分娩，但也是自我中心付出的必然代價。

　　自我是具有自反性與對話性的概念，因此，「自我意識」這一概念是一個充滿元意識色彩的符號，即要求站在自我的元層面來回視自我。但是，「自我意識」這個概念的誕生帶有胎記般的悖論色彩，因為自我反思或自我意識聽起來有點像自己拔起自己的頭髮脫離地面。這就是哲學史中麻煩的「自反性的盲點」，即「主體性的悖論」。探究自我意識等於追問同時作為反思主體與被反思客體是否可能？自我需要一個他者作為反思自身的一面不可或缺的鏡子。「我是誰」這個問題必須放到「我與誰的關係」的互動網路中來考察。這不是否認自我的獨特性，不是用他性來泯滅自我的個體性；而是回到自我與他者的鄰近性中反觀自我的獨特性。（文一茗著）

參見：主體，主體符號學

self-media/we media 自媒體

　　當代傳播符號學重要概念，出現於互聯網2.0時代，具體形式包括BBS、博客、播客及微博等。其核心理念是強調人人參與，人人具備話語權。此概念2002年，由丹・吉爾莫（Dan Gillmor）提出。他的文章《下一時代的新聞：自媒體來臨》，指出由於網路討論區、博客等互聯網新生事物風起雲湧，許多對科技嫻熟的受眾，參與了新聞對

話，而成為整個新聞傳播流程中重要且有影響力的一環，自媒體將是未來的主流媒體。

美國新聞學會下屬的媒體中心於2003年出版了由謝因‧波曼（Shayne Bowman）與克里斯‧威理斯（Chris Willis）聯合撰寫的「自媒體研究報告」，指出自媒體是普通大眾經由數字科技強化、與全球知識體系相連之後，一種開始理解普通大眾如何提供與分享他們本身的事實、他們本身的新聞的途徑。」這份報告認為有很多自媒體的形式，除了博客，還包括我們熟悉討論群組、用戶個人出版、協同出版、PZP系統、XML協同等。（劉吉冬）

參見：賽博人，網路符號學

semanalysis 符號精神分析

克里斯蒂娃（Julia Kristeva）將符號學與精神分析相結合，建構自己的符號學理論體系，即符號精神分析。

此前語言學和符號學通常將生產物流通的符號和意義作為分析物件，但精神分析的物件是一種超語言生產性文本。精神分析學提供了歷史性意義生成的理論模式。意義的生成性，是意義的萌芽到成立的整個過程。作為意義生產的最後階段，句子雖然出現，但這不過是作為意義生成的一種停滯局面。意義生成過程是使文本表層被切開的垂直面，成為被寄託的能指——能夠感知的東西。所以，研究意義生成的符號心理分析，就成了將文本意義生成的剖面進行分析的學問。

克里斯蒂娃特別將文學、詩歌文本作為分析物件，因為與日常語言比較，詩歌語言中的意義通常與異質的他者聯繫。在對詩歌文本的意義生成過程的研究中，克里斯蒂娃提出著名的「符號態」（the semiotic）和「象徵態」（the symbolic）的概念，前者只面對處於意義生成過程中的外部領域，是在準備象徵態成立的同時被排除的身體性的欲動空間，是不確切的非表現的短暫分節的空間；而後者與歷史和意識形態的外部領域密切相關，它是語言的邏輯意義的層面，又是語

言和符號，既屬於符號體系的領域，同時又是使物件確立的主體成立以後的領域。這二者不是處於相對立的狀態，二者是相互滲透並共存。

　　與意義生成性同時提出來的還有「生成文本」的概念。文本不是封閉的結構，在其結構中總是有他者進入。儘管結構向外部開放，但它往往被忽視，被隱藏，符號精神分析向意義生成之場，意義萌芽追溯下去，這就是「生成文本」，也是「意義的生成性」。作為現象的文本和作為生產的文本，作為處於與他者的多聲的對話之中的「文本間性」的理論也同時被提出。（張穎）

參見：零邏輯主體
延伸閱讀：Kristeva 1980，1986，2002

semantics 符義學

　　莫里斯符號學三分科之一，中國語言學界譯成「語意學」。符義學首先要回答，如何才能產生意義。意義的實現，是個程度不斷深入的過程。通常把解釋，即符號意義的實現分成三步：感知、接收、解釋。

　　符號意義「被感知」為第一步，感知卻不一定導向認知。解釋者生活在各種各樣刺激的海洋中，這些刺激都能被感知，也有相當多已經被感知，但是沒有多少被識別，而被解釋的更少。感知不一定包含接收者的意向性過程，接收才是接收者有意向的處理：接收過濾感知，這樣接收者才能進入理解。

　　此種「選擇性接收」，在任何符號解釋過程中都會遇到：讀一本書、看一場戲、參加一個聚會、上一堂課⋯⋯任何解釋，都是選擇接收的結果。接收過程很可能是規約性的，從而是自動化的，例如一個交通標誌，說明前面道路彎道較多應降速，駕車者最好不去辨別路牌上彎曲的線「像似」彎道，而是用自己對交通規則的熟悉，增加理解效率。程式化地理解符號，就可以跳過所有的中間環節，從感知直接跳入理解。

　　理解是一種「內化」，即把原來關於世界的經驗，變成關於自己的經驗，即使用自己過去的經驗積累，對自己說明符號意義。

　　有些論者認為符號學的核心應當是符義學，但在近年符號學運動中，符用學地位在上升。（趙毅衡）

參見：符形學，符用學

semiosis 符號過程

　　符號過程，就是用符號再現、傳達、解釋意義的過程。因此，必須區別這一過程中的幾種意義：

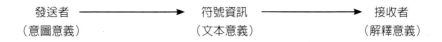

發送者　　────────→　符號資訊　　────────→　接收者
（意圖意義）　　　　　　　（文本意義）　　　　　　　（解釋意義）

　　這三種意義經常是不一致的，欲使它們之間保持一致，需要特殊的文化安排，例如現代的「科學理性」文化。而在人類「正常」的符號活動中，不一致是常態：陸機《文賦》：「恒患意不稱物，文不逮意。蓋非知之難，能之難也」。「文不逮意」的原因並不是「知」，而是「能」：人的符號能力，很難保證這三者一致。

　　第二，符號過程有個時空跨度，從發出到收到，可以相隔數萬光年的時間與距離，可以「間不容髮」，但時空跨度使這三個意義並非同時在場：發出者的意圖意義只是符號過程的起始；符號發出後，只有文本攜帶意義，解釋意義尚不在場。如果文本沒有意義，符號也就沒有理由被接受，不接受就沒有解釋出意義的可能。

　　第三，這三種意義互相排斥，互相替代，三者不可能同時在場：後一個否定前一個，後一個替代前一個。符號過程只能暫駐於某一個意義：不在場的解釋意義的最後要落實為在場，而起始的意圖意義，被攜帶的文本意義，輪流在場，最後（如果符號過程進行到解釋環節的話）被取消在場。

意義之有，是符號接收的必要前提，接收者真正的解釋，不一定也不可能回到意圖意義或文本意義，解釋意義的有效性只是解釋本身有效（使解釋成為一個解釋），不需要與表意的其他環節對應。一旦解釋者視某個感知為符號，它就成為解釋物件，而符號一旦成為解釋物件，就必然有意義：於是，解釋者的解釋意向，使符號攜帶意義。

既然解釋是符號意義最後實現的地方，任何解釋就都是解釋。皮爾斯說：「一個既定物給我們呈現無窮的特徵，都要我們解釋，假定有個解釋的話，也只是猜測。」對於雷電，對於月蝕，人們有各種解釋，這些解釋是對是錯，是隨著歷史文化而變化的。

符號過程三個環節的意義，一步步把前者具體化：意圖意義在文本意義中具體化（主觀的想法被落實到文本表現），文本意義在解釋意義中具體化（文本的「待變」意義成為「變成」的意義）。反過來，這三層意義也在一步步否定前者：文本意義否定了意圖意義的存在，如果意圖意義並沒有在文本中實現，就只是發送者的一廂情願；反過來，如果文本意義體現了意圖意義，那麼意圖意義是一個追溯可能。解釋意義否定了文本意義的存在：得到解釋，使文本失去存在的必要，解釋意義的努力暫時完成一個符號表意過程，但是解釋引出一個新的符號，開始了一個新的符號表意過程。（趙毅衡）

參見：符號，文本
延伸閱讀：Peirce1931-1958，Eco1997

semiosomatic 符號生理

符號是用來傳達意義的，但有時符號能直接影響人的生理狀態，並造成真實的生理反應。經常可以見到某種精神狀態與某種生理狀態的聯繫：例如被某事「嚇癱了」，但一旦對符號解釋不同，又恢復了力氣；又如在所謂「神話式思維」中，出現「似生似」（Like produces like）的治療隱喻：蛇膽明目、紅寒補血、核桃補腦、藕粉美白、桂圓滋陰、魚籽補陽、魚泡收子宮、牛鞭壯陽，符號與物件的外形像似性

關係，被認為是施加直接療效的途徑。這個連接點，在不信者看來只是一個非強制的隱喻，在信者看來是明確而強制的明喻，必須作明喻的強制理解才有療效，而一旦如此理解，常常會有療效。符號學家與心理學家，都稱這種情況為「符號生理反應」（Burrow 1999：150）。（趙毅衡）

參見：符號修辭

semiosphere 符號域

　　符號域（semiosphere，又譯「符號場」或「符號圈」）是洛特曼（Juri Lotman）文化符號學的關鍵術語，指符號存在和運作的空間和機制，它既是文化存在的條件，也是文化發展的結果（Lotman 2005：205-208）。這一概念是洛特曼文化符號學理論的核心和基礎。

　　洛特曼受到蘇聯化學家維爾納茨基「生物圈」（biosphere）概念的啟發，試圖運用符號域這一概念從整體上把握符號運動發展的規律。他將符號域視為人類文化模式得以實現的「連續體」，其中的各個符號系統既具有獨立性，又在共時關係上彼此交換；同時，符號系統自身具有記憶功能，並在歷史縱向上相互影響。上述三種符號運動在不同組織層面上進行，實現資訊的傳遞、保存、加工和創新。

　　符號域的基本特徵為不勻質性（heterogeneity）、不對稱性（asymmetry）、邊界性（boundedness）和二元對立（binarism）（Lotman 1990：124-142）。不勻質性是指符號語言的性質、可譯度、發展速度和迴圈量值有所差別，並且相互混合，從而在彼此碰撞中驅動著符號空間結構的動態發展。不對稱性是指符號域在結構上是多層級的，可以分為中心和邊緣區域。中心是最有序、最發達的符號系統，具有結構上的自我描述性，相當於文化系統的元語言。由於中心的自我規範，它的靈活性較低，很難得到發展。邊緣則是鬆散無序的符號地帶，是各種「不規範」的亞文化存在的區域，充滿不確定性，具有發展潛力。中心和邊緣的互動是符號域內部發展的主要驅動力之

一。邊界則是文化模式內、外兩個空間的結合部,它是符號語言轉換的機制,如同「過濾膜」般將「他者」的文化文本轉換為符號域的內部語言。符號域內部的各種符號系統也有自身的邊界,這些邊界起到的雙語轉換作用,可以使符號資訊得到多次變形和意義啟動。邊界對文化空間的劃分體現了符號域的內外區別,即它的二元性。

符號域系統的內部和內外之間都存在熵(entropy)的產生和交換。無序和有序兩種結構的互相侵入激發文化的發展,使符號域永遠處於整體的動態平衡中。(彭佳)

參見:洛特曼,耗散結構
延伸閱讀:Lotman 1990,2005

semiotic gap 符號距離

既然符號表意有一個過程才能被感知,被接收,符號的意指,就總有距離要跨越。符號距離有三種。

第一,時間距離:符號從發出到接收的傳達過程,必然佔用一定時間:時間可以長達千年(例如古錢幣),可以歷經億萬年,例如地質或生物演化的符號解釋;也可以幾乎同時,例如躲開照相機的閃光。

第二,空間距離:遠到在幾萬光年外的星系找一個黑洞,近到感受臉上挨了一掌。符號表意必須佔用一定的時間。如果沒有時-空距離,符號與其意義就會一起出現,意義充分在場,就不需要符號。

第三,表意距離:符號的載體與表意物件必須有所不同,符號表現絕對不會等同於物件自身,不然就不稱其為「再現」,符號就自我取消了。在極端情況下,例如我想買的衣服,就是櫥窗裡的那一件(而不是那一種)衣服,依然有一個表意距離:符號意指的是「我穿上衣服後的風度」。

這三種距離說起來很簡單,但是符號活動的面很廣,一旦仔細思考,捲入的困難問題很多。

在自我符號表意中符號距離變形嚴重。如果一個符號的接收者是發出者自己，此時的時間－空間距離幾乎難以辨認，尤其是鏡像。但是符號距離依然存在：我自己檢查血壓，或是我讀自己30年前寫的信，此時我是符號表意的發送者，也是符號表意的接收者；我通過把自己物件化（把自己的身體情況「符號化」）來理解自身；我現在努力想理解的這個人，不是「我自己」，而是通過解釋重建的一個物件之我（Tarasti 2000：66）。（趙毅衡）

參見：符號過程，自我符號
延伸閱讀：Tarasti 2000

semiotic narratology 符號敘述學

符號敘述學，又稱一般敘述學或廣義敘述學，研究各種媒介各種體裁的總體敘述規律。20世紀後半期，社會文化經歷了大規模的敘述轉向：歷史、哲學、法律、社會學、心理學等眾多學科被廣泛地「敘述化」──在各自的學科範圍內探討敘述在其學科理論建構中的重要作用。敘述學由此跳出了原先傳統的小說敘事框架，研究範圍從文學擴展到整個文化層面，敘述學的學科定位及理論建構也因此被改寫。

符號敘述學是多門學科敘述化後的產物。敘述轉向後的敘述學不得不為涵蓋各門學科的敘述提供一套有效通用的理論基礎，這時，作為敘述文本的各門學科中共存的符號法則可作為新敘述學中理論建構的基礎，在這一層面上，構建廣義上新型的敘述學。

趙毅衡提出，應以下面兩個條件為符號敘述的概念標準：1.主體把有人物參與的事件組織進一個文本；2.此文本可以被（另一）主體理解為具有時間和意義向度。這條定義的關鍵點，是排除從亞裡斯多德開始的敘述必須「重述」這個條件，被敘述的人物和事件不一定要落在過去，事件中的時間性──變化，以及這個變化的意義──是在敘述接受者意識中重構而得到的。也就是說：時間變化及其意義是闡釋出來的，不是敘述固有的。這樣就解除了對敘述的最主要限定。

可以把文化領域中各種體裁的敘述作如下分類。第一種敘述分類：虛構性。按虛構性／事實性，敘述可以分成以下幾種，1.事實性敘述：新聞、歷史、法庭辯詞等；2.虛構性敘述：小說、戲劇、電影、電子遊戲等；3.擬事實性敘述：廣告、宣傳、預言等；4.擬虛構性敘述：夢境、白日夢、幻想等。這一分類建立在區分虛構性／事實性的概念基礎上，所謂「事實性」指的是對敘述主體與接受主體的關聯方式，即接收人把敘述人看作在陳述事實敘述的「事實性（非虛構性）」，是敘述體裁理解方式的模式要求。

第二種敘述分類：媒介分類。因為使用媒介，敘述用來表意的都是替代性的符號，例如文字、圖畫、影片、姿勢、物件、景觀等。符號替代再現原則，就決定了敘述的一個基本原理：敘述本身是主體的一種帶有意圖的「拋出」，而「媒介」則是拋出後的形態。按媒介性質，敘述可以分成以下幾種，1.文字敘述：歷史、小說、日記等；2.語言敘述：講故事、口頭講述；3.以身體為主的多媒介敘述：舞蹈、默劇、戲劇等；4.以圖像為主的多媒介敘述：連環畫、電視、電影等；5.以心象為主的幻覺敘述：夢、白日夢、若有所。

第三種敘述分類：語態分類。敘述主體總是在把他的意圖性時間向度，用各種方式標記在文本形式中，從而讓敘述接受者回應他的時間關注。因此，根據內在時間向度，可以對敘述作出以下的劃分，1.陳述式（過去向度敘述）：歷史、小說、照片、文字新聞、檔案等；2.疑問式（現在向度敘述）：戲劇、電影、電視新聞、行為藝術、互動遊戲、超文字小說、音樂、歌曲等；3.祈使式（未來向度敘述）：廣告、宣傳、預告片、預測、諾言、未來學等。三類敘述真正區分在於敘述主體意圖關注的時間方向：過去向度著重記錄，因此是陳述，見在向度著重演示，意義懸置，因此是疑問；未來向度著重規勸，因此是祈使。

根據上文提出的三種分類方式，每一種體裁的敘述都能在這個三維座標中找到一個比較固定的位置。例如：小說是虛構，文字文本，

過去向度；廣播新聞是非虛構，以語言為主管道的複合文本，現在向度；電視廣告是擬非虛構，以畫面為主管道的複合文本，未來向度；夢是擬虛構，以心象為主管道的潛文本，現在向度。

符號敘述學運用符號學的原理解讀所有的敘述文本，為「廣義敘述學」尋找到一條通用的理論途徑，有利於將傳統敘述學推向一個高度理論整合的階段。（王悅）

參見：敘述學

延伸閱讀：Wallace 1990；Berger 2000；趙毅衡 2011

semiotic rhetoric 符號修辭學

無論在東方或是西方，修辭學都是古老的學問。修辭學這門學科本身的彈性很大，一般理解的修辭學，是「加強言辭或文句說服能力或藝術效果的手法」。符號學公認的源頭之一是修辭學（Todorov 1982：15）；皮爾斯符號學思想得益於修辭學甚多（Lyne，1980：155-68），巴特（Roland Barthes）的符號修辭學名篇《圖像修辭》（Barthes 1977：32-51）影響了很多後繼者。

20世紀出現了一系列方向不同的「新修辭學」，但是越來越多的人同意：「新修辭學」的主要發展方向，是符號修辭學。符號修辭學有兩個方向：一是在符號學基礎上重建修辭語用學，另一種則集中研究傳統修辭格在語言之外的符號中的變異（Noth 1990：339）。

符號修辭學把修辭推進到語言之外，進入各種非語言符號形式並涉及多種媒介。在廣告、遊戲、旅遊、影視、設計、藝術等當代重要的符號領域中，向符號修辭學的發展提出了要求：「說服」這個修辭學的古老目標，忽然有了新的迫切性，尤其是勸人購買貨品，購買服務，成為消費社會的第一要務。

符號修辭學與傳統修辭學的區別，首先表現在媒介上。語言雖然是人類文明最大的符號體系，卻與其他符號體系有很大差別。一旦修辭學進入其他媒介（影視、表演、運動、比賽、廣告、音樂、電子遊

戲），我們就會發現修辭格與管道或媒介並不捆綁在一道。因此，符號修辭格，都是「概念修辭格」。

某些符號學的基本規律，例如關於像似性與指示性的討論，關於組合與聚合的討論，最終也呈現為類修辭問題。符號修辭研究，從根本上揭示修辭問題的基礎：例如關於圖像的修辭、多管道媒體的修辭、象徵問題、反諷問題，都比語言層面的修辭複雜得多。由此，符號學成為修辭學復興的前沿陣地。（趙毅衡）

參見：符形學，符義學，符用學
延伸閱讀：Booth2009

semiotic self 符號自我

主體符號學討論的中心問題。任何符號表意和解釋活動，都需要從一個意識源頭出發：沒有意圖的表意和解釋，不可能進行。「自我」是與他者相對而出現的，沒有他者，就沒有自我；既然稱為「他者」，對立面就是「自我」。

一個理想的符號表意行為，必須發生在兩個充分的主體之間：一個發出主體，發出一個符號文本給一個接收主體。發出主體在符號文本上附送了它的意圖意義，符號文本攜帶著意義，接收者則推演出他的解釋意義。這三種意義常常不對應，但是傳達過程首尾兩個主體的「充分性」，使表意過程中可以發生各種調適應變。

在實際符號傳達過程中，「充分性」並不是自我資格能力的考量，而是自我有處理意義問題的足夠的自覺性。自我並不是意義對錯或有效性的標準，而是表意活動雙方是否互相承認對方是符號遊戲的參加者，只有承認對方的存在，表意與解釋才得以進行。

威利（Robert willy）認為自我是一個充滿社會性、對話性及自反性的符號。自我處於一個高度彈性的闡釋過程之中，是一個充滿彈性的符號化過程。符號的自我在時間上分處於當下、過去、未來三個階

段。當下通過闡釋過去，而為未來提供方向。當下是一個符號，過去是符號指代的物件，而未來則是解釋項。

符號自我的動態闡釋性使人擁有充分全面的自反能力。符號自我的三元關係模式，即上述的「主我－你－客我」（I-you-me）的迴圈圈，將反思的自我放入「他者」的位置；這種「他性」就建立在與他人的一致性的基礎之上。自我意識是自我關於自我的對話，處於第二秩序的思維層面，有別於主體對日常客體的（第一秩序）普通思維。人在一個集體（與他者）中的歸屬感形成自反性力量（Wiley 1994：85）。

符號的自我是雙層面的自我。發出主體通過符號文本來自反性地呈現（並矯正）其符號的自我。（文一茗）

參見：符號，人的符號性
延伸閱讀：Derrida 1999；Wiley 2011

semiotics of advertising 廣告符號學

廣告符號學是應用符號學方法研究廣告所形成的分支學科，側重於廣告符號的理解及其在傳播中的意義增值，以社會情緒與個人體驗來說明廣告的傳播、理解和消費行為的改變、消費時尚的形成。

羅蘭‧巴特在上個世紀五十年代就開始使用符號學的理論和方法研究廣告，後經西比奧克（Umiker-Sebeok）、馬賽‧達內西（Marcel Danesi）、羅恩‧比斯利（Ron Beasley）等眾多學者的推進，廣告符號學逐漸成為廣告研究的重要流派。比利斯和達內西指出，巴特以來，廣告符號學研究的主題是廣告被解釋為表層（a surface level）意義和底層（an underlying one）意義兩個層面。前者包含了各種風格獨特的符號，這些充滿創意的符號創造了產品個性，同時也是底層意義的反射和痕跡。底層意義是文本隱含意義所在……是神話（mythic）意義，是原型（archetypal）意義。因此，它是在思維之下的心理層面起作用的。（Ron & Marcel，2002：20）基於這樣的觀念，他們的廣告符號學研究主要是剖析廣告如何建構神話。

廣告符號學研究者沿著巴特開創的「神話學」路徑開展研究。比格捏爾（Jonathan Bignell）提出，「為了近距離地研究，我們需要把廣告從其所處的語境中分離出來，去辨別廣告中的視覺和語言符號，去瞭解廣告在組合和聚合上是如何被組織的，去瞭解符號和符號是如何通過編碼規則系統聯結起來的。我們需要去確定，廣告是在何種社會神話中被構建的，以及是否在增強或挑戰原有的神話。所有這些都是過去的廣告符號學分析家所關注和側重的」（Bignell 2002：31-32）。

然而，上述的研究卻存在著兩大問題：一、重宏觀的意識形態分析輕具體的表意規律分析；二、重文本表意的解讀輕理論抽象。目前為止，作為廣告研究的本質研究路徑——廣告符號學研究並未取得應有的成效。因此，當前廣告符號學研究的目標是：同時達到傳統的操作性研究所不能達到的廣告傳播效益和文化學反思所不能深入的廣告動作細節，從而集傳播效益與人文反思於一體。國內學者李思屈等人對廣告符號學的操作性進行了探索。（饒廣祥）

參見：DIMT模式

延伸閱讀：Bignell 2002；Beasley & Danesi 2002；李思屈 2004

semiotics of Chinese characters 漢字符號學

中國學術界運用符號學方法研究漢字的理論。包括兩個方面：一是指一種漢字理論，它運用的是符號學的方法，或者指在漢字研究中體現了一種符號學的方法論傾向。二是指一種通過漢字所建構的符號學理論。兩種漢字符號學的共同特徵是：反對將漢字簡單地看作是漢語的記錄工具，強調漢字超然於漢語的獨立符號性的研究，更關注漢字對漢語、漢文化的符號建構性功能。作為符號學理論的漢字符號學，包括兩個核心命題：

命題一：漢字是一種意指方式。在漢字符號學中，意指方式主要是指漢字看待漢語和其他符號的方式。主要表現為四個方面：

　　在造字方式上，漢字和漢語在動態結合時，即漢字的創制活動中的關係方式。如傳統漢字學「六書」中的象形、指事、會意、形聲等就是造字方式。漢字符號學認為漢字最主要的造字方式有「兩書」：表意和假借。漢字造字的最主要特點，它是用有意義、有人的主觀動機、有某種形象性的形體符號來表達漢語符號的。漢字造字方式反而更關注符號化過程中人的主觀動機對意義構成的優先性和支配性，因此是一種理據性符號化方式。

　　在結構方式上，動態的造字的結果是產生一個個固定的漢字符號。它涉及到漢字與漢語靜態的結構關係方式。漢字構字方式主要表現為二級符號性：漢語符號的能指（漢字）本身也是意符，它成為漢語（所指）的有意義、有理據的能指。拉丁字母則表現為一級符號性。

　　在表意方式上，指漢字記錄漢語的方式。因為漢字指涉和代表的是漢語的基礎符號單位（詞或語素），所以其表詞方式的主要特徵是偏離性。

　　在文化方式上，指漢字實現其文化功能的方式。它主要通過漢字的意指方式（造字、構字和表詞方式）以及與其他文化符號系統（如圖像符號、話語符號等）的關聯方式體現出來。

　　以上四種意指方式是符號的四種功能的實現方式：造字方式是從人與符號的動態創制關係角度分析的，它體現的是創制符號過程中人的表達動機，即符號的表達功能；結構方式是對符號進行共時靜態的結構分析，體現的是符號的結構目的性即結構功能；表詞方式關注的是符號仲介功能，即能指與其所指的透明記錄關係；文化方式則關注的是符號的意指方式中所表現出的漢文化目的性。

　　命題二：漢字符號的合治觀。傳統文字觀強調「文字是記錄語言的工具」，它關注的是文字所指涉的物件（語言），因此文字成為語言的附庸。而漢字符號學強調文字是語言的一種意指方式，更關注文字指涉語言的方式以及文字自身的符號性質。這樣，漢字符號學就把

文字從語言中分離出來，使其成為一套獨立的符號系統，進而，漢字符號學在研究漢字時就遵循兩個基本原則：

第一是分離性原則。即強調漢字符號是通過自己與其他符號的異質性來與其他符號發生關聯的。分離性原則主要考察在一個符號關聯場中區分出異質要素：如漢字與漢語的差異、漢字與圖像的差異、漢字與拉丁字母的差異。

第二是統一性原則。即考察各異質符號之間的整體關聯性和同質化傾向，如漢字符號成了漢語符號的能指，漢語則做了其所指，二者相互依存，構成了更大的二級符號系統。

漢字與漢語符號或其他符號之間這種既分離（異質的符號關係）又統一（同質化的符號關係）的關係原則，可以稱為「合治觀」，它堅持這樣的符號學立場：

漢字是在言文關係、文象關係和文文關係中被定義的。

「言文關係」即漢字與漢語之間既分離又統一的關係。就言文關係的統一性來看，漢字主要有字本位和語本位兩種意指方式；就言文關係的分離性來看，諸如觀察以下的問題：如何在一個語言現象中分離出文字的要素？或者，如何在一個文字現象中分離出語言的要素？如漢語成語和慣用語相比，前者有更多的「文」的性質，後者有更多「言」的色彩。

「文象關係」即漢字與以圖像為代表的其他視覺符號的關係。就統一性而言，諸如漢字象形字集圖像性和文字性於一體、漢語書寫中的「詩中有畫」和漢民族繪畫中的「畫中有詩」等等；就分離性而言，就是在漢字象形字或意符中、在書寫與繪畫作品中找到圖像要素與文字語言要素的二元對立性質。

「文文關係」漢字與其他文字的關係。就統一性而言，主要考察文字之間的同質性，諸如甲骨文與古埃及象形字都有「形聲」的造字法，漢字和拉丁字母都具有記錄語言的功能。就分離性而言，主要考察文字之間的異質性，甲骨文和古埃及象形字的「形聲」意指方式不

一樣：一個是偏離方式，一個是零度方式；漢字和拉丁字母看待語言的方式也是不同的：前者是字本位的，後者是語本位的。（孟華）

參見：理據性、結構方式（漢字）、分離性（漢字）
延伸閱讀：黃亞平／孟華2001

semiotics of Chinese medicine 中醫符號學

極具中國文化特色的中醫學，具有以下三個方面的符號學特點。

其一，符號的親身性而非袪身性。中醫的基本符號，諸如氣血、陰陽、經絡、藏象等等，並非是高度抽象的袪身的概念，而是人身體生命直接的活生生的徵候和象徵。故張介賓《類經》釋「藏象」時稱：「象者，形象也。藏居於內，形見於外，故曰藏象」。也正是從這種藏象不二、以象測藏的符號理論出發，中醫強調面有面象，舌有舌象，脈有脈象，以至於神、色、形、態無一不是「象」，所謂辨證施治不過就是辨象施治。這一切，不僅使中醫的符號作為一種有血有肉的身體性符號嚴格區別於西醫的概念性符號，而且也使中醫的符號系統從一開始就立足於人生於斯長於斯的「生活世界」。

其二，符號的互文性而非獨白性。在中醫的符號系統中，我們卻看到有別於西醫「獨白」的符號形式的一種「互文」的符號形式。這種符號形式與其說強調的是符號的「同一化」，不如說依據《周易》「物相雜，故曰文」，「爻者，交也」的思想，並「近取諸身」地從男女交感的元話語出發，更多強調的是符號的「交互性」之旨。而作為中醫核心符號的「陰陽」的推出，正是這種「交互性」的集中體現。換言之，「陰陽」並非像自然科學表述的那樣，是對兩種完全不同的自然物質屬性的概念性表述，而是對身體生命系統「你中有我，我中有你」這一關係狀態的描述性的指稱。這一方面意味著「陰平陽秘，精神乃治；陰陽離決，精氣乃絕」（《黃帝內經·素問生氣通天論》），意味著「凡物之死生，本由乎陽氣；女今人之病陰虛者十常八九，又何謂哉？不知此一陰字，正陽氣之根也」，也即中醫堅持

陰陽二者互根互生，二者須臾不可分離，而其所謂的辨證施治不過就是陽病治陰、陰病治陽，以使人的身體從陰陽失調重新恢復到陰陽平衡；從這種根於每一個個體生命的陰陽關係出發，實際上並沒有標準的「健康人」與非標準的「病人」的嚴格區分。

其三，與「基礎主義」的西方符號理論是不同，中醫的符號理論是從動態的互文中所產生的不斷生成、始終開放的「符號家族」。《黃帝內經》諸如所謂的「援物比類」「何必守經」，以及「不引比類，是知不明也」之說。同時，也正是基於這種「類推」的方法，一方面，才可以使中醫以一種「遠取諸物」的方式，以天之「五行」類比於人之「五臟」，以天之所生的寒暑燥濕風類比於五臟所生的喜怒悲憂恐；另一方面，又可以使中醫以一種「近取諸身」的方式，其「陰陽」概念雖取象於男女兩性，同時又不僅僅局限於男女兩性，而是可以引而伸之的推及到一切生理現象、一切病理現象以及一切藥理現象之中，乃至「陰陽者，數之可十，推之可百，數之可千，推之可萬，萬之大不可勝數，然其要一也」（《黃帝內經·素問陰陽離合論》）並最終使中醫理論成為「陰陽為綱」的理論。

正如中醫的「親身」的符號學思想、「互文」的符號學思想取之於《周易》一樣，中醫的「類推」的符號學思想同樣也來源於《周易》，其不過是《周易》的「方以類聚」、「觸類旁通」和「象即類也」思想在中醫的符號學中的生動運用。（張再林、李軍學）

參見：陰陽，周易，卦
延伸閱讀：張再林1991，2008

semiotics of communication 傳播符號學

傳播符號學的定義取決於如何界定傳播學與符號學的學科關係。有學者將傳播學與符號學同一化，有的學者則認為兩者是隸屬關係。

第一種觀點認為，傳播學研究與符號學從某些方面上說與符號學研究是同義語（Bouissac 1998：133），傳播學與符號學這兩個學科名

稱術語有時甚至可以互換。法國學者皮埃爾‧吉羅（Pierre Guiraud）也將兩者作為同一對象處理。

　　符號學者與傳播學者常常站在自己的立場將對方的研究領域視為隸屬要素。即：符號學將傳播視為符號的過程環節，而傳播學則常常將符號視為傳播的資訊方式，如施拉姆的《傳播學概論》專章寫「傳播的符號」。他認為，「符號是人類傳播的要素，獨立於傳播關係的參加者之間」。許多符號學家則認為，符號學大於並應包含傳播學，如庫爾泰（Joseph Courtes）認為，「符號學的目的在於發掘意義，這首先意味著它不能被壓縮為對於傳播（發送者到接受者的訊息傳遞過程）的描述：符號學包括傳播學的同時還應該能闡述更一般的過程，即意指（signification）過程。」（Courtes 2001：3）

　　在傳播學者的使用當中，「傳播符號學」是指一種研究傳統、派別和方法論。約翰‧費斯克（John Fiske）認為符號學是傳播學研究的兩大傳統之一，與「過程學派」相對。符號學派著力點在於「意義的產生與交換」，他們聲稱自己研究了傳播中更為重要的問題（Fiske 2008：6）。

　　從實際發展狀況來看，傳播學與符號學呈現出邊界重合與學科互動的趨勢，兩者正顯示出更緊密結合的跡象。（胡易容）

參見：交流學，傳播，拉斯韋爾
延伸閱讀：Fiske 2008；Bignell 2002；Courtes 2001

semiotics of history 歷史符號學

　　「歷史符號學」是符號學界試圖建立，但是一直沒有找到比較確定模式的學科。

　　既然人類文化是符號文化，歷史演進的背後就應當有持久的符號動力：意義追求方式與經濟力量、科技力量，往往重要性可以相提並論，有時可能更加重要。符號學已經覆蓋了所有的人文社會科學，但

是歷史似乎是個例外。其原因倒不是很多人想當然地認為的符號學的
「共時偏向」，而是歷史的進程超出任何單一原因的解釋。

洛特曼（Lotman）認為只有歷史學才是符號文本的領域。「歷史
家要處理的是文本，這個局面對於歷史事實的結構與其解釋，是關鍵
性的……歷史學家無法看到事件，只有從書面材料中取得敘述。哪怕
親歷的歷史，也必須轉成文本」（Lotman 1990：221）。歷史學既然
以文本為物件，僅是研究歷史學也成為書寫形式變遷的軌跡。

符號學能處理的問題，不是一般的歷史學問題，而是歷史中的
文化行為。也就是說，歷史符號學，不是「歷史的符號」（signs of
hitry），而是「歷史中的符號」（signs in history）；不僅是研究當今歷
史學的元語言，而是找到歷史演進的元語言，即歷史中的人如何用意
義活動推動歷史。（趙毅衡）

參見：符號學，文化符號學

semiotics of sport 體育符號學

體育在當代文化中佔據獨特的地位，而體育因其意義功能，與符
號學的結合幾乎是不可避免的。當下的體育符號研究主要集中在身體
文化、競技體育、體育神話在奇觀賽事中的建構以及各類體育形象的
符號意義等，主要運用的研究方法依然是雙軸關係、無限衍義、符號
方陣、符指過程分析等傳統的符號學研究方法。很難說體育符號學已
建構起成型的學科體系。但體育文化現象，尤其是體育「奇觀」作為
重要的媒介事件使體育正在從當代文化的邊緣走向核心。符號學第二
代學者中的代表人物已經敏銳地洞察到這一嬗變歷程，不少符號學家
紛紛以體育文化現象為研究物件展開論述，這些理論成為可望得到發
展的「體育符號學」的重要思想基礎。

巴特對身體文化的格外關注使其成為後續體育符號學研究的重要
領域。巴特以《摔角世界》作為開篇，作為《神話學》這本早期著作

中引人注目的論述之一。之後巴特在受加拿大魁北克電視臺之邀為紀錄片《人類體育》撰寫解說詞。包含鬥牛、F-1賽車等多個運動項目、通篇以「新神話學」的話語方式構成的該文本後來被集結成《什麼是體育》一書出版。晚期在《作為史詩的環法大賽》中，巴特有關體育運動的神話理論體現得更加深刻。

布迪厄同樣對體育現象甚感興趣。不僅在多部著作中論及體育與權力、經濟的關係，在《關於電視》的附錄中專闢《奧林匹克運動會：分析提綱》一文，通過能指與所指、外延與內涵的關係，將「奧林匹克」象徵意義的嬗變加以分析。

布希亞在《擬仿物與仿像》《象徵交換與死亡》等十餘部代表作品中多次論及當代體育文化，尤其是作為現代文化中「超現實」代表的體育媒介文化正在扮演著不可忽視的作用。

艾柯持典型的消極體育觀，他對義大利人最關注的足球比賽抵觸不少。在《游走於超現實之中》一書中，通過對世界盃等「奇觀」賽事的研究，他以《體育閒談》和《世界盃與壯觀場面》兩篇文章，通過無限衍義等符號學原理，清晰地闡釋了他的消極體育觀。文章實質上反映的是他無時無刻不在關注社會上的各種體育文化現象。

1997年，包括芒德‧海澤齊、湯瑪斯‧阿爾克梅耶爾、莫妮卡‧蒂埃勒等在內的一批德國符號學研究者以身體文化、競技體育、體育建築等為研究物件，通過各種符號學原理展開體育符號學研究，發表在德語版《符號學雜誌》第4期《體育符號學》專輯中。雖然在研究方法和視閾上並無多少創新之處，但也為呼之欲出的體育符號學學科奠定了理論基礎。此外，在愛德華‧巴斯康姆比編輯的《電視中的足球》、艾利恩‧甘酒迪等編著的《體育，媒介與社會》等專著中也有一些通過經典符號學方法研究體育文化現象的文字。（魏偉）

參見：神話
延伸閱讀：Baudrillard 1994

semiotics of translation 翻譯符號學

翻譯符號學是關於翻譯符號研究的學科，是將符號學研究的理論應用於翻譯理論與實踐，探討翻譯過程中符際、語際或者語內之間的轉化過程，以及符號資訊的翻譯和接受情況。

翻譯理論往往伴隨著文藝理論的發展而不斷更新。符號學作為一門新興學科，不僅具有分析社會文化中任何符號系統的方法論意義，而且還具有作為其他學科理論基礎的認識論意義。儘管符號學研究涉獵的範圍包括翻譯研究，但將二者聯繫在一起以至於形成翻譯符號學學科，很大程度上可以歸功於戈雷（E. Dinda L Gorlé）於1993年寫的博士論文《符號學與翻譯問題——關於皮爾斯的符號學》（Gorlé1994）。

在皮爾斯、雅柯布森乃至戈雷等學者看來，符號的解釋過程即是一種翻譯過程，即用同種符號或不同符號去翻譯某種特定的符號。這也是翻譯符號學的學理根據。將符號學應用於翻譯研究，彌補了翻譯語言學派及翻譯文化學派的缺陷；另外，符號學涉及到語言系統和非語言系統等諸多領域，從而將翻譯研究從語言和語義研究的桎梏中解放出來，為人們研究翻譯過程中的非語言文化因素提供了方法。（熊輝、劉丹）

參見：潛翻譯，第三語碼

semiotics, semiology 符號學

符號學是人類有關意義與理解的所有思索的綜合提升，符號學就是意義研究之學。

符號學的西文對應詞有兩個：semiology（或其變體semiologie等）是索緒爾（Ferdinand de Saussure）所創用，符號學發展史上許多人用此詞，法國符號學界至今在堅持使用；semiotics（或其變體semiotique

等）為皮爾斯所創用，隨著皮爾斯系的符號學在當代成為主流，此詞也成為符號學的通用詞。

符號學是20世紀形式論思潮之集大成者，從60年代起，所有的形式論歸結到符號學這個學派名下，敘述學、傳播學、風格學等，也是符號學的分科。

符號學理論具有簡約和通用的特點，它的任務是尋找文化中所有的意義活動的規律，而規律一旦能找出，就必須能適合所有各種意義活動。

因此，符號學成為所有人文－社科學科的「公分母」，有人把它比擬為「人文社科的數學」。人類文化是與社會相關的意義活動的總集合，因此符號學的主要研究領域是文化，研究人類傳播意義的行為。

現代符號學的創始人是索緒爾與皮爾斯，他們在20世紀初年分別提出了自己的符號學基礎系統，但是符號學本身一直處於學界邊緣，要等到60年代，索緒爾的符號學以結構主義的名義起飛，在那時符號學與結構主義幾乎是一物二名。七八十年代結構主義突破自身，成為後結構主義，其中符號學起了極大作用，此後皮爾斯模式代替了索緒爾模式成為當代符號學的基礎。

當代文化學術發達的國家中，符號學成為大學廣泛開設的課程。當代符號學在兩個方向發展迅猛，一是在與其他學派結合方面，出現了馬克，思主義符號學、心理分析符號學、符號現象學等新領域；二是在門類應用方面，幾乎所有人文社會學科，都出現了應用符號學的熱潮。這反過來迫使符號學理論研究新的問題。

西方通用的定義「符號學是研究符號的學說」，只是用一個拉丁詞根（sign來自拉丁詞signum）解釋一個同義的希臘詞根（semiotics來自希臘詞semeion）。

符號學是研究意義活動的學說。符號與意義的環環相扣，是符號學的最基本出發點。表達符號釋放意義以吸引解釋符號，解釋符號通過追求意義接近表達符號。

很多人認為符號學就是研究人類文化的，文化的確是符號學最大的一個領域，但是符號學還研究認知活動、心靈活動、一切有關意義的活動，甚至包括一切有靈之物的認知與心靈活動。人類一直關心意義問題，就這個理解而言，哲學認識論、邏輯學、修辭學、風格學、闡釋學等，都是符號學應當融合進來的學科；而中國先秦名學、文字學、佛教因明學與唯識宗，成為現代符號學作出了重要前驅。一門高度綜合的、貫通東方與西方思想遺產的符號學，尚有待於建立。（趙毅衡）

參見：符號，形式論，批評理論

semiotization 符號化

符號化，即把感知解釋成攜帶意義，是人對付經驗的基本方式：無意義的經驗讓人恐懼，而符號化能賦予感知以意義。只要符號化，哪怕看起來完全沒有意義的，也可能被解釋出意義。皮爾斯說，「只有被解釋成符號，才是符號」（Peice 1931-1958：2.308）。這句話簡單明瞭。尚未被解釋成符號的，只是意義闕如的感知呈現。

符號化什麼時候開始？艾柯認為是在「表現與內容相關時」（Eco 1979：231）。這話同義反復，稱之為「表現」（expression）就已經是確認為攜帶意義，有表現就有被表現，就已經是符號。如果艾柯的「表現」指的是表現物，他是說「物載體」一旦用來表現內容，就成為符號。

布拉格學派的穆卡洛夫斯基認為符號化應當有兩個階段，即「前符號實踐」（presemiotic praxis），以及「符號功能」（Mukarovsky 1978：56）。他的意思是：在符號化的人類文明出現之前，人的「純實踐」活動並不具有符號意義。但是我們無法證明人類有一個「非符號化」的、一切事物都純為使用的「前符號階段」：沒有不追求意義的人類。

　　有一些符號神學家認為，人類在上帝賦予靈魂之前，處於「前符號」的純自然狀態，這實際上是承認：人作為人必定是生活在意義之中的人。人獲得靈魂之前的世界，「前符號」的純自然世界，容易想像，但很難說是人類歷史的一部分。《荀子》說：「夫禽獸有父子而無父子之親，有牝牡而無男女之別」，這「親」與「別」就是對符號意義的自覺。人之為人，即是給事物以意義。無「父子男女之別」的人類，荀子認為不是人類*

　　巴特在《符號學原理》一書中認為任何物一旦被人類使用，就會符號化（Barthes 2004：296）。他區分兩種符號化方式：把物變成「社會文化符號」（sociocultural sign）；把物變成「經濟符號」（economic sign），後者主要是指物在「商品系列」中的位置。

　　在符號化問題上，艾柯的討論比較清晰。他認為符號化，起始就有三步：一是思維主體確定某物「有某功能」；二是歸類為「用於什麼目的的石頭」；三是由此命名為「叫做什麼」（Eco 1979：31）。具體到石頭的例子，符號化的三步就是：發現一塊石頭可用來打人，歸類為「一種武器」，稱之為「戰斧」。第一步已經是符號化的門檻：在人意識到一塊尖石可以傷害別人之時，石頭成為服務於他的目的之物，他就對此種石頭另樣看待，賦予它意義。遠在語言命名之前，就出現了符號化。

　　物必須在人的解釋中獲得意義，一旦這種解釋出現，符號化就開始，物就不再留於「前符號狀態」中。因此，一塊石頭只要落入人的體驗之中，人感到手中的這個硬物有意義（例如特點明顯可作標記，顏色花紋美觀可作裝飾，堅硬尖利可以作武器等等），這塊石頭就不再是自在之物，它已成為文化世界中的符號。

　　符號化取決於人的解釋，這個人可以是社會的人，也可以是個別的人，他的解釋行為不僅受制於社會文化，也受制於此時此刻他個人的主觀意識：在符號解釋中，社會文化的規定性，經常有讓位於個人意志的時候。「情人眼裡出西施」，說明人的解釋可能非常個人化，

但是「西施」依然是社會文化的共有擇偶標準。因此,任何符號解釋都有個人與社會兩個方面,符號化的過程,是個人意識與文化規範交互影響的結果。(趙毅衡)

參見:符號,符號過程,去符號化
延伸閱讀:Barthes 2004;Eco 1979

separability 分離性(漢字)

指漢字二級符號意指結構中言、文的異質性分析,如何區別二者。如下面的各組二元對比項中,前項是「文」的要素,後項是「言」的要素:

字義和詞義:「初」字的字面義是「用刀裁衣」,其詞義是「開端」「開始」。

字音和語音:漢字有古音/今音、文讀/白讀、普音/方音、調類/調值等等二元對立項,其中前者的讀音一般是由漢字所凝固、所攜帶,後者則接近口語中實際的讀音。

字法和詞法:如「會意」是字法,「偏正式」是詞法。

文法和語法:如文言語法是文法,白話語法是語法。

文體和言體:如成語與慣用語、雅文學與俗文學、文言文與白話文、書寫史與口述史、已被過濾的帖子/未經過濾的帖子等,前者屬於文體,後者屬於言體。「文」代表書寫、精英、官方、大一統,傳統意識形態的一極;「言」代表口語、大眾、制衡、現代意識形態的一極。(孟華)

參見:結構方式(漢字)

seven conditions for signs 符號七條件

艾柯在英文版《語言學與符號哲學》的「鏡像」一節,[義大利文原版缺此節,中文版(Eco 2006)也缺少此節,中文補譯見於《符號與傳媒》(第2輯)(Eco 2011)]提出符號的七個條件:

第一條：前件有在場並可感知的潛力，後件通常不在場。

第二條：因此，前件可以（may be）無後件單獨產生。

第三條：符號可以用來撒謊：前件無需後件作為其必要或有效的原因，只是假定由後件造成。

第四條：前件主要不是與一事態相連，而與多少一般性的內容相連。在每個意指系統中，前件所傳達的後件僅為一個可能諸多後件的類群（a class）。

第五條：符號本身是非物質的，是兩個命題之間的蘊涵關係，也就是一前件類型與一後件類型相連的法則。符號關係存在於類型（type）之間，而不存在於個別（token）之間。

第六條：符號是兩個類型之間的關係，這使符號獨立於生成或傳達符號的實際的管道或介質。

第七條：一表達的內容可以被解釋。

艾柯根據符號的這七條標準否認鏡像是符號。「艾柯七條」的核心問題是第四、第五、第六條，都是談的符號意義的「類型性」問題：即符號的解釋究竟可以是個別的，還是必然是類型的？是否可以是具體的，還是必然是概念的？艾柯堅持說，符號指的是「兩個命題之間的蘊涵關係」。（趙毅衡）

參見：類型符／個別符

sign, symbol 符號

很多符號學家認為，符號無法定義。裡多夫（David Lidov）為定義「符號」寫了幾千字後，乾脆說：「符號學有必要給『符號』一個定義嗎？眾所周知，科學不必定義它們的基本術語：物理學不必定義『物質』，生物學不必定義『生命』，心理學不必定義『精神』。」（Boussaic，1998）但是符號學作為一種對意義行為規律的思索，不能不處理這個基本定義。

　　可以給符號以下的定義：符號是攜帶意義的感知。意義必須用符號才能表達，符號的用途是表達意義。反過來說，沒有可以不用符號表達的意義，也沒有不表達意義的符號。這個定義，看起來簡單而清楚，翻來覆去說的是符號與意義的鎖合關係。實際上這定義捲入一連串至今難以明確解答的難題。

　　首先，既然任何意義活動必然是符號過程，既然不可能脫離符號討論意義，那麼意義必然是符號的意義，符號就不僅是表達意義的工具或載體，而且是意義的條件：有符號才能進行意義活動。

　　由此，我們必須定義「意義」。要說出任何意義，必須用另一個意義；判明一個事物是有意義的，就是說它是引發解釋的，可以解釋的。而一切可以解釋出意義的事物，都是符號，因此，意義有一個同樣清晰簡單的定義：意義就是一個符號可以被另外的符號解釋的潛力。

　　雅柯布森（Roman Jakobson）認為：「能指必然可感知，所指必然可翻譯。」雅柯布森的說法簡練但是明確：「可譯性」指「可以用語言解釋」，也包括「可以用另一種符號再現」，或是「用另一種語言翻譯」。「可譯」就是用一個符號代替另一個符號，但另一個符號依然需要解釋。這樣，上面的定義也就可以推一步：意義必用符號才能解釋，符號用來解釋意義。反過來：沒有意義可以不用符號解釋，也沒有不解釋意義的符號。一個意義包括發出（表達）與接收（解釋）這兩個基本環節，這兩個環節都必須用符號才能完成，而發出的符號在被接收並且得到解釋時，必須被代之以另一個符號，因此，解釋就是另一個符號過程的起端，它只能暫時擱置前一個符號過程，而不可能終結意義延展本身。

　　西語symbol一詞，兼有符號與象徵二義，此處說的是前一意義。
（趙毅衡）

參見：符號過程，無限衍義，象徵
延伸閱讀：趙毅衡2011

signal 信號

　　信號在這個世界上大量存在。但是符號學界對信號的解釋眾說紛紜，至今沒有接近一致的意見。信號是一種特殊的不完整符號：它是一個有符號載體的意義發送；它不要求解釋，卻要求接收者以行動反應。信號傳送的流程如下：

　　　　發送者／意圖意義→符號載體／資訊意義→接收者／解釋意義→反應

　　不少符號學家認為信號不能算符號，因為信號的反應是固定的，不要求解釋。因此動物使用的符號大部分是信號。蜜蜂的舞蹈對蜂群是信號，超聲波的反射對蝙蝠是信號，觸摸對含羞草是信號，閃光對瞳孔肌肉是信號，染色體配置對胚胎生長是信號。信號可以發生在動物之間、植物之間、有機體不同部位之間，甚至可以發生在機械之間（例如電梯門上的光電效應開關），並不一定需要以人格出現的解釋者。因此，一旦承認信號是符號，會使符號學的領域過於擴大。但是不承認信號是符號，就會使符號學的領域過於縮小：這是個兩難之境。

　　比較適中的說法是，作為符號的信號，依然期盼接收者（人或動物）作解釋，只不過解釋和反應是（生物基因性地，或社會規範性地）固定的。這樣，信號就不同於充滿自然現象之間的因果連接。

　　信號處於符號的門檻：信號要求接收者立即作出反應，而不必也不允許作可能產生歧義的解釋（Sebeok 1976：121）。交通信號不容置疑，它要求明確的行動回應。比賽的起跑槍聲意義固定，不容許任何解釋。可以看到，只有動植物，可以保證做到感知信號後自動採取行動。人哪怕面對在文化中習得的固定信號反應，例如槍聲起跑，也不可能完全排除個別解釋：這才出現偷跑。有解釋餘地就引向「投機取巧」。

信號不是沒有接收者，只是信號不需要接收者解釋，只要求他反應。生物界的符號活動，是比較基本的信號－反應模式，應當說是符號活動的底線。（趙毅衡）

參見：生物符號學，符號過程
延伸閱讀：Sebeok 1976

sign-function 符號－使用體

在人類社會中，每一種實用物，或有實用目的的行為，都有可能帶上符號意義；反過來，每一種供使用的物，也可以變成符號載體。這樣就出現表意－使用性複合的「符號－使用體」（sign-function）。這個複合詞各家用法不一樣：巴特在1964年作的《符號學原理》一書中，用「符號－使用體」指「兼有物的使用性的符號」。巴特討論的，是符號載體的「使用功能」（Barthes 2004：285）。

可以說，任何物都是一個「符號－使用體」。它可以向純然之物一端靠攏，完全成為物，不表達意義；它也可以向純然符號載體一端靠攏，不作為物存在，純為表達意義。這兩個極端只在特殊情況下存在：任何符號－物都在這兩個極端之間移動，因此，絕大部分物都是偏移程度不一的表意－使用體，其使用部分與表達意義部分「成分分配」，取決於在特定解釋語境中，接收者如何解釋這個載體所攜帶的意義。（趙毅衡）

參見：符號，符號的實用意義

signified-dominant 所指優勢

科學的／實用的符號表意，必須是「所指優勢」符號，以明確地傳達意義。實用表意活動以達意為目的，得意忘言，得魚忘筌，是正常的。盒子的裝潢設計當然不及盒內的貨品重要，化學方程式如果不能與實驗對應，就無效。朗格描寫實用語言時說：「詞僅僅是一個記號，在領會他的意思時，我們的興趣會超出這個詞本身，而指向它的

概念。詞本身僅僅是一個工具，它的意義存在於它自身以外的地方。一旦我們把握了它的內涵，或識別出屬於它的外延的東西，我們便不再需要這個詞了」（Langer 1983：128）。

所指優勢，並不是說所指必然是真相。對於科學和實用的所指優勢符號，所指意義的確實性，有獨立的核實方式，例如用邏輯方式證實，或用實驗方式（重複方式）證實（Ayer 1974：12）。（趙毅衡）

參見：能指／所指，實用意義

signified 所指

索緒爾把符號視為能指與所指的結合。如果一定要給所指下一個定義，就是能指所指出的東西，就是能指所指向的東西。這定義的確是同義反復，實際上索緒爾的術語本來就是這個意思：這兩個法文詞，是同一個動詞「符指」的主動動名詞與被動動名詞。

也正是因為被符指的東西太多太雜，符號學的發展趨勢是棄用「所指」這個簡明方便，但太籠統的概念，改用皮爾斯的「物件」與「解釋項」分解式。（趙毅衡）

參見：符號，符號過程，能指
延伸閱讀：Saussure 1969

signifier 能指

索緒爾（Ferdinand de Saussure）把符號視為能指與所指的結合。能指是符號的可感知部分，在不十分嚴格地討論符號學時，符號也就是符號的能指。而符號的意義稱為「所指」。

索緒爾認為能指是「聲音－形象」，而所指是「概念」。在索緒爾看來，兩者都不是客觀的物理實體甚至都不是個人心理中的。能指「是聲音留下的印跡，是聲音給我們的印象」，而所指是社會性的「集體概念」。兩者都是「獨立於外界客體的心智體」，不管能指還

是所指，都是只在「符號結構」（sign structure）內部的存在（Saussure 1969：66）。因此，他稱符號學是「形式，而非實質的科學」。（趙毅衡）

參見：符號，符號過程，所指
延伸閱讀： Saussure 1969

simile 明喻

明喻就是符號在表達層上有強迫性比喻關係，不允許另外解讀方式的符號文本。語言學中的明喻，指有直接的強迫性的連接詞或係詞（「如」「像」等），不容解釋者忽視其中的比喻關係。在符號修辭中，無法出現「像」「如」之類，但是符號文本可以有其他強制連接喻體與喻旨的手段。在廣告中，比喻關係必須明確而固定：商品的圖像與名稱最後一定會出現，而且必然是喻旨之所在，因此廣告的比喻必然是明喻。（趙毅衡）

參見：隱喻，意圖定點，廣告符號學

simulacrum 擬像

布希亞文化社會學概念。布希亞認為，從文藝復興時期開始，價值規律的變化使自身形成不同的時代階段，而每個階段都對應著不同的生產方式，即他所謂的「擬像」，具體包括：1.仿造（counterfeit），從文藝復興到工業革命階段的主要生產方式，在這一階段人類工藝對自然界的刻意模仿。2.生產（production），指遵循工業時代一系列市場規律、商品規律的主要生產方式；3.模擬（simulation），指遵循呈現出現代社會文化的系統性、符號性特徵的主要生產方式。（2006：67）（張碧）

參見：布希亞

sinsign 單符

皮爾斯依據再現體來進行符號分類得出的三種符號種類之一，另外兩種是質符和型符。單符是一種現實的存在物。

單符只能通過自己的質成其為所是，由此它包含著質符號。單符通常表現為具體的個體或事件，受到時空脈絡的制約。比如，英文文本中每次出現的指示代詞「the」每一個被具體使用的「the」都是一個單符，也就是「個別符（token）」。（顏青）

參見：質符，型符，個別符

social semiotics 社會符號學

社會符號學是研究社會文化語境中符號活動與符號行為的一門新興學科，其奠基人是英國語言學家韓禮德。

1978年，韓禮德出版了《社會符號的語言：語言及意義的社會學解釋》一書。書中明確指出語言是一種社會符號，並且試圖從社會和文化的角度對語言的性質和意義進行闡釋。韓禮德認為，語言只是組成社會現實（或文化）大廈的符號系統之一，語言符號的意義是在具體的社會使用過程中產生的，是一個動態的表意過程，因此解釋語言符號的意義必須在社會文化語境（sociocultural context）中進行。

與韓禮德思想較接近的是前蘇聯學者巴赫金，他的論點包含以下方面：（1）意識不應當與符號的物質現實脫離；（2）符號不應當與社會交往的具體形式脫離；（3）交際和交際形式不應當與物質基礎脫離；（4）符號只有在社會成員共用時才有意義（胡壯麟1994：1）。

韓禮德的弟子岡瑟・克雷斯（Gunther Kress）《社會符號學》一書認為：「『主流符號學『強調結構和符碼，犧牲的是符號體系的功能和社會應用以及社會實踐中各種符號體系之間複雜的相互關係，從而預設了將符號過程與社會和政治思想隔離開來的那堵厚牆」

（Hodge & Kress 1988：1）。為此，克雷斯提出社會符號學必須為分析實踐提供可能性，通過多種途徑來描述和闡釋意義的構成過程和結構。主流符號學傾向於將體系看作是靜止的，是一種社會事實，與社會發展、變化過程無關。而社會符號學則強調每一個符號體系都是符號活動操作的產物，都記錄著該符號體系自身的建構史。

荷蘭符號學家范‧勒文（Theo Van Leeuwen）對社會符號學作出了一定貢獻。他於2005年出版了《社會符號學》（Introducing Social Semiotics）（Leeuwen 2005），勒文認為社會符號學並非一個單獨的研究領域，而是涉及到其他研究領域的概念和理論，學科交叉性是社會符號學的根本特徵。他認為，社會符號學是一門充滿疑問的學科，它只能給出一些系統的問題的闡述，為尋求解決方案提供思考的方法（Leeuwen 2005：2）。勒文認為，社會符號學研究的範圍包括話語、體裁、風格、模態這四個方面及其內在的聯繫（Leeuwen 2005：91）。不同的符號資源通過節奏（rhythm）、構成（composition）、資訊連結（information linking）、對話（dialogue）四種不同的途徑整合形成多模態語篇與交際行為（Leeuwen 2005：179）。（馮月季）

參見：韓禮德，符號資源
延伸閱讀：Halliday 1978；Hodge & Kress 1988；Leeuwen 2005

spiral of silence 沉默螺旋

群體符號傳播心理學重要概念。諾埃勒－諾依曼（Elisabeth Noelle-Neumann）最初於1974年在《傳播學刊》上發表的一篇論文提出該術語，1980年她以德文出版的《沉默螺旋：輿論——我們的社會皮膚》一書，對這個理論進行了全面的概括。「沉默螺旋」概念描述了這樣一個現象：人們在表達自己想法和觀點的時候，如果看到自己贊同的觀點受到廣泛歡迎，就會積極參與進來，這類觀點越發大膽地發表和擴散；而發覺某一觀點無人或很少有人附和（有時會有群起而攻之的遭遇），即使自己贊同它，也會保持沉默。意見一方的沉默造成另一

方意見的增勢，如此循環往復，便形成一方的聲音越來越強大，另一方越來越沉默的螺旋發展過程。這一概念有幾個基本假設：（1）人有趨群避孤的社會天性；（2）個人恐懼孤獨；（3）個人通過對意見環境評估來選擇自己的觀點傾向。

在當代，隨著互聯網的出現和不斷滲透，網路傳播的特點以及由此而產生的對傳統媒介結構的衝擊，對該理論提出了挑戰。一方面，網路傳播集人際傳播、組織傳播、大眾傳播的特點於一身，使得過去難以產生全面社會影響的其他傳播方式有可能更深刻地作用於更大範圍的受眾，從而使過去相對明朗的意見氣候複雜化。另一方面，在「沉默螺旋」假設中起重要作用的「從眾心理」的作用程度也可能會因為網路時代的到來而有所改變。

此外，由於互聯網的平等性、匿名性和不受地域的限制，所以「群體壓力」的主、客體都變得模糊起來，由於網路上發表意見實際上是匿名的，就基本上不存在「自己的意見」和「公開的意見」相矛盾的問題，但是用戶對網上意見的認知，會發生比在現實社會中的認知更大的偏差，因為用戶通常同與自己意見相同的人結成討論小組，因而會在較大程度上將自己的意見視為他人的共同意見，出現「鏡式知覺」和「假性一致」等認知偏差。（張騁）

參見：受眾
延伸閱讀：Noelle-Neumann 1993

stadium 展面

展面／刺點是巴特提出的一對符號風格學概念。在他最後一本著作《明室》裡，巴特解釋說：展面的照片，「使我感覺到『中間』的感情，不好不壞，屬於那種差不多是嚴格地教育出來的情感」；寬泛，具有漫不經心的欲望……喜歡，而不是愛。」，「從屬於文化，乃是創作者和消費者之間的一種契約」（Barthes 2003：40-82）。

　　刺點經常是一個獨特的局部，或一篇獨特的文本。刺點是「把展面攪亂的要素……是一種偶然的東西，正是這種東西刺疼了我（也傷害了我，使我痛苦）」。刺點「不在道德或優雅情趣方面承諾什麼……可能缺乏教養……像一種天賦，賜予我一種新的觀察角度」；「簡短，活躍，動作敏捷得像猛獸」；「我能夠說出名字的東西不可能真正刺激得了我，不能說出名字，才是一個十分明顯的慌亂的徵兆」（Barthes 2003：41-96）。

　　刺點，就是文化「正常性」的斷裂，就是日常狀態的破壞，刺點就是藝術文本刺激「讀者性」解讀，要求讀者介入以求得狂喜的段落。

　　一個文本的各種組分之間是不平等的，它們的聚合軸不一樣寬，大部分組分成為背景，襯托最表達意義的部分，成為「文本的刺點」；同樣，一個文化的文本之間也是不平等的。如果把一個文化的多數文本視為展面，那麼就有一部分文本很突出，它們的聚合軸比較寬，形成「刺點文本」。如果這些文本得到這個文化比較長期的尊崇，就成為所謂經典。（趙毅衡）

參見：組合／聚合，刺點
延伸閱讀：Barthes 2003

stereotyping 刻板成見

　　一種對符號文本的固有理解方式，也稱「刻板印象」，由李普曼從印刷術語引入傳播學（Lippmann 1922），此後在社會心理學領域有較大發展。指的是人們常常以高度簡化、概括化和固定化的符號對事物進行分類判斷，它通常伴隨著對該事物價值的固化評價並摻雜個人好惡因素。刻板成見常表現為把個體的評判簡單推論至該個體所屬事物的類，為其貼上同一標籤。這種認知現象也被稱為「過度概括」（overgeneralization）、「一律化判斷」（undifferentiated judgments）或「指認不當」（undue identification）。

刻板印象一經形成，就很難改變。某種意義上說，刻板成見是事物認知過程中很難避免的。人類的任何認知都需要通過物件某方面意義的凸顯（符號化）以獲得「某種」意義，而並非窮盡全部意義。刻板成見使我們認識到：符號化可以成為人們認識事物的必經之途，但也容易使人忽視意義的多元性。（張騁、胡易容）

參見：李普曼
延伸閱讀：Lippmann 2006

strong coding 強編碼

在實用／科技的符號系統中，符碼往往是強制性的，解釋幾乎是固定的：解碼必須服從編碼，忠實地還原複製編碼。例如數學教師出題，編碼過程就是把意義變成問卷，把答案隱藏起來，學生答題則是把問卷還原，說出教師編制問題的原意。對這樣的考，表意與解釋都是強編碼。

強編碼的文本，符碼可以像詞典或電報密碼本那樣清楚，也可以像運動比賽規則那麼條理分明，但是絕大部分符碼作為意義解釋工具，沒有那樣清晰整齊。甚至不能肯定符碼如密碼本那樣，先於文本存在，等著接收者取來用在解釋上。（趙毅衡）

參見：符碼，弱編碼

structuralism 結構主義

20世紀60年代，由於語言符號學成功地向人文社會科學各個領域推廣，索緒爾式符號學突然變成整個思想界的主流，這就是結構主義潮流。

在60年代，結構主義實際上與符號學是同一運動的兩個不同名稱。凡是承認深層結構為系統控制與重組力量的人，都是結構主義者。

李維史陀（Claude Levi-Strauss）從「系統性」出發，給了結構一個定義；「首先，結構展示了一個系統的特徵，系統有若干組分構

成，任何一個組分的變化都會引起其他成分變化；第二，對於任一模式，都應有可能排列出同類型一組模式中產生的一個轉換系列；第三，上述特徵，使結構能預測，如果某一組分發生變化，模式將如何反應；最後，模式的組成，使一切被觀察到的事實都成為可以理解的。」（Levi-Strauss 1974：7）。

這個定義聽起來複雜，實際上是強調符號表意必須依靠系統：不能納入系統的東西，無法貯存，無法傳送，也無法解釋。而符號恰恰是為這些功能而存在的。因此，一旦承認索緒爾的「任意性」，符號與意義無自然聯繫，符號就不得不依靠系統才能表意。

結構主義的框架容不下符號學的多元性，尤其難於容納皮爾斯的開放式符號學體系，因此在70年代初，結構主義者紛紛自我突破成為後結構主義者。符號學也進入後結構主義發展階段。（趙毅衡）

參見：系統性，任意性，全域
延伸閱讀：Levi-Strauss 1974；Broekmon，1981

structure pattern 結構方式（漢字）

漢字符號動態的創制和演變過程及其方式，是造字方式；當我們關注文字符號自身結構關係的共時靜態分析，則是結構方式或構字方式。如形聲字「晦」，如果從動態建構（造字）的角度分析，兩個字元是義象和義類相加構成的會意性意符思維（見《形聲字的會意性》）。但從共時的結構方式的角度分析「晦」，它屬於「左形右聲」的結構，「每」是一個純粹的示音符號，沒有意義。

結構方式不僅僅分析字形結構關係，更重要的是分析漢字的二級結構符號性質。漢字所記錄的漢語語素單位是第二級語言符號（簡稱為「言」）；漢字自身就是形音義結合的書寫符號，它因為指涉漢語而成為漢語的第一級符號系統（簡稱為「文」）。所以，漢字是由言文關係構成的二級符號系統。

漢字的二級符號性質導致了雙重意指性：直接意指和含蓄意指。第一種情況，漢字直接意指著自身，含蓄意指著漢語。如漢字的表意字、漢字的意符思維、文言文，它首先要求直接把握和理解漢字的字元系統所形成的字面意象系統，然後在漢字的闡釋和建構下間接轉向對漢語的把握。這種意指關係方式我們稱之為漢字的字本位性。第二種情況，漢字直接意指著漢語，含蓄意指著自身。如漢字的假借字、無字形義的抽象記號字、漢字的假借思維、白話文，它首先要求直接把握和理解漢語，而把漢字僅僅看作是透明地記錄漢語的工具。這種意指關係方式我們稱之為漢字的語本位性。但是，在語本位關係中漢字並沒有退場，它只不過把自己的意符思維或意識形態含蓄地掩藏在對漢語的直接表述中，我們也稱之為漢字的隱性書寫。如互聯網上經常對一些口語化帖子進行過濾，這個過濾過程就是漢字的隱性書寫。（孟華）

參見；分離性，漢字符號學
延伸閱讀：孟華2008

studies of communication 傳播學

通常將傳播學界定為研究人類一切傳播行為和傳播過程發生、發展的規律以及傳播與人和社會的關係的學問，是研究社會資訊系統及其運行規律的科學。簡言之，傳播學是研究人類如何運用符號進行社會資訊交流的學科。傳播學又稱傳學、傳意學。對傳播行為的研究源遠流長，而直到20世紀，傳播學才因媒介技術的重大發展而獲得特別重要的地位。

從學科發展史來看，作為專門學科的傳播學誕生於美國。一般認為，傳播學的奠基人有五位：拉斯韋爾（Harold D Lasswell）是美國現代政治科學的創始人之一，提出了著名的傳播學5w模式；盧因（Kurt Lewin）提出了資訊傳播中的「把關人」的概念，霍夫蘭（Carl Hovland）耶魯大學的實驗心理學教授，把心理學實驗方法引入了傳

播學領域，並揭示了傳播效果形成的條件和複雜性；拉紮斯菲爾德（Paul F Lazarsfeld），把傳播學引向了經驗性研究的方向並進行了一系列的實證研究；施拉姆（Wilbur Schramm）設立了世界上第一個傳播學研究所，主編了第一批傳播學教材，開闢了電視對少年兒童的影響等幾個新的研究領域，他被認為是集大成者。

傳播學研究的方法與傳統。一般認為，傳播學的研究傳統主要由源自歐洲的「批判學派」和源自北美的「經驗學派」組成。法國著名傳播學家伯納德‧米捏（Bernard Miege）將傳播學各種研究傳統看成20世紀五六十年代三大傳播學奠基學科的演化結果。這三種傳統分別是：控制論模式、經驗－功能主義取向和結構主義語言學。隨著傳播學學科的極大拓展，此後的門類複雜性遠遠超過最初預計，且難以用一種方式歸類。李特約翰接受了克里格（Robert Craig）劃分思想，歸納了傳播學研究的七大傳統：符號學、現象學、控制論、社會心理學、社會文化、批判理論、修辭學。

約翰‧費斯克（John Fiske）則把傳播學二分為重視「訊息傳遞」的「過程學派」和重視「意義生產與交換」的「符號學派」。過於簡化的歸納作為一種易於瞭解大概的方法，也有其自身的缺陷。如英尼斯、麥克魯漢的「多倫多學派」及其後來發展而成的「媒介環境學派」，難以簡單歸納，因而被許多學者稱為「媒介技術」的「第三學派」。近年來，傳播學與符號學有學科互動與深度交叉的趨勢。（胡易容）

參見：傳播符號學，傳播，拉斯韋爾
延伸閱讀：Littlejohn & Foss 2008

subjective aspect and objective aspect 見分和相分

見分是唯識宗所立四種心法（心識之作用）之第二種，又作能取分。即指諸識之能緣作用；亦即能照知所緣對境（即相分，為認識之物件）之主體作用。「見」即見照、心性明瞭之義，謂能照燭一切諸

法及解了諸法義理，如鏡中之明，能照萬象。見分有五義：（一）證見名見，即根本智見分。（二）照燭名見，此通於根、心（即眼、耳等六根、六識），以根、心俱有照燭義之故。（三）能緣名見，此通於內三分（自證分、證自證分、能緣自證分），以內三分俱皆能緣之故。（四）念解名見，以念解所詮義理之故。（五）推度名見，以能量之心推度一切境界之故。（劉華）

參見：因明學，成唯識論

subjective semiotics 主體符號學

當代符號學的最重要研究方向。從格雷馬斯開始，學者們作出了諸多努力，但至今這是一項未竟的事業。其中一個重要的原因是主體（subject）這個概念越來越含混不清。趙毅衡建議用「自我」當作主體的同義詞來使用。用自我符號學（semiotics of self）來代替捲入太多複雜問題的主體符號學（subjective semiotics）。在符號學的具體實際分析操作層面上，主體與自我這兩個概念有時可以互換。

自我處於一個有高度彈性的闡釋過程之中，塔拉斯蒂（Tarasti 2000）提出符號自我，在時間上分處於當下、過去、未來三個階段。當下通過闡釋過去，而為未來提供方向。用符號學術語講，當下是一個符號，過去是符號指代的客體，而未來則是解釋項。符號文本的生產和傳播，迫使發出主體和接受主體考慮到對方的存在，以對方的存在作為自己存在的前提。以身份互動來調整自我在符號交流中的位置。主體符號學的任務，就是探討自我與身份在符號學中的關係，討論文本身份的構成方式，以及與符號自我的關係。符號學關注的是達意方式，自我通過符號進行表意和解釋活動，並希冀他者的回饋。

符號文本存在於發出主體與接受主體之間，符號文本是互動性文本。在一個文化中，符號文本互動產生後，才進入傳播流程。符號文本是一種符號意指過程，它不是從能指到所指的直通車，而是在文本資訊傳播過程中使意義不斷增值，使符號自我不斷繁衍的過程。從發

出主體附於文本的意圖意義，文本本身所攜帶的意義，接受主體悟出的闡釋意義，這三種意義不一定完全對應。符號表意行為是這三種意義不斷交鋒的過程。但是，傳達過程中，發出主體或接受主體能夠互相承認對方是符號表意行為的主體。（文一茗）

參見：主體
延伸閱讀：Tarasti 2000

submerged metaphor 潛喻

符號修辭中的一格。A（如B，因此）引向B1，此公式中B1是B的一個延展的品質或行為。錢鍾書《管錐編》中引凱西爾《象徵形式哲學》，指出比喻的兩造「引喻取分而不可充類至全」，又引《南北徽詞雅調》為例：「蜂針兒尖尖做不得繡，螢火兒亮亮點不得油」。這是否定式地使用潛喻：A（不如B，因此）不能完成B1功能。

在符號修辭中，潛喻使用地相當廣泛。宋徽宗庭考畫家，出題《踏花歸去馬蹄香》，某畫家畫了幾隻追逐馬蹄的蝴蝶，得到嘉獎：花香無法畫出，卻可以延展為視覺形象。（趙毅衡）

參見：隱喻，符號修辭

successive text 先後文本

先／後文本是伴隨文本中非常特殊的一類。兩個文本之間有超出一般文本間性的特殊關係，例如仿作、續集、後傳。再例如電影經常改編自小說，戲劇大多有劇本作為其先文本。

在符號表意中，一個文本不僅受制於先出文本，也不得不受制於後出文本，例如法官作初審判決不得不考慮複審會不會被推翻；例如下屬獻策，不得不考慮上司是否能接受變成決策。先後文本幾乎無所不在：制定課堂規則，制定任何遊戲或比賽，是前例的模仿延伸；制定國家法律，往往要延續傳統，或「與國際接軌」。各種競技打破

記錄，就是後文本相對於先文本的數位記錄差異；法學中的「案例法」，即律師或法官引用先前定案的一個相似案子，在許多法系中是庭辯的一個合理程式；而交通信號中的黃燈，完全靠前後文本順序決定意義（Genette 2000：69-74），所以「先／後文本」幾乎是普遍的，所有的表意所共有的。

先文本不同於一般的文本間性，例如《施公案》等公案小說，令人想起《史記》記載的「俠以武犯禁」的俠文化記錄，但這一文本間性若即若離。而先／後文本，關係非常明確：後文本的情節，從一個特定先文本化出，《三國演義》的先文本明顯是陳壽的歷史書《三國志》，要理解《三國演義》「三分歷史七分虛構」的特點，不能不知道《三國志》。

所謂「山寨文化」「惡搞文化」「戲仿文化」，最重要的特點就是有明確的，大眾都能認出的「先文本」。（趙毅衡）

參見：伴隨文本，文本間性，前文本

superposition 疊合

敘述世界的符號構成方式。通過三種疊合：時素（chronym）、地素（toponym）、人素（anthroponym），敘述文本符號系統編碼一個現實與虛擬的疊加態可能世界，經驗現實材料隱現於想像材料中，使可能世界非真但擬真。根據現實與虛擬之間的相對距離，可以對文學虛構世界作出類型學的判斷。（孫金燕）

參見：虛構性，文體類型

super-sign 超符號

資訊理論中把符號結合起來的整體稱為「超符號」（super-sign），此術語意義不明確，各人用法不一樣，近年「超符號」這一術語漸漸只用於難以分解的符號組合。

　　艾柯在《符號學理論》（Eco 1990）一書中提出：「有一些符號，其內容不是內容單位，而是整個命題；這種現象並不出現於有聲語言裡，而是出現於其他許多符號學系統之中；只要它們具有和語言性語句相同的功能，那麼我們就會把這些非語詞性句子稱作『超符號』在許多符號學系統裡，這些超符號必須視為嚴格編碼過的表達單位，它們易於進一步組合起來，從而生產更複雜的文章。」

　　此術語有時候被一些理論家用作別的意義，例如「超越語言與文化邊界的巨大的表意」或「不能分成內容單元的符號組合」（Eco 1979：232）。在符號學發展過程中，意義類似的「文本」一詞，漸漸通用。（趙毅衡）

參見：文本
延伸閱讀：Eco 1975，2000

symbolic anthropology 符號人類學

　　符號人類學是一門通過對符號的研究來認知人類文化的學問，它將符號行為的心理動機、意義、現實、各種符號關係中的認知和解釋過程等作為研究方向。符號人類學家普遍把注意力集中在意義和交流問題上。

　　符號人類學是產生於1960年代。代表人物有格爾茨（Clifford Geertz）、施耐德（Harold Schneider）、特納（Victor Turner）、利奇（Edmund Leech）、道格拉斯（Mary Douglas）等。他們認為文化是通過象徵性符號來表達願意的系統，文化的產生基於個體對他們周圍的事件和事物的解釋。這些象徵性的符號在公共和社會交流中被應用和創造。符號人類學的目的就是將這些象徵性符號放入產生的語境中來分析其所具有的多層面的意義，這些符號如何成為系統以及對這些符號在社會中的具體的功能。

　　格爾茨認為人類文化便是人所編織的意義之網，人是生活在由自己編織的意義網路裡的動物。文化的分析不是尋求規律的實驗科學

而是尋找意義的闡釋科學。他認為象徵性符號是文化的載體，而對象徵性符號進行分析，是進入一個社會的統一世界觀和道德觀的視窗。他研究那些構成文化的象徵性符號是怎樣構成了人們思考和交流的方式，又是怎樣影響了社會成員之間及不同社會之間的關係。格爾茨的文化研究方法在他的一篇論文《深描：邁向文化的闡釋理論》（Thick Description： Toward an Interpretive Theory of Culture）中說得比較清楚。在這篇文章中，他將眨眼（wink）和眼皮抽搐（witch）做對比，這兩個在體征上相似的動作，卻具有巨大的差別。眼皮抽搐沒有任何的意義，而人類學家通過闡釋性的深描可以理解眨眼的多種含義。

特納主要受塗爾幹的結構－功能主義影響，他從象徵性符號的角度分析儀式的構成，並將儀式放在一個社會發展的動態的語境中來展示儀式對社會運作進程的作用。受範‧根納普（Arnold Van Gennep）在《通過儀式》（The Rites of Passage）（Gennep 2004）中提出的閾限概念的啟發，特納將閾限定義為「兩可之間」（betwixt and between）。閾限在結構上既不是這個又不是那個，但二者兼而有之。經歷過度儀式的人成為「閾限人」，這些人在結構上是不可見的，他們既不再被分類，也不能被分類。他認為在閾限中，一個結構性的等級制的社會象徵性地轉化成了平等主義的社會。在《象徵之林》（Turner 2006a）中，特納還將象徵性符號作為儀式的最基本的單元和儀式語境的基本單元。儀式的象徵符號具有濃縮性，並且其中的支配性象徵符號是由迥然不同的所指相互連接組成的統一體。象徵符號具有「感覺極」和「理念極」兩個維度。

瑪麗‧道格拉斯在其成名作《潔淨與危險》（Douglas 2008）中分析了《舊約聖經‧利未記》中的食物禁忌。她認為，創世紀將世界分成三部分，即大地、海洋和天空。而生活在世界上這三個部分的動物都會有與之相對應的特徵，飛禽有翅膀在天空飛翔，獸類用四足在大地上跳躍或者爬行，而有鱗的動物才可以在水中生存，這樣不符合這個分類系統的都是骯髒的，是褻瀆神聖。分類系統與社會的現存秩序

是一致的，骯髒不僅僅代表著人類認知的困境也是對現代社會秩序的威脅。因此將骯髒視為禁忌。

瑪麗‧道格拉斯將文化的符號組成分為「格柵」（grid）和「群體」（group）。因為禮儀社會所構造的格柵，具有組織優美、邏輯性強等優點；而群體則是靠強力來維持社會的團結，這與「restricted code」相似。在維持社會秩序上，格柵靠禮儀和社會契約，而群體則靠強力。瑪麗‧道格拉斯，將格柵分為高低兩種，而群體也分為高低兩種。經過排列組合，就出現了四種不同的社會模式類型：低格柵值低群值、高格柵值低群值、高格柵值高群值、低格柵值高群值。她用這種模式對不同的社會進行分析。

上述學者雖然都被歸在符號人類學的名下，然而他們各自的觀點卻不盡相同，有時也會發生激烈的爭論。作為一個包容廣泛的學派，符號人類學至今依然具有重要的影響。現代符號人類學的研究重點在於符號現象及儀式，它們被看作是人類擴展和重新組織其意識的活動。近二十餘年以來，符號人類學界又有許多新的理論動向，如將符號人類學與解釋學、後現代主義等思潮進行結合。（張洪友）

參見：閾限階段，李維史陀
延伸閱讀：Turner 2006；Douglas 2008；Barnard 2006

symbolic capital 符號資本

布迪厄（Bourdieu）的社會符號學重要概念。一些學者將symbolic capital譯成「象徵資本」，也有一些譯者翻譯成「符號資本」，中文論者也經常兩者混用。趙毅衡認為，按布迪厄的本意，譯成「符號資本」較好。因為這個概念是與「社會資本」「文化資本」「經濟資本」對比列出的，在布迪厄看來：「symbolic capital是其他各種資本在被認為合法後才取得的形態」（Bourdieu 1986：241-258）。

在《實踐理論大綱》一書中，布迪厄曾這樣定義「符號資本」：「符號資本是經過轉化並被偽裝為物質的『經濟『資本形式。唯有

掩蓋以下事實，它才能發揮效應，這個事實是：它產生自資本的物質形式，而資本的物質性同時也是符號資本所有效應之源」（Bourdieu 1977：183）。質而言之，符號資本是經濟或物質性資本的擁有者將自己的利益偽裝為一種超功利性資本的護身符。「符號資本」這一概念，與符號暴力（或符號權力）密切相關，這是因為「符號權力總是基於符號資本的佔有。那種能給別人的思想強加以社會區分的或新或舊的視界的權力，依賴於靠以前的鬥爭取得的社會權威。符號資本是一種信譽，是一種賦予那些已經得到足夠認同的人的權力。這種權力使他們處在一個能夠強化其認同的位置上」，「符號資本是只有集團的信念才能賦予那些給集團提供最多物質和象徵保證的人的一種信用（crédit），最廣泛意義上的信用，亦即一種貸款、貼現、債權」（Bourdieu 2003：189）。（張碧）

參見：布迪厄，象徵

symbolic interactionism 符號互動論

又稱作象徵互動理論，符號互動論的中心觀點是：人類互動是基於有意義的符號之上的一種行動過程，意義不是來自於事物本身，而是來自與他人的互動。其理論淵源可追溯到18世紀以亞當・斯密（Adam Smith）、休謨（David Hume）等人為代表所提出的人類科學必須重視人類相互聯繫的基本觀點。19世紀中晚期，美國四位社會學家對符號互動論的形成分別作出了貢獻：詹姆斯（Wiliam James）提出「自我」概念，杜威（John Dewey）闡述了個人與社會的密切關係問題，庫利（Charles Horton Cooley）提出的「鏡中我」概念，湯瑪斯（William I. Thomas）定義了「情境」。

對符號互動論形成影響最大的是美國社會學家米德（George Herbert Mead），他在1934年發表的《心靈、自我與社會》一書中對符號互動論思想進行了具體闡釋。米德認為，人類社會生活中的表意行

為往往是通過社會互動來實現的，而符號是社會生活的基礎，人類只有通過符號才能實現心靈、自我與社會的互動。符號之所以能作為人類社會互動的工具，是因為人類在使用符號的過程中賦予了符號以規約性的意義。同時米德還認為，通過符號互動，不但能實現人與人之間的互動，而且人們在與他人互動的過程中將他人作為一面鏡子，透過主體的我（I）與客體的我（me）形成「自我」。

對符號互動論進行完備梳理與概括的是米德的學生布魯默（Robert Blumer），他總結了符號互動論的三個基本原理：第一，我們依據我們對事物所賦予的意義而對其採取行動；第二，我們所賦予的事物的意義源於社會互動；第三，任何情況下，為了賦予某種情境以意義，而決定怎樣採取行動，我們都要經歷一個內在的闡釋過程，即進行「自我交流」。

符號互動論也招致了一些學者的批評，他們認為該理論僅僅關注的是社會個體之間的互動，而忽視了社會歷史、結構等因素的綜合影響。基於此，布魯默與其他符號互動論者指出，即使再宏大的社會力量的影響，人們也總是通過個體的符號互動來感知它們，並且只有首先理解個體互動，才能真正地理解社會。（馮月季）

參見：符號過程
延伸閱讀：Mead 1934

symbolic value 符號價值

布希亞（Jean Baudrillard）術語。他認為，現代社會的商品系統構成一個符號系統，在這個符號系統中，商品被結構化為一個受規則、符碼和社會邏輯支配的符號價值系統，這樣，物品的價值便由它們在系統中的差異性來決定。

布希亞根據需求的意識形態起源設定了四種不同的價值邏輯：（1）使用價值的功能邏輯（對物品的具體消費）；（2）交換價值的經濟邏輯（可資交換的物品）；（3）符號／價值的差異邏輯（物體

系中作為符號的物品）；（4）象徵交換的邏輯（如具有紀念意義的物品）

　　布希亞將馬克思政治經濟學批判延伸至符號體系的批判，旨在表明能指的邏輯以及能指的流通已經作為一種交換體系被組織起來；同時，所指的邏輯對能指的邏輯已經呈現出隸屬關係，具體體現為符號／交換價值與象徵交換的比值。這一概念相當於馬克思政治經濟學中經濟交換價值與使用價值的比值，而這種關係用符號學術語進行表達，即：經濟交換價值／使用價值＝能指／所指。

　　在布希亞看來，「當今社會愈來愈多的根本方面屬於意義邏輯範疇，屬於象徵規則和體系範疇」（Baudrillard 2011：110），因此，豐裕狀況表現為一種龐大的符號系統。在這種狀況下，消費行為已失去其原有面貌，正如布希亞所言，消費的對象，並非物質性的物品和產品，「消費並不是一種物質性的實踐」（Baudrillard 1996：199），而是「一種符號的系統化操控活動」（Baudnllard 1996：200），所有消費品早已失去作為物品的使用價值，同時成為必須通過彼此間的差異關係才能體現自身價值的符號：「被消費的東西永遠不是物品，而是關係本身」（Baudrillard 1996：201）。人們對消費品的享用，往往不會考慮消費品在生產過程中所耗費的勞動時間，而是將其視為滿足其欲望的符號系統。換言之消費不再以對物品的價值使用為目的，而是已經變成以如何在符號系統中具有較高的差異性價值為目的。
（張碧）

參見：布希亞
延伸閱讀：Baudrillard 2000，2001a，2001b

symbol 規約符號

　　皮爾斯依據符號與其物件間的關係進行符號分類得出的三種符號種類之一，另外兩種是像似符和指示符。有的中國學者把皮爾斯此術語譯為「象徵」，不確。

　　靠社會約定符號與意義的關係，皮爾斯將這種符號稱為symbol，這個稱呼在西語中意義混亂，在皮爾斯自己的討論中也相當混亂。「規約符號」，是與物件之間沒有理據性連接的符號，也就是索緒爾（Ferdinand de Saussure）所說的「任意／武斷」符號。「規約性」也就是社會文化的約定俗成。

　　皮爾斯認為相當多的符號是有理據的（像似性或指示性），只是一部分符號沒有理據性，發送者和解釋者都需要靠社會規約來形成符號與意義的關係。但皮爾斯也承認，任何符號與物件的聯繫，最後還是需要社會約定，也就是說：無論什麼樣的理據性，符號解釋時依然必須依靠社會規約性。也就是說：規約性是大多數符號多少必定要有的品質，否則無法保證符號表意的效率，而理據性只是一部分符號具有的程度不同的品質。

　　這個說法，可以稱作普遍規約性。皮爾斯本人沒有作過這樣的表述，但實際上這是符號表意的通則。純粹的像似性，甚至指示性，都無法給接收者一個確定的解釋意義。

　　規約性是社會性的，因為不同社會的規約不一樣，不能通用，而像似符號與指示符號，各個社會有可能都有能力懂（雖然不像規約符號能立即精確理解）。洗手間不用文字說明，而是用圖案，就是想用「世界通用」的符號，不用文字之類的規約符號，反而能避免誤會。全球化時代，也是圖像時代，影視成為通用藝術門類，至少部分原因在此。（趙毅衡）

參見：理據性，任意性
延伸閱讀：Peirce 1936-1958

symbol 象徵

　　象徵是一種特殊的符號，理據性積累使部分符號變成象徵。在西語中，symbol一詞有「符號」和「象徵」兩個意義，因此symbol與sign這兩個詞經常混用。本來這個問題應當可以用符號學來澄清，但恰恰

是在西語的符號學著作中，這個問題弄得比其他學科更亂。符號學自己成為混亂的原因。

索緒爾對此很清醒，他的定義中符號必須是任意武斷的，因此他拒絕用symbol來指符號（Saussure 1980：103—104）。許多西方學者混用兩詞，或給予兩詞本來不具有的特殊意義。各家對兩詞也各有說法，在西語中無法整理清楚。因此，中文翻譯時不得不仔細甄別，什麼時候在談的哪一種定義的symbol。西方各家的用法，不是我們跟著混用的理由。

象徵不是一種獨立的修辭格：象徵是二度修辭格，是比喻理據性上升到一定程度的結果，它的基礎可以是任何一種比喻（明喻、隱喻、提喻、轉喻、潛喻）。象徵與被象徵事物之間的聯繫，可以取其像似性，也可以取其鄰接性。但是象徵在修辭形態上，與其他比喻實際上無法區別，因此在語言修辭中很難說象徵是一種獨立的修辭格。

象徵的「喻體」總是跨媒介的，因此象徵的出發點，往往是概念比喻。例如十字架之於基督教、新月之於伊斯蘭教、卍字之於佛教，這些象徵無論用什麼媒介表現，無論是圖像、雕塑、語言、手勢來表現，依然是同一個象徵。

經過如此的變異與積累之後，象徵的意義往往比較抽象，經常是無法「意釋」的精神境界（例如佛教中用蓮花象徵純潔），或是不太容易用別的方式表達的（例如經輪象徵佛法），甚至難以形諸語言的事物（例如品牌象徵趣味品位、社會地位）。象徵是在文化社群反復使用，意義累積而發生符用學變異的比喻。

正因為象徵不停留於比喻，靠反復使用，積累起超越一般比喻水準的富厚意義。因此象徵必有一個意義形成過程：文化對某個比喻集體地重複使用，或是使用符號的個人有意對某個比喻進行重複，都可以達到意義積累變成象徵的效果。

要形成一個攜帶著特殊意義的象徵，有三種方式：文化原型、集體複用、個人創建。如果把這三種方式結合起來，創造象徵往往效率

極高。當代消費社會品牌的建立就是用這樣的方式：大公司的商標圖像（稱為Logo），原本是有理據性的符號修辭。但是隨著資本主義的全球化，商標圖像象徵性增加，延伸義擴大到全世界的消費者都只認圖示而不管「真實品質」。（趙毅衡）

參見：符號修辭，比喻
延伸閱讀：Todorov 1982，Saussure 1980

sympathetic 交感

符號人類學術語，由弗雷澤（James Frazer）在其著作《金枝》中首先使用。巫師認為物體都是通過神秘的交感相互作用，一物體的推動力可以神秘地傳遞給另一物體。交感巫術又可以分為順勢巫術和接觸巫術。順勢巫術按照相似律來運作。相似率即是「同類相生」或者同果必同因；基於相似律，巫師可以通過模仿來做任何他想做的事情，這種巫術叫順勢巫術，也叫模擬巫術。

而接觸巫術是按照接觸律或觸染律來工作。巫師們堅信「物體經相互接觸，在中斷實體接觸後還會繼續遠距離的相互作用。」巫師利用曾經與人接觸的物體來對人施加影響。（張洪友）

參見：巫術，儀式，符號修辭學
延伸閱讀：Fraser 1998

synaesthesia 通感

「通感」是不同管道互相比較形成跨越管道的像似符號。通感符號的發送與感知接收，落到兩個不同感官管道中，莫里斯稱之為「感覺間（intersensory）現象」。

各種管道之間，哪怕能造成感應或比擬，也很難表現出來。通感實際上不是兩個管道的直接比附，而是用語言寫出兩個管道之間感覺的比較。因此通感往往被視為一種特殊的寫作比喻，一種修辭格（Genette 1994：146）。通感只能用語言作二級表現，語言描寫感覺

只是一種有間距的類比，語言能同時描述幾種感知，而一旦比較地記錄或描寫這些感覺，就輕易形成「跨管道比喻」。這就是為什麼在藝術家中，詩人最得益於感。

通感有個特殊規律，就是諸種管道有個大致上的比擬次序。錢鍾書指出「最早引起注意的也許是視覺和觸覺向聽覺的挪移」（錢鍾書 2006：71）。他舉的聽覺靠向觸覺的例子是「尖」「重」的聲音；他又舉了《樂記・師乙篇》中描寫音樂「如歌者，上如抗，下如隊，曲如折，止如槁木，倨中矩，句中鉤，累累如端，如貫珠」，這是用類似觸覺的身體動作與肌肉感覺來形容音樂。

與錢鍾書差不多同時，烏爾曼發現在通感比喻中，感官管道大致有一個低級推向高級、簡單推向複雜、可及性較強推向可及性較弱的修飾關係。他排出的次序是觸覺、溫覺、味覺、嗅覺、聽覺、視覺六個管道。其中特地列出「溫覺」，因為是最常用的觸覺。烏爾曼指出：絕大部分通感，都是用比較低級簡單可及性強的感覺來形容比較複雜的感知（Ullmann 1964：6）。「甜蜜的微笑」用味覺形容視覺；「柔和的嗓音」，用觸覺形容聽覺；「清涼的藍色」用溫覺形容視覺。超越五官之外的「感覺」如果進入這種比喻（即超感官通感）會排在最後位置。（趙毅衡）

參見：多媒介，超感官通感

synchronism 共時性

共時性問題，是索緒爾（Ferdinand de Saussure）為語言學發展作出的重大貢獻。索緒爾之前的語言學，主要在語言的演變上下功夫，而索緒爾的系統觀，注重的是一個系統內部各種元素之間的關係，因此要求從一個「共時角度」來觀察，系統才能運作：系統各元素之間，不是歷時性的聯繫，而是在某個時刻共存的關係。共時觀念，給語言學的研究帶來重大變化，也使符號學一開始就落在一個非常有效的模式之中。但共時觀念還沒有被真正弄清楚，就被追趕時髦的學界宣佈

過時。但實際上，共時與歷時不可分，每個系統都是在歷時地轉化為一連串的共時局面中形成的：沒有一個符號系統能歷時不變，我們只能談歷時性中的共時性，這一點容易理解。

關於共時與歷時究竟如何區分，卻一直有很多誤解：文本的空間展開／時間展開，並不是共時性／歷時性，哪怕需要在時間中展開的文本，依然可以被看成一個共時結構，只要展開的時間過程沒有影響組分的相互關係和意義的變化。一本小說看上去是空間的存在，但是小說的閱讀需要時間，與講故事需要時間一樣：一本小說和一則故事都不是歷時的——當符號組合被看成一個文本，或一個系統，它們就是共時的。

符號學討論的共時，不是指符號文本的空間（非時間）展開方式，而是解釋者看待這個系統的角度，對於一個系統的研究，可以有共時與歷時的兩種側重：一部交響樂，一頓晚餐，哪怕不是嚴格的「共時發生」（空間並存），也可以是共時系統，即可以當做一個系統給予解釋。

因此，共時性與歷時性，只是觀察解釋符號系統的角度之分，並不是嚴格的時間問題。在這個很多人搞錯的問題上，葉爾姆斯列夫說得一清二楚：「（共時性是）語言成分內在邏輯上的一致性，而不是經驗上的共時性，而所謂歷時性也只能看成一種關係轉換系列」（Hjelmslev 1969：109-110）。巴特也指出：「時裝的共時性年年風雲變化，但在一年之內它是絕對穩定的」（Barthes 2000b：8）。

既然系統必須從「共時」角度觀察，索緒爾符號學就帶上一種共時偏向，這一點受到不少關注社會歷史的理論家抨擊。共時性並不否認歷時性，當共時結構被特別關注時，歷史就比較容易被忽視。對共時性的不滿，直接導致了結構主義被衝破成為後結構主義。（趙毅衡）

參見：系統性，任意性
延伸閱讀：Saussure 1969, Barthes 2000

synecdoche 提喻

符號修辭的一格。提喻的喻體與喻旨之間是局部與整體的關係。

幾乎所有的圖像都是提喻，因為任何圖像都只能給出物件圖景的一部分。戲劇或電影用街頭一角表示整個城市，卻經常被認為是現實主義的表現手法。新聞圖片，電影圖景，實際上都無法給我們物件的全景，都只是顯示給我們物件的一部分，讓我們觀眾從經驗構築全幅圖景。所以所謂「紀實」攝影或紀錄影片，提供的只是「真實感」而不是「真實性」：關於世界的符號，只不過是世界的符號表現，而不是世界。

提喻與轉喻容易混淆，有時兩者的界限的確不太分明，尤其是在符號修辭中，文本的邊界有時並不清楚。例如，圖騰與它所指涉的文化，究竟是提喻（局部）關係，還是轉喻（鄰接）關係，取決於我們如何劃定文本的邊界。（趙毅衡）

參見：轉喻，符號修辭

syntactics 符形學

符形學（syntactics），語言學中譯成「句法學」。在符號學中，它研究的是各種符號的形式與結構。

莫里斯把符號學領域劃成三塊：符形學、符用學（pragmatics）、符義學（semantics）。莫里斯認為：「符形學問題（syntactical）包括感知符號、藝術符號、符號的實際使用，以及一般語言學」（Moms 1938：16）。這說明符形學研究範圍遠遠超過句法。

符形學的研究要從各種符號的形態上總結出共同規律，比語言學困難得多，符形學至今沒有如語言的「詞法－句法」那樣清晰的形態學論說。中文學界翻譯成「句法學」，可能造成混亂。

德國符號學家波斯納（Roland Posner）指出符形學有三個方面：一是符形學研究的是遵守符形規則的符號以及符號聯合體（Morris

1938：14）；二是符形學研究的是各級符號如何組合成符號聯合體
（Morris 1946：367）；三是符形學研究從一個符號到另一個符號之間
的邏輯關係（Morris 1938：6）。（唐秋平、趙毅衡）

參見：莫里斯，符義學，符用學
延伸閱讀：Morris 1938

syntagmatic 組合

索緒爾提出的符號文本基本組成方式，與「聚合」相對，形成雙
軸關係。

參見：聚合軸
延伸閱讀：Saussure 1980；Jakobson 1987b

syn-text 同時文本

克里斯蒂娃（Julia Kristeva）意識到影響文本生成的各種文本有時
間差，她分為「歷時性」與「同時性」兩種文本間性：「文本是一種
重新分佈語言等級的跨語言裝置，它是一種傳達言語，引導向各種先
前的和同時的講述，因此，文本是一種生成性」（Noth 1995：322）。

文本生產需要時間，例如《紅樓夢》「披閱十載」；《大波》
在發表前作重大修改；《追憶逝水年華》寫了幾乎一輩子，因此相當
多文本間性因素，是在文本產生的同時出現的，可以稱作「同時文
本」。「同時文本」，依然發生在相關的文本部分產生之前。

例如紅學界發現：脂硯齋的評語，對《紅樓夢》的影響非同一
般。脂硯齋評說：「能解者方有辛酸之淚，哭成此書……書未成，芹
為淚盡而逝。」周汝昌認為曹雪芹與脂硯齋是夫妻，我們能肯定的只
是《紅樓夢》成書過程中，「脂評」是其「同時文本」，因為是在
《紅樓夢》成書過程中起影響。（趙毅衡）

參見：前文本，文本間性

systemacity 系統性

結構主義的核心問題，不是「結構」，而是「系統」。系統是各成分關聯構成一個整體，而不是各成分的簡單累積：系統大於成分之和，也就是說，一旦進入系統，組分除了自己的功能，還獲得了「系統功能」。

系統性是符號任意性原則最重要的邏輯延伸，是任意性原則的必然後果，是看來散亂的符號單元之所以能表達明確意義的關鍵。索緒爾預感到「符號學的主要著眼點，是立足於符號的任意性基礎上的整個系統集團」（Saussure 1969：68）。這個觀點成了整個結構主義大潮的出發點。

系統能超過成分的總和，是因為系統有幾個特點。首先是其「全域性」（wholeness）。例如在一個語言中，其符號單元（例如詞彙）的意思是任意的，如何保證語言之間能翻譯？因為每個語言覆蓋的全域大致上一致，一個語言能覆蓋的意義面，另一個語言大致上也能覆蓋，每個詞彙或短語的意義劃分不一致，「全域」卻相當一致，系統之所以能互相替代互相變換，正是符號體系的這種「全域系統性」。

皮爾斯沒有討論系統性問題，成為皮爾斯理論的優勢所在。目前符號學界對皮爾斯符號學的極高評價，是對20世紀60年代結構主義極盛期過高名聲的反撥。反撥是必要的，但不等於完全不必理解系統性。俄蘇符號學派把普利高津的耗散系統觀用於文學，發展出開放系統觀，證明系統在一定條件下依然是個重要概念。（趙毅衡）

參見：任意性，結構主義
延伸閱讀：Saussure 1969

T

taboo 禁忌

禁忌是民俗文化對事物負面象徵意義的解釋與規避,是文化符號的重要研究物件。

在《禁忌與圖騰》(Freud 2009)中,佛洛依德認為,禁忌是對力比多的壓抑,但是壓抑並不能將禁忌消除,所以要觸犯禁忌的人本身也成為禁忌以防止其他人也觸犯禁忌。而基於圖騰崇拜的禁忌,即不能殺害代表圖騰的動物;具有相同的圖騰的人之間不能通婚,否則視為亂倫。佛洛依德認為這是「伊底帕斯情結」在這裡的表現。圖騰是父親的代表,而具有相同圖騰的婦女則是母親形象的轉換,這樣基於圖騰的禁忌是人們對「伊底帕斯情結」壓制的表現。而杜爾克姆認為禁忌具有維持神聖與世俗對立的功能,而這種神聖與世俗間的斷裂又恰恰是宗教的基礎。拉德克里夫-布朗(Radcliffe-Brown)認為禁忌維持基本的社會價值和情感。賈斯特菲爾爵士認為人們所珍視的範疇受到干擾和破壞,所以要維持社會秩序就要將這些破壞者視為禁忌。道格拉斯(Mary Douglas)認為分類之外的東西是危險的,所以要將其視為禁忌。(張洪友)

參見:圖騰
延伸閱讀:Freud 2009

Taoist conception of characters 道教文字觀

道教有崇拜文字符號的思想傾向,對文字持有一種充滿神秘主義色彩的觀念,形成了迥異於以「六書」為核心的主流文字觀的道教文字觀。

　　從文字的起源來說，道教認為世俗世界使用的文字是迷失了本原的「邪文」，在陰陽初分之際自然生成的文字才是「真文」。《真誥》云：「造文之既肇矣，乃是五色初萌，文章畫定之時，秀人民之交，陰陽之分，則有三元八會群方飛天之書，又有八龍雲篆明光之章也。」有些道經又進一步指出，先天地而生的文字實際上是由氣凝結而成。《九天生神章經》雲：「三洞飛玄之氣，三合成音，結成靈文，混合百神隱韻內名，生氣結形，自然之章。」既然文字是由氣而生，那麼用這些文字組成的道經自然也是由氣凝結而成。《隋書‧經籍志》云：「（天尊）所說之經亦蘯元一之氣，自然而有，非所造也，亦與天尊常在不滅。」

　　道教還創造了一套非常繁密的字體流變理論。梁代陶弘景曾在《真誥》中系統地闡釋了這個理論，認為萬物初萌，陰陽始分之際，就產生了三元八會之書和雲篆明光之章兩種字體，「其後逮二皇之世，演八會之文為龍鳳之章，拘省雲篆之跡以為順形梵書。」後來，龍鳳之章和順形梵書又「分破二道」，「從《易》配別本支」，衍變出六十四種字體，這六十四種字體「遂播之於三十六天，十方上下也。」於是，先天地而生的文字與道教的三十六天仙界搭配到一起，更加增添了其神秘色彩。

　　在道教文字觀中，不同文字之間還有著嚴格的等級差別。《雲笈七籤》把文字分為八類，稱為「八顯」，分別是：天書、神書、地書、內書、外書、鬼書、中夏書、戎夷書。其中等級最高的是自然飛玄之氣結成的天書文字，現實中真實存在的中夏書和戎夷書卻被貶入最低等級。

　　在道教看來，世俗世界中的文字是淫僻之文，毫無美感可言。只有由先天之氣凝結而成的「真文」，才是天地間至上、至大的「真美」。許多道經都對這種「真美」進行了非常形象的描述。《諸天內音經》云：「天書字方一丈，自然見空，其上文彩煥爛，八角垂芒，精光亂眼，不可得見。」《玉帝七聖玄記》云：「字方一丈，文蔚煥

爛，四合垂芒，虛生晻曖，若存若亡，流光紫氣拂其穢，黃金冶煉瑩其文。」道教徒懷著虔敬之心描述的這種文字之美，實際上是一種超越了世俗審美境界的神聖之美。

高級宗教的最終旨歸都是濟世度人，道教也不例外，所以它的文字觀最終也為實現這個目的服務。道教認為，由元氣凝結而成的文字，並不僅僅是為展示神聖之美，而是為了傳遞作為天地萬物之母的「道」的精神。從小的方面講，由文字結成的道經的用途是引導人們修道成仙；從大的方面講，文字的功用則在於它可以幫助人類度過劫運，拯救世界。《太平經》認為，劫運到來將使「天地混齏，人物糜潰」，只有用「真文」結成的道經才能幫助人類度過劫運。《隋書·經籍志》轉述道經的觀點認為，劫運一到，「真文」就會自然顯現，然後由天尊開劫度人，把「真文」傳給天真皇人，再由天真皇人按照神仙的位階等級傳給諸仙，最後由諸仙傳給得道的凡人，由他們去弘揚道法，度世救人。（黃勇）

參見：八顯，邪文，雲篆，龍章鳳文，三洞

Tarasti, Eero 塔拉斯蒂

塔拉斯蒂（1948-）芬蘭符號學家，赫爾辛基大學的音樂學教授。自上個世紀70年代以來塔拉斯蒂用符號學的方法撰寫了大量音樂方面的書籍。從2004年開始塔拉斯蒂擔任國際符號學會主席。

塔拉斯蒂的主要著作《存在符號學》（Tarasti 2000）從黑格爾、康德以及存在主義思想家如克爾凱郭爾、海德格、沙特等人那裡吸取了關於主體和自我的理論，形成一種超越格雷馬斯式符號學的新的理論傾向。存在符號學是一種不同於以皮爾斯、格雷馬斯、西比奧克等為代表的經典符號學的理論。第一，研究物件發生了變化。經典符號學研究的是符號形成以後的系統、分類、特徵、規律、表現形式等等，是在符號凝固以後的層面來對符號進行靜態的分析。而存在符號

學研究的是符號形成之前的狀態，相應的「前符號」。存在符號學將符號視為有生命、有靈魂的運動的事物來研究，「存在的符號時刻是在符號形成之前或之後的時刻，因為符號的生命不會停下來，它們總是處於形成的狀態」。第二，研究方法有所區別。經典符號學多採用客觀的、科學的、分析的、實證的方法來研究符號，相比之下，存在符號學傾向於直覺的、綜合的方式，但存在符號學也吸收了經典符號學的理論成果，是在繼承基礎上的創新。（顏小芳）

參見：存在符號學，音樂符號學
延伸閱讀：Tarasti 1995，2000，2002

tattoo 文身

民俗文化符號的一種。紋身是雕刻在人體肌膚上的符號。紋身起源於世界各地原始部落民族的紋飾膚體的習俗。

紋身在中國有多種稱呼，如入墨、黥墨、黥刺、刺青、點青、繡面等。《禮記‧王制》記載：「東方曰夷，斷髮紋身，有不火食者矣。」在現代歐美流行的紋身一詞源於英國航海探險家庫克（JamesCook）船長。18世紀末，庫克船長用土著詞彙「Tain」一詞來形容大洋洲原住民的紋身習俗。隨著時間的推移，「Tain」在英語中寫為「tattoo」。

紋身的方式有彩繪、文刺和斑痕三種類型。原始時期或原住民的紋身在工藝、圖紋方面具有原始文明的特點，圖紋大多具有特殊的象徵意義，用以表達圖騰崇拜、區分族群、避邪求福等功能。古代的紋身則主要用作等級、身份或秘密社團成員的標誌符號，尊卑觀念十分明確。現代紋身更多的是標誌時尚或彰顯個性。（楊驪）

參見：圖紋
延伸閱讀：Margo 2001；Gilbert 2006

tenor 喻旨

瑞恰慈創用的術語，中文又譯「喻義」。以A比喻B，A為喻體（vehide），B為喻旨。

參見：比喻，喻體

textual identity 文本身份

符號文本有一定的社會文化身份，就要求對文本作出與身份相應的解釋；沒有文本身份，任何文本無法表意。例如，沒有四書身份的《春秋》，只是魯國宮廷的一些記事，被王安石稱為「斷爛朝報」，不是經書，就不可能「微言大義」。

文本身份不同於發出者的人格身份，符號文本很可能發出者闕如（例如自然符號），或發出者身份不明（例如民間故事），或是一個製作集團（平話小說，今日的廣告），當發出者的身份無法確認，而文本身份變得更為重要。

文本本身是文化直接作用於符號表意的結果：一旦符號文本形成，文本身份就可以獨立地起作用。文本身份是符號表意的社會維度：例如，一種化妝品廣告，產品市場目標是女性。這就規定了它的文本身份是女性廣告。這種文本身份，實際上不取決於發送者（廣告設計者，廣告公司與電視臺工作人員），與他們的性別或意圖都無關：商品的文本身份取決於文化的「預設」機制：消費主義、階層分野、符號價值、性別偏見，等等。

文本身份，與自我的身份一樣，有群體（人際）、種族、社會、階級、性別等範疇。這些身份與接收者身份比較靠攏，「人以群分」，實際上是以意義方式區分。符號文本的身份，與接收者身份趨同效果，比發出者身份更明顯。

　　文本性別身份常常攜帶著社會對性別身份的處理方式，而這些處理方式常常是人們覺得自然而然理應如此，這種價值身份，遠非「創作主體」所能控制。例如，對既男又女（androgyny）的生理身份，社會容忍度很低，在符號文本身份中，卻相當常見而自然：在歌曲中如此，廣告中，衣裝中，甚至社會角色中，都很常見。每個人具有生理性別，他們的性別身份被強行決定，而符號文本身份卻更依靠社會文化，因此更加多變。（趙毅衡）

參見：身份，隱含作者
延伸閱讀：趙毅衡2011

textual metalanguage 文本自攜元語言

　　文本自身攜帶的影響其解釋的因素。雅柯布森（Roman Jakobson）在分析符號文本的六種主導功能時，就已經提出文本自攜某些元語言因素：文本是解釋的物件，但是文本作為傳達的環節，也參與構築解釋自身所需要的元語言集合。例如文本標明的自身所屬體裁，是元語言集合中的一個重大因素。

　　體裁，是文本自攜元語言的重要部分。故事片中的恐怖場面，與紀錄片或電視「現場直播」中的血腥暴力場面，雖然文本表現一致，體裁的壓力卻推動兩種完全不同的解釋；情歌中的求愛語言，與口頭說出的求愛，詞句可以相同，得出的意義完全不同；道士的符籙，巫師的念咒，體裁決定了它們的無需一一用字句解釋的重要意義。實際上每一種體裁對閱讀方式各有要求，甚至同樣文本，例如《水經注》，當作文學讀，與當作地理讀，體裁所決定的意義解釋完全不同。

　　比喻是文本元語言起作用的顯例。比喻的像似，只是一種文本設立的解釋方法而已，「像似點」無需真的像似。利科在「為像似性辯護」一文中指出，像似性「不僅是隱喻陳述所建構的東西，而且是指導和產生這種陳述的東西……應當成為謂詞的歸屬特徵，而不是名詞的替代特徵」（Ricoeur 2004：266-267）。他說的「謂詞歸屬」，就是

「像」或「是」這樣的自攜元語言標記的強制性，而他說的「指導和產生」陳述，就是元語言對解釋的作用：比喻的相似，實際上是文本自攜元語言對解釋造成的壓力。（趙毅衡）

參見：元語言，符碼
延伸閱讀：Ricoeur 1988，2004

textuality 文本性

符號組合成為文本，就是因為獲得了「文本性」。

鮑德朗德認為：「文本性」包括以下七種性質：結構上的整合性；既念上的一貫性；發出的意圖性；接收的「可接受性」；解釋的情境性；文化的文本間性；文本本身的資訊性（Bauderande 1980）。這個「七性質」說法把符號學所有要處理的問題一網打盡了，無非是說，符號學的研究物件不是單獨的符號，而是符號文本。

上述標準的頭一條「結構上的整合性」，是後六條的保證。但後面的六條是否就能保證第一條呢？艾柯就提出過「偽組合」理論：某些「文本」的組合缺乏「整合性」，各部分之間關係不明。他舉的例子是蒙德里安的畫，勳伯格的十二音階音樂。實際上，很多符號組合都讓人是否有內在的「整合性」。

可以認為，「文本性」是接收者對符號表意的一種構築態度。接收者在解釋意義組合時，必須考慮發送者的意圖（例如畫家的畫框範圍），也必須考慮文化對體裁的規定性（例如絕句應當只有四句），但是最後的取捨只需要適合於他的解釋：文本的構成並在文本本身，而在符號組合的被接收方式。

因此，符號文本是接收者進行「文本化」（textualization）的結果，而文本化是符號化的必要方式：文本自身的組合結構只有參照意義，文本各單位之間的組合關係，是在解釋中實現的。（趙毅衡）

參見：文本

text 文本

　　符號很少會單獨出現，一般總是與其他符號形成組合，如果這樣的符號組成一個「合一的表意單元」，就可以稱為「文本」。先前學界常認為文本這個術語等同於「講述」（discourse，或譯「語篇」）（Sebeok 1986： 1180-1187），但「講述」過於傾向於語言，不適合作為所有符號組合的通稱。

　　文本一詞的西文原義text是「編織品」（something woven）（Lotman 1970：6）。中文定譯「文本」極不合適，因為「文字」意味太濃，而符號文本卻可以是任何符號編織組成。

　　在符號學史上，對文本概念作出最大貢獻的，一是德國六十年代的「斯圖加特學派」，這派的領軍人班斯（Max Bense）早在1962年就把這一批德國符號學家的貢獻編成文集《文本理論》；一是莫斯科－塔爾圖學派，他們把文本看做符號與文化聯繫的最主要方式，洛特曼在1970年出版了《藝術文本結構》，有好幾篇文章著重討論文本。由於當代符號學界的共同努力，符號學從討論單獨符號，轉而以符號文本為基本單位。

　　在符號學中，文本一詞的意義可以相差很大。最窄的意義，與中文的「文本」相近，指的是文字文本。文本不是其物質存在，因此不同的版本，是同一「文本」（McHoul 1998：609）。

　　比較寬的定義，是指任何文化產品，包括印刷的，寫作的，編輯出來的文化產品，從手稿檔案，到唱片、繪畫、樂譜、電影、化學公式等人工符號構成的文本。

　　符號學中往往使用寬定義。巴赫金說：「文本是直接的現實（思維和經驗的現實），在文本中，思維與規律可以獨立地構成。沒有文本，就既無探詢的物件亦無思想。」（Todorov 1981：17）烏斯賓斯基則認為文本是「文化的基本單位」；洛特曼定義最為清晰：「文本」

是「整體符號」（integral sign）。用這樣寬泛的定義，文本的定義簡化為「任何可以被解釋的，文化上有意義的符號組合」。（趙毅衡）

參見：文本性，超符號
延伸閱讀：Lotman 1970

theory of concept and entity 名實論

　　名實論系先秦名家之名學的主要觀點，富含豐富的符號學思想。名家之「名」，重在邏輯思辨，以正名實為主要任務。

　　《荀子·正名篇》指出：「貴賤不明，同異不別，如是則志必有不喻之患，而事必有困廢之禍。故知者為之分別，制名以指實，上以明貴賤，下以辨異同。」（王先謙1988：415）名學的主要作用為明貴賤、別異同。明貴賤偏重於社會倫理方面，儒家正名學為其代表；別異同則是名家名實論的主要內容。名家尹文主張「以名正形」「以形應名」，「名」（所指）應該與「形」（能指）對應，公孫龍「疾名實之散亂」，主張「審其名實，慎其所謂」，注重名與實的內涵相應，循名責實，名實相符。

　　宇宙萬物是由各種不同的「實」組成，各種「實」皆有其相應的名稱，也即是概念。從符號學的角度來看，事物的概念，也即是所指，有其相應音響形象－能指來對應，這樣才能形成一個符號系統。（祝東）

參見：名家，公孫龍
延伸閱讀：胡適2006；朱前鴻2005；翟錦程2005；劉寶楠1990；楊伯峻1980

third code 第三語碼

　　翻譯符號學重要概念。第三語碼的概念產生於人們從符號學的角度去研究翻譯。第三語碼的提出與翻譯語言符號概念之間存在細微的差別，前者主要是從正面的立場上去統籌翻譯語言，後者則主要是從中性化的立場去理性地看待翻譯語言。

　　「第三語碼」是英國翻譯學家弗羅利（William Frawley）1984年在論述文學翻譯時提出的概念，他認為目標語文本「作為一種語碼出現以後，就會形成自身的標準和結構序列，儘管這些標準和結構乃至意義都來自原語文本（Source Language Text）和目標語（Target Language）」（Frawley 1984：169）。這即是說作為目標語文本中的第三語碼具有自己特殊的符號系統，但弗羅利在論述第三語碼的這種特徵時，並沒有將之與譯文腔（Translationese）相提並論，因為他是站在積極的立場上來審視翻譯過程中的語言轉變的。

　　事實上，第三語碼雖然具有自身的特殊性，但它對目標語語言規範的偏離程度並不至於使譯入語國讀者將之拒於千里之外，而且從譯者的角度來講，人們對第三語碼的使用並沒有排斥的心理，總是抱著一種可以接受的心態去使用或者研究它。

　　魯迅在從事文學翻譯時非常自覺地採用第三語碼：「沒有法子，現在只好采說書而去其油滑，聽閒談而去其散漫，博取民眾的口語而存其比較的大家能懂的字句，成為四不像的白話。這白話得是活的，活的緣故，就因為有些是從活的民眾的口頭取來，有些是要從此注入活的民眾裡面去。」魯迅所謂的「四不像的白話」表明翻譯文學的語言幾乎不可能和目標語完全一致，譯者在翻譯時採用的是一種既不同於原語又不同於目標的第三語碼，對目標語國的讀者而言，譯者在翻譯時採用的語言充分彰顯出第三碼的文體特徵。從民族語言建構的角度來講，「第三語碼能夠擴展並豐富目標語的語言知識庫，因為通過翻譯所吸收的特徵可在該語言中被整體性地採納，至少有助於適應目標語正在發生的變化。」（Shuttleworth & Cowie 1997：172）（熊輝、劉丹）

參見：翻譯符號學
延伸閱讀：Frawley 1984

thirdness 第三性

第三性，皮爾斯（Charles S Peirce）符號三範疇中的第三範疇。在符號的構成中，解釋項是第三性的。「第三性是這樣一種存在模式，它使一個第二和第三相互關聯。」（Peirce 1936-1958：8. 328）

第三性範疇由我們稱之為法則的東西構成。當我們只是從外部來思考它時，我們稱之為法則，而當我們看其兩面時，我們稱之為思想。思想既非性質，也非事實，思想能夠產生和成長。而且思想是普遍的。事實的集合不能構成法則，因為法則超出了任何已完成的事實，並決定事實將怎樣存在。法則作為普遍事物，與性質的潛在世界相關；作為事實，它又與現實性的現實世界有關。

符號依賴第三性才構成意義。皮爾斯認為，它是把來自外部的東西傳達給精神的通道。（顏青）

參見：第一性，第二性
延伸閱讀：Peirce

Todorov, Tzvetan 托多洛夫

托多洛夫（1939-）保加利亞裔法籍符號學家。曾師從羅蘭·巴特。早年編譯的《文學理論》（1965）一書，影響了法國結構主義符號學理論的發展。

在1969年的《〈十日談〉的語法》中，托多洛夫針對故事中「意願出現」的意願類與「意願未出現」的假設類陳述，引入類似模態運算元的概念將其分為四種語式：「必定的」、「祈願的」、「有條件的」、「推測的」，對命題陳述進行模態處理。這本書不僅擴大了普羅普、格雷馬斯以來的敘述學研究範圍，從神話、民間故事的研究轉向小說研究，而且以語法模式分析故事，突出文學中語言的顯著地位，對敘述學的發展產生重要影響。

　　1970年，托多洛夫在《幻想文學》中指出：幻想文學是經驗現實與徹底想像之間的猶疑與妥協。體裁的特徵不僅在作品本身，更要依據讀者閱讀過程中的意願選擇尋找。他認為，讀者對「幻想」是否存在於文本以及呈現為何種類型起決定作用。托多洛夫根據讀者是否認為「現實法則」為作品所描述現象提供解釋的態度，將「幻想」作品區分為：離奇的（uncanny）、不可思議的（marvelous），以及處於它們之間的子類型。而讀者在閱讀過程中因為選擇的不同，會進入不同的幻想世界類型。這本書，第一次展示了將幻想文學作為一種文體類型的現代企圖。（孫金燕）

參見：可能世界理論
延伸閱讀：Todorov 1973，1982

token 個別符

　　皮爾斯（Charles S Peice）根據符號本身所顯現的性質，將符號分為三類：質符（qualisign），即「符號載體」；單符（sinsign）指符號的每次出現；型符（legisign）指相同符號的集合概念，單符與型符後來改稱為個別符（token）與類型符（type）。

　　皮爾斯最初用sinsign一詞來表示「一次性地作為符號發生作用的一個具體東西或實際事件」，後改稱為token，即「個別符」。皮爾斯認為，token個別符與type型符的關係是，如果同屬一個型符的個別符完全一樣，每個個別符就成為型符的一個副本（replica）。

　　艾柯在皮爾斯研究的基礎上對原型和型例問題加以改述。他認為只能在自然記號世界中來討論原型和型例問題。艾柯的中心點是符號的可複製性，他指出在符號原型和其具體體現者之間存在著三種關係：型例記號可按其原型記號無限複製（sinsign）；型例記號具有物質獨特性（既是sinsign又是qualisign），型例記號即其原型記號，或者說二者同一（既為sinsign，又為legisign）。此外，艾柯還提出原型記號和型例記號之間的兩種關係：編碼化關係（ratio facilis），是指型例和

原型之間通過一套制度化的表達系統或代碼而彼此相符；而非編碼化關係（ratio dificilis），是指型例與自身內容直接相符，或因尚不存在一種相應的表達原型，或因表達原型和內容原型同一。

艾柯認為，一個單符一旦被解釋為一個意義，則必然是型符。而趙毅衡認為，一個符號是型符還是個別符，取決於解釋者如何解釋它們與其它符號的關係。（顏青）

參見：型符，類型符
延伸閱讀：李幼蒸2004；趙毅衡2011

totem 圖騰

符號人類學重要概念。「totem」一詞起源於北美印第安人的一支奧吉布瓦人的語言，意思是「他是我的一個親戚」。19世紀下半期，人類學學者開始用此詞指部族的識別字號。嚴復在1903年翻譯《社會通詮》時首次將「totem」翻譯為圖騰。

圖騰是象徵父系氏族的動物。同圖騰的人之間不能婚配。艾倫·巴納德（Alan Barnard）的書《人類學歷史與理論》（Barnard 2006）列出了六種圖騰形式：個人圖騰、氏族圖騰、胞族圖騰、半族圖騰、區域圖騰或亞區域圖騰、以土地為基礎的圖騰等。在人類的早期或者現在某些族群存在將某些動植物或者其他現實或者虛構的自然物種（而動物居多）作為群體的標誌或者族徽。圖騰具有確定該群體成員的身份、歸屬，與其他群體的成員進行區分的作用。作為圖騰的物種往往被看做該群體的祖先、保護神而受到崇拜，這些圖騰代表著這些群體的神秘起源，展示出了這些群體的習俗和信仰。這些物種擁有許多理想的品質和力量。殺害、吃，甚至觸摸代表圖騰的動物都被視為禁忌。

弗雷澤認為男人與圖騰是同質關係。泰勒將圖騰制度看成祖先崇拜的一種。李維史陀認為圖騰是類比思維的產物，圖騰目的只是為了和其他群體相區分，而使世界成為可理解和連貫的分類體系。圖騰物種間的區分僅僅是為了區分不同的群體。在當代歐美新紀元運動（The

New Age Movement）中，個人會賦予某些動物特殊的意義，將其作為自己的圖騰。（張洪友）

參見：儀式，禁忌

延伸閱讀：Freud 2009；Levi-Strauss 2005；Barnard 2006

trace 蹤跡

艾柯把皮爾斯所說的指示符號細分成兩類：蹤跡（trace）與指示（index）。從因果推到並非實在的鄰接，稱為蹤跡，例如獵人看到足跡而知道野獸的走向，其鄰接關係已經過去，並不在場；指示則相反，從鄰接推到因果相依關係，例如巴甫洛夫實驗中的條件反射形成後，鈴聲與唾液鄰接。蹤跡也可以稱為「印跡」（imprint），例如複寫、複印、鏡像、現場轉播電視等（Eco 1984b：214）。（趙毅衡）

參見：指示符號

transformation 轉換

喬姆斯基（Noam Chomsky）創用的符號語言學重要範疇。

喬姆斯基認為僅僅描寫語法形式是不夠的，而要探索隱藏在語法行為背後的人類普遍的「語法能力」（competence），這種語言能力通過一套「深層結構」向「表層結構」的轉換規則，從而把意義和形式結合起來。他認為每一個句子都有兩個結構層次──深層結構和表層結構。深層結構顯示基本的句法關係，決定句子的意義；表層結構則表示用於交際中的句子的形式，決定句子的語音等。句子的深層結構通過轉換規則變為表層結構，從而被感知和傳達。

喬姆斯基的《句法結構》（Chomsky 1957）和《句法理論要略》（Chomsky 1965）兩書被稱為轉換生成語法的「標準理論」。此後他又些許修正了這些理論，稱為「擴展的標準理論」，後又修訂擴展的標準理論，形成「修正的擴展的標準理論」。1993年喬姆斯基《語法

理論的一個最簡方案》（Chomsky 1995）的發表使生成語法進入了一個嶄新的階段。（唐秋平）

參見：喬姆斯基

Trinity of folk-custom symbol 三位一體（民俗符號要素）

中國民俗學家烏丙安提出的民俗符號學一般邏輯規律。他借鑒皮爾斯，提出民俗符號要素「三位一體」原則。

他認為：民俗符號作為民俗表現體，是用某一個民俗事物來表現其指代的物件，並由相應背景的人們對它的含義作出公認的解釋。這個符號化的過程，是由表現體（representamen）、物件（object）、背景（ground）性的概念（concept）三個要素的關係之間作用而成的。在這個規律中，作為表現體的事物，所表現的物件和顯示概念的事物，都應當而且必須是民俗性質的事物，這便是民俗符號三要素結為「三位一體」的邏輯規律。烏丙安以「龍鳳」形象為例，指出「龍鳳」圖案或言語代碼「龍鳳相配」「龍鳳呈祥」，都是有代表功能的事物，它們指代的物件只能是處於新婚關係中的新郎、新娘。在中國傳統民俗的背景下，對此作出的相應解釋即為「美滿婚姻」的祝吉概念。龍、鳳兩個民俗形象代碼結合成一個特殊的民俗符號，用來標誌某一對新婚夫婦的關係，在傳統民俗的背景下顯示了祝賀美滿婚姻的吉慶含義，為人們所共識。這就是民俗符號傳送資訊的一般規律。（楊驪）

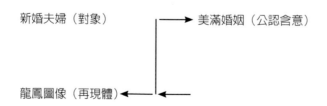

新婚夫婦（對象）　　　　　　　　美滿婚姻（公認含意）

龍鳳圖像（再現體）

參見：民俗符號系統
延伸閱讀：烏丙安2001

tripartite semiosis 意指三分式

皮爾斯把符號的可感知部分，稱為「再現體」（representamen），相當於索緒爾所說的能指；旦是索緒爾的所指，在皮爾斯那裡分成了兩個部分：「符號所代替的，是物件（object）」，而「符號引發的思想」，稱為符號的「解釋項」（interpretant）（Peirce 1931-1958：2.228）。

皮爾斯的三分方式，不僅是比索緒爾理論多了一元，更主要是引出了符號表意展開延續的潛力：「物件」比較固定，幾乎在符號的文本意義中就確定了，不太依據解釋而變動。而解釋項完全依靠接收者的解釋努力，這樣就把符號表意的重點放到了接收這一端，這就為符號學的許多難題提供了鑰匙。

皮爾斯並不是第一個提出意指三分的人，他只是第一個對此提出斬釘截鐵的明確定義的人。錢鍾書是最早注意到皮爾斯理論，並加以發展的中國學者，《管錐編》用相當長的篇幅討論了皮爾斯的這個見解（錢鍾書 2007：3.1863-1864）。錢鍾書直接引皮爾斯的符號學，以及瑞恰慈的語義學，來解釋這個三角關係，指出現代符號學這個「表達意旨」（Semiosis）過程，實際上墨子（《小取》《經說》），劉勰（《文心雕龍》），陸機（《文賦》），陸贄（《翰苑集》）等都已經提論及，只是用詞稍有不同。可以把錢鍾書的總結畫成這樣一張簡表：

錢鍾書：符號——事物——思想或提示

皮爾斯：　sign——object——interpretant

瑞恰慈：symbol——referent——thought of reference

墨子：名——實——舉

劉勰：辭——事——情

陸機：文——物——意

陸贄：言——事——心

　　這個三分式，實際上成為20世紀論辯意義問題的各種符號學、語言學、語言哲學學派最後都同意的一個基礎。各家使用的術語不同，方式卻都有點相近。

　　以上各家的術語，不能說完全對應，但大致上討論意義問題的各論者都看到，意義必須分成兩個部分：直接義、延伸義。艾柯的「詞典式解碼／百科式解碼」；班維尼斯特「字面的／語境的」兩種說法比較清楚，也比較貼近外延與內涵的區分。其中引起最多討論的恐怕是赫許的「含義／意義」兩分方式。

　　皮爾斯似乎處處有意用他的符號三元原則對抗索緒爾的二元原則，而且明白這種對比可能導致的巨大分歧。他說：「一個只有三條分叉的路可以有任何數量的終點，而一端接一端的直線的路只能產生兩個終點，因此，任何數位，無論多大，都可以在三種事物的組合基礎上產生」（Waal 2003：19）。符號基本組成的三元，保證了符號過程的開放。（趙毅衡）

參見：符號過程，理據性
延伸閱讀：錢鍾書2007；Richards 1923

twelve symbolic animals 生肖

　　生肖是人類符號崇拜的普遍現象，起源於原始部落的動物圖騰崇拜。在古希臘、古印度、古巴比倫、古埃及都有十二獸曆。希臘的十二生肖是牡牛、山羊、獅子、驢、蟹、蛇、犬、鼠、鱷、紅鶴、猿、鷹。古埃及與希臘的相似，只是把鼠換成了貓。印度的十二生肖是鼠、牛、獅子、兔、龍、毒蛇、馬、羊、稱猴、雞、犬、豬。古代巴比倫的十二肖獸是貓、犬、蛇、蜋螂、驢、獅、公羊、公牛、隼、猴、紅鶴、鱷。

　　中國的十二生肖有獨特的文化內涵。《呂氏春秋》中有「周鼎著鼠，令馬履之」的記載。大約在商周時期，中原一帶就有了十二生肖的濫觴。雲夢秦簡《日書》中所載的十二生肖有：「子，鼠也。醜，牛也。寅，虎也。卯，兔也。辰（原簡中無相配的生肖）。巳，蟲

也。午，鹿也。未，馬也。申，環也。酉，水也。戌，老羊也。亥，
豕也。」，反映了戰國時期楚地民間流行的生肖排列法。到了東漢，
王充所著《論衡・物勢》記載的十二生肖已與今天的完全相同。中國
的生肖由十二種動物組成，分別對應十二地支來紀年，依次為子鼠、
醜牛、寅虎、卯兔、辰龍、巳蛇、午馬、未羊、申猴、酉雞、戌狗、
亥豬。生肖的週期為12年，每人在其出生年都有一種動物作為對應，
因此也叫屬相。在民間，人們把人的出生時間與生肖的象徵涵義聯繫
起來，由此預測人的行為、性格、命運等。李澤厚在《美的歷程》中
指出，生肖只是觀念意識物化活動的符號和標記。（楊驪）

參見：文化符號學
延伸閱讀：李澤厚2001

Twenty-four Solar Terms 二十四節氣

　　中國民俗符號的一種，是傳統農業中國的先人對自然界觀察總
結的一套描述自然界農時節令的符號系統，為黃河流域農事活動的主
要依據。到秦漢年間，二十四節氣已完全確立。古人根據太陽在黃道
上的位置，按太陽在黃道上每運行15°所經歷的時日，把一年十二個
月劃分為二十四個段落，每月兩個，月初稱「節氣」，月中稱「中
氣」，後來統稱為節氣。二十四節氣分別是：立春、雨水、驚蟄、
春分、清明、穀雨、立夏、小滿、芒種、夏至、小暑、大暑、立秋、
處暑、白露、秋分、寒露、霜降、立冬、小雪、大雪、冬至、小寒、
大寒。二十四節氣是古人用物候象徵來認識天文和指導生產勞作的方
式，是中國人「觀象授時」思維的智慧結晶。古人還由二十四節氣推
演出七十二候應，以五日為候，三候為氣，根據鳥獸草木的生態變化
現象與之相應，作為對二十四節氣的詳解。二十四節氣是古代文明典
型的用空間分節來劃分時間的符號方式。（楊驪）

參見：節慶
延伸閱讀：王修築2006

type 類型符

　　皮爾斯把符號分成三種：質符（qualisign）、單符（sinsign）、型符（legisign）。質符大致相當於現在說的「符號載體」，是符號感知，後兩者是符號表意的不同相位；單符是符號的每次出現，又稱「個別符」（token）；型符是指向概念的符號，又稱「類型符」（type）。

　　符號表意有一個根本性的大難題：符號表意的「物件」，究竟是個體還是概念或類型？索緒爾認為「所指」必然是個概念，不可能是一個具體的個體。皮爾斯也一再說：「所有的常規符號都是型符」。他的意思是，符號的意義必然指向一個類型，一個集合：「它不是一個單獨的物件，而是一個普遍的類型」。他又說「作為一個符號，型符也必須在一個存在的東西裡具體出現。但是，具體化的過程不影響符號的特徵」（Waal 2003：103）。

　　這是不是說所有的「單符」都只是型符的特例？（Noth 1995：44）是否所有的個別符只是假像，一旦被認識被理解，就只可能是類型符？甚至反過來，先有類型，然後才有符號？皮爾斯認為解釋者的任務就是把個別性的品質，與經驗中的前例結合起來。雖然很多解釋停留在個別性上，皮爾斯認為原因只是解釋者暫時無能力將意義範疇化，暫時的理解，可能無法擋住解釋最後歸結為範疇。

　　艾柯在《符號學與語言哲學》一書中，專章辯論鏡像是否為符號，為此提出關於符號的七條定義，他認為自我鏡像不是符號（Eco 1984b：214-217）。其中最主要的論點是：鏡像是個別的，而符號意義必定是類型。

　　一個符號是類型符還是個別符，取決於解釋者如何理解它們與其它符號之間的關係，因此是個「符號間性」（intersemiosity）問題（Emmeche 1991：325-340）。在商品社會，絕大部分商品是類型符號

的嚴格意義重複，這就是為什麼富商用大價錢買一個特殊車牌號碼：他不甘心與大眾共用一個類型符號。

西方學者大多持「符號必為類型符」說，這是西方哲學關於「理念」的強大傳統。也可以說，意義必須歸到社會類型才能得到理解。東方學者對此不一定認同，《荀子》把這個分別稱為「共名」與「別名」：「物也者，大共名也。推而共之，共則有共，至於無共然後止。有時欲偏舉之，故謂之鳥獸。鳥獸也者，大別名也，推而別之，別則有別，至於無別然後止」。因此，兩種推進過程，從共到別，從別到共，都是正常的。（趙毅衡）

參見：符號七條件，個別符，型符

U

umwelt 環境界

近年符號學界頻頻回顧愛沙尼亞出生的德國生物學家尤科斯庫（Jacob von Uexkull）提出的「環境界」（Umwelt）概念，認為這是生物符號學的前驅。

環境界指的是一個生物體「主觀感知到的世界」，因此其中充滿了符號與意義，而這個世界中的「功能圈」（Functionskreis），即是符號過程（semiosis）。西比奧克的生物符號學與環境界概念有密切的關聯。感知者最終必須是「有靈性」的。究竟什麼是靈性？動植物有沒有靈性？就屬於爭論的範圍了。（趙毅衡）

參見：生物符號學，西比奧克

under-decoding 不足解碼

當解釋者對文本既定符碼不夠瞭解時，就只能從經歷過的類似解釋活動中，抽取若干片斷組成粗糙的、臨時的、假定性的符碼集合，對文本進行試探性解碼（Eco 1990: 160）。不足解碼的例子經常見到：當解釋者因為各種原因（例如面對異文化文本，對文本的語言不熟悉，對特定時期特定流派的文本不熟悉）就只能用不足解碼作嘗試性解釋。在實用／科學性符號活動中，大致上都是從不足解碼開始，漸漸迫近適量解碼，發送者作為編碼者，有資格評判解釋是否為「不足解釋」或「過度解釋」；在文化／藝術性符號活動中，「適量解碼」難以成立，因為缺少判斷標準。（趙毅衡）

參見：符碼，附加解碼

underlying translation 潛翻譯

翻譯符號學術語。翻譯中解碼和重新編碼的過程,此時目標語文本尚留存在譯者記憶中,而沒有形成可感知的具體文本。該概念解釋了跨語際或跨符際交流時的特殊解碼活動,即重構語碼的過程。

潛譯本是客觀存在的,不是一種玄妙的心理或思維活動,它的存在必須通過一種具體的可以感知的方式或途徑表現出來。很多時候,我們可以從譯者的創作中窺見潛在譯作的「碎片」。如果沒有對譯者的創作形成影響,潛譯本的存在將無從考證,潛在譯作也就會失去依附而成為留存在譯者大腦中的記憶。正因為它無法考證,這樣的潛譯本可以被認為是不存在的,就像雙語讀者的閱讀行為沒有形成譯本而不被認為是翻譯行為一樣,是一個無法傳遞出去的零符號。所以,潛譯本儘管只留存在譯者大腦中,但它卻會在譯者的創作中以「碎片」的形式得到再現,這是一種沒有充分將資訊傳遞出去的符號。(熊輝、劉丹)

參見:翻譯符號學,第三語碼

ungrammaticality 不通

里法泰爾(Michael Riffaterre)用語,指符號文本,尤其是詩歌文本中無法正常索解的地方。

「無意義」是詩歌中常見的現象,而「無意義」不是真正的沒有意義,只是因為詩歌打破常規而使詩意難以被理解。這一現象和詩歌語言的互文性相關,互文的擾亂導致詞語看似雜亂無章;要在胡言亂語中找到意義,就得搞清擾亂的方式,歸結為以下幾種:第一,核心語的詞序被改變,相關序列和核心語的聯繫被破壞。第二,既有詞語(cliché)的固有意義被加入異質意義。詩歌中單一的序列同時產生兩種相互衝突的描繪體系,我們閱讀一個序列卻感覺到另一個序列的表達。序列之間的交叉、干擾,改變了既有詞語的固定組合方式,

而這種因改變給詩歌帶來的無法理解的無意義，在組合層面上，保證了兩個體系內的雙重合理性。第三，文學形象被擾亂，更確切地說，符號化的既有詞語被擾亂，如我們常說身體是靈魂的囚室，但詩反其道而行之，可以改為：靈魂是身體插銷上的一把鎖（Rifaterre 1978：143）。

　　「無意義符號」是詩歌的一種特殊符號，它更多地指向自身。在釋義壓力下，無意義的深層意義一定會被挖掘出來，「不通」實為詩歌的一種特殊品質，終會獲得不可解之解。里法泰爾如此界定讀者的閱讀：「只要不通問題沒有解決，他的閱讀就是錯誤的，他的任務就還沒有完成」（Riffatere 1978：150）。追溯閱讀法是解決不通問題的主要途徑。（喬琦）

參見：里法泰爾，追溯閱讀法，核心語
延伸閱讀：Riffaterre 1978

V

vector 矢符

意義解釋帶有方向性的符號。能指分節，不僅分割所指，而且經常指出所指分解的方向。因為能指的形式，所指出現正負（例如南北球）、上下（例如經緯度方向）、向度（例如晝夜）、分區（例如時鐘、經緯度、戲票分區）、源流方向（例如聲音氣味）、展開方向（例如敘述的故事頭尾）、動勢方向（例如舞蹈）、對比方向（例如股票漲落圖表）等等。此時能指的分節本身是帶著方向意義的指示符號，形成意義域的方向秩序。（趙毅衡）

參見：分節

vehicle 喻體

瑞恰慈創用的術語，中文又譯「喻本」。各種比喻，都有兩造，即以A比喻B。A為喻體，B為喻旨（tenor）。比喻用喻體A來形容喻旨B，或在解釋者心目中引發喻旨B。在符號修辭中，喻體不一定必須是形象，喻旨也不一定是概念，在各種變體中，喻體與喻旨的關係可以變得很複雜。（趙毅衡）

參見：比喻，喻旨

veridiction 述真

述真問題討論符號與「真相」的關係。意義是否符合客觀的「真實性」，無法靠文本分析來討論（Wright 1992：124）。符號學討論

的是「述真」問題，即符號傳達是否表達發出者心目中的誠信或非誠信，傳達中是否有扭曲，以及這些方式的表意如何被接受。

符號意義三環節——意圖意義、文本意義、接收意義——這三者之間的互動，構成誠信、謊言、虛構等問題：符號發出者明知真相而不說真相，或說出真相卻沒有被當做真相，或明知真相說的不是真相也讓接收者不必當做真相。這些都是符號過程中發生的表意畸變。

艾柯多次提出「符號撒謊論」。艾柯認為符號的特點就是「可以用來撒謊」，因此，「符號學是研究所有可以用來撒謊的東西的學科」，而「撒謊理論的定義應當作為一般符號學的一個相當完備的程式」（Eco 1976：58-59）。他的理由是，「不能用來撒謊的東西，也不能用來表達真理，實際上就什麼也不能表達」（Eco 1976：70-74）。他重複此說次數之多，使符號學者不得不重視符號欺騙問題。

格雷馬斯與庫爾泰斯試圖建立「述真」模式。他們把「是」與「似」作為「真」的兩個必要條件，與之對立的是「非是」與「非似」，這樣就組成了一個符號方陣，這個格局經常被稱為「述真方陣」（Greimas & Courtes 1982：312），方陣中出現四種可能性：

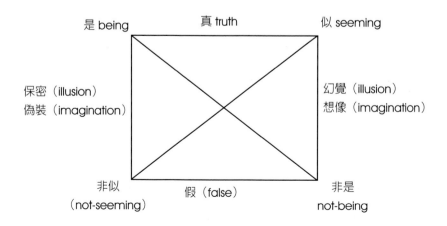

他們的結論是：

1.真：既「是」又「似」；

2.假：既「非是」又「非似」

3.幻覺、想像：「非是」但「似」；

4.保密、偽裝：「是」但「非似」。

格雷馬斯述真四分式，忽略了符號表意還有一個最重要的環節：除了發送者的意圖，符號資訊的文本，還有接收者的解釋，這第三個環節才讓意義真正得到實現。幻覺是接收者幻覺，保密是對接收者保密，真實與作偽也是對接收者而言的，接收者如果沒有作相應的接受態度，一切都無從談起，上述四種變體，都只是一種待實現的可能性。（趙毅衡）

參見：誠信諸原則，格雷馬斯，接受原則

延伸閱讀：Eco1976； Greimas & Courtes 1982

Vijñānavāda 唯識學

唯識學說是佛教之中最仔細地分析意義與認識問題的宗派，因此是與當代符號學關係最密切的佛學傳統。

唯識學說是印度大乘佛教瑜伽行派的基本理論，貫穿於瑜伽行派的修行證果體系，主張作為認識物件的一切事物與現象都在有情的認識中被顯現；認識物件不是獨立於認識之外的客觀實存。唯識學的核心任務是澄清將認識物件肯定為外在客觀實存的二元化錯誤，在實踐上則表現為「轉識成智」的止觀體驗。

唯識學將認識劃分為八種，合稱「八識」。除了五種外在感官認識（眼識、耳識、鼻識、舌識、身識），以及關於心理與情感的表層認識（意識）之外，還有兩種不易被察覺的微細認識：第七「末那識」和第八「阿賴耶識」。末那（manas），意譯為「思量」，此識以恒常不斷攀緣第八識並將第八識錯誤當成「自我」的主體為其表現，由此產生「我執」。阿賴耶（ālaya），意譯為「藏」。第八識最特別

的功能在於此識能夠含藏令有情產生認識行為的種子。種子是阿賴耶
識與其他認識一同生滅時，受相應認識運動勢力影響而形成的一種潛
伏性因性功能（「熏習」）；在因緣成熟的情況下，這種因性功能能
作為再次顯現相應認識現象的直接原因（「親因緣」）。因此，阿
賴耶識為一切現象因果相續的樞紐（「所知依」）。同時，阿賴耶識
上的種子能夠變現生命過程的總果報，唯識學亦由此來體現阿賴耶識
作為輪回載體的意義。唯識學由此成立賴耶緣起說（《攝大乘論》卷
一、《成唯識論》卷二）。

　　基於這種以認識為中心的緣起觀，唯識學建立了以「依他起自
性」為中心的「三自性」（或「三自相」）理論，即遍計所執自性、
依他起自性、圓成實自性。所謂「依他起」，即在認識中被顯現的一
切事物現象（「萬法」皆依仗種子等因緣和合生起；如果對此不能如
實認知，產生種種染汙的執著，此執著即為「遍計所執自性」；如果
能夠正確認識到一切事物現象皆是因緣和合而生，從而離開錯誤的執
著，便是清淨的「圓成實自性」（《解深密經》卷二、《攝大乘論》
卷一）。

　　由此，一般佛教理論所表達的涅槃和解脫，對瑜伽行派和唯識學
說而言即是在人的認識上由「染汙」到「清淨」的轉化。通過修行實
踐的長久熏習，含藏在阿賴耶識中的染汙種子勢力漸減，清淨種子則
不斷增盛，最終實現「轉識成智」，即將各種染汙的「認識」轉化
為佛法所言的清淨「智慧」（《佛地經論》卷六、《成唯識論》卷
九、十）。

　　從符號學的角度而言，大乘佛教瑜伽行派的唯識學說是從人的
認識入手並以此為核心來分析人與世界的關係及其本質。為了清楚徹
底地認識人的認識活動，唯識學說依照佛教的因果觀和理性的邏輯關
係對人的認識活動（包括精神活動、心理活動種種方面）進行了精密
劃分和嚴格界定，安立了一整套名詞概念，總稱為「五位百法」，即
五大類共一百種，用以統攝和闡釋從人的認識出發而言所有的事物和

現象，並將其最根本的性質總結為「空性」，即無恒常不變的「我」（「無常」、「無我」）。唯識學說設立種種名言符號的最終目的是從認識上離開這些名言符號，從而達到捏槃清淨和解脫。（劉華）

參見：五位百法，《成唯識論》，法相，因明學
延伸閱讀：窺基1995

virtual community 虛擬社群

　　網路時代的群體社交方式之一。最早出現在英國學者霍華德・萊茵戈德（Haward Rheingold）所著的《虛擬社群》（Rheingold 2000）一書中，他的定義是：一群主要借由電腦網路彼此溝通的人們，有著某種程度的共識，分享某種程度的知識和資訊，如同親人般關懷彼此所形成的團體。約翰・哈格爾（John Hagel）和亞瑟・阿姆斯壯（Arthur G. Armstrong）在《網路利益》中將其定義為，通過網路以線上的方式提供給人們一個圍繞某種興趣或需求集中進行交流的地方。

　　目前學界對虛擬社群符號構成要素進行了細緻的研究，主要沿兩個角度展開，一是從「發展擴散」的角度對其構成進行結構調查和分析，如羅明試圖對虛擬社群中人際互動的構成要素、互動模式及其所形成的總體結構進行梳理。BBS互動關係的建構至少需要BBS電子空間、話題、角色、帖子等結構性要素。運用社會網路分析的相關方法，白淑英把虛擬社群中的互動分為單中心互動模式、多中心互動模式、跨網互動模式、兩兩互動模式及宣告—閱讀互動模式等五種類型，並提出，BBS虛擬社群中的互動關係，實質是一種新型的動態人際關係，通過網路交往形成的人際關係是動態的、欠穩定的、彈性的結構。

　　許多研究者描述了虛擬社群對民主發展的「解放」意義，認為虛擬社群是真實生活的延伸，成為社會網路既有社會關係的補充。同時對於那些真實社會中就存在的群體，虛擬社群中的人際互動有助於強化既有人際關係，促進真實社群目標的達成。

　　但有些研究者則描述這一「虛擬」社群對既有秩序的「極化」衝擊。他們認為，虛擬社群會削弱既有的社會關係。由於網路空間具有匿名性的特質，線民可以在其間運用想像力，自由地形塑和轉換有別於真實社會的不同角色。這種無壓力的狀態使人脫離了真實世界的社會責任，在這裡既可以完全真實地釋放自己，也可以弄虛作假，人與人的信賴因此降低。（劉吉冬）

參見：結構論，網路空間
延伸閱讀：Rheingold 2000

virtuality 虛擬性

　　指電腦軟硬體及各種感測器（如高性能電腦、圖形圖像生成系統、以及特製服裝、特製手套、特別眼鏡等）的支持下，生成一個逼真的、三維的，具有一定視、聽、觸、嗅等感知能力的環境。使用者在這些軟硬體設備的支援下，能以簡捷、自然的方法與由電腦所生成的虛擬世界中的物件交互作用。廣義的虛擬技術，即指那種能夠構建和實現虛擬世界的技術。狹義的虛擬技術是一種包括虛擬實境技術、電腦網路技術、多媒體技術、人工智慧技術以及現代通信技術等在內的綜合技術。

　　虛擬並不等於虛無，它是人類在網路條件下的一種新的實踐活動，互不見面，通過網路的間接的人機交流代替了面對面的直接的人際交流，是人的意識的主觀能動性的體現。現實物理空間是網路虛擬空間的基礎，網路虛擬空間是現實物理空間的延續。虛擬性為網路符號提供了各種可能呈現的形態及生存環境。（劉吉冬）

參見：虛擬社群，模擬

visual semiotics 視覺符號學

文化符號學的重要組成分支，主要研究非語言符號系統中的視覺表意。由於視覺符號與語言在本質結構上存在巨大差異，視覺符號學的建立也存在重大的挑戰。視覺符號以「感知管道」為界定座標，旨在為各種借助視覺進行傳播的符號建立起一種共通性的理論解釋。

索緒爾預設了語言的線性特徵，而雅柯布森（Roman Jakobson）的興趣在於接受者與視覺符號的內在差異。在更普遍意義上，布拉格學派模式喚起了這樣一種轉換——將一個符號轉變成為一個具體的可感之物。視覺符號研究較早期的物件主要是繪畫、雕塑、建築等圖像藝術。現代意義的視覺符號學遠遠超出了圖像藝術，廣泛地進入戲劇、電影、舞蹈，甚至衣食住行等生活領域，構成了現代文化符號的重要一支。（胡易容）

參見：圖像符號學，像似符號
延伸閱讀：Saint-Martin 1987，1989，1990

vortex of interpretations 解釋漩渦

解釋符號文本可能出現的一種特殊情況。對同一個符號文本，各人解釋不同，哪怕同一人，前後解釋也可能不同，這是正常的。因為所用元語言不同。不同的解釋主體堅持各自的立場，不會發生元語言衝突。

但是如果在同一個解釋者的同一次解釋努力中，使用了不同的元語言集合，如果這些元語言集合同樣有效，衝突意義無法一個取消另一個，此時會出現同層次元語言衝突。向解釋敞開的文本，提供文本自攜元語言因素，並且呼喚其他元語言因素。元語言因素的集合和分化，是解釋行為形成的：不同的元語言集合之間的協同或衝突，發生在同一次解釋中，兩套元語言互不退讓，同時起作用，兩種意義同樣

有效,永遠無法確定;兩種解釋悖論性地共存,但是並不相互取消。衝突造成的雙義均合理,這就造成解釋漩渦。

解釋漩渦出現於很多場合。最常見的解釋漩渦,出現在戲劇電影等「演示文本」的表現層次與被表現層次之間:歷史人物有一張熟悉的明星臉?因為我們解讀演出的元語言漩渦,已經成為我們的文化程式,成為慣例,觀眾對演出的解釋,一直跨越在演出與被演出之間,而且一者並不取消另一者。應當說,觀眾對於名演員的記憶,會影響演出場景的「真實感」,但是此種意義遊移是演出解釋的常規,解釋漩渦不會對解釋起干擾破壞作用:沒有人會覺得,歷史人物有一張名演員臉,歷史就失真不可信。表現與被表現之間的含混,正是表演藝術的魅力所在。

解釋漩渦實際上經常可見,是文本解釋過程中很難完全避免的。(趙毅衡)

參見:元語言,符碼
延伸閱讀:趙毅衡2011

voyeurisms 窺視癖

麥茨(Christian Metz)提出的電影符號學概念。在其文章《歷史和話語:兩種窺視癖論》中,麥茨指出了歷史和話語之間的關係對於電影中主體性理論的重要性。麥茨根據精神分析立場,提出了與主體有關的問題。麥茨使主體性的問題與窺視癖概念聯繫起來(Metz 2002:246)。

麥茨認為觀眾與其享用的影片具有相同的意識形態(Metz 2002:247)。歷史在塑造電影企業的同時也在我們所有人身上塑造了經濟關係(Metz 2002:249)。

麥茨指出:電影既是,又不是裸露癖。或者說,無論如何,有幾種裸露癖和幾種與其相應的窺視癖,幾種可能的視覺衝動的發洩口,其中某一些比另一些更穩定,某種程度上參與著一種平靜的、不斷更

新的倒錯性實踐。電影的機制要求觀眾靜默不動,做一名隱蔽的觀望者,要求他們始終處於低運動性與高知覺性的狀態,隔離而又快樂,被不可見的視覺繩線奇妙地束縛住。觀眾只是在到達於純粹看的行為之極限的最後一刻,才通過對本身的自相矛盾的同化作用而恢復了本身作為主體的存在(Metz 2002:249),(何燕李)

參見:麥茨
延伸閱讀:Metz 2002,2006

W

weak coding 弱編碼

文化／藝術符號文本屬於弱編碼。接收者對弱編碼符號文本的解釋，一方面享有很大的機動餘地，另一方面也苦於沒有證據說明他的解釋肯定正確。對文本的理解，就是開始一次新的表意：解釋者只是對弱編碼符號，提出一種大致自圓其說、自己滿意的解釋。

每個文化有個「符碼態度」問題。紀律嚴明的文化類型中，實用符號活動的編碼與解碼，都不允許過分離譜，過分自由。而在某些文化中，嚴肅的秩序指示，被看成是似有若無的符號（as-if-sign）。當大部分符號活動都成為弱編碼：我們有時稱這種態度「瀟灑」。（趙毅衡）

參見：符碼，強編碼

web name 網名

線民上網交流時所用的代號、名稱等，用來指稱、識別線民的網路身份的文化符號。一個人會有多個網名。那些不同的網名，就被稱為馬甲。

網名作為當代人名系統的重要組成部分，它的獨特性主要表現為易變性、隨意性、創造性等。人名不僅是語言現象，更是文化現象，網名作為當代人名系統中的新成員，積澱著民族文化的深層意識，有著平民化的思想傾向和張揚個性與標新立異的價值觀念。

網名是一種傳播符號，包括語言傳播符號和非語言傳播符號，可以是文字，也可以是圖像符號。網名的選取並無定法，個體的文化水準、生活境遇、興趣愛好、氣質特點、性格特徵、某一時刻的心境等

因素都是決定網名的因素。絕大多數的線民喜歡使用富有個性的網名在網上發表言論。由於網名由自己選擇，所以網名透露出的資訊往往比真名更多，網名背後蘊藏的是一種文化心態。（劉吉冬）

參見：網路語言，網路文化

（A）white horse is not a horse 白馬非馬

白馬非馬是名家重要命題之一。公孫龍在《白馬論》中提出：

「白馬非馬，可乎？」

曰：「可。」

曰：「何哉？」

曰：「馬者所以命形也；白者所以命色也。命色非命形也。故曰白馬非馬。」

文章採用問答體，由問句提出問題，然後再逐一作答。在公孫龍看來，「白馬」之所以「非馬」（「非」當訓作「不等於」），是因為馬是從形體角度著眼的命名，白是從顏色的角度著眼的命名，包括顏色與形體的名稱（白馬）不等於只表示形體的名稱（馬）。根據邏輯學觀點，馬是共名，白馬為別名，其外延是不相同的，故而這兩個符號不能等同。符號是所指（概念）與能指（音響形象）的結合，「馬」是從一類動物中抽象出來的概念，其所指為所有馬類動物；「白馬」的所指為所有白色的馬類動物，紅、黃、黑之類的馬則不在此類。因為所指的不同導致能指也不同，也即是說，不同的符號對應的客觀事物是不同的，反之，不同的事物也對應著不同的符號，故而符號才可以順利表達客觀世界而不會被混淆。（祝東）

參見：公孫龍，名家，名實論

延伸閱讀：王琯1992；譚戒甫1963

witchcraft 巫術

巫術起源於原始社會，是一種人類文明中非常普遍的前宗教文化符號現象。人們通過想像、聯想的思維方式，認為物質世界和物質世界以外的某些超自然力量有聯繫，人類可以借助超自然的神秘力量，使它以某種預期的特定方式行動，從而影響和控制人與外部世界的關係。

弗雷澤從信仰心理和施行手段上把巫術分為兩類：第一類是類比巫術（順勢巫術）。這類巫術建立在相似聯想的基礎上，巫師根據「同類相生」或「果必同因」的「相似律」（law of similarity），認為僅僅通過模仿就實現任何他想做的事。第二類是接觸巫術（觸染巫術Contagious Magic）。巫師認為「物體一經互相接觸，在中斷實體接觸後還會繼續遠距離的互相作用」，即觸染律（law of contact or contagion），因此他能通過一個物體來對一個人施加影響，只要該物體曾被那個人接觸過。弗雷澤把「模仿」和「接觸」這兩類巫術都歸於「交感巫術」（Sympathetical Magic），因為這兩者都認為物體通過某種神秘的交感可以遠距離地相互作用（Frazer 1998）。

林惠祥所著《民俗學》和方紀生編著《民俗學概論》，根據中國巫術的特殊性，在這兩種巫術之外添加了按反抗律施行的反抗巫術，即巫術中所使用的物品和扮演的驅邪者，對巫師要反對的物件有著明顯的反抗性質。高國藩則在《中國巫術史》中另加了一種蠱道巫術，指巫師利用特殊毒蟲左右人的一切，服務於某一目的。

此外，巫術從功能上可以分為白巫術（White Magic）和黑巫術（Black Magic）兩種，白巫術是吉巫術，求吉避凶，祈福禳災；黑巫術則稱凶巫術，以加害他人、損人利己為目的。巫術有濃厚的符號象徵意味，往往借助一些富於象徵性的物品或者儀式來達到其目的。例如，護身符、吞口、照妖鏡、石敢當等就是帶有符號性的辟邪物；儺則是象徵性的驅鬼儀式。（楊驪）

參見：交感，符咒

延伸閱讀：Frazer 1998；Malinowski 1986；Pritchard 2006

wu xing 五行

　　中國古代的一種物質觀，也是認識世界的符號方式之一。五行學說認為宇宙萬物都由木、火、土、金、水五種基本物質的運行變化所構成，而這五種物質之間存在著生、克、乘、侮的關係，它們在不斷的變化中維持著動態的平衡。這一學說往往與陰陽思想並稱，二者共同構成了中國古代樸素的唯物論和自發的辯證法思想。

　　五行學說的確立，一般認為是戰國時代。也有人傾向五行學說產生在商代或更早。不管怎樣，《左傳》中就有「天生五材，民並用之，廢一不可」的說法，《國語‧鄭語》也有「以土與金、木、水、火雜，以成萬物」的論述，不過這裡的「五材」，還停留在一種樸素唯物主義觀點上。而《尚書‧洪范》「一曰水，二曰火，三曰木，四曰金，五曰土。水曰潤下，火曰炎上，木曰曲直，金曰從革，土爰稼穡。潤下作鹹，炎上作苦，曲直作酸，從革作辛，稼穡作甘」中論述的「五行」，則從具體物質中抽象出來，不再指向單純的「木、火、土、金、水」五種物質。五行學說的產生和五行觀念的形成，對古代哲學和中國人的世界觀，生活方式影響極其深遠。其思想指導下，萬事萬物與五行的特性相類比後，都能歸屬其一，推演拓展意義之廣遠遠超出我們的想像。

　　戰國晚期，鄒衍就提出五行相勝（克）相生的思想，用以說明王朝統治的趨勢，並把生、克的次序固定下來（相生規律：木生火，火生土，土生金，金生水，水生木。相克規律：木克土，土克水，水克火，火克金，金克木），這就形成了事物之間相互關聯的模式，體現了事物內部的結構關係及整體把握的思想。

　　與此同時，《黃帝內經》把五行學說應用於醫學，解釋人體的生理功能，說明機體病理變化，用於疾病的診斷和治療。這對研究和整理古代人民積累的大量臨床經驗，形成中醫特有的理論體系，起了重要的推動作用。到了漢代，五行更被董仲舒賦予道德含義：木為仁，

火為智，土為信，金為義，水為禮。如此一來，儒學在重視外在之禮的同時，加強了內心之德的論證，把外在之行與內心之德貫通起來，建構了德行並重的儒學理論。此外，五行學說還建立了五行與音樂、方位、時序、星相、八卦、干支等幾乎世間萬事萬物之間的對應關係。通過對這種對應關係的演繹，五行思想幾乎成了中國人解釋世界各種意義的萬能公式。（黃勇）

參見：陰陽，八卦

X

xie wen 邪文

亦稱濁文，指世俗世界使用的文字。道教認為只有在陰陽初分之際，由道炁自然凝結而成的文字才是「真文」。世俗文字因為「失天至心，因而各從其忓」，所以「與天道指意微言大相遠」（《太平經》），故稱邪文。（黃勇）

參見：道教文字觀

Xuanzang 玄奘

玄奘（約600-664），唐代高僧，旅行家，中國佛教史上四大譯經師之一，慈恩宗（或稱法相宗、唯識宗）祖師，其在佛學、譯經等方面的成就至今需要被學界重估，尤其值得符號學界重視。

玄奘俗名陳禕，洛州緱氏（今河南偃師緱氏鎮）人，15歲（一說13歲）出家，23歲受具足戒（一說21歲）。玄奘幾乎尋遍整個中國，對當時不同經論、各種師資都有涉獵，感到分歧很大，莫衷一是，便立志西行求法，以廓清源流，進而辨偽存真。

西元629年（一說627年），玄奘離開長安（今陝西西安），出敦煌，經今新疆、中亞等地，來到了印度摩揭陀國王舍城，進入印度當時的佛教中心那爛陀寺，學習了《瑜伽師地論》（有說玄奘以求此論為西行求法的主要動機），《順正理論》等大小乘諸論。又由戒賢長老親授陳那、護法一系唯識學說，同時深入學習了因明、聲明等學科。先後多次參加佛教內外論辯：造《會宗論》平息中觀、唯識兩家的爭論，比駁師子光對《瑜伽師地論》的詰難；繼而與順世論者辯論

獲勝；又作《制惡見論》折伏正量部學說。在戒日王於曲女城為他召開的無遮大會上，獲得了印度宗教思想各宗的尊敬。

西元645年返回長安，玄奘得到了唐太宗的支援，聚集中國最優秀的僧才組織譯場，翻譯經典直至去世，二十年間共譯出經、論七十五部，凡一千三百三十五卷。由於玄奘精通華、梵兩種文字，學力又極其深厚，翻譯時更顯得心應手。他使用六朝以來偶正奇變的文體，參酌反問鉤鎖連環的方式，用一種精嚴凝重的風格表述諸種結構的瑜伽及阿毗達磨學說，可謂相得益彰。不論在翻譯的數量上、品質上，玄奘取得的成就都使得其他譯經家難以望其項背。

玄奘的翻譯約分為三期。第一期（西元645-650）以《瑜伽師地論》為中心，集中翻譯了《解深密經》《攝大乘論》等瑜伽行派典籍，又依護法唯識學說為主糅譯了《成唯識論》，理清了瑜伽學說的來龍去脈。並且首次將《因明正理門論》《因明入正理論》等因明論書傳譯論書。這也成為之後慈恩宗的獨傳師資。第二期（651-659）翻譯重心轉向部派阿毗達磨，翻譯了《大毗婆沙論》等近600卷阿毗達磨論書，系統傳譯了說一切有部為主的各種部派學說。陳寅恪曾謂：「玄奘之譯阿毗曇與學術之有功不在傳法相之下」第三期（60-664）翻譯了完整的600卷《大般若經》，呈現了般若學的全貌，為漢譯般若典籍的收官之作。

玄奘門下對《瑜伽師地論》《成唯識論》《俱舍論》乃至因明諸論的大量注疏，也成為今日研習相關經典的重要參考資料。（劉華）

參見：唯識學，因明學，成唯識論

Y

Yi Studies 易學

　　《周易》又稱為《易經》，或簡稱《易》，它是我國最早的蔔筮之書，被稱為人類第一個用符號來解釋整個世界的體系。

　　《周易》是經過不斷加工整理而成的，其前面有《連山》、《歸藏》。《連山》相傳為夏代所作，《歸藏》相傳為商代所創，《周易》則相傳為周代所作。《周易》起先只有卦辭、爻辭，戰國時，以解釋《周易》的《易傳》成書，包括《文言》、《系卦》、《說卦》、《雜卦》、《彖》上下、《象》上下、《繫辭》上下，合稱「十翼」。西漢時，《周易》與《易傳》合二為一，稱之為《易經》或《易》。

　　《周易》以陰陽為基本元素，用「─」與「──」兩個符號來，藉此來排列組合八種基本圖像，分別為「☰」乾卦，「☷」坤卦，「☳」震卦，「☴」巽卦，「☵」坎卦，「☲」離卦，「☶」艮卦，「☱」兌卦，分別意指天、地、雷、風、水、火、山、澤八種自然現象，兩卦重合，組成六十四卦，象徵天地萬物。周易中的符號是高度抽象化的符號。《周易》以陰陽兩種符號組成八卦，由八卦到六十四卦，反映了先人執簡馭繁的抽象思維能力。《周易》作為一部占筮之書，是通過擬物取象，判斷吉凶的，「聖人有以見天下之賾，而擬諸其形容，象其物宜，是故謂之象。聖人有以見天下之動，而觀其會通，以行其典禮，繫辭焉以斷其吉凶，是故謂之爻。」（《周易·繫辭上》）「象」是「擬諸其形容」「象其物宜」形成，故而這種符號與其物件之間的聯繫並非是任意的，而是一種像似關係。因為天下萬物紛紜複雜，變動不居，故而用《易》卦來比擬其形態，象其物宜，

觀察其會通之處，推行社會典章制度。《易》所具有的豐富符號學思想，可以從三個方面進行解讀。

從符形學角度來看，《易》的陰陽符號有其組合規律，「是故《易》有大極，是生兩儀。兩儀生四象。四象生八卦」（《周易·繫辭上》）。此即介紹了《易》的符號生成規律，宇宙本體為一，分而為二，是為天地，即是陰陽二爻；天地生四時，根據筮法，得少陽、老陽、少陰、老陰四種爻象徵四時，八卦即是由此四種爻構成，即是「四象生八卦」。「昔者聖人之作《易》也，將以順性命之理，是以立天之道曰陰與陽，立地之道曰柔與剛，立人之道曰仁與義。兼三才而兩之，故《易》六畫而成卦。」一卦由六畫組成，上兩爻象天，中兩爻象人，下兩爻象地，此為一卦六爻的生成原理。八卦重為六十四卦，也有其組合規律，「八卦成列，象在其中矣。因而重之，爻在其中矣。剛柔相推，變在其中矣」。八卦符號象徵天、地、雷、風、水、火、山、澤等物，根據陰陽相交原理，合為六十四卦。六十四卦的排列也是有原則的，這集中反映在《系卦》之中。「有天地，然後萬物生焉。盈天地之間者唯萬物，故受之以《屯》。屯者，盈也。屯者，物之始生也。物生必蒙，故受之以《蒙》。」（《周易·系卦》）因為有天地，才能化生萬物，故而《易經》以《乾》《坤》兩卦為始，充盈天地之間者為萬物，所以繼之以《屯》卦，屯即是盈，《說文》言屯云：「象草木之初生。屯然而難。從中貫一。一，地也。尾曲。」屯字有草木初生時困難之狀，故有初生之義，所以接下來即是《蒙》卦，「蒙」即是萌生。《系卦》著重解釋了《易經》六十四卦的排列順序，為研究《周易》語形學的重點。

從符義學角度來看，《易》是擬物取象，其用陰陽兩種符號排列組合來表示萬事萬物。符號與其物件的關聯具有一定的理據性。「古者包犧氏之王天下也，仰則觀象於天，俯則觀法於地，觀鳥獸之文與地之宜，近取諸身，遠取諸物，於是始作八卦，以通神明之德，以類萬物之情。」（《周易·繫辭下》）此言包犧氏創立八卦時，乃是觀

察天地、鳥獸、草木、人身等象，然後以八卦象之。由此可見，八卦乃是天地萬物的符號象徵，它充分總結各類事物的特徵，對性質相同的事物用同一卦形式來表示，古人通過對天地萬物的觀察、分析、總結，最後制出八個符號，代表八類物質，《周易·說卦》進一步對這八種物質進行引申，如「乾為馬，坤為牛，震為龍，巽為雞，坎為豕，離為雉，艮為狗，兌為羊」即是解釋這八種符號所象徵的動物，「乾為首，坤為腹，震為足，巽為股，坎為耳，離為目，艮為手，兌為口」即是解釋八卦所象人之肢體器官。推而廣之，凡是具有剛勁性質的事物都可以用「乾」來象之，「乾為天，為圓，為君，為父，為玉，為金，為寒，為冰，為大赤，為良馬，為老馬，為瘠馬，為駁馬，為木果。」可見《周易》中的符號，其解釋項非常豐富，很容易無限衍義，跳過物件直指解釋項。

從符用學角度來看，《周易》作為一部占筮之書，不同的卦象、每一爻所處的位置等，都對現實人生有著某種指示作用。《周易·繫辭上》指出：「聖人設卦觀象繫辭焉，而明吉凶。剛柔相推而生變化。」陰爻、陽爻激盪變化，組成不同的卦象，然後根據卦爻象來判定吉凶。《周易》在古代是用來指導日常生活的，有明確的語用學作用。首先，從卦位上來看，六十四卦由八經卦排列組合而成，如《屯》卦，上卦為坎（☵），下卦為震（☳），震為雷，坎為水，雷行雨降，這種雷雨交加的情況，是不利於出行的，故「勿用有攸往」；同時在雷雨交加之下，萬物開始複生，因為萬物的生長需要「雷以動之，雨以潤之」（《周易·說卦》），從萬物複生推及到人開始建功立業，所以《屯》卦「利建候」。所以占卜到《屯》卦，其指示意義有二：「勿用有攸往」；「利建侯」。其次，從爻位來看，每一卦由六爻組成，一、三、五為陽位，二、四、六為陰位，如果陰陽二爻，各得其位，是為「當位」，其指示意義則是大吉，反之，如果陰陽二爻居位不當，是為「不當位」，其指示意義則不吉。如《既濟》卦，上為坎卦（☵），下為離卦（☲），從中可見初九、九三、

九五皆陽爻居陽位，六二、六四、上六為陰爻，皆居陰位，陰陽二爻
各當其位，故而「既濟」，言事情順利成功。反之，《未濟》一卦，
下為坎卦（☵），上為離卦（☲），陰陽二爻皆不當位，故而「未
濟」，即是事情不會成功，不吉利。總之，無論是陰爻還是陽爻，總
是在一卦之內，按照其所處的位置來判定其意義，並進而得出吉凶禍
福之意，《周易》的卦義，則正是根據陰陽二爻所處的脈絡來分析得
出的，這正是符號的語用學特徵，即是考察符號與符號使用者之間的
關係。（祝東）

參見：卦，陰陽

延伸閱讀：郭彧2006；高亨1984，2010；王明居1999；李鏡池1981

Yin and Yang 陰陽

　　陰陽是中國哲學中的最基本符號範疇，它把所有的現象都歸結為
陰和陽兩個對立的方面相互作用的結果，因此可以用來解釋所有的現
象：陰可被看作寒、夜、下、臣、子、婦等一類事物的表徵，陽則代
表了暑、晝、上、君、父、夫等一類事物。陰陽又是在互根基礎上不
斷相互轉化的。這一象徵符號的成立在於《易》所謂的「近取諸身，
遠取諸物，以類萬物之情」的制符原則。從這個意義上說，陰陽符號
是以「去生活」的方式體現了符號的親身性。因此，理解陰陽符號的
關鍵在於它的自然性和「根身性」，這就需要我們重新回顧陰陽概念
及其表現的原初意義。

　　陰陽概念的原初意義各有所說，要之，可歸之以下三點：

1. 二氣說。此說認為陰陽原指陰陽二氣，其中陽氣輕清上升，陰
氣則重濁而下降，二者皆有所依違向背，一失其序，則會發
生災亂，如伯陽父釋地震：「夫天地之氣，不失其序。若過
其序，民之亂也。陽伏而不能出，陰迫而不能蒸，於是有地
震。」（《國語・周語上》）

2.日月說。以日為陽月為陰，日月相推則體現了時間的變化，如蘇轍之《冬至日》詩中「陰陽升降自相催，齒髮誰教老不回」。由日月相推又可引伸出寒暑雨雪等天氣變化皆可謂之陰陽消息。在空間上，由日所照及與不及而以水之北、丘之南為陽反之為陰，如許慎《說文解字》釋「陰」為「暗也，水之南、山之北也」，《說文系傳》曰「山北水南，日所不及」。

3.生殖器說。此說由對《易經》中陽爻和陰爻卦象的解釋而來，「▬」、「▬▬」二爻分別代表男女的生殖器，推類而廣之，男女、乾坤、天地皆陰陽之體現，如《易‧繫辭》中「夫乾，其靜也專，其動也直，是以大生焉。夫坤，其靜也翕，其動也闢，是以廣生焉」正在基於生殖之上的功能描繪。

從身體符號的角度看，陰陽符號從其初義來看一定是具象的，而根據「類」和「感」的原則又能夠從具象到達類象，以此觀之，二氣說較抽象，生殖器說與日月說較為具體。從根身的最重要的身體特徵出發，而連類於日月天垂之象。而陰陽魚作為一個更生動的符號形式，則深刻地表達了既有陰陽對立，亦有陰陽互根、陰陽互長、陰陽轉化等相互作用的特徵。以此之故，陰陽符號可以代表人類生活中的一切現象而成為中國傳統文化中的元符號，同時，其互根與互生，可謂基本符碼。（張兵）

參見：卦，周易

yun zhuan 雲篆

　　符字的一類，有時也泛指符字，主要用以書與符籙，可以遣使鬼神和治病。字體似篆而筆劃曲折盤紆。道教認為雲篆是由先天之氣自然凝結而成，經天真摹寫後傳至下界；或以為，雲篆是由天空雲氣轉化而來。因其筆形常作雲氣繚繞之狀，故稱雲篆。（黃勇）

參見：道教文字觀，符籙，複文

Z

zerologie subject 零邏輯主體

克里斯蒂娃（Julia Kristeva）符號學思想的主要理論觀點之一。

「零邏輯主體」與由社會和文化定位的高度理性自我相對，是人內心隱藏的本能。即所謂自由無忌毫無擔待的自我，符號自我可以是任意性的，它隱藏在人的潛意識中。

克里斯蒂娃認為：「在這個另外的空間裡，言語的邏輯規則動搖了，主體消解了，在符號的位置上，能指相互碰撞，相互抵消。這種普遍化否定性的操作與那種構成判斷的否定性（揚棄）毫無關係，與內在於判斷的否定性也毫無關係，這是一種毀滅的否定性。一個零邏輯主體，一個非主體在這裡承載著這種自我廢除的思想。」

主體語言擺脫了符號和價值的邏輯，精神分析闡釋把這種主體的自我廢除看成在「不說」或「另說」中顯露出來的「未說」的隱藏機制。（張穎）

參見：符號心理分析

Zhengminglun 正名論

正名論是儒家名學的主要觀點，是符號學中國傳統的重要部份。儒家名學之「名」，主要是指政治倫理上的「名分」。春秋戰國時代，傳統的倫理道德體系土崩瓦解，各種僭禮妄為的事情時有發生，如季氏之「八佾舞於庭」等，所以孔子曾經感歎：「觚不觚，觚哉，觚哉！」（《論語・雍也》）觚沒有觚的樣子，其名與其實相乖，由此孔子想到社會倫理上這種名實相違的現象，如君不君、臣不臣、父

不父、子不子，乃至臣弒其君者有之，子弒其父者亦有之，長幼無序，尊卑失位等等，因此儒家之名學，注重名分的對應。

儒家認為，名與實對應，社會倫理才不至於發生紊亂。任何事物之名都有其相應概念規範，指向一定的物件，而這些所謂的規範即是「禮」。從語義學的角度來看，符號（名）須與其謂物件相適應，其符碼則是「禮」。禮是儒家倫理符號學的一套系統規則，各種社會活動，必須在「禮」的規則下進行，「禮」這套系統保證了當時社會倫理生活的正常運行。「非禮勿視，非禮勿聽，非禮勿言，非禮勿動。」（《論語·顏淵》），以孔子為代表的早期儒家學者，強調的是符碼的絕對權威。隨著時代的發展，儒家後期學者則更注重因實至名，「若有王者起，必將有循於舊名，有作於新名」（《荀子·正名》）一方面強調要因循舊名，另一方面肯定要變更新名，因為隨著時代的發展，事物的性質亦會發生變化，此時如果一味因循舊名則不能反映新的實際情況。（祝東）

參見：名實論，孔子
延伸閱讀：劉寶楠1990；楊伯峻1980

Zhongxuanxue 重玄學

又稱重玄之道，既指解注《老子》的一個學派，又是更接近符號學的一種思想方法。在唐代，重玄派為道教老學中最有影響的流派。「重玄」概念多被理解為「有無雙遣」，視為受佛教「非有非無」中觀學影響而產生。事實上，重玄學在形式上發揮《老子》的思想，但它承繼的是兩晉玄學「以莊解老」的思路，並以莊子內外兼忘、是非兩不執的「坐忘」之道為旨歸，所以它的理論實質和精神旨趣更接近於《莊子》。

「重玄」之說，由來已久，郭象從《莊子》裡闡發出的「兼忘」「雙遣」精神，是道教重玄學得以產生的理論背景和工具。然而，據杜光庭《道德真經廣聖義·卷五》所言，注《老》以「重玄」為宗，

始於魏隱士孫登，在漢魏眾多的解《老》流派中，孫登獨思異趣，認為《老子》的根趣在「玄之又玄」，於是以重玄解注《老子》，開重玄之源。魏晉以降，「重玄」之說又陸續為道教學者所闡釋，並吸取了佛教中觀思想，用以發展道教的教理教義。南北朝隋唐時期，梁朝道士孟智周、臧玄靜、陳朝道士諸糅，隋朝道士劉進喜，皆闡發重玄之義，為重玄學派的發展起了不小的作用。唐代是重玄學派的鼎盛時期，湧現出一大批以重玄為宗的道教學者，如成玄英、李榮、蔡子晃、車玄弼、張惠超、黎元興等。他們繼承了莊子重「心」的傳統，並通過對心、道關係的思辨闡發，逐漸將修仙轉為修心，深化了道教教理教義。

　　到了唐末五代，蜀地尚存較濃的重玄之風，但重玄派整體上已趨衰微。南宋時邵若愚、董思靖等解老，都明重玄之義；宋代道教中一些《老子集注》大量引重玄學說，此其遺風。而即便是在重玄後期的餘韻裡，也能看到《莊子》所刻下的痕跡。（黃勇）

參見：老子，莊子

Zhuangzi 莊子

　　《莊子》一書系道家學派重要著作，為莊子及其後學所編，蘊有豐富的符號學思想。後人對莊子的生平所知甚少，其生卒年亦不詳，《史記・老子韓非列傳》記載：「莊子者，蒙人也，名周。周嘗為蒙漆園吏，與梁惠王、齊宣王同時。其學無所不闚，然其要本歸於老子之言。故其著書十餘萬言，大抵率寓言也。」

　　《莊子》一書已詳細地描述了符號的意指問題。《莊子・天道》篇中說：「世之所貴道者書也。書不過語，語有貴也。語之所貴者意也，意有所隨。意之所隨者，不可以言傳也，而世因貴言傳書。世雖貴之，我猶不足貴也，為其貴非其貴也。故視而可見者，形與色也；聽而可聞者，名與聲也。悲夫，世人以形色名聲為足以得彼之情！夫

形色名聲果不足以得彼之情，則知者不言，言者不知，而世豈識之哉！」

　　莊子認為，世俗之人，見識淺薄，認為語言文字可以通心達意，並以語言文字為貴，殊不知語言文字之貴在於它所含有的思想意義，但是現實之中，人們卻搞錯了物件，以語言文字、形色名聲為貴，而不能忘記形名聲色求其義理，即意義內涵。語言是記錄概念的符號，針對同一事物，不同的人可能會形成不同的概念，「異名同實」（《莊子‧知北遊》）的現象是存在的，所以反應事物的形名聲色有時並不能與概念對應，「夫形色名聲果不足以得彼之情」，那麼這個時候膠著於語言文字就是不對的。莊子不僅認為符號的能指與所指不能有效對應，甚至認為語言根本不能傳達意義，《莊子‧天道》篇云：

　　桓公讀書於堂上。輪扁斫輪於堂下，釋椎鑿而上，問桓公曰：「敢問，公之所讀者，何言邪？」

　　公曰：「聖人之言也。」

　　曰：「聖人在乎？」

　　公曰：「已死矣。」

　　曰：「然則君之所讀者，古人之糟粕已夫！」

　　桓公曰：「寡人讀書，輪人安得議乎！有說則可，無說則死！」

　　輪扁曰：「臣也以臣之事觀之。斫輪，徐則甘而不固，疾則苦而不入。不徐不疾，得之於手而應於心，口不能言，有數存乎其間。臣不能以喻臣之子，臣之子亦不能受之於臣，是以行年七十而老斫輪。古之人與其不可傳也死矣，然則君之所讀者，古人之糟粕已夫！」

　　斫輪之人以己為例，指出斫輪之術，只能意會，不能言傳，因為語言不能準確有效地傳達出意義，所以他的斫輪技藝不能傳給其兒子，由是觀之，桓公所讀之書，只是古人的語言文字，但是這些語言文字並沒有真正傳達出古之聖人的思想，所以桓公所讀為古人之糟粕。莊子借此寓言，意在說明語言文字並不能有效傳達人類的思想，也即是說語言符號系統內部的能指並不能準確傳達出概念意義。

　　《莊子》一書也指出了符號的任意性問題。《莊子・齊物論》指出：「可乎可，不可乎不可。道行之而成，物謂之而然。惡乎然？然於然。惡乎不然？不然於不然。物固有所然，物固有所可。無物不然，無物不可。故為是舉莛與楹，厲與西施，恢詭譎怪，道通為一。」在莊子看來，對與錯，事物為什麼這樣，為何又不是這樣，都沒有一個定準，其主要原因在於「道行之而成，物謂之而然」；天下萬物的名字之所以會成其為「這樣一個」名字，是由於稱呼它如此而形成的。比如說做屋樑的「莛」與做舍柱的「楹」，醜人和美女，以及詭辯、狡詐等等，皆是人們稱其如此才如此的，其內部本來就沒有一定的規律，如果當初醜女名叫西施，那麼西施也就不會是美女的意思，這就是符號的任意性，也即是連接子號與意義的紐帶。語言符號與其所表達的意義之間的聯繫既然是任意的，那麼任何概念都可以用任意一個語言符號來表示。「以指喻指之非指，不若以非指喻指之非指也；以馬喻馬之非馬，不若以非馬喻馬之非馬也。天地一指也，萬物一馬也。」（《莊子・齊物論》）指與非指，馬與非馬，皆是相對的、任意的，那麼天地之間任何一個概念都可以用「一指」，世間萬物都可以用「一馬」表示，因為語言符號的能指與所指的連結是任意的。

　　《莊子》還涉及符號意指中的在場與不在場互相置換的現象。《莊子・外物》篇中有云：「荃者所以在魚，得魚而忘荃；蹄者所以在兔，得兔而忘蹄；言者所以在意，得意而忘言。」魚簍是捕魚的工具，捕到魚之後，就會忘掉魚簍；兔網是捕兔的工具，捕獲了兔子，就會忘掉兔網，同理，語言是表達不在場的意義的工具，意義在場之後，就可以忘掉語言。一旦意義交流得到實現，符號則會退場。（祝東）

參見：老子

延伸閱讀：郭慶藩1961

附錄1：本辭典所引西方文獻

American Psychiatric Association (eds). 2000. Diagnostic and statistical manual of mental disorders: (DSM-IV-TR). American Psychiatric Pub.

Althusser, Louis. 2004. 阿圖塞，路易士《意識形態和意識形態國家機器》，《哲學與政治：阿圖塞讀本》，陳越編，長春：吉林人民出版社

——2010a. 阿圖塞，路易士《保衛馬克思》，顧良譯，北京：商務印書館

——2010b. 阿圖塞，路易士《讀〈資本論〉》，李其慶譯，北京：中國編譯出版社

Altieri, Charles. 1999, "Avant-Garde or Arriere-Garde in Recent American Poetry", Poetics Today, Winter .

Andrews, Edna. 1990. Markedness Theory: The Union of Asymmetry and Semiosis in Language, Durham and London: Duke Univ Press.

——2003. Conversations with Lotman: Cultural Semiotics in Language, Literature and Cognition. University of Toronto Press. Toronto. （日譯本：ロートマンの文化記號論入門.（谷口　伊兵衛訳）. 而立書房. 東京. 2005.）

——2003. Literature and Cognition, Toronto: Univ of Toronto Press.

Asa-Berger, Arthur. 2000. 阿薩－伯傑，亞瑟《通俗文化、傳媒和日常生活中的敘事》，南京：南京大學出版社

Ayer, Alfred. 1974. J. Language, Truth, and Logic, Harmondsworth: Penguin.

Bakhtin, Mikhail. 1988. 巴赫金，米哈伊爾《陀思妥耶夫斯基詩學諸問題》，白春仁譯，北京：三聯書店

——1989. 巴赫金，米哈伊爾《文藝學的形式方法》，李輝凡譯，桂林：灕江出版社

——1998. 巴赫金，米哈伊爾《巴赫金全集》，錢中文譯，石家莊：河北教育出版社

Bal, Mieke. 1995. 巴爾，米克《敘述學》譚君強譯，北京：中國社科出版社

Barnard, Alan 2006. 巴納德，艾倫《人類學歷史與理論》王建民等譯，北京：華夏出版社

Barnes, J. A, A Pack of Lies: Towards a Sociology of Lying, New York: Cambridge Univ Press.

Barth, Fredrik. & Bergen, Universitetet. 1969.Ethnic Groups and Boundaries: the Social Organization of Culture Difference, London Little, Brown.

Barthes, Roland. 1967. Elements of Semiology, London: Cape.

——1977 (1964). "Rhetoric of the Image." Image, Music, Text. Ed. and trans. Stephen Heath. New York: Hill and Wang.

——1994 巴特，羅蘭《符號帝國》，孫乃修譯，北京：商務印書館

——1998a. 巴特，羅蘭.《批評與真實》，溫晉儀譯，北京：桂冠出版社

——1998b（1957）.巴特，羅蘭《神話學》，許薔薔，許綺林譯，北京：桂冠出版社

——1999. 巴特，羅蘭《符號學原理》，王東亮等譯，北京：三聯書店

——2000a. 巴特，羅蘭《S/Z》，屠友祥譯，上海：上海人民出版社

——2000b. 巴特，羅蘭《流行體系：符號學與服飾符碼》，敖軍譯，上海：上海人民出版社

——2002. 巴特，羅蘭《文之悅》，屠友祥譯，上海：上海人民出版社

——2004 巴特，羅蘭《符號學原理》，趙毅衡編《符號學文學論文集》，天津：百花文藝出版社

——2008. 巴特，羅蘭《寫作的零度》，李幼蒸譯，北京：中國人民大學出版社

——2009. 巴特，羅蘭《戀人絮語》，汪耀進譯，上海：上海人民出版社

——2010. 巴特，羅蘭《批評論文集》，懷宇譯，北京：中國人民出版社

——2011（2003）.巴特，羅蘭.《明室》，趙克飛譯，北京：中國人民大學出版社

Bauderande, Robert de. 1980. Text, Discourse and Process, Norwood NJ: Ablex.

Baudrillard, Jean. 1988. Le Système des objets （Paris： Gallimard, 1968），trans. as "The System of Objects" by Jacques Mourrain, in Mark Poster, ed., Jean Baudrillard： Selected Writings 10-29. Stanford.

——1994. Simulacra ans Simulation, Ann Arbor: Univ of Michigan Press.

——1997. Fragments: Cool Memories III, 1990-1995, New York: Verso.

——2000. 布希亞，尚《完美的罪行》，王為民譯，北京：商務印書館

——2001a. 布希亞，尚《消費社會》，劉成富譯，南京：南京大學出版社

——2001b. 布希亞，尚《物體系》，林志明譯，南京：上海人民出版社。

——2009a. 博多里亞，尚《符號政治經濟學批判》，夏瑩譯，南京：南京大學出版社，2009

——2009b. 博多里亞，尚《象徵交換與死亡》，車槿山譯，南京：譯林出版社，2008

Benjamin, Walter. 2005. 班雅明，華特《翻譯與後現代性》，陳永國編，北京：中國人民大學出版社

——2006. 班雅明，華特《機械複製時代的藝術作品》，王才勇譯，南京：江蘇人民出版社

——2007. 班雅明，華特《發達資本主義時代的抒情詩人》，張旭東譯，北京：三聯書店

Benett, tony. 1983. "The Bond phenomenon: Theorising a popular hero", Southern Review, 16.

Benveniste, Emile. 1971. Problems in General Linguistics, Coral Cables: Univ of Miami Press.

Berelson, Bernard.1971. Content Analysis in Communication Research, New York: Hafner.

Beasley, Ron & Danesi, Marcel. 2002. Persuasive signs: The Semiotics of Advertising, New York: Mouton de Gruyter Berlin.

Bignell, Jonathan. 2002 . Media Semiotics： An Introduction, Manchester: Manchester University Press .

Blocker, H. Gene. 1979. Contemporary Philosophy of Art: Readings in Analytical Aesthetics, New York: Charles Scribner's Sons.

Bloom, Harold. 2006. 布魯姆，哈樂德《影響的焦慮》徐文博譯，南京：江蘇教育出版社

──2008 布魯姆，哈樂德《誤讀圖示》，朱立元、陳克明譯，天津：天津人民出版社

Bloomsfield, Leonard. 1933. Language, New York: Allen & Urwin.

Booth，Wayne. 1987. 布斯，韋恩《小說修辭學》，周憲譯，北京：北京大學出版社。

──2009. 布斯，韋恩《修辭的復興：韋恩·布斯精粹》，穆雷譯，南京：譯林出版社

Bouissac Paul (ed).1998. Encyclopedia of semiotics. New York: Oxford University Press.

Bourdieu, Pierre.1977 . Outline of a Theory of Practice, Cambridge: Cambridge University Press.

──1986. Handbook of Theory and Research for the Sociology of Education, New York: Greenwood.

──1997. 布迪厄，皮埃爾《文化資本與社會煉金術：布迪厄訪談錄》，包亞明譯，上海：上海人民出版社

——1998. 布迪厄，皮埃爾《實踐與反思——反思社會學導引》，李猛等譯，北京：中國編譯出版社

——2001. 布迪厄，皮埃爾《藝術的法則：文學場的生成和結構》，劉暉譯，北京：中央編譯出版社

——2003. 布迪厄，皮埃爾《實踐感》，蔣梓驊譯，南京：譯林出版社

Broekmon, J. M. 1981. 布洛克曼，J. M.《結構主義：莫斯科－布拉格－巴黎》，北京：商務印書館

Bryson, Norman. 2001. 布列遜，諾曼《語詞與圖像》，王之光譯，杭州：浙江攝影出版社

Bucholtz, Mary. 2001. "The Whiteness of Nerds", Journal of Linguistic Anthropology, vol.11, no.1.

Buehler, Karl. 1982. Semiotic Foundations of Language Theory, trans. by R. E. Innis, New York & London: Plenum Press.

Bugajilev, Peter. 1979. "Signs in Dress", in (eds) L Matejka and I. R. Titunik, Semiotics of Art, Cambridge, Mass: MIT Press.

Bullock, H. G..1998. 布洛克，H. G.《現代藝術哲學》，滕守堯譯，成都：四川人民出版社

Burrow, Trigant. 1999. The Neurosis of Man, London ： Routledge.

Butler, Judith. 1997. The Psychic Life of Power, Theories in Subjection, Palo Alto: Stanford Univ Press.

——2009. 巴特勒，裘蒂斯《性別麻煩：女性主義與身份的顛覆》，宋素鳳譯，上海：三聯書店

Carani, Marie. 1992. De l'histoire de l'art à la sémiotique visuelle, Les éditions du Septentrion.

Carnap, Rudolf. 1947. Meaning and Necessity, Chicago: Chicargo Univ Press.

Cassirer, Ernst. 1985. 凱西爾，恩斯特《人論》，甘陽譯，上海：上海譯文出版社

Castells, Manuel.2006.卡斯特，曼紐爾《網路社會的崛起》（第3版），夏鑄九等譯，北京：社會科學文獻出版社

Catford, J. C. 1965. A Linguistic Theory of Translation, London: Oxford Univ Press.

Chandler, Daniel. 2004. Semiotics：The Basics, London: Routledge.

Chomsky, Noam. 1957. Syntactic Structures, The Hague & Paris: Mouton. 15.

——1965. Aspects of the Theory of Syntax, Cambridge, Boston: The MIT Press.

——1968. Language and Mind, New York: Harcourt Brace Jovanovich.

——1995. The Minimalist Program. Cambridge, Boston: MIT Press.

Colapietro, Vincent M. 1993. Glossary of Semiotics, New York: Paragon House.

Cobley, Paul（ed). 2010. Routledge Companion to Semiotics, London: Routledge.

Coquet, Jean-Claude. 1997.高概《話語符號學》，王東亮譯，北京：北京大學出版社

Corrington, Robert. S. 1996. Nature's Self: Our Journey from Origin to Spirit, Lanham, MD: Rowman & Littlefield.

Courtes, Joseph. 尤瑟夫・庫爾泰《敘述與話語符號學》，天津：天津社會科學院出版社

Culler, Jonathan. 1975. Structuralist Poetics: Structuralism, Linguistics and the Study of Literature, Ithaca: Cornell Univ Press.

——1981. The Pursuit of Signs: Semiotics, Literature, Deconstruction, Ithaca, N. Y. Cornell Univ Press.

——1989. 卡勒，喬納森《索緒爾》，張景智譯，北京：中國社會科學出版社

——1991. 卡勒，喬納森《結構主義詩學》，盛寧譯，北京：中國社科出版社

Currie, Mark. 2003. 柯里，馬克《後現代敘事理論》，北京：北京大學出版社

Danesi, Marcel & Perron, Paul. 1999. Analysing Cultures: an Introduction and Handbook, Bloomington: Indiana Univ Press.

Danesi, Marcel. (eds) 2000. Encyclopedic dictionary of semiotics, media, and communications. Toronto: University of Toronto Press.

Danto, Arthur. 1964. "The Artworld", The Journal of Philosophy, no. 19.

——1981. The Transfiguration of the Commonplace, Cambridge Mass: Harvard Univ Press.

——1997. After the End of Art: Contemporary Art and the Pale of History, Princeton, NJ: Princeton Univ Press.

David, Herman (eds). 2000. Narratologies: New Perspectives on Narrative Analysis, Columbus: Ohio State University Press.

David, Lewis. 1978. Truth in Fiction, American Philosophical Quarterly, Vol. 15, no.1.

Dayan, D.&Katz, E.2000. 戴揚，丹尼爾、卡茨，伊萊休《媒介事件》，麻爭旗譯，北京：北京廣播學院出版社

De Man, Paul. 1986. The resistance to theory: ,Manchester University Press ND.

Della Vople, G. 1978. Critique of Taste, translated by Michael Caesar. London & New York: Verso.

——1979. Rousseau and Marx , translated by John Frraser. New Jersey: Humanities Press.

——1990. 德拉沃爾佩《趣味批判》，王柯平譯，北京：光明日報出版社，1990

DeMello, Margo. 2001. 德梅羅，瑪戈《雕刻的身體》，趙海燕、胡越竹譯，北京：新世紀出版社

Derrida, Jacques. 1999. 德希達，雅克《聲音與現象：胡塞爾現象學中的符號問題導論》，北京：商務印書館

Dickie, George. 2001. Art and Value, Oxford: Blackwell.

Dolezel, Lubomir. 1980. Truth and Authenticity in Narrative, Poetics Today, 1980, Vol.1.

──1990. Occidental poetics: Tradition and progress. Nebraska: University of Nebraska Press.

──1998. Heterocosmica: Fiction and Possible Worlds, Baltimore: The Johns Hopkins Univ Press.

──2010. Possible worlds of Ffiction and History: The Postmodern Stage, Baltimore: The Johns Hopkins Univ Press.

Donald, Hall. 2004. Subjectivity, New York and London, Taylor & Francis Group.

Douglas, Mary. 2008. 道格拉斯，瑪麗《潔淨與危險》，黃劍波譯，北京：民族出版社

Durkheim, Emile. 2011. 塗爾幹《宗教生活的基本形式》，渠東、汲喆譯，北京：商務印書館

Eagleton, Terry. 1996. Literary Theory, An Introduction, Univ of Minnesota Press.

Eberhardt, Wolfram. 1990. 愛伯哈德，沃爾夫拉姆《中國文化象徵詞典》，陳建憲譯，長沙：湖南文藝出版社

Eco, Umberto. 1968. La struttura assente. Milan. Bompiani.

──1979 (1978, 1976, 1975). A Theory of Semiotics, Bloomington: Indiana University Press

──1984a. The Role of the Reader: Explorations in the Semiotics of Texts, Bloomington: Indiana University Press.

──1984b Semiotics and the Philosophy of Language, Bloomington, IN: Indiana University Press.

──1989 (1962). The Open Work, trans. A. Cancogni, Cambridge, MA: Harvard University Press.

──1990 (1975). 艾柯，烏蒙勃托《符號學理論》，盧德平譯，北京：中國人民大學出版社

——1994. The Limits of Interpretation, Bloomington, IN: Indiana University Press.

——1997. 艾柯，安貝托《詮釋與過度詮釋》，王宇根譯，北京：三聯書店

——2006. 埃科，翁貝爾托《符號學與語言哲學》，王天清譯，天津：百花文藝出版社

——2009（1963）. 艾柯，安貝托《誤讀》，吳燕莛譯，北京：新星出版社

——2011. 艾科，安貝托，「鏡像」，《符號與傳媒》第2輯，張穎譯，成都：巴蜀書社

Eco, Umberto & Lumley, Robert. 1994 (1964). Apocalyptic and Integrated Intellectuals: Mass Communications and Theories of Mass Culture, from: Apocalypse postponed, Indiana Univ Press.

Emmeche, Claus. 1991. "A Semiotical Reflection on Biology, Living Signs and Artificial Life", Biology and Philosophy, July.

Eicher-catt, Deborah, Isaac E. Catt. 2010. Communicology: The New Science of Embodied Discourse, Madison: Fairleigh Dickinson Univ Press

Eisenstein, C. M. 1998. 愛森斯坦，C. M《蒙太奇論》，富瀾譯，北京：中國電影出版社

Eliot, T. S. 1932. "Tradition and Individual Talent", Selected Essays, London: Faber and Faber.

Emory, Michael. 2001. 埃默里，邁克爾《美國新聞史——大眾傳播媒介解釋史》，展江譯，北京：新華出版社。

Erjavec, Ales. 2003. 艾爾雅維茨，阿萊斯《圖像時代》，胡菊蘭等譯，長春：吉林人民出版社

Fawcet, Robin et al (eds), 1984. The Semiotics of Culture and Language, London, Frances Pinter.

Firth, John. R. 1966. The Tongues of Men and Speech, London: Oxford Univ Press.

Fischer, Olgar, in (ed) . 2010. Jac Conradie at al, Signergy, Amsterdam: Benjamins.

Fiske, John. 1987. Television Culture: Popular Pleasures and Politics. London: Methuen.

──2001. 費斯克，約翰《解讀大眾文化》，楊全強譯，南京：南京大學出版社

──2004. 費斯克，約翰《傳播與文化研究：關鍵概念》，李彬譯，北京：新華出版社

──2008. 費斯克，約翰《傳播研究導論：過程與符號》，許靜譯，北京：北京大學出版社

Floch, Jean-Marie. 1984. Petites mythologies de L´œil et de L´esprit. Limoges: Presses: Universitaires de Limoges.

──1986. Les formes de l´empreinte. Périgueux: Pierre Fanlac.

Foley, John Miles. 2000. 弗里《口頭詩學：帕里－洛德理論》，朝戈金譯，北京：社會科學文獻出版社

Foucault, Michel. 1998. 傅柯，蜜雪兒《福柯集》，杜小真編，上海：遠東出版社

Fowler, Roger. 1991. 福勒，羅傑《語言學與小說》，重慶：重慶出版社

Frank, Joseph. 1991. 弗蘭克，約瑟夫《現代小說中的空間形式》，秦林芳編譯，北京：北京大學出版社

Frawley, William. (ed). 1984. Translation: Literary, Linguistic, and Philosophical Perspectives, London & Toronto: Associated University Press.

Frazer, James Geprge. 1998弗雷澤著《金枝：巫術與宗教之研究》，徐育新、汪培基、張澤石譯，北京：大眾文藝出版社

Freud, Sigmund. 2009（2005）佛洛依德，西格蒙德《圖騰與禁忌》，文良文化譯，北京：中央編譯出版社

Friedric, S. 2005. 弗里德里希，S.《圖像時代：視覺文化傳播的理論詮釋》，孟建編，上海：復旦大學出版社

Fromm, Erich. 2001. 弗洛姆，艾利希《被遺忘的語言》，郭乙瑤、宋曉萍譯，北京：國際文化出版公司。

Fry, Roger Eliot. 1998. Vision and Design, New York: Dover Publications.

Frye, Northrop. 1957. Anatomy of Criticism: Four Essays, Princeton: Princeton Univ Press.

——2006. 弗萊，諾斯羅普《批評的解剖》，陳慧譯，天津：百花文藝出版社

Geertz, Clifsord 1999. 格爾茨，柯利弗德《文化的解釋》，韓莉譯，上海：上海人民出版社

——2000. 格爾茨，柯利弗德《地方性知識：闡釋人類學論文集》，王海龍譯，北京：中央編譯出版社

Gennep, Arnold Van. 2004. The Rites of Passage, London: Routledge.

Genette, Gerard. 1994. Mimologics, Lincoln: Univ of Nebraska Press.

——1997. Paratexts: Thresholds of Interpretation, Cambridge MS: Cambridge Univ Press,

——2000. 熱奈特，熱拉爾《熱奈特論文集》，史忠義，天津：百花文藝出版社

Gerbner, George. 1969. "Toward "Cultural Indicators": The Analysis of Mass Mediated Public Message Systems", Communication Review, Summer.

Gilbert, Steve. 吉伯特，史蒂夫《紋身的歷史》，歐陽昱譯，天津：百花文藝出版社

Goffman, Erving. 1956. The Presentation of Self in Everyday Life, Garden City. NY: Doubleday.

Gombrich, E. H. J. 1987. 貢布里希《藝術與錯覺：圖畫再現的心理學研究》，范景中等譯，杭州：浙江攝影出版社

——1968. Art and Illusion, London: Phaidon.

Gorlée, Dinda L. 1994. Semiotics and the Problem of Translatio——With Special Reference to the Semiotics of Charls. S. Peirce, Amsterdam-Atlanta, GA, Printed in The Netherland.

Gramsci, Antonio. 2000. 葛蘭西，安東尼奧《獄中箚記》，曹雷雨等譯，北京：中國社會科學出版社

Granet, Marcel. 2001. 葛蘭言《中國的節慶與歌謠》，趙丙祥、張宏明譯，桂林，廣西師範大學出版社

Greenblatt, Stephen. 2005. Renaissance Sel——Fashioning: From More to Shakespeare, Chicago: Univ of Chicago Press.

Greimas, A. J. and Courtés, J. 1979/1993. Sémiotique: Dictionnaire raisonné de la théorie du langage. Paris: Hachette.

——1982. Semiotics and Language, Bloomington: Indiana Univ Press,

Greimas, A. J. 1987. On Meaning, Minneapolis： University of Minnesota Press.

——1999. 格雷馬斯《結構語義學》，吳泓緲譯，北京：三聯書店

—— 2005. 格雷馬斯《論意義：符號學論文集》，馮學俊、吳泓緲譯，天津：百花文藝出版社

Grice, H P,1975. "Logic and Conversation". In Cole, and Morgan, J. (eds) Syntax and Semantics, vol 3. New York: Academic Press.

Group U. 1992. Traité du signe visuel, Paris: Seuil.

Grygar, Mojmir. 1973. Structure of Texts and Semiotics of Culture, The Hague: Mouton.

Habermas, Jurge. 1989. 哈伯馬斯，於爾根《交往與社會進化》，張博樹譯，重慶：重慶出版社

——1990. Moral Consciousness and Communicative Action, Cambridge: Polity Press.

——1994. 哈伯馬斯，於爾根《交往行動理論》（第一卷，第二卷）洪佩郁、藺青譯，重慶：重慶出版社。

──1999. 哈伯馬斯，於爾根《作為「意識形態」的科學與技術》，李黎、郭官義譯，上海：學林出版社

Hagel, John & Singer, Marc. 1999. Net Worth: Shaping Markets When Customers Make the rules, Boston; Harvard Business Press.

Hall, Stuart. 2000. 霍爾，斯圖爾特，《編碼／解碼》，《文化研究讀本》，羅鋼、劉象愚主編，王廣州譯，北京：中國社會科學出版社

──2003. 霍爾，斯特亞特編《表徵：文化表象與意指實踐》，徐亮、陸興華譯，北京：商務印書館

Hallet, Garth. 1967. Wittegenstein's Definition of Meaning as Use, New York: Fodham Univ Press.

Halliday, Michael A K.1978. Language as Social Semiotic. London: Edward Arnold Press.

──1994. An Introduction to Functional Grammar, New York & London: Arnold.

Hamilton, Edith & Cairns, Huntington, (eds). 1963. Plato's Collected Dialogues, Princeton: Princeton Univ Press.

Hartley, Ralph. 1928. Transmission of Information, in Bell System Technical Journal, Volume 7, Number 3, pp. 535-563.

Hansen, Anders. 2004. 漢森，安德斯《大眾傳播研究方法》，崔保國等譯，北京：新華出版社

Haraway, Donna. 1991. Simians, Cyborgs, and women: The Reinvention of Nature, Routlege.

──2004. The Haraway Reader, London：Routledge.

Hardesty, D.L. 2002. 哈迪斯蒂，唐納德《生態人類學》，郭凡譯，北京：文物出版社

Harris, Marvin. 2001. 哈里斯《好吃：食物與文化之謎》，葉舒憲、戶曉輝譯，濟南：山東畫報出版社

Harris, Brian. "Bi-text,a New Concept in Translation Theory". Language Monthly, 1988 (54)

Hawkes, Terence. 1987. 霍克斯，特倫斯《結構主義與符號學》，上海：上海譯文出版社

Hebdidge, Dick. 1979. Subculture, The Meaning of Style, London: Methuen.

Heidegger, Martin. 1997a. 海德格，「詩人何為」，《林中路》，孫周興譯，上海：上海譯文出版社

——1997b. 海德格《藝術作品的本源》，《林中路》，孫周興譯，上海：上海譯文出版社

——2004. 海德格《通向語言之路》，孫周興譯，北京：商務印書館

——2006. 海德格《存在與時間》，陳嘉映、王慶節譯，北京：三聯書店

Held, Klaus. 2005. 黑爾德，克勞斯《生活世界現象學》，倪梁康、張廷國譯，上海：上海譯文出版社

——2007. 黑爾德，克勞斯《現象學的方法》，倪梁康譯，上海：上海譯文出版社

Heterocosmica. 1998. Fiction and Possible Worlds, Baltimore: The Johns Hopkins Univ Press.

Hjelmslev, Louis. 1954. Acta Congressus Madvigiani: Proceedings of the Second International Congress of Classical Studies, Copenhagen.

——1969. Prolegomena to a Theory of Language. Madison, Milwaukee: Univ of Wisconsin Press.

——1975. Resume of a Theory of Language, Madison: Univ of Wisconsin Press.

Hoad, T. F. (ed). 1986. The Concise Oxford Dictionary of Word Origins, London: Guild Publishing.

Hodge, Robert Ian Vere & Kress, Gunther R.. 1988. Social Semiotics, NewYork: Cornell University Press

Horn, Marrillyn. 1991. 霍恩，瑪里琳《服飾：人的第二皮膚》，樂競泓、楊治良譯，上海：上海人民出版社

Husserl, Edmund. 1969. Formal and Transcendental Logic, The Hague： Nijhoff.

——1996. 胡塞爾《純粹現象學通論》，李幼蒸譯，北京：商務印書館

——2006. 胡塞爾《邏輯研究》，倪梁康譯，上海：上海譯文出版社

Richards, I A & Ogden, C K & Wood, J. 1923. The Meaning of Meaning, New York: Harcourt, Brace and World.

Idhe, Don. 1971. Hermeneutic Phenomenology: The Philosophy of Paul Ricœur. Evanston: Northwestern Univ Press.

Innis, Harold. 2003a. 英尼斯，哈樂德《傳播的偏倚》，何道寬譯，北京：中國人民大學出版社

——2003b. 英尼斯，哈樂德《帝國與傳播》，何道寬譯，北京：中國人民大學出版社

Innis, Robert. E. 1982. Karl Buehler. New York: Plenum.

Jakobson, Roman. 1967. Selected Writings II, Paris & The Hague: Mouton.

——1987a. "The Dominant" in Krystyna Pomorska and Stephen Rudy (eds.), Language in Literature, Cambridge, MA.: Univ of Harvard Press..

——1987b. "Two Aspects of Language and Two Types of Aphasic Disturbances" in Krystyna Pomorska and Stephen Rudy (eds.), Language in Literature, Cambridge, Mass.: Univ of Harvard Press.

——2004. 雅柯布森，羅曼「語言學與詩學」，趙毅衡編《符號學文學論文集》，天津：《百花文藝出版社

——2005. 雅柯布森，羅曼《翻譯的語言方面》，陳永國等編譯，北京：中國人民大學出版社

Jameson, Fredric. 1995. 詹明信《語言的牢籠》，錢佼汝譯，南昌：百花洲文藝出版社

——1997. 詹明信《晚期資本主義的文化邏輯》，張旭東等譯，北京：三聯書店。

_____ 1999. The Cultural Turn, Selected Writings on the Postmodern, 1983-1998. London; New York: Verso.

_____ 2004.詹明信《詹明信文集第1-4卷》，王逢振主編，北京：中國人民大學大學出版社

Johnson, Mark and Lakoff, George. (eds) 1981. Mark Johnson, Philosophical Perspectives on Metaphor, London: Baker & Taylor.

Joseph, Straubhaar, & La Rose, Robert. 2002. Media Now: Communication Media in the Information Age. 3rd Edition, Belmont, Wadsworth/ Thompson Learning.

Kierkegaard, S. A. 2005. 克爾凱格爾《論反諷概念》，湯晨溪譯，北京：中國社科出版社

Kripke, S. A. 1963. Semantical Considerations on Modal Logic, Acta Philosophica Fennica, Vol.16.

Kripke, Saul. 2005. 克里普克，索爾《命名與必然性》，梅文譯，上海：上海譯文出版社

Krippendorff, Klaus. 2004 (1989). Content Analysis: an Introduction to Its Methodology, London: Sage.

—— 2006. The Semantic Turn: a New Foundation for Design. Boca Raton, London, New York: Taylor & Francis, CRC Press.

Kristeva, Julia. 1971. Essays in Semiotics. Mouton: The Hague.

——1980. Desire in Language: a Semiotic Approach to Literature and Art. Oxford: Blackwell.

——1984. Revolution in Poetic Language, New York: Columbia Univ Press.

——1986. The Kristeva Reader. (ed. Toril Moi) Oxford: Basil Blackwell.

Kümmel, Peter. 1969. Struktur und Funktion sichtbarer Zeichen, Quickborn: Schnelle.

Kundera, Milan. 1992. 昆德拉，米蘭《小說的藝術》，孟湄譯，北京：三聯書店，1992

Langer, Susanne. 1930. The Practice of Philosophy, New York: Holt.

——1942. Philosophyin a New key: A Study in the Symbolism of Reason, Rite and Art, Cambridge.Mass: Harvard University Press.

——1967. An Introduction to Symbolic Logic. Courier Dover Publications.

——1972. Mind: An Essay on Human Feeling, Baltimore, The Johns Hopkins Univ Press..

——1983. 朗格，蘇珊《藝術問題》，滕守堯　朱疆源譯，北京：中國社會科學出版社

——1986. 朗格，蘇珊《情感與形式》，劉大基、傅志強譯，北京：中國社會科學出版社

Lanigan, Richard L. 1992. The Human Science of Communicology: A Phenomenology of Discourse in Foucault and Merleau-Ponty Pittsburgh: Duquesne University Press.

LaPorte, Nigel 2005. 拉波特，奈傑爾·等《文化人類學的關鍵概念》，鮑雯妍、張亞輝譯，北京：華夏出版社

Lasswell, Harold D. 1965. 拉斯韋爾，哈樂德 The Language of Politics: Studies in Quantitative Semantics, Cambridge, MA: MIT press.

——2003. 拉斯韋爾，哈樂德《世界大戰中的宣傳技巧》，田青譯，北京：人民大學出版社

Leech, Edmund. 1985. 利奇，艾德蒙《李維史陀》，王慶仁譯，北京：生活·讀書·新知三聯書店

Leech, Geoffrey N. 1974. Semantics, Harmondsworth: Penguin.

——2005 (6) "Politeness：Is There an East—West Divide?", Journal of Foreign Language (Shanghai).

Leeds-Hurwitz, Wendy. 1993. Semiotics and Communication: signs, codes, cultures, London: Routledge.

Theo Van Leeuwen. 2005. Introducing Social Semiotics, London: Routledge.

Lefebvre, Henri. 1984. Everyday Life in the Mordern World, translated by Sacha Rabinovitch, New Brunswick; London: Transaction Publishers.

Levinson, Jorrold. 1990. Music, Art, and Metaphysics, Ithaca: Cornell Univ Press.

Levi-Strauss, Claude. 1974. Structural Anthropology, New York: Basic Books.

──1987. 李維史陀《野性的思維》，李幼蒸譯，北京：商務印書館

──2005. 李維史陀《圖騰制度》，渠東譯，上海：上海人民出版社

──2006. 李維史陀《結構主義人類學1-2》，張祖健譯，北京：中國人民大學出版社

──2009a. 李維史陀《神話學1-4》，周昌宗譯，北京：中國人民大學出版社

──2009b. 李維史陀《憂鬱的熱帶》，王志明譯，北京：中國人民大學出版社。

Lightfoot, David. 1991. How to Set Parameters: Arguments from Language Change. Cambridge, MA: MIT Press.

Lippmann, Walter. 2006. 李普曼，沃爾特，《公眾輿論》，閻克文譯，上海：上海人民出版社

Lttlejohn, S, W & Foss, K, A.. 2008. Theories of Human Communication, ninth edition, Singapore: Cengage Learning.

Lotman, M J. 1977. The Structure of Artistic Text, Ann Arbor: Univ of Michigan Press.

──1990. Mind of the Universe: A Semiotic Theory of Culture, Translated by Ann Shukman. introduction by Umberto Eco. Bloomington and Indianapolis: Indian Univ Press.

──2005. On the Semiosphere. (Tran. By Wilma Clark). Sign Systems Studies, 33(1). 205-229.

Lyne, John. R. 1980. "Rhetoric and Semiotics in C. S. Peirce", Quarterly Journal of Speech, April.

Macherey, Pierre. 1978. A Theory of Literary Production, London: Routledge & Kegan Paul.

Maclean, Marie. 1991. "Pretext and Paratext: The Art of the Peripheral", New Literary History, no. 2.

Maddox, Danald,"Veridiction, Verification, Verifaction: Reflections on Methodology", New A. J.

Maitre, Doreen. 1983. Literature and Possible Worlds, Middlesex: Middlesex Polytechnic Press.

Malinowski, Bronislaw Kaspar. 1986. 馬林諾夫斯基：《巫術、科學、宗教與神話》，李安宅譯，北京：民間文藝出版社

Malinowski, Bronislaw. 1946. "The Problem of Meaning in Primative Language", supplement to C. K. Ogden and I. A. Richards Meaning of Meaning, New York: Harcourt.

Marin, Louis. 1971. Etudes sémiologiques. Paris: Klincksieck.

Martin, Marcel. 2006 (1980) 瑪律丹，馬賽爾《電影語言》，何振金譯，北京：中國電影出版社

Martin, Saint, Fernande. 1987. Sémiologie du langage visuel. Québec: Presse de l′Université du Québec.

——1989 (1980). Les Fondements to Pologiques de la Peinture. Montréal: Hurtubise

——1990. La Théorie de la Gestalt et l'art Visuel. Québec: Presse de l′Université du Québec.

Martin, Wallace. 1990. 馬丁，華萊士《當代敘事學》，伍曉明譯，北京：北京大學出版社

Martinet, Andre. 1967 (1964). Elements of General Linguistics, Chicago: Univ of Chicago Press.

Matlin, M. & Stang, D. 1978. The Pollyanna Principle: Selectivity in Language, Memory, and Thought, Cambridge MA,: Schenkman Publishing Company.

Max Nanny & Olga Fischer (eds). 1999. Form Miming Meaning: Iconicity in Language and Literature, Amsterdam: Benjamins.

McHoul, Alec. 1998. "Text", in Enclopedia of Semiotics, Oxford: Oxford Univ Press.

McLuhan, Marshall. 1962. The Gutenberg Galaxy: The Making of Typographic Man. Toronto: Univ of Toronto Press.

──2000. 麥克魯漢《理解媒介：論人的延伸》，何道寬譯，北京：商務印書館，2000

──2004. 麥克魯漢《機器新娘》，何道寬譯，北京：中國人民出版社

McQuail, Denis. 2008. 麥奎爾，鄧尼斯《大眾傳播模式論》，祝建華譯，上海：上海譯文出版社

──2010. McQuail's Mass Communication Theory, London: Sage.

Mead, George Herbert. 1934. Mind Self and Society: From the Stand point of a Social Behaviorist, Chicago: Univ of Chicago.

Merleau-Ponty, Maurice. 2001. 梅洛－龐蒂《知覺現象學》，薑志輝譯，北京：商務印書館

──2003. 梅洛－龐蒂《符號》，薑志輝譯，北京：商務印書館

──2007. 梅洛－龐蒂《眼與心》，楊大春譯，北京：商務印書館

──2008. 梅洛－龐蒂《可見的與不可見的》，羅國祥譯，北京：商務印書館

──2009. 梅洛－龐蒂《辯證法的探險》，楊大春譯，上海：上海譯文出版社

──2010. 梅洛－龐蒂，《行為的結構》（第1版），楊大春、張堯均譯，商務印書館

Merrim, Stephen. 1981. "Cratylus' Kingdom", Diactritics, Spring.

Mestrovic, Stjepan Gabriel. 1992. Durkheim and Postmodern Culture, New York: Walter de Gruyter.

Metz, Christian. 2002. 麥茨，克莉斯汀《電影與方法：符號學文選》，李
　　幼蒸譯，北京：生活‧讀書‧新知三聯書店

——2005. 麥茨，克莉斯汀《電影的意義》，劉森堯譯，南京：江蘇教
　　育出版社

＿＿＿ 2006. 麥茨，克利斯蒂安《想像的能指：精神分析與電影》，王
　　志敏譯　北京：中國廣播電視出版社

Mitchell, W. J. T. 2006. 蜜雪兒《圖像理論》，陳永國、胡文征譯，北
　　京：北京大學出版社

Mompart, Gomez J. L, "Semiotics and the History of Social Communication",
　　Semiotica. vol. 81.

Morris, Charles. 1938. Foundations of the Theory of Signs, in Otto Neurath,
　　Rudolf Carnap & Charles Morris (eds), Foundations of the Unity of
　　Science： Toward An International Encyclopedia Of Unified Science.
　　Chicago： University of Chicago Press, 1938-1970.

——1970. Foundations of the Theory of Signs, Chicago: Univ of Chicago Press.

——1971. 「Esthetics and Theory of Signs」, Writings on General Theory of
　　Signs, The Hague： Mouton.

Mounin, Georges. 1985. Semiotic Praxis: Studies in Pertinence and in the Means
　　of Expression and Communication, New York: Plenum.

Mukarovsky, Jan. 1978. Structure, Sign, and Function, New Haven: Yale Univ
　　Press.

Negroponte, Nicholas. 1997. 尼葛洛龐帝，尼古拉斯《數位化生存》，胡
　　泳、范海燕譯，海南：海南出版社

Noelle-Neumann, Elisabeth. 1993. The spiral of silence: Public Opinion, Our
　　Social Skin, Chicago: University of Chicago Press.

Noth, Winfred (ed). 1995 (1990, 1985). Handbook of Semiotics, Bloomington:
　　Indiana University Press.

──2001. "Semiotic Foundations of Iconicity in Language and Literature", in (eds) The Motivated Sign: Iconicity in Language and Literature 2, Amsterdam: Benjamins.

O'Toole, Michael. 1994. The language of Displayed Art. London: Leicester Univ Press.

Osborne, Harold. 1968. Asthetics and Art Theory: A Historical Introduction, London: Longmans.

Parmentier, Richard. 1987. The Sacred Remains, Chicago: Univ of Chicago Press.

Panofsky, Erwin. 潘諾夫斯基，歐文《視覺藝術的含義》，傅志強譯，瀋陽：遼寧人名出版社，1987

Peirce, Charles. Sanders. 1935. Collected Papers of Charles Sanders Peirce: Pragmaticisms and Pragnoaticism, Scientific Metaphysics, Cambridge Mass, Harvard Univ Press, vol. 1. 5. 6.

──1931-1958. Collected Papers, Cambridge Mass： Harvard University Press. Vol 1, 2..

──1982. Writings of Charles S. Peirce: A Chronological Edition, 1857-1866. Bloomington: Indiana University Press.

──2006. 皮爾斯《皮爾斯文選》，塗紀亮／周兆平譯，北京：社會科學文獻出版社

Penollosa, Ernest. 1994. 費諾羅薩，厄內斯特《作為詩歌手段的中國文字》，埃茲拉·龐德編，趙毅衡譯，載《詩探索》1994（3）

Poggioli, Renato. 1968. The Theory of the Avant-Garde, Cambridge MA: Harvard Univ Press.

Pomorska, Krystyna & Rudy, Stephen. (ed) 1987. Language in Literature, Harvard Univ Press.

Poyatos, Fernando. 1992. Paralanguage, Amsterdam: John Benjamins Publishing Co.

Preziosi, Donald. 1983. Visuelle Kommunikation und/oder verbale Kommunikation, Berlin: Olms Verlag, Hildesheim/Hochschule der Künste.

Pritchard, E. E. Evans. 2006. 埃文斯－普里查德著：《阿贊德人的巫術、神諭和魔法》，覃莉莉譯，北京：商務印書館

Rastier, Francois & Collins, Frank & Perron, Paul. 1997. Meaning and Textuality, Toronto: Univ of Toronto Press.

Rawls, John. 1971. A Theory of Justice, Cambridge Mass: Harvard University Press.

Rheingold, Haward. 2000. Virtual Community, Boston: The MIT Press.

Richards, I A & Ogden, C K et al. 1922. The Foundations of Aesthetics, London: Allen & Unwin.

——1923. The Meaning of Meaning, New York: Harcourt, Brace and World.

——1956. Practical Criticism, A Study of Literary Judgment, London: Harvest Books.

——2001. Principles of Literary Criticism, London & New York: Routledge.

Rickert, Heinrchi. 1986. 李凱爾特，H.《新聞符號學理論》塗紀亮譯，北京：商務印書館

Ricoeur, Paul. 1988. 里克爾，保羅《哲學主要趨向》，李幼蒸，徐奕春譯，北京：商務印書館

——2004. 利科，保羅《活的隱喻》，汪堂家譯，上海：上海譯文出版社

Riffaterre, Michael. 1978. Semiotics of Poetry, Bloomington & London: Indina Univ Press.

——1979. La production du texte, Paris: Seuil.

——1990. Fictional truth, Baltimore: Johns Hopkins University Press.

——2004. 里法台爾《描寫性詩歌的詮釋》，趙毅衡編選《符號學文學論文集》，天津：百花文藝出版社

Riffe. D & Lacy. S. & Fico, F. G. 2010.里夫，賴斯，菲克《內容分析法：媒介信息量化研究技巧》，嵇美雲譯，北京：清華大學出版社

Roman Jakobson & Morris Halle. 1956. Fundamentals of Language, The Hague: Mouton.

Roman Jakobson(ed). 1975. Nikolai Trubetzkoy Letters and Notes, The Hague: Mouton.

Ross, W, D. 1930.The Right and The Good, Oxford: Clarendon.

Rotman, Brian. 1987. Signifying Nothing: the Semiotics of Zero, Stanford: Stanford Univ Press.

Russell, Bertrand. 1905. On Denoting, Mind, New Series, Vol. 14, No. 56.

──1982. 羅素《數理哲學導論》，晏成書譯，北京：商務印書館

──1996. 羅素《邏輯與知識》，苑莉均譯，北京：商務印書館

Ryan, Marie-Laure. 1991. Possible Worlds, Artificial Intelligence and Narrative Theory, Bloomington: Indiana Univ Press.

──1999. Cyberspace Textuality: Computer Technology and Literary Theory, Bloomington: Indiana University Press.

Said, Edward. 1993. Culture and Imperialism, New York: Knopf.

Saint-Martin, Fernande. 1987. Sémiologie du langage Visuel, Québec: Presse de l'Université du Québec.

Samoyault, Tiphaine. 2003. 薩莫瓦約，蒂費納《互文性研究》，邵偉譯，天津：天津人民出版社

Sapir, Edward. 1985. 薩丕爾，愛德華《語言論──言語研究導論》，陸卓元譯，北京：商務印書館

Satayana, George. 1905. The Life of Reason: The Phases of Human Progress, New York：Dover.

Saussure, Ferdinand de. 1969. Course in General Linguistics, New York: MaGraw-Hill,

──1980.索緒爾，斐迪南《普通語言學教程》，高名凱譯，北京：商務印書館

——2007.索緒爾，斐迪南《索緒爾第三次普通語言學教程》，屠友祥譯，上海：上海世紀出版集團

Schramm, Wilbur. L. 1981. 施拉姆，威爾伯《傳播學概論》，陳亮譯，北京：新華出版社。

Sebeok, Thomas. A. & Umiker-Sebeok, Jean. 1983. "You Know My Method": A Juxtaposition of Peirce, Charles S and Sherlock Holmes. In Dupin, Holmes, Peirce, The Sign of Three, (eds) Umberto Eco and Thomes A Sebeok, Bloomington: Univ of Indiana Press.

Sebeok, Thomas. A.(ed). 1968. Animal Communication, Bloomington: Indiana Univ Press.

——1981. The Clever Hans Phenomenon: Communication with Horses, Whales, Apes and People. New York: New York Academy of Sciences.

——1985. Contributions to the Doctrine of Signs, Lanham, Md.: Univ Press of America.

——1986. The Semiotic Sphere, New York: Plenum press.

——1991. A Sign is Just a Sign, Bloomington: Indiana Univ Press.

——1992. Biosemiotics, Berlin & New York: Mouton de Gryuter.

Sebeok, Thomas & Danesi, Marcel (eds), 1986, (revised) 2010. Encyclopedic Dictionary of Semiotics, Berlin: Mouton de Gruyter.

Shannon, Claude & Weaver, Warren. 1998 (1949). Mathematical Theory of Communication, Urbana: Univ of Illinois Press.

Shapiro, Judith. 1982. "Women's Studies: A Note on the Perils of Markedness", Signs: Journal of Women in Culture & Society, vol. 7.

Shoemaker, Pamela J. & Vos, Tim P. 2009. Gatekeeping theory, Taylor & Francis. New York: Routledge.

Shuttleworth, Mark & Cowie, Moira. 1997. Dictionary of Translation Studies. Manchester, UK: St. Jerome Publishing.

Silverman, David and Torode, Brian. 1980. The Material World: Some Theories of Language and Its Limits, London: Routledge.

Silverman, Hugh J (ed). 1998. Cultural Semiosis: Tracing the Signifier, New York & London: Routledge.

Sini, Carlo Sini. 2009. Ethics of Writing, Albany: State Univ of New York Press.

Spencer, J. W. & Enkvist, N. E. & Gregory, M. 1964. Linguistics and style: on defining style, an An essay Essay in applied Applied linguisticsLinguistics, Oxford University Press.

Stockinger, Peter. 2003. Semiotics of Culture: Some General Considerations, Paris： Maison des Sciences de l'Homme.

Tarasti, Eero. 1995. Musical Signification: Essays in the Semiotic Theory and Analysis of Music, Berlin: Walter de Gruyter.

──1996. Musical Semiotics in Growth, Acta semiotica Fennica, vol 4, Indiana Studies in Biblical Literature, Indiana Univ Press.

── 2000. Exitential Semiotics, Bloomington and Indianapolis: Univ of Indiana Press.

──2002. Signs of music: a Guide to Musical Semiotics, Berlin: Walter de Gruyter.

Taylor, Lisa & Willis, Andrew. 1999. Media Studies: Texts, Institutions and Audiences, Wiley-Blackwell.

Thompson, S. 1991. 湯普森，斯蒂《世界民間故事分類學》，鄭海等譯，上海：上海文藝出版社

Tihanov, Galin. 2009. Gustav Shpet's Contribution to Philosophy and Cultural Theory, West Lafayette: Purdue Univ Press.

Todorov, T & Howard, T. 1973. The Fantastic: A Structural Approach to a Literary Genre, Cleveland： Press of Case Western Reserve Univ.

Todorv, Tzvetan. 1981. Mikhail Bakhtin: The Dialogical Principle, Minneapolis: University of Minnesota Press.

——1982. Theories of the symbol, Ithaca, N.Y.: Cornell Univ Press.

Tumer, Victor 2006a, 特納，維克多《象徵之林：恩登布人儀式散論》，趙玉燕、歐陽敏、徐洪峰譯，北京：商務印書館

——2006b，特納，維克多《儀式過程——結構與反結構》，黃劍波譯，北京：中國人民大學出版社

Ullmann, Stephen. 1972 (1962). Semantics, Oxford： Blackwell.

——1964. Language and Style. Oxford: Basil Blackwell..

Umiker-Sebeok, J. D. 1977. Semiotics of Culture: Great Britain and North America. Annual Review of Anthropology. 6: 121-35.

Uspenskij, Boris. 1973. "These On the Semiotics of Culture", in (eds) Jan Van Der Eng and Mojnir Grygay, Structure of Texts And Semiotics of Culture, The Hague: Mouton. P6.

Van-Dijk, Teun. A. 2003. 梵－迪克‧托伊恩. A.《作為話語的新聞》，曾慶香譯，北京：華夏出版社

Waal, Cornelis. 2003.瓦爾《皮爾士》，郝長犀譯,北京：中華書局

Weber, Max. 1998.《韋伯文選（第2卷）經濟、諸社會領域及權力》，李強譯，北京：生活.讀書.新知三聯書店

Weitz, Morris. 1956. "The Role of Theory in Aesthetics", Journal of Aesthetics and Art Criticism, no. 15.

Wiener, Nobert. 2009. 維納，諾伯特《控制論》，郝季仁譯，成都：科學出版社

——2010. 維納，諾伯特《人有人的用處》，陳步譯，北京：北京大學出版社

Wiley, Norbert. 1994. Semiotic Self, Chicago: Univ of Chicago Press.

Williams, Raymond. 2005（1985）威廉斯，雷蒙《關鍵字－文化與社會的詞彙》，劉建基譯，北京：生活.讀書.新知三聯書店

Winner, Irene Portis & Umiker-Sebeok, Jean. (eds). 1979. Semiotics of Culture, The Hague: Mouton.

Wittgenstein, Ludwig. 1997. Philosophical Investigations, New York: Blackwell.

Wright, Crispin. 1992. Truth and Objectivity, Cambridge, MA: Harvard Univ Press.

Zahavi, Dan. 2007. 紮哈威，丹《胡塞爾現象學》，李忠偉譯，上海:上海譯文出版社

Zengotita T. d. 2009. 曾戈提塔，湯瑪斯·德《仲介化：媒介如何建構你的世界和生活方式》，王珊珊譯，上海：上海譯文出版社

附錄2：本辭典所引中國文獻

孔子《論語》，北京：中華書局出版社，2006

王玉德《神秘的風水——傳統相地術研究》，臺灣書泉出版社，1994

王立業主編《洛特曼學術思想研究》，哈爾濱：黑龍江人民出版社，2006

王冰注「素問・陰陽應象大論」，《黃帝內經》，北京：中醫古籍出版社，2003

王明居《叩寂寞而求音：<周易>符號美學》，合肥：安徽大學出版社，1999

王明珂《華夏邊緣：歷史記憶與民族認同》，北京：社會科學文獻出版社，2006

王修築《中華二十四節氣》，氣象出版社，2006

王琯《公孫龍子懸解》，北京：中華書局，1992

王銘銘《西方人類學思潮十講》，廣西：廣西師範大學出版社，2005

申丹，王麗亞《西方敘事學：經典與後經典》，北京：北京大學出版社，2010

申丹，韓加明《英美小說敘事學研究》，北京：北京大學出版社，2005

石毓智《肯定與否定的對稱與不對稱》，北京：北京語言文化大學出版社，2001

伊長林，李普《風水術》，長沙：湖南大學出版社，1989

朱前鴻《先秦名家四子研究》北京：中央編譯出版社，2005

朱謙之《老子校釋》，北京：中華書局，1984

吳風《藝術符號美學：蘇珊・朗格符號美學研究》，北京：北京廣播學院出版社，2001

吳毓江《墨子校注》，北京：中華書局，1993

呂叔湘《語文雜記》，上海：上海教育出版社，1984

李幼蒸《理論符號學導論》，北京：中國人民大學出版社，2004
（2007 第3版）

李幼蒸《歷史符號學》，桂林：廣西師範大學出版社，2003

李思屈（李傑）《東方智慧與符號消費》，杭州：浙江大學出版社，
2003

李思屈（李傑）《廣告符號學》，成都：四川大學出版社，2004

李恒基，楊遠嬰 主編《外國電影理論文選》，北京：生活·讀書·新知
三聯書店，2006

李榮興：「陰陽定義析疑」，《遼寧中醫藥雜誌》，1995（6）

李澤厚《美的歷程》，天津：天津社會科學院出版社，2001

李鏡池《周易通義》，北京：中華書局，1981

李顯傑《電影敘事學：理論和實例》，北京：中國電影出版社，2000

沈家煊《不對稱與標出性》，南昌：江西教育出版社，1999

沈從文《中國古代服飾研究》，上海：上海書店出版社，2002

孟凱韜：「陰陽五行數學及其在中醫學中的應用」，《上海中醫藥大
學學報》，2007（6）

孟華《文字論》，山東：山東教育出版社，2008

孟華《漢字：漢語和華夏文明的內在形式》，北京：中國社會科學出
版社，2004

於根元《網路語言概說》，北京：中國經濟出版社，2001

邵雍《皇極經世》，北京：中州古籍出版社，2007

胡壯麟《語篇的銜接與連貫》，上海：上海外語教育出版社，1994

胡壯麟主編《語言學教程》，北京：北京大學出版社，2006

胡適《先秦名學史》，合肥：安徽教育出版社，2006

胡繼華《賽博公民：後現代性的身體隱喻及其意義》，《文藝研
究》，2009（7）

韋世林《空符號論》.北京：人民出版社，2012

韋世林《空符號與空集合的微妙關係初探》，《昆明學院學報》2009
　　（4），42-47

倪梁康《自識與反思：近現代西方哲學的基本問題》，北京：商務印
　　書館，2002

倪梁康《胡塞爾現象學概念通釋》，北京：三聯書店，2007

夏慶璞《網路敘事學》，北京：中國文聯出版社，2004

徐平「『物』與『意符詩法』」，塗險峰譯，《長江學術》，2006
　　（2）

徐恒醇《設計符號學》，北京：清華大學出版社，2008

徐烈炯《生成語法理論》，上海：上海外語教育出版社，1988

徐耀魁《西方新聞理論評析》，北京：新華出版社，1998

烏丙安《民俗學原理》，瀋陽：遼寧教育出版社，2001

秦海鷹：「互文性理論的源起與流變」，《外國文學》2004（3）

高亨《周易大專今注》，北京：清華大學出版社，2010

高亨《周易古經今注》，北京：中華書局，1984

高亞春《符號與象徵：布希亞消費社會批判理論研究》，北京：人民
　　出版社，2007

高宣揚《布迪厄的社會理論》，上海：同濟大學出版社，2004

高國藩《中國巫術史》，北京：三聯書店，1999

高漢平，尹斌庸：「音節形式的比較研究」，《語文現代化》，1983
　　（1）

商務印書館辭書研究中心《古今漢語詞典》北京：商務印書館，2001

張再林《弘道：中國古典哲學與現象學》，西安：陝西人民教育出版
　　社，1991

張再林《作為身體哲學的中國古代哲學》，北京：中國社會科學出版
　　社，2008

張新軍《可能世界敘事》，蘇州：蘇州大學出版社，2011

梁工《聖經敘事藝術研究》，北京：商務印書館，2006

梁思成《圖像中國建築史》，天津：百花文藝出版社，2000

梁釗韜《中國古代巫術：宗教的起源和發展》，廣州：中山大學出版
　　社，1999

梁啟超《墨子學案》北京：中華書局，1922

許慎《說文解字注》，上海：上海古籍出版社，1981

郭彧《周易》，北京：中華書局，2006

郭慶光《傳播學概論》，北京：中國人民大學出版社，1999

郭慶藩《莊子集釋》，北京：中華書局，1961

陳宗明《符號世界》，武漢：湖北人民出版社，2004

陳建憲《神話解讀：母題分析方法探索》，武漢：湖北教育出版社，
　　1996

陳柱《諸子概論》，南京：江蘇文藝出版社，2008

陳原《社會語言學》，北京：商務印書館，2000

陳鼓應《老子注譯及評介》，北京：中華書局，1984

陸正蘭：「超文字詩歌聯合解碼中的張力」，《詩探索》2007（3）

雪犁主編《中華民俗源流集成·節日歲時卷》，蘭州：甘肅人民出版
　　社，1994

彭兆榮《文學與儀式：文學人類學的一個文化視野》，北京：北京大
　　學出版社，2004

普濟《五燈會元》（卷十五），北京：中華書局，1984

曾慶香《新聞敘事學》，北京：中國廣播電視出版社，2005

黃亞平，孟華《漢字符號學》，上海：上海古籍出版社，2001

黃曉鐘，楊效宏等《傳播學關鍵術語釋讀》，成都：四川大學出版
　　社，2005

黃寶生《印度古典詩學》，北京：北京大學出版社，1999

塗紀亮《語言哲學名著選輯》北京：三聯出版，1988

楊伯峻《論語譯注》，北京：中華書局，1980

楊利慧《中國神話母題索引》，西安：陝西師範大學出版社，2010

葉舒憲，彭兆榮，納日碧力戈《人類學關鍵字》，桂林：廣西師範大
　　學出版社，2006

葉舒憲《神話原型批評》，西安：陝西師範大學出版社，1987

熊輝《五四譯詩與早期中國新詩》，北京：人民出版社，2010

翟錦程《先秦名學研究》，天津：天津古籍出版社，2005

臧策《超隱喻與話語流變》，天津：天津人民出版社，2007

趙元任《語言問題》，北京：商務印書館，1980

趙元任《趙元任語言學論文集》，北京：商務印書館，2002

趙喜新《中醫陰陽學的數學模型》，《河南中醫》，1997（5）

趙毅衡《文學符號學》，北京：中國文聯出版公司，1990

趙毅衡《重訪新批評》，天津：百花文藝出版社，2009。

趙毅衡《符號學》，南京：南京大學出版社，2011。

趙毅衡《當說者被說時》，北京：中國人民大學出版社，1998。

趙曉斌「洛特曼文化符號學理論的演變與發展」，《俄羅斯文藝》，
　　2003（3）

齊鳳軍：「論陰陽的數理權衡」，《中國中醫基礎醫學雜誌》，2004
　　（7）

劉大基《人類文化及生命形式》，北京：中國社會科學出版社，1990

劉曉明《中國符咒文化大觀》，天津：百花文藝出版社，1995

劉寶楠《論語正義》，北京：中華書局，1990

潘穀西《風水探源》，南京：東南大學出版社，1990年

蔣紹愚，《近代漢語研究概況》，北京：北京大學出版社，1994

鄭文東《文化符號域理論研究》，武漢：武漢大學出版社，2007

魯迅：「論翻譯：答JAKA論翻譯」，《文學月報》（第一卷第一
　　號），1932（6）

魯迅：「關於翻譯的通信」，《翻譯論集》，羅新璋編，北京：商務
　　印書館，1984

窺基《成唯識論》，上海：上海古籍出版社，1995

錢鍾書《七綴集》，北京：三聯書店，2006

錢鍾書《管錐編》（第一卷、第二卷、第三卷）北京：三聯書店，
　　2007

謝冬冰《表現性的符號形式：凱西爾－朗格美學的一種解讀》，上
　　海：學林出版社，2008

韓叢耀《圖像：一種後符號學的再發現》，南京：南京大學出版社，
　　2008

羅崗《視覺文化讀本》，桂林：廣西師範大學出版社，2003

羅婷《克里斯特娃的詩學研究》，北京：中國社會科學出版社，2004

羅鋼《敘事學導論》，昆明：雲南人民出版社，1994；

譚戒甫《公孫龍子形名發微》，北京：中華書局，1963

譚業謙《公孫龍子譯注》，北京：中華書局，1997

譚載喜《西方翻譯簡史》，北京：商務印書館，1991

顧嘉祖《中國符號學研究》，南京：南京師範大學出版社，2009

附錄3：本辭典作者介紹

尹錫南：四川大學南亞研究所，主要研究方向為印度文學、梵語詩
　　　　學。（ronald1966@163.com）

文一茗：四川外語學院英語學院，主要從事主體符號學與敘述學理論
　　　　研究及翻譯。（wym1023@163.com）

王　悅：廈門大學文學院，主要研究領域為符號敘述學、英美文學。
　　　　（jessica8497@hotmail.com）

江淨沙：四川大學文學與新聞學院，主要從事藝術符號與美學研究。
　　　　（ourania@yahoo.cn）

何燕李：四川大學文學與新聞學院，主要從事美國非裔文學理論和影
　　　　視文藝學研究。（yanheli1111@163.com）

李軍學：西安理工大學人文與外國語學院，主要從事美學與符號學研
　　　　究。（lijunxue@xatu.edu.cn）

李　暉：四川省社會科學院新聞傳播研究所，主要從事新聞符號學與
　　　　文化產業研究。（lihui4095@qq.com）

李　靜：重慶大學外國語學院，重慶大學語言認知及語言應用研究基
　　　　地。主要從事文學符號學、文學敘述學研究（oceans1997@sina.
　　　　com）

孟　華：中國海洋大學文學與新聞傳播學院，主要從事漢字符號學、
　　　　視覺文化研究和教學。（menghua54@yahoo.com.cn）

宗　爭：四川大學文學與新聞學院。主要研究遊戲符號敘述學。
　　　　（124162143@qq.com）

胡易容：桂林電子科技大學藝術與設計學院，數位媒體系，從事符號
　　　　學視域下的傳媒文化、視覺形象與品牌設計研究。（rongyi_
　　　　hu@126.com）

唐秋平：韓國高麗大學符號學系，主要從事語言與文化符號學研究。
（qiupingtang@gmail.com）

孫金燕：雲南民族大學人文學院，主要從事幻想符號學、虛構世界敘
述學理論研究。（08yan08@163.com）

祝　東：蘭州大學國際文化交流學院，文學與比較文化研究室，主要
從事中國古代文學與思想史研究。（zhud@lzu.edu.cn）

張小元：四川大學文學與新聞學院，主要主要從事傳媒符號學、新聞
理論研究。（zhangxy.cd.35@163.com）

張再林：西安交通大學人文學院，文化哲學研究所，研究方向為中西
哲學比較與符號學研究。

張　兵：陝西師範大學政治經濟學院。研究方向為中西文化比較與符
號學。（zb18zb18@163.com）

張洪友：四川大學文學與新聞學院，主要從事比較神話學和歐美文學
研究。（115836165@qq.com）

張　碧：西北大學文學院，從事馬克思主義符號學研究。（china_
zhangbi@163.com）

張　穎：四川大學文學與新聞學院。主要研究方向為克利斯蒂娃的精
神分析符號學。（zhangying1989726@163.com）

張　騁：四川大學文學與新聞學院，主要從事傳媒哲學與現象符號學
研究。（zhangcheng_1985111@126.com）

陸正蘭：四川大學文學與新聞學院，主要從事現當代歌詞、詩及性別
及符號學研究。（luzhenglan69@163.com）

喬　琦：西安外國語大學中文學院，研究方向為詩歌符號學。
（qiaoqi226@163.com）

彭　佳：西南民族大學外國語學院，主要從事符號學與少數群體文學
研究。（pj8024@163.com）

馮月季：四川大學文學與新聞學院，主要從事符號學與新聞傳播學、
傳播社會學研究。（fengyue197997@126.com）

黃　勇：四川大學文學與新聞學院。主要從事道教與俗文化研究。
　　　　（huangyong1510@163.com）

楊　驪：四川大學錦城學院文學與傳媒系，主要從事文學人類學、民
　　　　俗學研究。（102037825@qq.com）

董明來：美國杜肯大學（Duquesne University）哲學系，主要從事符號
　　　　哲學與現象符號學研究。（dongminglai1987@gmail.com）

熊　輝：西南大學中國新詩研究所，主要從事翻譯理論與符號學研
　　　　究。（xiongh@swu.edu.cn）

趙毅衡：四川大學文學與新聞學院，符號學──傳媒學研究所，主
　　　　要從事符號學及符號敘述學理論研究。（zhaoyiheng@gmail.
　　　　com）

劉　丹：西南大學外語學院，主要從事英語文學與翻譯研究。（danliu
　　　　@swu.edu.cn）

劉吉冬：四川大學文學與新聞學院，主要從事網路與新媒體文化符號
　　　　學研究。（liujidong960@163.com）

劉　華：廣西民族大學文學院，主要從事文化人類學與文化比較研
　　　　究。（hualiugxun@gmail.com）

盧德平：天津外國語大學國際發展研究院、中國農業大學人文與發展
　　　　學院。主要從事青少年文化研究、符號學研究。（depinglu@
　　　　sina.com）

顏小芳：廣西師範學院新聞傳播學院，主要從事文藝學、當代文學及
　　　　影視文化批評研究。（yanxiaofang2006@163.com）

顏　青：重慶師範大學文學院，主要從事符號學、西方文論研究。
　　　　（yanqing2207@126.com）

魏　偉：成都體育學院新聞系，主要從事體育符號敘述學、體育新聞
　　　　傳播和體育文化研究。（weiweica@yahoo.com）

饒廣祥：四川大學文學與新聞學院，主要從事廣告符號學研究。
　　　　（raoguangxiang@gmail.com）

新鋭文叢38　PA0078

新鋭文創
INDEPENDENT & UNIQUE
符號學
——傳媒學辭典

編　　者	胡易容、趙毅衡
責任編輯	林千惠
圖文排版	連婕妘
封面設計	陳佩蓉

出版策劃	新鋭文創
發 行 人	宋政坤
法律顧問	毛國樑　律師
製作發行	秀威資訊科技股份有限公司
	114 台北市內湖區瑞光路76巷65號1樓
	電話：+886-2-2796-3638　傳真：+886-2-2796-1377
	服務信箱：service@showwe.com.tw
	http://www.showwe.com.tw
郵政劃撥	19563868　戶名：秀威資訊科技股份有限公司
展售門市	國家書店【松江門市】
	104 台北市中山區松江路209號1樓
	電話：+886-2-2518-0207　傳真：+886-2-2518-0778
網路訂購	秀威網路書店：http://www.bodbooks.com.tw
	國家網路書店：http://www.govbooks.com.tw

出版日期	2014年10月　BOD一版
定　　價	520元

國家圖書館出版品預行編目

符號學 : 傳媒學辭典 / 胡易容, 趙毅衡編. -- 初版. -- 臺
  北市 : 新銳文創, 2014.10
    面 ; 公分
  ISBN 978-986-5716-29-5 (平裝)

  1. 符號學 2. 詞典

156.041   103017651

讀 者 回 函 卡

感謝您購買本書,為提升服務品質,請填妥以下資料,將讀者回函卡直接寄回或傳真本公司,收到您的寶貴意見後,我們會收藏記錄及檢討,謝謝!
如您需要了解本公司最新出版書目、購書優惠或企劃活動,歡迎您上網查詢或下載相關資料:http:// www.showwe.com.tw

您購買的書名:＿＿＿＿＿＿＿＿＿＿＿＿＿＿＿＿＿＿＿

出生日期:＿＿＿＿＿年＿＿＿＿＿月＿＿＿＿＿日

學歷:□高中 (含) 以下 　□大專 　□研究所 (含) 以上

職業:□製造業 □金融業 □資訊業 □軍警 □傳播業 □自由業
　　　□服務業 □公務員 □教職 　□學生 □家管 　□其它＿＿＿

購書地點:□網路書店 □實體書店 □書展 □郵購 □贈閱 □其他

您從何得知本書的消息?

　□網路書店 □實體書店 □網路搜尋 □電子報 □書訊 □雜誌
　□傳播媒體 □親友推薦 □網站推薦 □部落格 □其他＿＿＿＿＿

您對本書的評價:(請填代號 　1.非常滿意 　2.滿意 　3.尚可 　4.再改進)

　封面設計＿＿ 版面編排＿＿ 內容＿＿ 文／譯筆＿＿ 價格＿＿

讀完書後您覺得:

　□很有收穫 □有收穫 □收穫不多 □沒收穫

對我們的建議:＿＿＿＿＿＿＿＿＿＿＿＿＿＿＿＿＿＿

＿＿＿＿＿＿＿＿＿＿＿＿＿＿＿＿＿＿＿＿＿＿＿＿＿

＿＿＿＿＿＿＿＿＿＿＿＿＿＿＿＿＿＿＿＿＿＿＿＿＿

＿＿＿＿＿＿＿＿＿＿＿＿＿＿＿＿＿＿＿＿＿＿＿＿＿

11466
台北市內湖區瑞光路 76 巷 65 號 1 樓

秀威資訊科技股份有限公司　　　收

BOD 數位出版事業部

....

（請沿線對折寄回，謝謝！）

姓　　名：＿＿＿＿＿＿＿＿＿　年齡：＿＿＿＿　性別：□女　□男

郵遞區號：□□□□□

地　　址：＿＿＿＿＿＿＿＿＿＿＿＿＿＿＿＿＿＿＿＿＿＿

聯絡電話：(日)＿＿＿＿＿＿＿＿＿＿　(夜)＿＿＿＿＿＿＿＿＿＿

E-mail：＿＿＿＿＿＿＿＿＿＿＿＿＿＿＿＿＿＿＿＿＿